普通高等教育土建类系列教材

道路与桥梁工程概论

主　编　王修山
副主编　袁玉卿　王　炎　王海涛
　　　　李　涛
参　编　凡涛涛　董博闻　周恒宇
　　　　沈森杰

机械工业出版社

本书共七章，内容涉及交通运输体系、公路网规划和道路设计、城市道路及高速公路、道路路基路面结构、道路工程施工、现代桥梁工程、桥梁工程施工等方面，在对道路与桥梁工程规划与设计进行论述的基础上，重点对新时代新发展背景下的道路与桥梁工程新的设计方法、建筑材料及施工技术进行了介绍。本书以我国相关工程技术标准、规范为依据，结合工程实例，对道路与桥梁工程领域相关理论与技术知识进行了介绍，使读者能够熟练掌握道路与桥梁工程相关知识，适应专业发展需求。

本书可作为高等院校土木工程专业相关课程的教材，也可作为道路与桥梁工程从业人员的参考书。

图书在版编目（CIP）数据

道路与桥梁工程概论/王修山主编. —北京：机械工业出版社，2020.1
普通高等教育土建类系列教材
ISBN 978-7-111-64638-9

Ⅰ.①道… Ⅱ.①王… Ⅲ.①道路工程-高等学校-教材②桥梁工程-高等学校-教材 Ⅳ.①U41②U44

中国版本图书馆 CIP 数据核字（2020）第 021551 号

机械工业出版社（北京市百万庄大街22号　邮政编码100037）
策划编辑：马军平　责任编辑：马军平
责任校对：王明欣　封面设计：张　静
责任印制：孙　炜
保定市中画美凯印刷有限公司印刷
2020年4月第1版第1次印刷
184mm×260mm・19.5印张・477千字
标准书号：ISBN 978-7-111-64638-9
定价：49.80元

电话服务　　　　　　　　　网络服务
客服电话：010-88361066　　机　工　官　网：www.cmpbook.com
　　　　　010-88379833　　机　工　官　博：weibo.com/cmp1952
　　　　　010-68326294　　金　书　网：www.golden-book.com
封底无防伪标均为盗版　机工教育服务网：www.cmpedu.com

前　言

随着时代的发展，道路与桥梁工程成为交通建设中两个必不可少的工程门类，国家对道路与桥梁工程专业人才培养日益重视。本书根据新时代普通高等学校土木工程专业对培养学生设计、施工等方面综合技能的教学需求，基于编者多年的教学经验而编写，符合高等教育的方向和社会对应用型人才的需求。

本书主要从道桥工程发展现状、道路规划与勘测设计、路基路面工程结构与施工、桥梁工程结构与施工等方面进行系统的概述。书中采用了现行国家标准和行业规范，内容充实，知识精炼，重点突出。本书注重与现代工程实践相结合和对学生知识技能的培养，体现了加强实际应用、服务专业教学的宗旨，符合相关专业教学对学生能力的要求。

本书由浙江理工大学王修山担任主编，由河南大学袁玉卿、浙江理工大学王炎、山东省枣庄市顺达公路工程有限公司王海涛和李涛担任副主编。具体编写分工：第一、二章由王海涛和李涛主笔；第三、四章由袁玉卿主笔；第五章由王修山主笔；第六、七章由王炎主笔。长安大学凡涛涛，浙江理工大学董博闻、周恒宇和沈森杰提供了相关资料并参与了部分章节的编写。

本书得到了浙江理工大学的资助，在编写过程中参考了有关专家、学者的论著、文献和教材，吸取了一些最新的研究成果，在此一并表示衷心的感谢！

限于编者水平，书中难免存在不妥之处，敬请读者批评指正。

编　者

目 录

前言

第一章 绪论 ... 1
- 第一节 现代化的交通运输体系 ... 1
- 第二节 道路与道路工程 ... 5
- 第三节 中国道路工程的发展概况 ... 9
- 复习思考题 ... 16

第二章 交通道路规划设计 ... 17
- 第一节 公路网规划 ... 17
- 第二节 公路勘测设计 ... 24
- 第三节 道路几何设计 ... 32
- 第四节 道路测设新技术 ... 60
- 复习思考题 ... 77

第三章 现代道路工程 ... 78
- 第一节 高速公路概述 ... 78
- 第二节 高速公路设计要点 ... 86
- 第三节 高速公路设施 ... 95
- 第四节 城市道路概述 ... 112
- 第五节 城市道路的分类与分级 ... 113
- 复习思考题 ... 117

第四章 道路路基路面结构 ... 118
- 第一节 路基路面工程概述 ... 118
- 第二节 路基结构设计 ... 126
- 第三节 路面结构设计 ... 137
- 第四节 新型道路建筑材料 ... 164
- 复习思考题 ... 180

第五章 道路工程施工 ... 181
- 第一节 道路施工组织 ... 181

第二节 路基施工	189
第三节 路面施工	211
复习思考题	228

第六章 现代桥梁工程　229

第一节 桥梁工程概述	229
第二节 桥梁的基本组成与分类	239
第三节 桥梁的总体规划设计	245
第四节 桥梁上的设计作用	247
第五节 桥面布置与构造	249
第六节 桥梁墩台与基础	252
复习思考题	263

第七章 桥梁工程施工　265

第一节 桥梁墩台与基础施工技术	265
第二节 梁桥施工技术	271
第三节 拱桥施工技术	281
第四节 其他体系桥梁施工技术	288
复习思考题	301

参考文献　302

第一章 绪论

第一节 现代化的交通运输体系

一、交通运输系统

我国幅员辽阔，物产丰富，人口众多。在加快国民经济发展，特别是中西部开发建设的战略要求下，为了切实地提高我国人民群众的物质文化生活水平，增强国力和巩固国防，迫切需要建立完善的交通运输体系。

交通运输是经济发展的基本需要和先决条件，是社会经济的基础设施和重要纽带，是现代工业的先驱和国民经济的先行部门，是资源配置和宏观调控的重要工具，是国土开发、城市和经济布局形成的重要因素，对促进社会分工、大工业发展和规模经济的形成，巩固国家的政治统一和加强国防建设，扩大国际经贸合作和人员往来具有重要的作用。总之，交通运输具有重要的经济、社会、政治和国防意义。

1. 现代化的交通运输

交通运输现代化建设是用现代化运输设施、运载工具和运输技术改善交通运输部门的建设活动。它是提高运输能力和运输效率、加速现代化经济建设的重要条件。交通运输现代化建设的内容，随着科学技术进步和社会经济发展而不断变化。在发达国家，目前主要体现为运输工具的大型化、高速化、自动化和综合化。

在我国，其主要内容如下：

1）在铁路建设方面，改革牵引动力，用大功率、高速度、运营可靠的电力机车和内燃机车逐步代替蒸汽机车，提高列车牵引总重，发展重载运输，并逐步实现行车指挥与运营管理自动化。

2）在公路建设方面，优先改善公路条件，修建一些等级较高的公路干线，有条件的地方开辟一些高速公路；有计划地发展载重吨位大的大型柴油车和专用车；采用闭路电视与计算机系统对路面交通情况实施监控。

3）在水运港口建设方面，推广分节驳顶推运输技术，发展大吨位船、专用船和兼用船，增加建设深水泊位和专用泊位，提高港口装卸机械化和工艺技术水平。

4）在航空机场建设方面，国际航线发展大型远程飞机，国内航线主要发展中型中程飞机；有步骤地提高现有机场的技术等级，逐步实现飞机维修、通信、导航、气象、运输服务及其专业技术设备的现代化。

2. 交通运输系统的构成及特点

按运输路线和工具不同，交通运输体系可分为铁路运输（火车）、道路运输（汽车）、水路运输（轮船）、航空运输（飞机）及管道运输等。铁路运输运量大，运程远，在交通运输中发挥着主要作用；水路运输成本低，但运速较慢，并受到航道的限制；道路运输机动灵活，分布广，对于客货运输，特别是短途运输有着显著的效益；航空运输速度快，对于运送旅客、紧急物资及邮件有着重要作用；管道运输受管线的限制，仅适用于液态、气态及散装粉状（如石油、煤气、水泥等）的运输。上述各种运输方式各有所长，合理分工，协调配合，取长补短，组成了一个综合的交通运输体系，为社会生产和消费服务。

我国的交通运输发展以铁路为骨干，道路为基础，充分利用内河、沿海和海洋运输资源，积极发展航空事业，形成具有不同功能、远近结合、四通八达、全国统一且现代化的交通运输体系。

3. 交通运输系统的性质

交通运输业是一个特殊的物质生产部门，具有物质生产的三个要素：从事交通运输生产的劳动者；线路、机场、码头、机车、汽车、飞机、船舶等劳动资料；作为劳动对象的旅客或货物。三要素中，劳动者和劳动资料可由运输部门控制，但对于劳动对象，运输部门只提供服务而不能自由支配。因此，交通运输具有服务功能，应能安全、舒适、快捷地满足运输需求，以适应国民经济和社会发展的需要。

4. 交通运输系统的协调发展

发展交通运输体系要符合我国的国情：一是地域辽阔、人口众多，存在大量短、中、长途运输；二是东部经济发达、中西部资源丰富，存在大量北煤南运、西气东输、南粮北调，以及较集中的暑运和春运等；三是我国处于社会主义初级阶段，人民生活处于小康水平，需要大量运费低廉、安全可靠、快捷方便的运输方式。

水运（Shipment Transportation）是以船舶在江、河、湖泊、人工水道及海洋运送客货的运输方式。它的特点：①载运量大，内河单船载货质量达几百至上万吨，海运货轮载质量达几千至数万吨，相当于铁路 200~300 节车皮的运量，且适宜进行长途运输及特大件货物运输；②耗能少、成本低；③投资省，尤其在节约土地方面较铁路与道路运输经济效益明显；④劳动生产率高；⑤受通航水道、航线的制约和气象因素的影响，航行速度较慢。

铁路运输（Railway Transportation）（图 1-1）是利用列车运送客货的运输方式。它的特点：①客货运量大，尤为适宜大宗的笨重货物长距离运输；②运输速度快，火车时速一般高于船舶与汽车，特别在长途运行中发挥充分；③一般不受气候和季节影响，连续性强，高速、准时，可靠性强；④运输成本不高。

航空运输（Aerial Transportation）

图 1-1 铁路运输

(图1-2)依靠以飞机为主的各类航空器实现客货运送。它的特点：①运行速度快，运程短捷，并可抵达地面运输方式难以到达的地区；②运载量小，营运成本高，故只适合于远距离的客运和急需物资、贵重物品、时间要求紧等情况的小批量货运；③具有显著的灵活性、舒适性和相对安全性；④基建周期短和投资少，不需像地面交通线路建设那样耗费大量的基建费用。

图1-2 航空运输

管道运输（Pipeline Transportation）（图1-3）是利用封闭管道，以重力或气压为动力，连续运送特定货物的运输方式。它的特点：①运量大，连续不间断，一条输油管道的运量相当于一条铁路全年的运量；②运距短，占地少，埋设于地下线形的灵活性较大；③耗能与费用低，接近于水运；④受气候和季节影响小；⑤沿程无噪声、无污染，安全性好；⑥可远程控制，自动管理，维修量小，因而劳动生产率高；⑦运送货物类别单一。

图1-3 管道运输

道路运输（Road Transportation）（图1-4）从广义来说，是指货物和旅客借助一定的运输工具（如机动车和非机动车），沿道路某个方向，做有目的的移动过程；从狭义来说，道路运输是指汽车在道路上有目的的移动过程。道路运输是交通运输的重要组成部分。由于道路运输的广泛性、机动性和灵活性，充分深入社会生活、生产领域的各个方面，政治、经济、文化、教育、军事以及人民群众的衣、食、住、行都和道路运输有密切的关系。与其他运输相比，道路运输投资少、见效快、经济效益高、机动灵活、运送方便、适应性强、商品流通周期短、资金周转快，可实现"户到户"的直达运输，且运输损耗少，特别是高速公路的出现，运输速度显著提高，运量显著增大，道路运输将会发挥越来越重要的作用。

图1-4 道路运输

当今世界，交通运输发展水平是国力的展示，是经济社会繁荣进步的标志之一。交通运输事业全面、协调、可持续发展，要以科学发展观为指导，以科学的规划为基础，实现各种运输方式安全、快速、高效、畅通的发展目标。

5. 各种运输方式技术经济特性比较

交通运输作为一种空间移动的特殊生产，其基本要求是安全、迅速、经济、便利。从这些基本要求出发，对各种运输的技术经济特征简要分析比较如下。

（1）速度 速度是衡量运输效果的一项重要的综合指标，是与运输工具、运输条件、运货线路直接相关的一个技术经济指标。各种陆上运输，按其交通工具的特性，都有一个最优的速度范围。一般认为道路运输最优速度为50~100km/h，铁路运输为100~300km/h，航空运输为500~1000km/h，这些速度基本上可形成一个"速度链"。

（2）投资 投资是指在建设各种运输固定设施时，所需投入资金的多少。各种运输方式中，铁路的技术设备最多（如线路、机车车辆、车站、厂段等），需投入的人力、物力、资金都很大，而且工期也很长，因此其投资集约程度最高。相对而言，水上运输利用天然河道，其路线设备投资最低。道路运输则介于两者之间。

（3）运输成本 一般说来，水运及管道运输成本最低，其次为铁路、道路，航空运输的成本最高。

（4）运输方便性 各种运输中，道路运输机动灵活，适用交通服务对象的面广，其方便性最好，是唯一能实现"门到门"和"面"上运输的运输方式。航空运输速度快，是最方便的客运方式，但只能实现"点"的运输（从一个机场点到另一个机场点）。铁路和水运是沿铁路和航道运行，运输范围限制较大，只能是"线"的运输。

此外，从能源角度看，铁路运输可以采用电力牵引，在节能方面占有很大优势；从运输能力看，水运和铁路都处于领先地位；从运输的经常性看，铁路运输受季节和气候的影响最小。

第二节 道路与道路工程

道路是供各种车辆和行人通行的工程设施，道路工程则是以道路为对象而进行的规划、设计、施工、养护与管理工作的全过程及其工程实体的总称。

一、道路的特点及功能

1. 特点

近百年来，汽车运输之所以能得以迅速发展与道路及道路运输具有的一系列特点是分不开的。

（1）道路的基本属性　道路建设与道路运输都是物质生产，因此它们必然具有物质生产的基本属性，即生产资料、劳动手段和劳动力。作为物质产品而存在的道路又有其特有的基本属性：公益性、商品性、灵活性、超前性、储备性。

（2）道路的经济特征　道路作为一种特殊的物质产品，它还具有如下一些经济特征：

1）道路产品是固定在广阔地域上的线形建筑物，道路建设的流动空间更大，工作地点更不固定，受社会和自然环境影响大，具有更强的专业性。

2）道路的生产周期和使用周期长。在使用过程中还需进行经常性的养护、维修和管理工作。

3）道路虽是物质产品，但不具有商品的形式。其投资费用通过道路收费（使用道路的收费和养护管理费）和运输运营收费形式来补偿。

4）具有特殊的消费过程和消费方式。

5）道路是作为一个完整的系统发挥其作用，为社会和经济服务的。

2. 功能

（1）公路具有的功能

1）主要承担中、短途运输任务（短途运输为5km以内，中途运输为50~200km）。

2）补充和衔接其他运输方式，担任大运量运输（如火车及轮船运输）的集散运输任务。

3）在特殊条件下，也可独立担负长途运输任务，特别是随着高速公路的发展，中、长途运输的任务将逐步增大。

（2）城市道路具有的功能

1）联系城市各部分，为城市内部各种交通服务，并担负城市对外交通的中转集散。

2）构成城市结构布局的骨架，确定城市的格局。

3）为防空、防火、防地震及绿化提供场地。

4）是城市铺设各种公用设施的主要通道。

5）为城市提供通风、采光，改善城市生活环境。

6）划分街坊，组织沿街建筑，表现城市建设风貌。

二、道路的组成

道路是一种线形工程结构物,它包括线形组成和结构组成两大部分。

1. 线形组成

道路的中线是一条三维空间曲线,称为路线(Highway Route),线形就是道路中线在空间的几何形状和尺寸。

在道路线形设计中,为了便于确定道路中线的位置、形状、尺寸,一般从路线平面、路线纵断面和空间线形三个方面来研究路线。道路中线在水平面上的投影叫路线平面,反映路线在平面上的形状、位置及尺寸的图形叫路线平面图。用一曲面沿道路中线竖直剖切展成的平面叫路线纵断面,反映道路中线在断面上的形状、位置及尺寸的图形叫路线纵断面图。沿道路中线上任一点所做的法向剖切面叫横断面,反映道路在横断面上的结构、尺寸形状的图形叫横断面图。空间线形通常是用线形组合、透视图法、模型法来进行研究的。

2. 结构组成

(1) 路基(Subgrade) 路基是道路结构体的基础,是由土、石材料按照一定尺寸、结构要求构成的带状土工结构物。路基必须稳定坚实。道路路基的结构、尺寸用横断面表示。

(2) 路面(Pavement) 路面是在路基表面的行车部分,是用各种筑路材料分层铺筑的结构物,以供车辆在其上以一定速度安全、舒适地行驶。路面要具有一定的强度、平整度和粗糙度。

(3) 桥涵(Bridge and Culvert) 道路在跨越河流、沟谷和其他障碍物时所使用的结构物叫桥涵。桥涵是道路的横向排水系统之一。

(4) 排水系统(Drainage) 为了确保路基稳定,免受自然水的侵蚀,道路还应修建排水设施。道路排水系统按其排水方向的不同可分为纵向排水系统和横向排水系统;按排水位置又分为地面排水设施和地下排水设施。地面排水设施用以排除危害路基的雨水、积水及外来水;地下排水设施主要用于降低地下水位及排除地下水。

(5) 隧道(Tunnel) 隧道是为道路从地层内部或水下通过而修筑的建筑物。隧道在道路中能缩短里程,避免道路翻越山岭,保证道路行车的平顺性。

(6) 防护工程 陡峻的山坡或沿河一侧的路基边坡受水流冲刷,会威胁路段的稳定。为保证路基的稳定,加固路基边坡所修建的人工构造物称为防护工程。

(7) 特殊构造物 除上述常见的构造物外,为了保证道路连续、路基稳定,确保行车安全,还在山区地形、地质特别复杂的路段修建一些特殊结构物,如悬出路台、半山桥、防石廊等。

(8) 沿线设施(Roadside Facilities) 沿线设施是道路沿线交通安全、管理、服务及环保设施的总称,主要有以下几项:

1) 交通安全设施。包括跨线桥、地下横道色灯信号、护栏、防护网、反光标志、照明等。

2) 交通管理设施。包括道路标志(如指示标志、警告标志、指路标志、禁令标志等)、路面标志、立面标志、紧急电话、道路情报板、道路监视设施、交通控制设施、交通监视设施及安全岛、交通岛、中心岛等。

3) 防护设施。包括抗滑坡构造物、防雪走廊、防沙棚等。

4) 停车设施。指在道路沿线及起终点设置的停车场、汽车停靠站、回车道等设施。

5) 路用房屋及其他沿线设施。包括养护房屋营运房屋、收费所、加油站、休息站等设施。

6) 绿化。包括道路分隔带，路旁、立交枢纽休息设施、人行道等处的绿化，以及道路防护林带和集中的绿化区等。

城市道路作为行车构造物同样由路基、路面桥涵等部分组成，但其特殊功能要求使得其与公路的结构组成有所不同，体现在以下组成内容：

1) 机动车道、非机动车道、人行道的划分。
2) 人行过街通道（包括地下人行通道和人行天桥）。
3) 交叉口、步行广场、停车场、公共汽车站。
4) 城市交通安全设施，如照明设备、护栏、交通标志、交通标线、信号灯等。
5) 沿街设施如线杆，各类井、口等市政公用设施。
6) 地下铁道、高架桥、立交桥等。
7) 绿化带。

三、道路工程体系的组成

道路工程的基本体系由道路的类型、组成内容及研究范围三个方面组成。

1. 道路规划

道路规划（Road Plan）是指在一个地区范围内（如全国、省、市、地、县等），根据该地区的政治、国防、经济、文化、交通现状和发展要求综合当地自然条件及其他因素，对道路进行的全面布局和规划的工作。道路网规划是道路建设科学管理大系统中决策系统的重要环节，是国土规划、综合运输网规划的重要组成部分；道路网规划属于长远发展布局规划，是制订道路建设中长期规划、编制五年建设计划、选择建设项目的主要依据，是确保道路建设合理布局，有秩序地协调发展，防止建设决策、建设布局随意性及盲目性的重要手段。

2. 道路可行性研究

可行性研究（Feasibility Study）是指一种对投资项目在投资决策前进行技术、经济论证的科学方法，是一种在投资前通过调查、分析、研究、推算和比较，选择最小的耗费，取得最佳经济效果的手段。我国规定，要以可行性研究为基础来确定基本建设的基本轮廓。这个轮廓可概括为工程建设的可否、时期、规模三个基本问题。

道路可行性研究任务是在对地区社会、经济发展及路网状况进行充分调查研究、评价预测和必要的勘察工作的基础上，对项目建设的必要性、经济合理性、技术可行性、实施可能性提出综合的研究论证报告。按其工作深度可分为预测可行性研究和工程可行性研究。道路建设项目可行性研究报告的主要内容包括：建设项目的依据、背景，在交通运输网中的地位，原路的状况，预测交通量及发展水平；建设项目的地理位置和自然特征，筑路材料来源及运输条件；不同方案的特点及推荐意见；主要工程量和投资估算，经济评价；对推荐方案的评价，存在的问题和有关建议。

3. 道路设计与工程招投标

（1）道路设计（Road Design） 道路设计是根据道路规划，按国家规定的标准和设计任务书的要求，对一条道路的路线方案、形状、位置及各组成部分的详细结构尺寸、工程数量、费用等进行的设计工作。道路设计前必须对道路沿线的条件（自然的、社会的等）进行勘测、调查、收集资料，再通过内业设计，完成修建全路所必需的全部图、表、工程数量、费用等项目。道路设计根据任务、审核和完成资料的不同可分为初步设计、技术设计和施工图设计。

（2）工程招标与投标（Project Tendering and Bidding）

1）道路工程招标，是指道路工程建设单位就拟建道路工程的规模、道路等级、设计图、质量标准等有关条件，公开或非公开地邀请投标人报出工程价格，在规定的日期开标，从而择优选定工程承包者的过程。

2）道路工程投标，是指承包单位在同意建设单位按拟定的招标文件所提出的各项条件的前提下，对招标项目进行报价。投标单位获得投标资料以后，在认真研究招标文件的基础上，掌握好价格、工期、质量、物资等关键因素，根据建设单位的要求和条件，在符合招标项目质量要求的前提下，对招标项目进行价格估算，并在规定的期限内向招标单位递交投标资料，争取"中标"的过程。

3）道路工程建设实行招标承包制，是我国道路建设事业改革的需要。招标投标承包制，不仅在理论上符合商品经济和价值规律的基本原理，也在实践上证明了可以确保工程质量、缩短建设工期、降低工程造价、提高投资效益、保护公平竞争。

4）道路工程招标、投标工作一般可分为三个阶段，即准备阶段、招投标阶段、评标及签订合同阶段。

4. 工程概预算

（1）设计概算（Preliminary Estimate of Project） 设计概算是控制和确定工程造价的文件，是初步设计文件的重要组成部分。设计概算经批准后，就成为编制固定资产投资计划、签订建设项目总承包合同和贷款总合同、实行建设项目投资包干或确定招标投标标价的依据，也成为控制基本建设拨款和施工图预算、考核设计经济合理性的依据。设计概算文件包括概算编制说明、总概算书、单项工程综合概算书、单位工程概算书、其他工程与费用概算，以及钢材、木材、水泥等主要材料和设备表。

（2）施工图预算（Working Drawing Estimate） 预算是施工图设计文件的重要组成部分，是确定工程造价、签订建筑安装工程合同、实行建设单位和施工单位投资包干和办理工程结算、实行经济核算和考核工程成本的依据。施工图预算应根据施工图设计的工程量和施工方法，按照规定的定额、取费标准、工资单价、材料设备预算价格等办法，在开工前编制并报请批准。以施工图设计进行施工招标的工程，经审定后的施工图预算是编制工程标底的依据。

5. 道路施工及工程监理

（1）道路施工（Road Construction） 道路施工是将设计的道路在实地具体实施的过程。由于道路是线形工程，工地布设沿线路展开，施工的点多、线长，并且施工现场又大多是露天作业，因而受自然条件的影响较大。道路施工与其他土木工程施工相比更复杂、更艰苦、更困难。道路施工的主要内容有：

1）施工前的准备。包括征地、场地准备及拆迁、施工测量、材料准备、施工方案和施工组织计划的编制等。

2）路基施工。包括路基土、石方施工，路基整修，路基排水及防护施工等。

3) 路面施工。包括备料、路槽施工、路面基层施工、路面面层施工、路容整修等。

4) 桥涵施工。包括备料、基坑开挖、基础施工、下部构造施工、上部构造安装、桥面施工、桥头引道施工等。

5) 隧道及特殊构造施工。

6) 沿线设施施工。

7) 工程竣工及验收。

（2）工程监理（Project Supervision） 施工监理是指独立的监理单位受建设单位的委托，依照国家法律、法令、法规及有关的技术规范、标准和依法成立的施工合同文件，对工程建设的质量、投资、工期等进行全面的监督与管理的行为。推行道路工程监理制度是道路建设管理体制改革的重要内容，是强化质量管理、控制工期和造价、提高投资效益和施工管理水平的有效措施。

第三节 中国道路工程的发展概况

一、中国道路工程的发展历史

中国是历史悠久的文明古国，道路运输的发展先于世界各国。道路的名称源于周朝，原为"导路"。秦朝以后称"驰道"或"驿道"，元朝称"大道"。清朝京都至各省会的道路为"官路"，各省会间的"道路"为"大路"，市区街道为"马路"。20世纪初叶，汽车出现后则称为"公路"或"汽车路"。

1876年欧洲出现世界上首辆汽车。1902年在上海出现了我国的第一辆汽车。1913年中国以新式筑路法修筑了第一条汽车公路，自湖南长沙至湘潭，全长50km，揭开了我国现代交通运输的新篇章。抗战时期完成的100km滇缅公路沥青路面，是中国最早修建的沥青路面。1949年的统计数据为：通车里程为8万km，机动车7万余辆。

（一）新中国公路发展的大致阶段

（1）从新中国成立初期至改革开放前的1978年 20世纪五六十年代，根据当时形势需要和条件，公路建设基本上是在原大车道、便道上修补改造进行，为适应经济发展和开发边疆的需要，我国开始大规模建设通往边疆和山区的公路，相继修建了川藏公路、青藏公路，并在东南沿海、东北和西南地区修建国防公路，公路里程迅速增长，1965年超过50万km。之后，依靠国家的国防、边防公路建设投资和"民工建勤"等方式，全国公路通车里程增长较快，至1978年达到89万km，其中干线公路23.7万km、县乡公路58.6万km、专用公路6.6万km，但公路等级普遍很低。

（2）1978—1985年 改革开放后，国民经济持续高速发展，公路运输需求强劲增长，公路建设的重要性逐步为全社会所认识。国家计委、国家经委、交通部联合颁布了国道网规划。国道网规划是以北京为中心，连接各省市重要大中城市、港站枢纽和工农业基地。国道网由放射线、南北线和东西线组成。首都放射线12条，全长23178km，编号为101-111；南北线共28条，全长38000km，编号为201-228；东西线共30条，全长48800km，编号为301-330。此阶段末期，国家开始利用国际金融组织贷款修建高速公路。公路通车总里程增长到94.24万km。

(3)"七五"时期、"八五"初期 我国公路交通事业进入了一个持续、快速、健康发展时期,建成了沈阳至大连、上海至嘉定等共约600km高速公路,实现了我国高速公路通车里程零的突破。"七五"期末,公路通车总里程为102.8万km。"八五"初期,根据国民经济发展对交通运输的总体要求,在国道网规划基础上研究形成了"五纵七横"12条国道主干线规划,逐步建成以二级以上汽车专用公路为主组成的国道主干线网。到1997年年底,全国公路通车总里程已达122.6万km,其中高速公路4771km。短短10年间,我国的高速公路就走过了发达国家高速公路一般需要40年完成的发展历程。高速公路及其他高等级公路的建设,改善了我国公路的技术等级结构,大大缩短了我国同发达国家之间的差距。

(4)20世纪末至21世纪初 公路基础设施实现了跨越式发展。到2000年年底,全国公路总里程超过140万km,公路网密度达到14.6km/100km^2。高速公路里程突破1.6万km。京沈、京沪高速公路全线贯通,在我国东北、华北、华东地区之间形成了一条公路快速运输大通道。"五纵七横"国道主干线建成1.8万km,占规划里程的一半以上,为国道主干线提前10年建成奠定了基础。公路网整体技术水平有较大提高,二级以上公路里程达到18.9万km,占总里程的比重达到13.5%,高级、次高级路面公路里程占公路总里程的比重达到42.5%。国道网中的断头路基本消除,大中城市出入口和过境交通继续改善。公路通乡和通行政村比重达到98.3%和89.5%。至2003年年底,全国公路通车总里程达到181万km,其中高速公路近3万km,跃居世界第二位。同江至三亚、北京至珠海、连云港至霍尔果斯、上海至成都四条公路国道主干线基本贯通,从而实现了"五纵七横"国道主干线系统第一阶段建设目标,即"两纵两横三个重要路段"的全部贯通。2003年起,全国加强了农村公路建设和改造,提高了农村公路的"通达率"和"通畅率",总规模超过32万km。与此同时,我国城市道路发展速度也很快,北京、上海、天津及广州等多个大城市已修建了快速干道和各种互通式或分离式立体交叉和高架桥等。

(5)21世纪初到现在 近年来,道路交通建设一直是我国年投资力度最大、发展速度最快的重点建设领域。截至2010年年底,全国公路总里程突破400万km,达400.82万km,公路密度为41.75km/100km^2。高速公路网络更加完善,全国高速公路里程达7.41万km,居世界第二位,其中,国家高速公路里程5.77万km,"五纵七横"12条国道主干线提前13年全部建成。路面状况显著改善,全国有铺装路面和简易铺装路面公路里程24.22万km,其中沥青混凝土路面54.25万km,水泥混凝土路面137.55万km,简易铺装路面52.42万km,未铺装路面156.60万km。全国农村公路(含县道、乡道、村道)里程达350.66万km,全国通公路的乡(镇)占全国总数的99.97%,通公路的建制村占全国建制村总数的99.21%,通硬化路面的乡(镇)占全国总数的96.64%,通硬化路面的建制村占全国建制村总数的81.70%。截至2013年年末,全国公路总里程达435.62万km,公路密度为45.38km/100km^2。

1988—2014年的26年间,我国高速公路从沪嘉高速公路的建成通车实现中国大陆高速公路零的突破,经历了"两纵两横三个重要路段",到总规模约3.5万km"五纵七横",再到"7918"(我国已建成由7条首都北京放射线、9条南北纵向线和18条东西横向线组成,总里程约8.5万km的国家高速公路网,简称为"7918网"),到2014年年底,高速公路通车总里程达到11.2万km,已超过美国,跃居世界第一。2018年年底,我国公路养护里程达到484万km,到2020年年末,我国公路养护里程预计超过500万km。

(二) 我国在道路工程研究领域取得的进展

在路基工程建造技术方面，特别是在特殊路基建造技术方面，取得了一系列具有国际领先水平的科研成果，包括多年冻土地区路基修筑技术、膨胀土地区路基修筑技术、沙漠地区路基修筑技术、岩溶地区路基修筑技术、黄土地区路基修筑技术、盐渍土地区路基修筑技术、山区公路路基修筑技术及路基拓宽改扩建技术等。此外，各地结合重大工程项目建设，取得了许多高水平的科研成果，其中以路基-路面-行车荷载相互作用和非饱和土力学为基础，建立了路基动态回弹模量预估理论，提出了路基-路面协同设计新方法。另外，加筋土路基、细砂路基、低路堤、湿软路基处治等工程技术得到了广泛应用。

在耐久性路面工程建造技术方面，系统开展了路面设计指标与标准、半刚性基层沥青路面抗裂技术、路面材料的疲劳损伤与轴载换算方法、路面规模化施工工艺及设备开发等方面的研究。提出了"长寿命路面""永久性路面"等概念，主要围绕路面材料设计和新型路面结构组合开展。进行了如矿料级配设计、检验与施工，硬质沥青的应用技术，路面黏结防水层设计，提高半刚性基层和沥青面层均匀性的措施等方面的研究；开展了柔性基层沥青路面、CRCP+AC刚柔复合式路面等多种路面结构形式的应用示范研究。在沥青路面设计方面，进一步深化了"按性能设计按力学验算"的方法体系，形成了较为完整的基于性能的重交通沥青路面设计方法。提出了沥青路面现场疲劳方程的建立方法，建立并修正了反映交通、环境路面结构和沥青混合料抗剪性能等关键参数的车辙预估模型，使之与实际情况更为接近，并与沥青路面结构设计、材料设计关联起来，可实现对沥青路面设计的有效控制。

在公路养护管理与维修技术方面，研发了集路况数据测试与集成、道路病害诊断与评价、道路功能恢复与性能预测、道路养护维修与计算机辅助决策，及养护资金投资优化等技术为一体，与我国现行管理体制相适应的高速公路养护管理智能化系列技术。针对旧路面路况评价应用WD评定板底脱空状况方面进行了较充分的研究，得到了一系列具有实用价值的成果。在旧水泥混凝土路面上加铺沥青混凝土（白+黑）技术方面，目前已经形成了比较成熟的技术。在旧路面的维修加固加铺层结构设置和防裂措施等方面都已形成系列技术并在众多公路与城市道路中得到了应用。

在功能性路面材料的开发与废旧材料的再生利用方面，结合不同地区和不同交通状况引发的复杂道路工作特征，开展了道路工程功能性材料的研发与应用，发现了冷再生土基层在路面施工过程中的再压密现象，建立了冷再生压实过程中温度场的预估方法，在此基础上提出了冷再生混合料的试验条件、成型方法及冷再生混合料配合比设计方法。对混凝土桥面铺装沥青混合料级配进行了设计和优化，并通过湖沥青、改性沥青和纤维的合理使用，大大提高了沥青混合料的高温性能。此外，还开展了复合改性沥青橡胶沥青、硬质沥青、高性能沥青混合料、温拌和冷拌沥青混合料、高性能混凝土、混凝土外加剂、道路修补材料、新型道路工程材料以及废旧沥青和水泥混凝土的再生和回收技术等的研究。

在路基路面施工及质量控制技术方面，开展了公路施工组织管理、进度控制、质量控制方法和工程经济等方面的研究；通过建立和完善道路施工质量控制与管理理论模型，强化路基施工稳定监测与变形控制、路面施工质量动态控制，形成了与我国管理体制相适应的道路工程施工质量、计算机网络控制的新体系。

在可持续道路交通方面，注重交通基础设施设计和建设养护中的可持续发展、节约和循环利用宝贵的资源、保护生态和环境，不管在研究还是实践上都已经成为潮流。橡胶沥青、绿色道路、生态与景观恢复等技术取得了一定的成果。总体而言，目前我国在交通领域的可持续工程技术，特别是低碳交通工程技术方面的研究尚处于起步阶段。

二、道路工程的发展趋势

（一）国外道路工程的发展趋势

20世纪90年代，一些欧美发达国家的高速公路网络已经建成，基本形成了一个系统规划、科学设计、整体建设和综合管理的完整体系。他们加强了养护和营运管理，包括养护管理、交通管理和环境管理等，其目的是提高道路的使用功能、保证行车安全舒适、改善道路状况对环境及人文景观的影响。

发达国家高度重视高新技术开发，应用计算机技术、电子信息技术、自动控制技术和新材料技术来改造公路交通行业。普遍利用地理信息系统GIS建立公路数据库，通过计算机模拟建立多种分析评价模型，多次修订通行能力手册，为公路交通的规划设计提供分析手段和决策依据。全面利用GPS卫星定位航测遥感技术取代人工勘测设计，将采集的数据通过数字地面模型与CAD技术衔接配套，进行道路和交通的规划设计，并扩展到环境设计，以便提供动态的景观评价。

发达国家还很重视材料、结构和施工、营运环节的技术监控，对路用材料和改性技术、结构设计和优化分析研究技术，以及施工自控技术与高效的质检控制设备等进行了系统的试验研究（如美国SHRP计划）。20世纪90年代以来，美国试验了智能运输系统，分近期、中期和远期开发目标，将先进的信息技术数据传输技术、电子控制技术和计算机处理技术等综合运用于地面运输体系，将驾驶人汽车道路及有关服务部门有机联系起来，使道路与汽车运输得到完美的利用，发挥了最优的服务功能，体现了21世纪运输体系的基本模式和发展方向。

（二）我国道路工程的发展趋势

目前，我国道路工程发展面临的新形势、新要求是为保持经济社会平稳较快发展，进一步提高道路运输服务保障能力和水平；着力转变经济发展方式，加快道路运输结构调整和产业升级步伐；进一步强化统筹区域及城乡协调发展力度，加快推进城乡道路运输一体化进程；应对气候变化、深化节能减排，大力推进以低碳为特征的道路运输业发展。相应的，我国未来道路工程技术发展的新趋势主要表现在以下方面。

1. 路基、路面结构与材料

我国进行了大量的结合工程实际的研究，为重大交通基础设施的建设解决了大批重大科学技术问题。但是对交通基础设施力学、材料结构原理等的基础性、原创性研究不足，特别是面对未来需求的前瞻性研究不足。对交通运输基础设施的研究应从即时的力学性能走向长期的使用性能。近十年来，以美、英、日为代表的一些发达国家对运输设施长期使用性能的研究十分重视，通过建立先进、完整的运输设施长期使用性能测试分析系统，为按使用性能进行铺面结构和材料设计、维修养护管理等提供理论依据。交通基础设施的设计理论和技术研究应从结构性能的考虑走向可持续的功能性考虑。欧美发达国家已将交通公害（噪声废气、振动）的防治，路界景观设计，资源的再生利用，以环境保护为标准的新材料、新工艺等方面列为重点研究方向。

材料及材料组成设计方面，近年最引人注目的是美国公路战略研究计划（SHRP），其主要研究成果是建立在路用性能基础上的新沥青胶结料规范和混合料规范，包括一整套试验方法与设备，以及沥青混合料设计方法。SHKP混合料设计与分析体系包括三种竖向组合的设计等级——水平Ⅰ、Ⅱ、Ⅲ，它们是在沥青混合料设计过程中相互联系的有先后之分的三大部分，分别适用于不同的交通量水平。Superpave沥青混合料设计中，对矿料级配主要控制点和禁区加以限制，最佳沥青用量则以4%的标准空隙率进行确定。对于一般的混合料，主要是按照水平Ⅰ的体积设计。

传统的路用材料研究关注材料宏观物理性能的改善，而对材料的微观结构研究较少，未能很好地建立起材料结构与性能之间的关系。微观结构是宏观性能的决定因素，从微观结构上研究分析材料特性是从根本上解释其宏观性能变化的有效方法。近年来，国内外诸多研究侧重于采用微观分析手段，如X射线衍射、CT、扫描电镜、红外光谱、原子力显微镜和热分析等，以及采用有限元、离散元等数值分析方法，从微细观层面对路用材料的特性进行研究，以揭示其强度形成机理等材料的本质特征，并建立微观结构与宏观性能变化之间的关系，在实现对路用材料性能更为科学的探究方面迈出了一大步。

2. 道路设施管理

在评价方面，受相关高新技术的制约，国外始终引领高性能路况检测技术的革新，国内以引进、改进和模仿为主，原创较少，而在路况评价理论研究方面，国内外均有各自代表性的成果；在预测方面，因路网发展水平和交通环境不同，国外路况变化较稳定，有效数据积累较多，预测研究条件较好，实用成果较多，而国内交通环境复杂且有效数据积累少，多数预测研究精度和实用性较差；在维修方面，大量新的路面维修技术以国外设备和材料厂商为主导，国内以技术的本土化改进和应用为主；在决策方面，无论是全寿命分析方法还是各类优化技术，国内外均有各自代表性成果；在管理方面，国外开创了资产管理理念并已付诸实施，而国内仅限于理念探讨，国内外对相关技术的研究均较少，国外比国内管理的信息化程度要高。将来道路设施管理技术的发展，将进一步提高检测设备的精度、自动化程度和适应性，研发面向项目级管理的检测方法和评价体系；提高预测结果精度，研究适应路面结构、交通和维修技术变化；研发低碳、节能、环保且对交通干扰小的维修技术；深化针对多设施、多目标、全寿命周期的优化技术；研发面向大交通、多设施的综合优化管理技术。

3. 可持续道路交通

可持续交通系统是可持续城市的重要组成部分。欧美发达国家已将交通运输的可持续发展列入了国家发展战略中，成为社会可持续发展的重要部分，并长期支持进行相关的基础研究和技术开发。与此同时，国际知名的研究机构，如美国加利福尼亚大学伯克利分校、英国剑桥大学和牛津大学等都设立了可持续交通的研究中心，分别在考虑城市与交通的一体化、资源的再生利用，以环境保护为标准的新材料、新工艺等方面进行重点研究。另一方面，随着急剧增长的交通出行需求以及日益严峻的城市交通拥挤情况，城市交通的碳排放还在进一步加剧。调查表明，全世界大约15%的二氧化碳、50%的一氧化氮和90%的一氧化碳都由交通运输产生；美国加利福尼亚州的一项研究甚至认为交通运输领域的温室气体排放大约占整个地区温室气体排放量的40%。交通行业的碳排放持续增长，而农业、工业碳排放都在下降，可见交通行业将会是一个长期、重点的低碳技术研发领域。因此，在研究和实践中考虑可持续发展的理念，形成可持续的、低碳型交通系统已经达成共识。

注重交通基础设施设计和建设养护中的可持续发展，节约和循环利用宝贵的资源，保护生态和环境，不管在研究还是实践上都已经成为潮流。交通系统规划技术是构建低碳交通系统的关键支撑方面，以减排为目标的区位优化模型和网络系统优化方法是这一方面的代表。英国着手研究全国范围的汽车碳排放收费问题，以取代燃油税和部分地区实施的道路拥挤收费，实现道路交通系统的碳排放优化控制。在城市交通规划方面，以牛津大学地理系为代表的"紧缩城市"理论派对区域土地开发、交通出行和碳排放等的关系进行了深入研究，提出了减少交通排放的城市形态和区位优化理论。挪威也在交通领域减排上进行了积极的尝试，通过改善物流系统和城市整体规划来减少交通运输的需求，达到交通减排的目标。

在交通基础设施建设方面，引入新的技术手段着力降低交通污染也成为目前国际上的研发热点。在道路材料方面，光催化技术应用于道路路面材料是一种近年来日益受到重视的污染治理新技术。在道路施工技术方面，一些欧洲国家目前正在推广一种新工艺，用来降低沥青混合料生产和摊铺时所需要的温度，改善沥青路面施工过程中的环境污染，以达到欧盟标准。该项技术最直接的益处就是可以降低传统沥青混合料在生产过程中所需的能源消耗，并保证其在摊铺和压实过程中具有较高的施工性能。

三、我国道路工程的发展规划

1. 规划目标与设想

根据交通部2001年制定的《公路、水路交通基础设施发展的三阶段战略目标》，第一阶段到2010年，公路交通紧张和制约状况要实现全面改善，其主要标志是：主要运输通道的综合服务能力有较大幅度提高，结构调整的主要任务基本完成。在量的方面，主要通道的能力基本满足需要，但基础设施的总体能力仍不能适应经济快速发展的需要。在质的方面，安全、快速、舒适和便捷的服务水平有较大幅度提高，但仍不能满足社会生产力和人民生活水平提高后的发展要求。第二阶段到2020年，公路交通达到基本适应，其主要标志是：公路交通基础设施能够满足社会经济发展的需要，不会对社会经济的加快发展构成新的制约，储备能力和应变能力全面提高。在量的方面，运输供给总体上与经济社会需求基本保持平衡。在质的方面，服务水平得到很大提高，能够基本满足当时社会生产力和人民生活水平对质量方面的要求，实现"人畅其行、货畅其流"。第三阶段到2030年，公路交通基本实现现代化，其主要标志是：基础设施网络已经全面建成，技术等级与构成已经充分满足运输发展的需要，量与质达到优化。公路交通基础设施网络层次分明，布局合理，结构优化，功能完善。

2. 我国公路科技发展规划与方向

我国公路科技发展规划的总目标是：围绕国道主干线的建设，为提高运输生产效率、效益和安全保障，研究开发和应用先进适用的成套技术，发展和应用面向交通行业的电子信息及通信技术、自动控制技术和新材料技术等高新技术，大力发展高速、重载的交通运输装备，使交通全行业的技术水平和技术构成有一个较大幅度的提高和新的突破，形成快速、准时、经济、便利、安全、优质的公路客货运输体系。

今后，我国道路工程研究方向与重点主要有：

（1）道路结构耐久性　在当前的道路建设中一些道路出现不同程度的早期破坏，损坏的原因有设计、施工与运营等方面。由于对长期车辆荷载与环境作用下路面性能变化规律、路面破坏过程及破坏机理缺乏深刻认识，如何根据不同情况选择不同的路面结构，将"永久性路面""长寿命路面"的理念提高到战略位置的研究具有十分重要的意义。

针对道路工程结构性能衰减过快的问题，我国曾在"十二五"期间开展了一些耐久性路面建造技术方面的研究，而从病害发生的本源及功能修复难易程度和工程量来看，耐久性路基建造技术是发展耐久性公路基础设施的基础，开展路基路面长期使用性能与交通荷载、环境、材料、结构设计、养护和维修养护等关键技术问题研究，探索长期性能与各影响因素之间的关系，对提高我国公路路基路面的设计、施工和养护技术整体水平显得迫切需要。

"十三五"期间我国基础设施水平全面跃升。交通、水利、能源、信息等基础设施建设步伐加快。高效、便捷的铁路网、公路网、航空运输网、城际铁路网、航道网逐渐形成。

（2）绿色公路建设技术　针对当今国际应对气候变化的战略背景，结合我国"十三五"建设绿色交通体系的要求，开展绿色公路建设技术研究，首先对绿色公路的内涵及特点进行界定，从公路耐久性结构、低碳及节能材料、材料可循环利用、沿线绿色施工体系及绿色公路路域生态等方面，确定绿色公路建设技术，并开展公路绿色能源开发利用和公路服务设施低碳节能技术研究，建立低碳理念下绿色公路建设的关键技术与应用体系。

（3）防灾减灾　近年来，我国自然灾害频发，对道路工程提出了新的要求。同时，公路和机场建设向西部迁移，带来了大量高填、深切路基。建立区域性的路基变形监测系统，对于山区路基灾害的辨识、预警和处治具有重要意义。因此，应用现代卫星遥感技术开发路基灾害的监测与预警技术将成为一个重要的研究领域。

（4）道路养护管理　长期以来，我国公路建设"重建轻养"。伴随着耐久性路面相关研究的深入和完善，以及在路面养护技术方面取得的长足进步，路基养护相关的技术研发显得尤为重要。在路基工作状态的实施监控、全寿命动态维护技术和装备等方面亟需突破。

1）应科学地使用好有限的养护经费，准确地制定养护对策，有效地解决病害，保持路网的通行能力和服务水平，将系统工程的理论和方法用于协调路面养护，形成路面管理系统。

2）针对建设与养护过程中对路面结构状况的快速检测评价和预防性养护决策时机的确定问题，开发路面材料与结构路用性能的快速检测与评价技术，研发轻便可靠易操作的检测装备对路面结构进行快速性能评价，将为路面建设和养护工作提供科学的评判依据，具有广泛的推广应用前景。

（5）环境保护与节能减排　当前公路建设理念发生了深刻变化，以前"很少考虑建设对环境的影响"，现在提出了"破坏后应及时恢复"，将来应贯彻"最小的破坏就是最大的保护"这一公路建设新理念。开展公路建设对生态环境的影响及其恢复技术是贯彻这一新理念的有力保障，筑路原材料的获得与废旧路面材料的废弃都会对环境造成一定程度的破坏，开发路面新材料和旧路材料的循环利用技术是切实贯彻"两型交通"的切实举措。因此，开发公路建设与养护新材料、新工艺与应用技术将成为今后迫切需要解决的关键技术问题。另外，着手开发替代燃料与新能源，并重视开展节能技术方面的研究，在规划、设计和建设过程中融入可持续发展观念，保证公路运输与社会经济的健康发展。

（6）高填路基建造技术　随着国家西部大开发战略的实施，越来越多的公路和机场建设进一步向自然条件更加恶劣的区域（如山区）扩展，从而出现了大量的填石高填方路基；

在其自重和蠕变特性作用下,工后沉降变形将长期存在,采用目前的路基沉降稳定控制标准将无法体现填石高填方路基的变形特征。巨大量的超粒径石料的出现也给山区路基修筑带来了挑战。因此,高填方路基施工及稳定控制等将成为未来急需解决的关键技术问题。同时,研究特殊环境条件下路面材料与结构的一体化设计耐久性评价等将具有重要意义,是进一步提升西部交通基础设施的科技含量所急需的。

(7) 农村公路建设技术　随着我国高速公路网的进一步完善,大规模的国省道改造及农村公路建设将进一步拓展。因此,开发适应特殊环境与交通条件下的低等级公路设计、建设与养护成套技术也显得日益迫切。

(8) 抗滑降噪技术　我国高等级公路逐渐进入运营中末期,表面抗滑功能大幅度降低,每年道路抗滑能力不足导致的交通事故层出不穷,尤其是雨雪天气时,路面抗滑能力不足将带来严重的交通威胁。因此,如何提高路表抗滑能力,如何提高并保持面层构造深度是未来道路研究的重要方向。此外,随着社会环保意识的增强,如何避免路面噪声污染也是未来道路研究需要关注的主要方面之一。

(9) 改扩建技术　近年来,我国高速公路的建设十分迅猛,其中大部分为双向四车道。随着国民经济的发展,公路客货运输持续快速增长,汽车保有量大幅增加,相当比例的高速公路通行能力已无法满足要求,经常出现交通拥堵,甚至引发恶性交通事故,严重制约了社会经济发展。我国南方高速公路分布密集,许多高速公路修建年代较早,受地形限制线形标准不高,交通流量大,受路网运行效率影响更为显著。我国南方气候潮湿、不良土质广泛分布、地质地形条件复杂,对高速公路的建设与养护极为不利,开展特殊环境(特殊气候、土质、地质等)条件下路基拓宽技术研究意义重大。

复习思考题

1. 简述交通运输的构成及特点。
2. 简述公路和城市道路。
3. 道路的组成有哪些?
4. 什么是道路工程的招标与投标?查阅相关资料,论述招标与投标制度在我国道路工程建设中的作用。
5. 从我国未来道路工程技术发展的新趋势中选择一个角度,查阅相关资料,写一篇文献综述。

交通道路规划设计 第二章

第一节 公路网规划

一、公路网的特征及我国公路网发展概况

1. 公路网的特征

公路网一般特指某一区域内的公路网络系统，它有别于城镇市区内的道路网。区域内的城市或集镇及某些运输集散点（大型工矿、农牧业基地，车站、港口等）视为结点，称为运输点。这些运输点之间的连线称为公路路线。公路网是指由规划区域内的运输点，以及连接诸运输点的所有公路，按一定的规律组合而成，并具有特定功能的有机集合。

合理的公路网一般应具备以下条件：①具有必要的通达深度和公路里程长度；②要有与交通量适应的技术标准和使用质量；③具有经济合理的平面网络。

由此可知对公路网的基本要求应该是：四通八达、干支结合、布局合理、效益最佳。四通八达是要求区域内有一定数量的公路，以满足公路运输适应"面"的要求，充分体现公路运输深入门户的优越性；干支结合是要求各条公路具有相应的技术等级，并在整体上达到技术标准配套，干线公路与一般地方道路组合协调；布局合理是要求公路网络性能要好，公路走向与技术标准的选定必须局部服从整体，并且在宏观方面根据实际需要和可能，做出路网最佳方案的选择；效益最佳是指路网方案的最终效益，需要对路网方案进行科学评价和定量分析，并加以优化决策，从而使得公路网在使用中获得较好的经济效益和社会效益。以上四点要求相互联系，彼此制约，并且与区域内的实际条件密切相关。

公路网作为一个系统，具有以下四个特征：

（1）集合性 区域公路网由许多元素（运输点和公路路线等）按一定方式组合而成。区域范围内运输点的规模和重要性不同，公路网的组合结构与级别也应有所差别。我国目前的公路网可以分为三个级别，即国道网、省道网和地方道路网（县乡公路网）。前两者是全国和省（市）公路网的骨架，是公路运输的主动脉，而众多的地方道路则作为枝叉，直接深达区域内的各有关用户，三者共同组成一个有机整体。三级公路网的建设及维护管理，可分别由全国、省（市）和县的有关交通部门承担。三级公路网的区域范围、运输点组成和作用，见表2-1。实际工作中还可根据区域划分的需要做必要的调整，如经济区特定开发区等，但所属管辖级别与范围应相应划定。

（2）关联性 构成公路网的全部运输点和公路是相互联系、相互制约且具有一定规律的整体。正如机械加工车间由各种机床与设备按一定工艺流程及要求组成，而若干机床和设

表2-1 公路网的分级表

网别	区域范围	运输点构成	主要作用
国道网	全国	各省、市、自治区、各大军区机关所在地、大型工农业基地和重要交通枢纽	在全国范围内沟通各主要运输点的高效快速的运输联系
省道网	省和相当省的市、区	省、市、自治区所辖各市(县)及主要工农业基地和较大交通枢纽	为国道的重要补充,沟通各运输点的运输联系,其中包括相邻区域的横向联系
地方道路网	县和相当于县的地区	县属各乡、镇和主要居民密集村以及相关的工农业基地和车站、码头渡口等	为上两级路网的补充,深达各主要用户,实现直达门户的公路运输,其中包括与邻县和地区的横向联系

备的总和并不等于一个车间,公路网并不等于若干条公路的简单相加,它是在布局和结构组成方面具有与地区的自然条件、社会经济条件及功能等相适应的,符合一定规律性的和具有高效益的有机整体。路网中每新建或改建任意一条线路,均要受到全局因素的制约,又由于区域经济和运输需求随着时间的推移不断地变化和发展,因此公路网的建设是一个动态过程。公路网的关联性,包含着时间与空间两方面的特征。

(3) 目的性 公路网具有特定的功能,也带有一定的目的性,众多的公路正是按此目的组合而成公路网的。各条公路也只有在特定的路网系统中,才能充分发挥汽车运输的优势,给区域的整体交通运输创造良好条件。一般情况下,区域公路网的主要目的(功能)是：满足区域内外的交通需求,承担区域内外的运输联系;维持区域内交通的通畅及保证交通运输的快速和高效益;确保交通安全和提供优质运输服务;维护生态平衡,防止水土流失,注意环境保护,方便人民生活;满足国防建设和防灾、抗灾需要等。

(4) 适应性 任何一个系统总是存在和活动于特定的环境之中,且必须与之相适应。公路网是区域公路运输的基本组成部分,而公路运输是区域综合运输的子系统,综合运输则是为区域的社会、经济、政治、文化等服务。也就是说,公路网必须适应于区域国土开发利用和经济发展规划,适应于区域综合运输系统发展规划,适应于公路运输的发展需要。

2. 我国公路网规划发展概况及趋势

建国初期,我国的公路网规划主要侧重于边远地区和省市县行政中心的线路打通问题,这使得我国早期的公路建设得以正常的发展。

1990年,交通部委托交通部公路规划设计院总结国内公路网规划研究方面已经取得的成果和经验,并借鉴国外的先进理论与方法,拟订了《公路网规划编制办法》。交通部在研究制订"八五"计划期间,提出了连接全国30个省、市、自治区"五纵七横"国道主干线的30年规划。

1991年,交通部颁布《关于编制1991—2020年全国公路网规划的通知》,要求各省、市、自治区于1994年底前完成本省(市、区)的公路网30年规划,从而将全国的公路网规划工作推向了高潮。

"十一五"末,我国公路网总里程达到398.4万km,五年新增63.9万km,其中,高速公路新增3.3万km,增长0.83倍,居世界第二。

"十二五"全国高速公路建成7.41万km,居世界第二位,比"十一五"规划目标增加9108km,比2009年末增加5400km,其中国家高速公路建成577万km,地方高速公路建成1.64万km,全国高速公路车道里程为32.86万km,"五纵七横"12条国道主干线提前13

年全部建成。

2013年，国家发展改革委员会同交通运输部编制的《国家公路网规划（2013—2030年）》获得国务院的批准。调整后的国家高速公路由7条首都放射线、11条北南纵线、18条东西横线，以及地区环线、并行线、联络线等组成，约11.8万km；另规划远期展望线1.8万km，远期展望线主要位于西部地广人稀的地区。

经过近10年的研究，人们逐步明确了公路网规划研究的指导思想：其一，从经济角度出发研究交通，同时要以交通建设发展促进经济发展；其二，认为经济产生的交通流是一种可分析和分配的交通流。同时，在研究方法上也有了很大的改进，由过去的以经验为主的决策法发展到现在的以经验为导向，以数学模型为依据的定性和定量相结合的科学决策法。但在规划实践中应注意，数学模型有其先进性，但也有其局限性，不能过分依赖它，需结合专家的经验判断，才能使决策更符合实际。

从我国公路网规划研究的发展来看，除了引入西方运输规划理论、方法与模型以外，我国学者也结合国情在公路网规划技术的各个环节和各个层次上进行了积极的探索研究。十余年来，先后进行了全国性的交通系统仿真网络规划、运输通道理论与方法研究，开展了省域和市、县域的公路网规划理论方法探索。在网络规划技术方面，发展了公路网规划的动态规划法，提出了交通区位原理；在交通预测技术方面，提出利用已知部分经验信息和现状路段交通量推算公路交通量OD分布，以及OD分布的一区多中心模型等；在公路网发展规模方面，运用多目标规划方法进行公路网技术等级结构优化，提出公路网合理密度的概念；此外，在公路网规划的评价方法、投资决策模型等方面都进行了较深入的研究。目前，我国具有代表性的公路网规划理论与方法主要有四阶段法、结点法及总量控制法三类。

未来我国公路网规划的发展趋势是紧随公路网规划理念、理论发展的国际潮流，同时结合我国国情、公路建设和公路交通的实际情况，研究适合我国公路建设和公路交通特点的规划理念、理论与方法，包括可持续发展的公路网规划理念、综合运输系统影响下的公路网规划理论、BOT公路建设和管理模式下的公路建设投资优化和实施方案设计等。

二、公路网规划的基本原则、程序和基本内容

（一）基本原则

1. 综合运输，协调发展

现代化交通运输方式有公路、铁路、水路、航空和管道运输五种，它们各自适应于一定条件。因此在进行区域公路网规划时，首先要考虑各种运输方式的现状与发展规模，特别要注意规划区的铁路和水路的宏观总体协调规划，并以此作为公路网规划的基本依据之一。

根据我国经济发展战略规划的需要，在综合运输规划方面，我国将建成八大通道，即由大秦铁路和公路干线组成的秦皇岛至大同运输线；由高速公路、铁路和航空线组成的天津至太原运输线；由高速公路和铁路组成的连云港至西北地区的运输线；以长江水运为主干，辅以公路与铁路组成的上海至西南地区的运输线；由珠江水系和公路、铁路、航空线组成的广州至昆明运输线；由高速公路和铁路、航空线组成的北京至广州运输线；由公路和铁路等组成的哈尔滨至大连运输线；由公路和铁路等组成的山海关至杭州运输线。

为充分发挥公路运输直达门户的优势并实现"面"上运输的需要，一般情况下，规划区域内的公路宜自成体系并形成网络，因此公路网规划需要以综合运输为依据。

2. 结合实际，量力而行

改革开放以来，特别是20世纪90年代后，我国的经济和公路交通建设都取得了显著的成就，经济发展水平和公路网的规模与质量不断提高。然而，我国幅员辽阔，人口众多，经济相对落后，属发展中国家，搞公路建设必须从实际出发。公路网建设面广量大，耗资巨大，不宜多占耕地。各地经济和自然条件及公路网现状等也有较大差别，区域公路网的规划，无论是在宏观上还是微观上，均涉及许多复杂的因素和条件，同时区域公路网的规划处于一个变化发展的动态过程之中。因此，公路网规划必须遵循从实际条件出发的原则，"一次规划，分期实现"，既要保证公路建设适应区域交通运输的需要，又要切实可行。

在我国，混合交通是公路网规划过程中必须重视的重要因素之一。根据统计资料，目前我国交通组成中，干线公路上机动车辆的比例高于地方公路，城镇近郊的公路上非机动车辆比例高于远郊公路。随着交通运输业的发展，公路交通组成将会发生变化，不少地区混合交通中的机动车辆数所占比例将增高。

3. 讲究效益，保护环境

公路网络是区域社会经济发展的重要基础设施之一。公路运输的目标是满足区域社会经济发展的需要，完成客货运输任务，促进区域社会经济可持续发展，同时实现其自身的经济效益。公路建设项目，尤其是高等级公路建设项目都是重大的基本建设项目，投资巨大，影响广泛而深远，因此必须讲究经济效益、社会效益和环境效益的高度统一。公路网规划是对区域公路网建设发展的总体安排和部署，必须做好公路建设项目的优化布局和优化排序。优化的准则在于所做的布局规划方案和建设计划方案能否合理利用资源和资金；能否兼顾建设者、使用者及全社会成员的利益，体现社会利益公平分配原则；能否促进整个区域社会经济的平衡协调发展；能否保护环境和资源，发扬区域的人文生态特色等，保证规划路网达到最佳综合效益，实现社会的可持续发展。

4. 系统分析，整体优化

现代公路网可视为一个系统，公路网规划必须以系统分析原理为其理论基础。

系统工程是近三四十年来形成和发展起来的一门新学科，被广泛应用于各个领域，其中包括区域综合交通规划和城市交通规划领域。有关系统工程的定义迄今尚未统一。1982年钱学森在《论系统工程》一书中提出"系统工程是组织管理系统的规划、研究、设计、制造、试验和使用的科学方法"。纵观诸家的说法，有以下几点是公认的，即系统工程是一门应用技术，是一门软科学，用于定量分析系统诸元间的相互关系，目标是整体优化，它具有全局性、综合性和科学性。全局性也就是整体性，一个事物之所以成为系统，不是指各组成因素的简单总和，而是在于它具有总体的、系统的功能，即俗话说的"见木要见林，办事要有全局观点"。综合性是要求依靠良性循环，注重综合效益，注重综合运用各种技术。科学性指系统工程的概念和原则是本质的，数学分析方法则是手段，为了准确地运用系统工程的概念和原则，应尽可能地运用现代数学工具，建立数学模型并进行优化分析。

5. 近期与远期相结合

公路网建设是一个长期发展的过程，一个合理的公路交通系统建设规划应包括近期项目建设计划、中期项目建设规划、远期发展战略规划三个层次，并满足"近期宜细，中期有准备，远期可粗、有设想"的要求。公路网建设的长期性决定了公路网规划必须具有"规划滚动"的可操作性，规划的滚动以规划的近远期相结合为前提。

6. 理论与实践相结合

公路网规划是一个相当复杂的系统工程，必须运用系统工程的理论和方法，从系统的相互协调关系上对公路交通系统进行分析、预测规划及评价。只有这样，才能获得总体效益最佳的公路网规划布局及建设方案。但公路网规划若脱离了工程实际，就会变成"纸上谈兵"，失去实际意义。

除以上所述的基本原则外，区域公路网的规划还必须注意：

1）规划工作要分级进行，省道网应以国道网为基础，地方道路网应以国道和省道网为基础，三者协调发展，逐步完善。

2）公路网以区域内公路运输为主，但针对目前各地现有公路存在跨区的断头线多、不利于发展横向经济联系的特点，规划新网时要切实加强区域之间的公路建设。

3）合理的公路网规划，应是政策、经验和技术三者有机结合的结果。规划设计和计算过程中某些具体政策和经验不可能全部如实地概括成数学模型，因此任何精确计算只能是相对而言，非确定性因素更是如此。因此，公路网规划的最终方案，必须在理论计算的基础上，联系实际条件加以必要的修正和补充。

4）规划方案应定期进行调整和完善。

（二）公路网规划的程序和基本内容

公路网规划是区域综合交通规划的一个重要组成部分，其规划程序如图2-1所示。

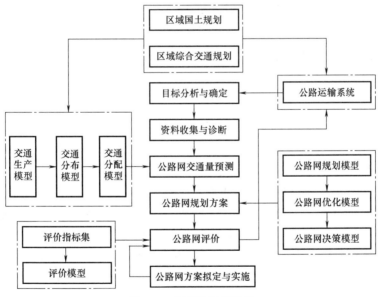

图2-1 公路网规划程序

区域国土规划和区域综合交通规划是公路网规划的前提，这是由公路网的适应性所决定的。土地的开发利用（包括地下资源和旅游资源等）和区域经济发展对交通产生需求，交通设施的相应发展又反过来刺激和促进土地使用和经济活动。公路网是综合运输网的子系统，其轮廓和组成方案取决于所服务的运输点及其分布情况，也受各运输点之间的运输量及其性质的约束。因此，公路网规划的目标分析与确定，以及与之直接相关的远景交通量的预测，更直接依赖于规划区内的国土规划和综合交通规划。

远景交通量的预测，包括区域内交通量的产生、分布和分配模型的建立，是公路网规划的主要内容，也是公路网规划方案优化的直接根据，它同资料收集与问题诊断同属规划工作的前提和基础。

公路网规划方案优化是规划工作中的另一项重要内容，其直接成果就是公路网规划方案的建立和决策，在工作内容和方法上涉及设计、优化和决策等模型的建立与运用过程。公路网规划方案优化是以公路网交通量预测为基础，以公路网评价为依据，以交通工程学和最优化技术为手段，据此完成公路网规划的任务和目标。事实上，公路网规划方案优化工作涉及公路网规划所应用的战略和战术，以及公路运输等整个体系中的全部问题。从更高层次的决策水平要求来看，公路网规划方案优化，在很大程度上将决定规划区远景公路建设的水平和公路运输的效果。

公路网评价作为规划工作的一个过程，在公路网规划中起着承上启下的主导作用。作为规划工作的起点，通过对原有公路网的评价和定量分析，可为规划的目标分析和确定提供具体依据；作为规划工作的终点，通过对规划方案的评价，可为规划成果（公路网方案与实施计划）的论证、优化和决策提供各个方面的量化指标。

公路网规划的基本内容，已在上述规划程序中得到说明，总的概括是：预测、评价、网化和优选。比较具体的内容是：①区域技术经济调查分析；②公路网的远景交通量预测；③公路线路（包括新建线路和原有线路改建）平面布局和等级结构方案的设计；④公路网评价系统模型的建立与运用；⑤公路网目标优化模型的建立与运用；⑥公路网方案决策模型的建立与运用；⑦公路网实施计划和投资优化决策模型的拟定和运用。

三、公路网规划的方法

目前应用较广泛的公路网规划理论与方法主要有三类：四阶段法、结点法和总量控制法。

1. 四阶段法

四阶段法实质上是一种交通需求预测方法。该法以微观经济学理论为基础，通过现状OD调查、交通数据采集和历史资料分析，研究区域经济在时间和空间上的发展对交通需求的影响，建立需求预测模型。四阶段法将交通需求分析分解为发生量和吸引量预测、OD分布预测、运输方式分担预测和路网交通量分配四个步骤，把公路网规划同经济发展有机地联系起来。这种方法通过对未来交通需求增长条件下各规划路网方案交通运行指标的分析（如流量、车速、饱和度等技术指标），对规划方案进行评价和比选。四阶段法的有效性较多依赖于OD交通流量资料，分析结果强调以改善交通运行状况为目的进行网络和线路规划。

从单纯的技术角度而言，四阶段法提供了到目前为止最为成熟的路段交通量预测分析技术，并较为具体地反映了土地利用与交通状态的关系。但作为公路网规划中交通需求预测的一种理论方法，基于现状的交通需求预测本身并不能成为规划的目标，只能作为一种辅助决策或政策分析的基本手段，只有与公路网络分析相结合，才能更好地发挥其在公路网规划中的作用。

2. 结点法

结点法主要用于路网布局。这种方法是将路网规划问题分解成路网结点的选择和路网线路的选择两部分进行。不同地区、规模和不同层次的路网规划对结点的选择可以有不同的依据，其核心是通过对交通、经济要素的综合考虑建立结点重要度模型和结点间连线重要度模型，以此作为网络布局的依据。由于城镇体系的发展、土地的开发和交通网络之间存在的必然联系，这类方法能够比较好地解释土地利用、交通需求与交通设施之间的关系，可以体现网络的整体服务要求而不仅仅是交通需求。

结点法在应用中定性成分相对较多，如在计算结点重要度时，各经济指标的权重需要人为确定，不同的人考虑的因素不同，得到的结点重要度也不同，这使得应用该法得到的规划布局方案存在不确定性。

3. 总量控制法

总量控制法属于宏观规划方法，该法的基本思想是从宏观整体出发来把握规划区域内与公路交通运输密切相关的一些总量变化趋势，在充分调查分析区域内现有路网的道路和交通特征的基础上，根据社会经济发展状况和交通量、运输量的变化特征，以区域内道路交通总需求来控制公路网建设总规模，以区域内社会经济发展和生产力分布特点来确定路网的总格局和分期实施方案。此方法不依赖 OD 调查，具有思路清晰、理论新颖，节省人力、物力、财力和时间等优点。

总量控制法注重运输的宏观成因，研究区域的综合经济规模分布与运输网络形态之间的关系，从宏观系统角度整体上把握公路网的发展方向，是一种定量和定性分析相结合的规划方法，是公路网规划的一种较好的思路。它与中国国情紧密结合，最大程度地利用了中国现有的统计资料，既操作方便，又便于决策者对规划思想的理解。总量控制法在路段分配交通量方面存在不足，这影响了各路段规划等级确定的可信度。

上述三种方法在实践中均有成功的应用。尤其是采用四阶段法进行交通需求分析及预测，在公路网规划、城市道路网规划、建设项目可行性研究等方面均得到了广泛的应用。除此之外，目前的许多交通分析及规划的商业软件也多以四阶段法作为理论支持进行交通需求分析和预测系统的研制开发。

由于上述三种理论与方法各有其优点和不足，因此寻求三种方法的结合点，特别是通过简便有效的公路交通 OD 分布推算方法的研究，使三种规划理论与方法有机结合相互取长补短，已经成为目前理论研究和实践的重点。

例如，可将四阶段法与总量控制法相结合进行公路网交通量预测，这是目前广泛应用的一种方法，称为综合预测法（由哈尔滨工业大学提出）。其基本思想是：首先进行一次 OD 调查（规模可根据具体情况确定），同时实测路段交通量，研究和改进公路网交通分配方法，应用和完善由部分路段交通量推算 OD 量的方法，采用 OD 调查及路段交通量实测资料对这些方法进行检验；利用 n 年（一般 $n \geqslant 8$）部分路段交通量观测资料，分别推算 n 年 OD 量，根据 n 年 OD 量和社会经济发展指标（按小区分别进行统计分析）标定计量经济模型，依此模型预测未来规划年 OD 量；依据未来 OD 量预测结果采用交通分配方法计算出未来规划年的路段交通量。

又如，可以将三种方法相结合，即应用结点法进行路网结点的选择，应用四阶段法进行路网的微观交通分析、评价和预测，应用总量控制法进行路网的布局规划和建设实施方案设计等。

第二节　公路勘测设计

道路设计控制是指对道路几何设计起控制作用的因素。道路几何设计必须符合技术标准的规定，必须与地形、地质等自然条件相适应，必须满足交通流特性要求，也必须符合道路网规划，这些都是控制道路设计的因素。

道路勘测设计主要的技术依据有《公路工程技术标准》《公路路线设计规范》《城市道路工程设计规范》等。道路勘测设计相关的依据有《公路勘测规范》《公路摄影测量规范》《公路全球定位系统（GPS）测量规范》等。道路勘测设计其他的技术依据有《公路工程基本建设项目设计文件编制方法》《城市道路交通规划设计规范》《厂矿道路设计规范》《公路环境保护设计规范》等。

影响道路的自然因素主要有地形、气候、水文、地质、土壤及植被等，这些自然因素主要影响道路等级和设计速度的选用、路线方案的确定、路线平面和纵横断面的几何形状、桥隧等构造物的位置和规模、工程数量和造价等。

一、基本设计依据

路线设计是按勘测设计程序、已批准的计划任务书和 JTG B01—2014《公路工程技术标准》等进行的。无论是新建公路还是改扩建公路，都应有充分的技术经济依据，其中最基本的设计依据是设计车辆、交通量和设计速度。

1. 设计车辆

行驶在公路上的车辆主要有机动车和非机动车两类，机动车有摩托车、小客车、公共汽车、载货汽车、拖拉机和大型集装箱车等；非机动车有自行车、电动自行车（目前我国电动自行车因其快速、省力、环保而发展迅速，城市中电动自行车的保有量已超过人力自行车，但对电动自行车的管理仍然按照非机动车管理）、三轮车、板车和兽力车等（板车和兽力车在城市中已基本被淘汰）。根据公路的使用任务和性质，高速公路、一级公路为机动车服务；二、三、四级公路为混合车型（含非机动车）服务。

车辆的外廓尺寸是公路几何设计的重要依据，如路幅组成、弯道加宽、纵坡、视距、交叉口设计等都与车辆的外廓尺寸密切相关。《公路工程技术标准》对各种车辆进行归类，将其尺寸标准化称为设计车辆，并将设计车辆分为小客车、大型客车、铰接客车、载重汽车和铰接列车五类。各类设计车辆的基本尺寸见表2-2。

表2-2　设计车辆外廓尺寸

项目 车辆类型	总长 /m	总宽 /m	总高 /m	前悬 /m	轴距 /m	后悬 /m
小客车	6	1.8	2	0.8	3.8	1.4
大型客车	13.7	2.55	4	2.6	6.5+1.5	3.1
铰接客车	18	2.5	4	1.7	5.8+6.7	3.8
载重汽车	12	2.5	4	1.5	6.5	4
铰接列车	18.1	2.55	4	1.5	3.3+11	2.3

注：1. 前悬指车体前面至前轮车轴中心的距离，轴距指前轮车轴中心至后轮车轴中心的距离，后悬指后轮车轴中心至车体后面的距离，如图2-2所示。

2. 铰接列车的轴距（3.3+11）m，3.3m为第一轴至铰接点的距离，11m为铰接点至最后轴的距离。

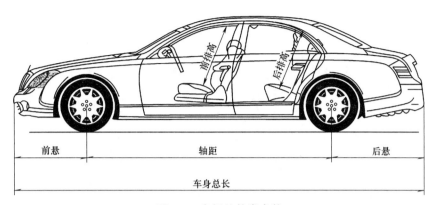

图 2-2　车辆的外廓参数

2. 设计速度

设计速度是指在气候和交通量正常的情况下，汽车运行只受公路自身条件（几何要素、路面附属设施等）影响时，具有中等驾驶技术的人员能够安全、舒适驾驶车辆的速度。设计速度决定了公路几何线形的基本要素。曲线半径、超高、视距、合成坡度、路幅宽度和竖曲线设计等都直接或间接与设计速度有关，所以它是体现公路等级的一项重要指标。设计速度与运行速度有密切的关系，但它们是不同的两个概念。运行速度是指汽车在公路上的实际行驶速度，它受气候、地形、交通密度及公路本身条件的影响，同时与车辆驾驶人的技术也有很大的关系。在设计速度低的路段上，当行车条件（交通密度、气候、地形等）比较好时，行车速度常接近或超过设计速度。设计速度越低，出现这种现象的概率越大。考虑到这一特点，同一等级的公路按不同的条件采用不同的设计速度是合适的。同时，超过设计速度的情况是危险的，所以在地形良好、线形顺适、视野开阔、容易产生超速行驶（超过设计速度）的路段，要特别注意曲线半径、超高、纵坡等方面的合理配置。

《公路工程技术标准》规定，设计速度的选用应根据公路的功能与技术等级，结合地形、工程经济、预期的运行速度和沿线土地利用性质等因素综合论证确定。高速公路、一级公路由于在设计施工、运营管理上与一般公路不同，其设计速度不与地形条件直接挂钩，而将设计速度分别定为120km/h、100km/h、80km/h和100km/h、80km/h、60km/h三级，供设计时结合交通需求的变化，考虑技术经济的合理性，更好地与地形、景观相配合，做出合理的设计。《公路工程技术标准》第3.5.1条规定的各级公路设计速度见表2-3。

表 2-3　各级公路设计速度

公路等级	高速公路			一级公路			二级公路		三级公路		四级公路	
设计速度/(km/h)	120	100	80	100	80	60	80	60	40	30	30	20

3. 交通量

交通量是确定公路等级的主要依据（见图2-3）。公路的交通量是指单位时间内（每小时或每昼夜）通过公路上某一横断面处的往返车辆总数。交通量与社会经济发展速度、气候、物产、文化生活水平等因素有关，且随着时间、地点的不同而随机变化。其具体数值通过交通调查和交通预测确定。

图 2-3 公路交通量

（1）设计交通量预测 《公路工程技术标准》规定，新建和改扩建公路项目的设计交通量预测，应符合下列规定：

1）高速公路和一级公路设计交通量预测年限为 20 年；二、三级公路设计交通量预测年限为 15 年；四级公路可根据实际情况确定。

2）设计交通量预测年限的起算年为该项目可行性研究报告中的计划通车年。

（2）交通量换算 在确定设计交通量时，应将在公路上行驶的各种车辆，按规定折算为标准车型。我国公路设计时是以小客车为标准车型。设计时应将公路行驶的各种车辆（含非机动车辆）按规定折合成小客车的年平均日交通量。各种汽车的折算是为了有统一尺度才能比较交通量的大小。《公路工程技术标准》规定，交通量换算采用小客车为标准车型，各汽车代表车型及车辆折算系数规定见表 2-4。

表 2-4 各汽车代表车型及车辆折算系数

汽车代表车型	车辆折算系数	说　明
小客车	1.0	座位≤19 座的客车和载重量≤2t 的货车
中型车	1.5	座位>19 座的客车和 2t<载重量≤7t 的货车
大型车	2.5	7t<载重量≤20t 的货车
载货汽车铰接列车	4.0	载重量>20t 的货车

拖拉机和非机动车等交通量换算应符合下列规定：

1）畜力车、人力车、自行车等非机动车按路侧干扰因素计算。

2）公路上行驶的拖拉机每辆折算为 4 辆小客车。

3）公路通行能力分析要求的车辆折算系数，应针对路段、交叉口等形式按不同的地形条件和交通需求，采用相应的折算系数。

（3）交通量计算

1) 年平均日交通量。公路交通量的普遍计量单位是年平均日交通量（简称AADT），即一年365天交通量观测结果的平均值，其表达式为

$$N = \frac{1}{365}\sum_{i=1}^{365}Q_i \qquad (2-1)$$

式中　N——平均日交通量，辆/d；

Q_i——年内的日交通量，辆/d。

2) 设计交通量。设计交通量是指达到预测年限时的年平均日交通量，它是确定公路等级的主要依据。设计交通量根据公路使用的功能、任务和性质，目前一般按年平均增长率计算确定

$$N_d = N_0(1-\gamma)^{t-1} \qquad (2-2)$$

式中　N_d——达到预测年限时的年平均日交通量，辆/d；

N_0——起始年平均日交通量，辆/d；

γ——年平均增长率，%；

t——预测年限。

3) 设计小时交通量。设计小时交通量是以小时为时段的交通量（简称DDHV），用于确定公路等级、车道数和车道宽度或评价公路运行状态和服务水平的重要参数。一年中的每月、每日、每小时交通量的变化是相当大的，如果用一年中最大的高峰小时交通量作为设计依据，必然造成浪费，但如果采用日平均小时交通量则不能满足实际需要，甚至造成交通阻塞。因此，必须选择适当的小时交通量作为设计小时交通量。研究认为，取一年中的排序第30位最大小时交通量为设计小时交通量最合适，即采用第30位小时交通量作为设计依据，每年只有29个小时的交通量超过设计小时交通量，保证率达96.7%。目前许多国家包括我国均采用第30位小时交通量作为设计依据，按下式计算

$$N_b = N_d KD \qquad (2-3)$$

式中　N_b——设计小时交通量，辆/h；

N_d——达到预测年限时的年平均日交通量，辆/d；

K——设计小时交通量系数，即第30位小时交通量与年平均日交通量的比，一般平原区取13%，山区取15%；

D——方向不均匀系数，一般可取$D=0.5\sim0.6$。

《公路工程技术标准》第3.3.3条规定，公路设计小时交通量宜采用年第30位小时交通量，也可根据项目特点与需求，在当地年第20~40位小时交通量之间取值。

4. 通行能力

通行能力是道路规划、设计及交通管理的基本依据，其具体数值随道路等级、线形、路况、交通管理与交通状况的不同而有显著的变化。此外，道路通行能力还受交叉路口通行能力的制约。

(1) 通行能力的基本概念　道路通行能力是指在一定的道路路况和交通条件下，道路上某一路段单位时间内通过某一断面的最大车辆数或行人数量。车辆中有混合交通时，则采用等效通行能力的当量汽车单位，英文缩写为pcu（passenger car unit），故交通相关规范中通行能力的单位为pcu/h或pcu/d。

道路通行能力与交通量概念不同，交通量是指某时段内实际通过的车辆数。一般交通量

均小于道路的通行能力。在交通量小得多的情况下，驾驶人可以自由行驶，可以变更车速、转移车道，还可以超车；交通量等于或接近于道路通行能力时，车辆行驶的自由度就明显降低，一般只能以同一速度列队循序行进；当交通量稍微超过通行能力时，车辆就会出现拥挤，甚至堵塞。所以，道路通行能力是一定条件下通过车辆的极限值。不同的道路条件和交通条件有不同的通行能力。通常在交通拥挤、经常受阻的路段上，应力求改善道路或交通条件，以期提高通行能力。

（2）机动车通行能力的类别

1）基本通行能力，是指在道路、交通、环境和气候均处于理想条件下，由技术性能相同的一种标准车辆，以最小的车头间隔连续行驶，在单位时间内通过一条车道或道路路段某一断面的最大车辆数。这是一种理想状态下的通行能力，也称理论通行能力。

2）可能通行能力，是在通常道路交通条件下，单位时间内通过道路一条车道或某一断面的最大可能车辆数。国外计算可能通行能力是以基本通行能力为基础，考虑到实际的道路交通状况，确定修正系数求得。我国目前计算通行能力的方法是在可能通行能力基础上进行修正。

3）设计通行能力，是指道路交通的运行状态保持在某一设计的服务水平时，道路上某一路段的通行能力。

5. 服务水平

所谓服务水平，主要以道路上的运行速度和交通量与可能通行能力之比来综合反映道路的服务质量。《公路工程技术标准》将公路服务水平分为六级，各级公路设计服务水平不低于表 2-5 的规定。

表 2-5　各级公路设计服务水平

公路等级	高速公路	一级公路	二级公路	三级公路	四级公路
服务水平	三级	三级	四级	四级	—

注：1. 一级公路用作集散公路时，设计服务水平可降低一级。

2. 长隧道及特长隧道路段、非机动车及行人密集路段、互通式立体交叉的分合流区段及交织区段，设计服务水平可降低一级。

（1）一级服务水平　即交通流处于完全自由流状态。交通量小，速度高，行车密度小，驾驶人能自由地按照自己的意愿选择所需速度，行驶车辆不受或基本不受交通流中其他车辆的影响。在交通流内驾驶的自由度很大，为驾驶人、乘客或行人提供的舒适度和方便性非常优越。较小的交通事故或行车障碍的影响容易消除，在事故路段不会产生停滞排队现象，很快就能恢复到一级服务水平。

（2）二级服务水平　即交通流状态处于相对自由流状态，驾驶人基本上可按照自己的意愿选择行驶速度，但是要开始注意到交通流内有其他使用者，驾驶人身心舒适水平很高，较小的交通事故或行车障碍的影响容易消除，在事故路段的运行服务情况比一级服务水平差些。

（3）三级服务水平　即交通流状态处于稳定流的上半段，车辆间的相互影响变大，选择速度受到其他车辆的影响，变换车道时驾驶人要格外小心，较小的交通事故仍能消除，但事故发生路段的服务质量大大降低，严重阻塞时后续车辆形成排队车流，驾驶人心情紧张。

（4）四级服务水平　即交通流状态处于稳定流范围下限，但是车辆运行明显受到交通流内其他车辆的相互影响，速度驾驶的自由度明显受到交通量限制，稍有增加就会导致服务水平的显著降低，驾驶人身心舒适水平降低，较小的交通事故也很难消除，会形成很长的排队车流。

（5）五级服务水平　即交通流拥堵流的上半段，其下是达到最大通行能力时的运行状态。交通流的任何干扰，如车流从匝道驶入或车辆变换车道，都会在交通流中产生干扰波，交通流不能消除它，任何交通事故都会形成长长的排队车流，车流行驶灵活性极度受限，驾驶人身心舒适水平很差。

（6）六级服务水平　即拥堵流的下半段，是通常意义上的强制流或阻塞流，这一服务水平下，交通设施的交通需求超过其允许的通过量，车流排队行驶，队列中的车辆出现停停走走现象，运行状态极不稳定，可能在不同交通流状态间发生突变。

6. 公路建筑限界

为保证车辆行人通行的安全，公路上一定宽度和一定高度范围内不允许有任何障碍物。这个空间限界称为道路建筑限界。

公路建筑限界是一个空间概念，不同等级公路的建筑限界的大小不同。在道路建筑限界内不允许设置公路标志牌、护栏、照明等各种设施，甚至粗树枝及矮林也不得伸入限界内，以确保行车空间的通畅。

道路建筑限界由净高和净宽两部分组成。

（1）净高　净高即净空高度，是指道路在横断面范围内保证安全通行必须满足的竖向高度。净高应综合汽车装载高度、安全高度及路面铺装等因素确定。我国载重汽车的装载高度限制为4.0m，外加0.5m的安全高度，一般采用4.5m的净高。考虑到大型设备运输的发展、路面积雪和路面铺装在养护中的加厚等因素，规定高速公路和一级、二级公路的净高为5.0m，三、四级公路为四级公路的路面类型若为砂石路面时，考虑今后路面面层需要改造提高，净空高度可预留20cm。一条公路应采用相同的净高，当构造物位于凹形竖曲线上方时，长大车辆通过会形成弦空而降低构造物下有效净高，设计时应保证有效净高的要求；公路下穿时应保证公路距构造物底部任意点均应满足净高的需要。城市道路最小净高：各种汽车4.5m，无轨电车5.0m，有轨电车5.5m，自行车和行人2.5m，其他非机动车3.5m。

（2）净宽　净宽是指道路在横断面范围内保证安全通行必须满足的横向宽度。净宽包括行车带、路肩、中间带、绿带等宽度。路肩是在净空范围内，因此道路上各种设施（标志、护栏等）均应设置在右路肩以外的保护性路肩上，而且必须保证其伸入部分在净高以上。设于中间带和路肩上的桥墩或门式支柱不应紧靠建筑限界设置，应留有设置防护栏位置（不小于0.5m）的余地。

桥梁、隧道及高架道路的净空一般应与路段相同，有时为了降低造价需压缩净空时，其压缩部分主要体现在侧向宽度上。但在桥梁、隧道中需设人行道，且当人行道宽度大于侧向宽度时，其增加的宽度应包括在净宽之内。人行道、自行车道、检修道与行车道分开设置时，其净高一般为2.5m。

二、公路勘测设计程序

基本建设程序是指基本建设项目从决策、设计、施工到竣工验收全过程中，各项工作必须遵循的先后次序。科学的基本建设程序，不是主观意志决定的，而是建设客观规律的反映。公路工程作为国民经济基本建设项目，其建设全过程包括公路网规划、公路勘测设计、公路施工、公路维修与养护四个环节。具体内容如下：

1) 根据长远规划或项目建议书，进行可行性研究。
2) 根据可行性研究，编制计划任务书。
3) 根据批准的计划任务书，进行现场勘测，编制初步设计文件和概算。
4) 根据批准的初步设计文件，编制施工图和施工图预算。
5) 列入年度经济基本建设计划。
6) 编制实施性施工组织设计及开工报告，报上级主管部门审批。
7) 严格执行施工的有关规程和规定，坚持正常施工秩序，作好施工记录，建立技术档案。
8) 编制竣工图表和工程决算，办理竣工验收。

1. 项目可行性研究阶段

建设项目可行性研究是指在投资决策前，对与拟建项目有关的社会、经济与技术等各方面进行调查研究，对各种可能采用的建设方案进行技术经济分析与比较论证，对项目建成后的经济效益进行预测与评价，由此得出该项目是否应该投资和如何投资等结论性意见，为项目投资决策提供可靠的依据。

一项好的可行性研究，应向投资者推荐技术经济最优的方案，使投资者明确项目具有多大的财务获利能力和财务风险，是否值得投资建设，使主管部门明确从国家角度看项目是否值得支持与批准；使银行和其他资金供应者明确该项目能否按期甚至提前偿还他们提供的资金。

（1）可行性研究的阶段划分　可行性研究工作主要包括四个阶段：机会研究阶段、初步可行性研究阶段、详细可行性研究阶段、评价和决策阶段。

1) 机会研究阶段。该阶段的主要任务是提出建设项目投资方向建议，即在一个确定的地区和部门内，根据自然资源、市场需求、国家政策与国际贸易情况，通过调查研究、预测分析，选择建设项目，寻找投资机会。

2) 初步可行性研究阶段。该阶段是详细可行性研究前的预备性研究阶段。经过初步可行性研究，认为该项目具有一定的可行性，便可转入详细可行性研究阶段，否则就终止该项目。

3) 详细可行性研究（技术经济可行性研究）阶段。该阶段是可行性研究的主要阶段，是建设项目投资决策的基础。这一阶段内容较详尽，所花费的时间和精力都较大。

4) 评价与决策阶段。该阶段是由投资决策部门组织和授权有关咨询公司或专家，代表项目业主和出资人对建设项目可行性研究报告进行全面审核与再评价，最终决策该项目投资是否可行，并确定最佳投资方案。

（2）可行性研究内容　公路建设项目可行性研究报告的主要内容应该包括以下方面：

1) 项目总论，包括建设任务的依据、历史背景、研究范围、主要内容及研究的主要结论等。

2) 现有公路技术状况评价，包括区域运输网现状和存在的问题、拟建公路在区域运输网中的作用、现有公路技术状况及适应程度等。

3) 经济与交通量发展预测，包括项目所在区域经济特征、经济发展与公路运量、交通量的关系、交通量的发展预测。

4）建设规模与标准。包括项目建设规模和采用的等级及其主要技术指标。

5）建设条件和方案比选。包括调查沿线自然条件和社会条件、进行方案比选、提出推荐方案走向及主要控制点和工程概况，对环境影响做出分析并编制环境影响评价报告等。

6）投资估算与资金筹措。包括主要工程数量、公路建设与拆迁、投资估算与资金筹措等。

7）工程建设实施计划。包括勘测设计和工程施工的计划与要求、工程管理和技术人员的培训等。

8）项目的经济评价。包括运输成本等经济参数的确定，建设项目的直接经济效益和费用的估算、经济评价敏感性分析、建设项目的间接经济效益分析。贷款项目应进行项目的财务评价。

9）综合评价与结论、建议。

归纳上述内容可看出，建设项目可行性研究报告可概括为三大部分：一是市场研究，包括产品的市场调查和预测研究，这是项目可行性研究的基础和前提，主要任务是要解决项目的"必要性"；二是技术研究，即技术方案与建设条件研究，这是项目可行性研究的技术基础，主要解决项目技术上的"可行性"；三是效益研究，即经济效益的分析与评价，这是项目可行性研究的核心部分，主要解决项目经济上的"合理性"。市场研究、技术研究与效益研究共同构成了项目可行性研究的三大支柱。

2．设计任务书

公路勘测与设计工作是根据批准的设计任务书进行的。设计任务书由提出计划的主管部门下达或由下级单位编制后按规定上报审批。设计任务书包括以下基本内容：

1）建设依据和意义。

2）公路的建设规模和修建性质。

3）路线基本走向和主要控制点。

4）工程技术标准和主要技术指标。

5）按几个阶段设计，各阶段完成的时间。

6）建设期限和投资估算，分期修建的应提出每期的建设规模和投资估算。

7）施工力量的原则安排。

8）路线示意图（图2-4）、工程数量、"三材"数量及投资估算表等。

设计任务书批准后，对建设规模、工程技术标准、路线基本走向等主要内容有变更时，应经原批准机关同意。

3．勘测设计阶段

工程设计是指在工程开始施工之前，设计者根据已批准的设计任务书，为具体实现拟建项目的技术及经济要求，拟定建筑、安装及设备制造等所需的规划、图纸与数据等技术文件的工作。设计文件是建筑安装施工的依据。拟建工程在建设过程中能否保证进度、保证质量和节约投资，在很大程度上取决于设计质量的优劣。工程建成后，能否获得满意的经济效果，除了项目决策之外，设计工作起着决定性的作用。

公路工程的设计程序一般包括设计前准备工作、初步设计、技术设计、施工图设计、设计交底与配合施工等阶段。

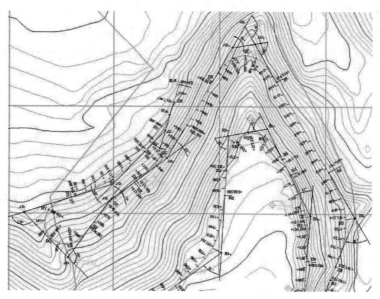

图 2-4 路线示意图

1）初步设计阶段。该阶段是设计过程中的一个关键性阶段，也是整个设计构思基本形成的阶段。通过初步设计可以进一步明确拟建工程在指定地点和规定期限内进行建设的技术可行性和经济合理性；规定主要技术方案、工程总造价和主要技术经济指标，提出施工方案，以利于在项目建设和使用过程中最有效地利用人力、物力和财力。一般应选择两个或两个以上的技术方案，进行同深度、同精度的测设工作和方案比选，提出推荐方案。

2）技术设计阶段。该阶段是初步设计的具体化，也是各种技术问题的定案阶段。技术设计的详细程度应能满足设计方案中重大技术问题的要求，应保证能根据它进行施工图设计和提出设备订货明细表。

3）施工图设计阶段。该阶段主要是通过设计图把设计者的意图和全部设计结果表达出来，作为工程施工的依据。具体包括建设项目各部分工程的详图，零、部件及结构构件明细表，验收标准与方法等。施工图设计的深度应能满足设备材料的选择与确定、非标准设备的设计与加工制作、建筑工程施工和安装的要求。

公路勘测设计应根据项目的性质和要求分阶段进行，公路工程基本建设项目可以采用一阶段设计、两阶段设计或三阶段设计。技术简单、方案明确的小型建设项目可采用一阶段设计，即根据批准的设计任务书的要求，一次详细测量并编制施工图设计文件。一般公路工程基本建设项目可按初步设计和施工图设计两个阶段进行。技术复杂又缺乏设计经验的项目或建设项目中的个别路段、特殊大桥、互通式立交及隧道等，必要时可按初步设计、技术设计和施工图设计三个阶段进行。

第三节　道路几何设计

一、道路平面线形设计

道路是由路基、路面、桥梁、涵洞、隧道和沿线设施组成的线状构造物，是三维的空间实体。我们平时所说的路线是指道路中线的空间位置。在工程设计中，一般将三维空间实体分解表达为平面、纵断面和横断面。

路线在水平面的投影称作路线的平面；沿中线竖直剖切再行展开在立面上的投影则是路线的纵断面；中线上任意点的法向切面是道路在该点的横断面。因此路线设计是指确定路线在平、纵、横三维体上各部位尺寸的工作。

无论是公路还是城市道路设计，都要受到社会经济、自然地理和技术条件等因素的制约，设计者必须掌握大量的实际资料，进行深入的调查研究才能设计出一条符合一定技术标准、满足行车要求、工程造价最合理的路线来。在设计的顺序上，一般是在尽量满足纵横断面平衡及横断面稳定的前提下先确定平面线形。

公路在受地形地物等障碍的制约时，必须要设置转折避让障碍，也就是在转折处设置曲线或是曲线的组合。另外，为使线形美观和保证汽车行驶的顺畅，在直线和圆曲线或不同半径的圆曲线之间插入曲率不断变化的过渡曲线（又称缓和曲线）。由此可见，直线、圆曲线、缓和曲线是平面线形的组成要素。在平原区，直线作为主要线形是适宜的，它具有汽车在行驶中视觉最好、距离最短、运营经济、行车舒适、线形容易选定等特点，但过长的直线又容易引起驾驶人单调疲劳、超速行驶、对跟车距离估计不足导致交通事故。圆曲线是平面线形主要元素之一，采用平缓而适当的圆曲线既可引起驾驶人的注意又可美化线形。在直线和圆曲线之间或在不同半径的圆曲线之间，为缓和汽车的行驶，符合汽车行驶轨迹，采用曲率不断变化的缓和曲线是较为合理的。

在平面线形中，基本线形是和汽车的行驶方向相对应的，具有如下的集中性质：

1）直线。曲率为零，汽车车身轴向与汽车行驶方向的夹角为零。
2）圆曲线。曲率为不为零的常数，汽车车身轴向与汽车行驶方向的夹角为固定值。
3）缓和曲线。曲率为变数，汽车车身轴向与汽车行驶方向的夹角为变数。

现代道路的平面线形正是由上述三种线形——直线、圆曲线和缓和曲线构成的，称为"平面线形三要素"。

二、直线

作为平面线形要素之一的直线（见图2-5），在公路和城市道路中使用很广泛，两点之间的直线最短。一般在定线时，只要地势平坦，无大的地物障碍，定线人员首先考虑使用直线通过。但过长的直线并不好，直线线形又大多难以和地形协调，若长度运用不当，不仅破坏了线形的连续性，也不便达到线形自身的协调。另外，过长的直线也容易使驾驶人感到疲倦，难以目测车间距离，于是产生尽快驶出直线的急躁情绪，甚至超速行驶，从而导致交通事故的发生。

1. 直线的运用

直线在道路设计中的应用是比较广泛的，一般在下列情况下可以使用直线：

1）不受地形、地物限制的平坦地段或山间的开阔谷地。
2）市镇及其近郊或是规划方正的农耕区以直线线形为主的地区。
3）含有较长的桥梁、隧道等构筑物的路段。
4）路线交叉点及前后的路段。
5）双车道公路提供超车的路段。

图2-5 直线

在直线的使用中，值得注意的是有关直线长度的问题，一般来说对直线的长度应该有所限制。当不得已采用过长直线时，为弥补景观单调的缺陷，应结合沿线具体情况采取相应的技术措施予以处理。但还要注意以下几个问题：

1）在长直线上纵坡不宜过大。因为长直线再加上下陡坡行驶，更容易导致超速行驶，造成交通事故。

2）长直线适合与大半径凹形竖曲线组合。

3）含有较长的桥梁、隧道等构筑物的路段。

4）路线交叉口及其前后的路段。

5）双车道公路提供超车的路段。

对于"长直线"的量化是一个正在研究的课题。各国有各国的不同经验，德国和日本规定直线的最大长度（以m计）为20V（以km/h计），即72s行程，前苏联和美国也都有自己的规定，前苏联规定不大于8km，美国规定为3min行程。

我国地域广阔，地形条件、气候条件都有很大的差异，因此做出统一的规定有很大的难度。但通过对道路现状和交通事故的调查，以及对驾驶人员和乘客的心理反应的调查，也得出带有普遍意义的结果：

1）位于城市附近的道路，由于有建筑物和城市风光的映衬，一般来说对直线长度没有太多的限制。

2）对于乡间的公路，由于道路周围的环境过于单调，如果直线过长，就会使人的情绪受到影响，驾驶人就会希望快速驶离直线，这时极易导致驾驶人超速行驶造成交通事故，且事故危害程度随直线的增长而增大。

3）对于大戈壁、大草原等地域开阔的地区，有时直线长度会达数十公里。在这样的地区行车，驾驶人极易疲劳，也容易超速行驶，但除了选择直线以外别无选择，如果人为地设置曲线往往不能改善景观的单调，反而会增加路线长度和驾驶操作的难度。

由此看来，对于直线的使用一定要因地制宜，不能片面地追求长直线，也不能人为地设置过多的弯曲，应该做到宜直则直、宜曲则曲。

2. 直线的最小长度

为保证线形的连续性和行车舒适，在两相邻曲线之间应有一定的直线长度。或将相邻同向曲线做成一个大曲线或把相邻曲线相连做成复曲线。当两个圆曲线直线相连时为二圆复曲线，三个以上圆曲线直线相连时为多圆复曲线。

（1）同向曲线间的直线最小长度 同向曲线是指转向相同的相邻两曲线。同向曲线间插入短直线，这种线形组合工程上称为断背曲线，这种曲线容易让驾驶人产生错觉，即容易将直线和两端的曲线看成反向曲线，甚至看成一个曲线，破坏了线形的连续性，极易造成驾驶人判断和操作的失误，如图 2-6 所示，设计中应尽量避免。《公路路线设计规范》明确规

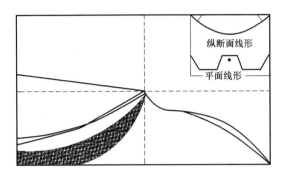

图 2-6 同向曲线之间插入短直线

定：同向曲线之间的最短直线长度以不小于 6V（V 以 km/h 计）为宜。较高等级的公路（V≤40km/h）可以参照实际情况放宽此要求。如果条件允许，也可以插入大半径的曲线或组成复曲线。

（2）反向曲线间直线的最小长度 在反向曲线之间，为满足设置超高、加宽的需要，应有一定长度的直线。《公路路线设计规范》明确提出反向曲线之间直线的最小长度以不小于 2V（V 以 km/h 计）为宜。当受到地形、地物等各方面的限制时，可将反向缓和曲线首尾相连，但此时要注意路面排水的问题。

直线的长度主要是根据驾驶人的视觉和心理上的承受能力来确定的，但有时由于受各种自然环境的限制，很难满足上述要求，这时就要求设计人员根据地物、自然景观以及设计经验来进行判断。

三、圆曲线

各级公路和城市道路不论转角大小均应设置平曲线，而圆曲线是平曲线的重要组成部分。路线平面线形中常用的单曲线、复曲线、双交点或多交点曲线、虚交点曲线、回头曲线等，一般均应包含圆曲线。圆曲线具有易与地形适应、可循环性好、线形美观、易于测设等优点，使用十分普遍。

行驶在曲线上的汽车由于受离心力作用其稳定性受到影响，而离心力的大小又与曲线半径密切相关，半径越小越不利，所以选择平曲线半径时应尽可能采用较大的值，只有在地形或其他相关条件受到限制时才可使用较小的曲线半径。

1. 圆曲线半径的计算与影响因素

为保证汽车在圆曲线上的行驶稳定性，可采用下式计算圆曲线半径 R

$$R = \frac{V^2}{(\mu \pm i_l)} \tag{2-4}$$

$$R = \frac{V^2}{(\mu \pm i_b)} \tag{2-5}$$

式中　V——行车速度，km/h；

　　　μ——横向力系数；

i_b、i_l——超高横坡度、路面横坡度，%。

在设计车速 V 下，最小 R_{min} 取决于允许的最大横向力系数 μ_{max} 和该曲线的最大超高 i_{bmax}。

1）横向力对行车有很多不利影响，且越大越不利，表现在以下方面：危及行车安全；增加驾驶操作的困难；增加燃料消耗和轮胎磨损；行车不舒适。

2）在车速较大的情况下，为了平衡离心力要用较大的超高，但道路行驶车辆的速度并不一致，特别是混合交通的道路上，不仅要照顾快车，还要考虑慢车的安全。对于慢车及因故暂停在弯道上的车辆，其离心力接近于 0 或者等于 0。如超高率过大，超出轮胎与路面间的横向摩阻系数，车辆有沿着路面最大合成坡度下滑的危险，因此最大超高必须满足下式要求

$$i_{bmax} \leqslant f_w \tag{2-6}$$

式中　f_w——一年中气候恶劣季节路面的横向摩阻系数。

《公路工程技术标准》和《公路路线设计规范》指出，超高的横坡度应根据设计速度、圆曲线半径、路面类型、自然条件和车辆组成等情况确定，必要时应按运行速度予以验算。对公路最大超高值的规定见表 2-6。

表 2-6　各级公路圆曲线最大超高值

公路等级	高级公路、一级公路	二级公路、三级公路、四级公路
一般地区(%)	8 或 10	8
积雪冰冻地区(%)	6	
城镇区域(%)	4	

注：一般地区公路，圆曲线最大超高应采用 8%；以通行中、小型客车为主的高速公路和一级公路，最大超高可采用 10%。

各级公路圆曲线部分的最小超高值应与该公路直线部分的正常路拱坡度值一致。二级公路、三级公路、四级公路接近城镇且混合交通量较大的路段，车速受到限制时，其最大超高值的规定见表 2-7。

表 2-7　车速受到限制时最大超高值

设计速度/(km/h)	80	60	40	30	20
超高率(%)	6	4	2		

2. 最小半径确定

（1）**极限最小半径**　极限最小半径是各级公路按设计速度行驶的车辆能保证安全行车的最小允许半径。根据最大横向力系数 μ_{max} 和最大超高值 i_{bmax}，即可计算出极限最小半径。极限最小半径是路线设计中的极限值，是在特别困难的条件下不得已才使用的，一般不轻易采用。

（2）**一般最小半径**　一般最小半径是指各级公路按设计速度行驶的车辆能保证安全适行车而建议采用的最小允许半径。

（3）**不设超高的最小半径**　路面上不设超高，对于行驶在曲线外侧车道上的车辆来说

是"反超高",其 i_b 值应为负,大小与路拱坡度相同。从舒适和安全的角度考虑,也应取尽可能小的值,以使乘客在曲线上有与行驶在直线上大致相同的感觉。《公路工程技术标准》制定的"不设超高的最小半径"是取 $\mu=0.035$、$i_{bmax}=-0.015$,按式(2-5)计算取整得来的。

如前所述,选取圆曲线半径时,在与地形等条件相适应的前提下应尽量采用大半径,但半径大到一定程度时,其几何性质和行车条件与直线无太大区别,容易给驾驶人员造成判断上的错误,反而带来不良后果,同时也会增加计算和测量上的麻烦。所以《公路路线设计规范》规定,圆曲线的最大半径不宜超过10000m。

四、缓和曲线

缓和曲线是设置在直线和曲线之间的或半径相差较大的两个同向圆曲线之间的一种曲率逐渐变化的曲线。《公路工程技术标准》中规定除四级公路,其余各级公路都应设置缓和曲线。在道路设计中,无论是公路还是城市道路,都广泛应用了缓和曲线,增加了汽车行驶的舒适性和安全性,又美化了线形,如图2-7所示。

图 2-7 直线与曲线连接效果
a)不设缓和曲线感觉路线扭曲 b)设置缓和曲线后变得美观

1. 缓和曲线的作用和性质

(1)缓和曲线的作用

1)缓和曲线通过其曲率逐渐变化,可更好地适应汽车转向的行驶轨迹。汽车在转弯过程中,其行驶轨迹是一条曲率连续变化的轨迹线。它的形式和长短随行车速度、曲率半径和驾驶人转动方向盘的快慢而定。从安全角度出发,缓和曲线的合理设计有利于车辆在行驶过程中不致偏离车道,从而保证交通安全。

2)汽车从一曲线过渡到另一曲线的行驶过程中,离心加速度逐渐变化,汽车行驶在曲线上会产生离心力,离心力的大小与曲线的曲率成正比。从直线驶入圆曲线,如果不设置缓和曲线,其曲率会产生突变。在一定的车速情况下,乘客就会有不舒适的感觉。设置了缓和曲线,其曲率是直线到圆曲线逐渐过渡的,离心加速度的过渡也是逐步的,乘客就不会有不舒服的感觉。

3)缓和曲线可以作为超高和加宽变化的过渡段。路线在弯道上要设置超高和加宽,从双面横坡过渡到单面横坡,和由直线上的正常宽度过渡到圆曲线上的加宽宽度,这一过程变化一般是在缓和曲线长度内完成的。

4) 缓和曲线的设置可使线形美观连续。在曲率变化处用缓和曲线进行过渡，消除了视觉上的不连续感，使线形平顺、圆滑、顺适，增加了线形的美学效应，同时也增加了行车安全。

（2）缓和曲线的性质　汽车行驶轨迹是圆滑的，最大宽度由前外轮后内轮决定。轨迹的几何特征具有三个特性：一是轨迹曲线是连续的，二是轨迹曲线的曲率是连续的，三是轨迹曲率的变化是连续的。

2. 缓和曲线的长度及参数

汽车在缓和曲线上要完成不同曲率的过渡行驶，因此要使缓和曲线有足够的长度，以使驾驶人有足够的时间来操作方向盘，缓和曲线的长度可以从以下方面来确定。

（1）控制离心加速度变化率 p

$$p = \frac{a}{t} = v^3/lR \tag{2-7}$$

式中　v——汽车行驶速度，m/s；
　　　R——圆曲线半径，m；
　　　p——离心加速度变化率，m/s³；
　　　t——汽车在缓和曲线上的行驶时间，s；
　　　l——缓和曲线的曲线长，m。

公路设计中一般取 $p \leqslant 0.6 \text{m/s}^3$，代入上式，则缓和曲线的最小长度 L_s 为

$$L_s = 0.036 V^3/R \tag{2-8}$$

式中　V——设计速度，km/h。

设计中可根据实际情况选用不同的 p 值，一般快速路要小些，慢速路可大些。

（2）保证驾驶人操作反应时间

$$L_s = vt = \frac{Vt}{3.6} \tag{2-9}$$

缓和曲线长度应使驾驶人在行驶时操作从容，不能过于匆忙，一般情况下以 3s 行程控制，代入上式则有

$$L_s = \frac{3V}{3.6} = \frac{V}{1.2} \tag{2-10}$$

（3）行车道外侧因超高产生的附加坡度不过大　曲线外侧由于设置超高而抬高，造成路线纵坡变化，纵坡变化过大对路容及行车舒适产生不利影响，所以对因超高产生的附加坡度宜加以控制

绕边线旋转
$$L_s = \frac{Bi_h}{p} \tag{2-11}$$

绕中轴旋转
$$L_s = \frac{B}{2p}(i_h + i_G) \tag{2-12}$$

式中　B——路面宽度，m；
　　　i_h——超高率，%；
　　　i_G——路拱坡度，%；
　　　p——超高附加坡度渐变率，其值见表 2-8。

表 2-8 超高附加坡度渐变率

设计速度/(km/h)	超高旋转轴位置	
	中线	边线
120	1/250	1/200
100	1/225	1/175
80	1/200	1/150
60	1/175	1/125
40	1/150	1/100
30	1/125	1/75
20	1/100	1/50

3. 缓和曲线参数 A 的确定

缓和曲线参数 A 是圆曲线半径 R 与缓和曲线全长 L 的几何平均值，单位为 m。对于一条缓和曲线而言，缓和曲线参数 A 是一个常数。A 越大，说明曲率变化越慢，曲线拐弯越缓；A 越小，说明曲率变化越快，曲线拐弯越急。

（1）由汽车在缓和曲线缓和行驶确定参数 A　由 $p=v^3/LR$ 得 $A^2=v^2/p$，则

$$A=\sqrt{\frac{0.0214}{p}}\cdot\sqrt{V^3}$$

可以根据 p 确定缓和曲线的参数 A。

（2）由行驶时间确定缓和曲线的参数 A　从安全和心理的角度出发，要求汽车在缓和曲线上行驶的最小时间为 $t(\text{s})$，汽车的速度保持匀速 v（m/s），则有 $L=vt$，所以

$$A=\sqrt{RL}=\sqrt{Rvt}=\sqrt{R\frac{1}{3.6}Vt}=\sqrt{\frac{RVt}{3.6}} \tag{2-13}$$

取 $t=3\text{s}$，则

$$A=\sqrt{\frac{RV}{1.2}} \tag{2-14}$$

（3）依据视觉条件确定缓和曲线的参数 A　确定合理的缓和曲线参数 A，可以使线形达到顺适与美观的要求。根据跟踪驾驶人的视觉发现，当缓和曲线角小于 3°时，曲线极不明显，在视觉上容易被忽略。当缓和曲线角大于 29°时，曲线过于弯曲，很难与相接的圆曲线顺接。保持缓和曲线角 β 在 3°~29°，就可以确定合适的 A 值。

由 $\beta_0=\dfrac{L_s}{2R}$，得 $L_s=2R\beta_0$，所以

$$A=\sqrt{RL_s}=\sqrt{R\cdot 2R\beta_0}=R\sqrt{2\beta_0}$$

将 $\beta_0=3°$ 和 $\beta_0=29°$ 代入上式，可得到下面的关系

$$\frac{R}{3}\leqslant A\leqslant R \tag{2-15}$$

上述关系只适用于 R 在某一范围内。当超过此范围，如 $R\geqslant 3000\text{m}$，即使 $A<\dfrac{R}{3}$，在视觉上也是没有问题的。

五、行车视距

为了行车安全,驾驶人需要能及时看到前方相当一段距离,以便发现前方障碍物或来车,及时采取措施,保证交通安全,这一距离称为行车视距。行车视距是道路使用质量的重要指标之一,行车视距是否充分将直接关系行车的安全和迅速。

根据驾驶人采取的措施不同,行车视距分为如下几种:

1) 停车视距。汽车行驶时,从驾驶人发现前方障碍物时起,到至障碍物前能安全制动停车所需的最短距离。

2) 会车视距。在同一车道上,两对向行驶的汽车在发现对方后,采取刹车措施安全停车,防止碰撞所需的最短距离。

3) 错车视距。在无明确分道线的双车道道路上,两对向行驶的汽车在发现对方后,采取措施避让安全错车所需的最短距离。

4) 超车视距。在双向行驶的双车道道路上,后面的快车超越慢车时,从开始驶离原车道到完成超车回到自己的车道所需的距离。

《公路工程技术标准》规定:高速公路、一级公路应满足停车视距的要求;其他各级公路一般应满足会车视距的要求。根据计算分析得知,会车视距约是停车视距的两倍,也就是只要计算出停车视距就可以了。

1. 停车视距

停车视距是指在汽车行驶时,当视线高为 1.2m、障碍物高 0.1m 时,驾驶人发现前方障碍物,经判断决定采取制动措施到汽车在障碍物前安全停住所需的最短距离。

停车视距由驾驶人在反应时间内行驶的距离、开始制动到刹车停止行驶的距离组成。另应增加安全距离 5~10m,以保证汽车在障碍物前安全地停下来而不至于冲到障碍物上。停车视距 S_T 按下式计算

$$S_T = S_1 + S_2 \tag{2-16}$$

式中 S_1——反应距离 m;

S_2——制动距离 m。

(1) 反应时间 驾驶人的反应时间是指驾驶人发现障碍物后,进行判断直至采取的制动措施生效的时间。反应时间与驾驶人有直接的关系,根据测定的资料,设计上采用反应时间 1.5s、制动生效时间 1.0s 是比较合适的,也就是总的反应时间是 2.5s。在这个时间内汽车行驶的距离为

$$S_1 = vt = \frac{V}{3.6}t \tag{2-17}$$

(2) 制动距离 制动距离是指汽车从制动生效到汽车完全停止,在这段时间内汽车行驶的距离。根据汽车的制动性或功能守恒原理得

$$S_2 = V^2/254(\psi \pm r) \tag{2-18}$$

式中 V——汽车的行驶速度,km/h;

ψ——路面与轮胎之间的纵向摩阻系数;

r——道路阻力系数,$\psi = f + i$,f 为道路滚动阻力系数;i 为道路坡度,上坡为"+",下坡为"-"。

一般情况下，$\psi=f+i$ 对视距计算值的影响在 5% 左右，计算中要略去其对视距的影响。综上所述，停车视距的计算公式应为

$$S_T = S_1 + S_2 = \frac{V}{3.6}t + V^2/254r \tag{2-19}$$

依上式计算，路面处于潮湿状态的小客车停车视距见表 2-9。

表 2-9 各级公路停车和超车视距

设计速度/(km/h)	行驶速度/(km/h)	r	停车视距/m		超车视距/m
			计算值	规定值	
120	102	0.29	212.0	210	—
100	85	0.30	153.7	160	—
80	68	0.31	105.9	110	550
60	54	0.33	73.2	75	350
40	36	0.38	38.3	40	200
30	30	0.44	28.9	30	150
20	20	0.44	17.3	20	100

城市道路视距计算与公路相仿，取值相同。

2. 超车视距

在对向行驶的双车道公路上，当视高为 1.2m、物高为 1.2m 时，后面的快车超越前面的慢车的过程中，从开始驶离原车道之处起，至可见逆向来车并能超越慢车后安全驶回原车道所需的最短距离即为超车视距，如图 2-8 所示。为了超车的安全，驾驶人必须看到前面足够长度的车流空隙，以便保证超车时的交通安全。

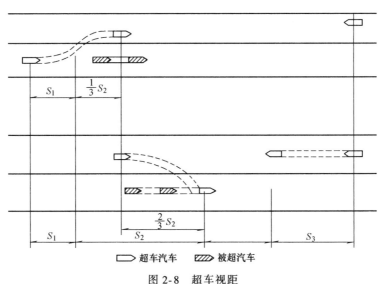

图 2-8 超车视距

超车视距可分为四个部分，如下式

$$S_c = S_1 + S_2 + S_3 + S_4 \tag{2-20}$$

式中　S_c——全超车视距；

S_1——超车汽车加速行驶的距离；

S_2——超车汽车在对向车道上行驶的距离；

S_3——超车汽车完成超车时，与对向车之间的安全距离；

S_4——在整个超车过程中，对向汽车的行驶距离。

（1）超车汽车加速行驶的距离　当欲超车的快车认为有超车可能时，于是加速行驶移向对向车道，在进入对向车道前所行驶的距离就是超车汽车加速行驶的距离

$$S_1 = \frac{V_0}{3.6}t_1 + \frac{1}{2}at_1^2 \tag{2-21}$$

式中　V_0——被超车的行驶速度，km/h，可认为较设计速度低 5~20km/h；

t_1——加速时间，s，一般为 2.7~4.5s；

a——平均加速度，m/s²，0.60~0.66m/s²。

（2）超车汽车在对向车道上行驶的距离

$$S_2 = \frac{V}{3.6}t_2 \tag{2-22}$$

式中　V——超车汽车加速后的速度，km/h，可认为是设计车速；

t_2——在对向车道上行驶的时间，s，一般在 7.5~11.4s。

（3）超车完成时，超车汽车与对向汽车之间的安全距离　这个安全距离根据不同等级公路上的计算行车速度的不同而采用不同的值。一般取用 20~100m。

（4）超车汽车从开始超车到完成超车的过程中，对向汽车行驶的距离

$$S_4 = \frac{V}{3.6}(t_1 + t_2) \tag{2-23}$$

在实际的超车过程中，不需要这样理想化的全超车距离，并且在地形较为复杂的地段实现这一目标也较为困难。实际上在超车汽车加速追上被超汽车后，一旦发现有对向来车而距离不足时，还可以回到原来的车道。这个时间一般可以取 $\frac{2}{3}t_2$，行驶的距离为 $\frac{2}{3}S_2 = \frac{2V}{10.8}t_2$；对向来车的行驶距离只考虑超车汽车进入对向车道后的时间就能够保证交通安全了。所以保证超车安全的最小超车视距为 $\frac{2}{3}S_2 + S_3 + S_4$。在《公路工程技术标准》的制定过程中，充分考虑了超车时的各种因素，确定了各级公路的最小超车视距。

对向行驶的双车道公路，应根据需要并结合地形，在适当的距离内设置具有超车视距的路段。

3. 平面视距的保证

汽车在弯道上行驶时，弯道内侧的树木、建筑物、路堑边坡或其他障碍物会遮挡驾驶人的视线。因此，在路线设计时必须检查平曲线的视距是否得到保证，将阻碍视线的障碍物清除，如图 2-9 所示。

一般来说，检查弯道内平面视距能否保证的方法有两种，一是视距曲线法，一种横净距法。

（1）视距曲线法　如图 2-10 所示，AB 是行车轨迹线，从汽车行驶轨迹线上的不同位置（图中的 1、2、3 等点）引出一系列弧长等于需要的最短视距 S 的视线（图中的 1—1′、2—2′、

3—3′等），与这些视线相切的曲线（包络线）称为视距曲线。在视距曲线与轨迹线之间的空间范围，是应保证通视的区域，在这个区域内如有障碍物则要予以清除。

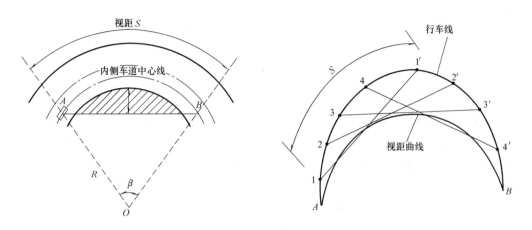

图 2-9 弯道内平面视距障碍物的清除　　图 2-10 弯道内侧应保证的区域

（2）横净距计算方法　在弯道各点的横断面上，汽车轨迹线与视距曲线之间的距离称横净距。计算横净距时要分两种情况，一是曲线长度大于视距的情况，二是曲线长度小于视距的情况，如图 2-11 所示。

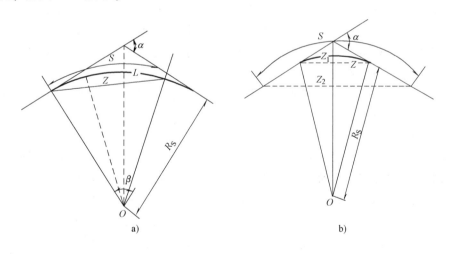

图 2-11 弯道横净距计算
a）当 $L>S$ 时　b）当 $L<S$ 时

1）当 $L>S$ 时

$$Z = R_S - R_S\cos\frac{\beta}{2} = R_S\left(1-\cos\frac{S}{2R_S}\right)$$

将 $\cos\dfrac{S}{2R_S}$ 按三角级数展开，可得

$$Z \approx S^2/8R_S \tag{2-24}$$

2）当 $L<S$ 时

$$Z = Z_1 + Z_2 = R_S\left(1-\cos\frac{\alpha}{2}\right) + \frac{S-L}{2}\sin\frac{\alpha}{2} = R_S\left(1-\cos\frac{L}{2R_S}\right) + \frac{S-L}{2}\sin\frac{L}{2R_S}$$

将 $\cos\dfrac{L}{2R_S}$ 和 $\sin\dfrac{S}{2R_S}$ 按三角级数展开，可得

$$Z \approx \frac{L}{8R_S}(2S-L) \tag{2-25}$$

六、平面线形的设计

1. 平面线形设计的一般原则

（1）平面线形应直捷、连续、顺适，并与地形、地物相适应，与周围环境相协调　在地势平坦开阔的平原微丘区，路线直捷舒顺，在平面线形三要素中直线所占比例较大。而在地势有很大起伏的山岭和重丘区，路线弯曲多变，曲线所占比例较大。在没有任何障碍物的开阔地区（如戈壁、草原等）故意设置一些不必要的弯道，或者在高低起伏的山区硬拉长直线都会令人产生不协调的感觉。路线要与地形相适应，这是集美学、经济和保护生态环境于一体的问题。直线、圆曲线、缓和曲线的选用与合理组合取决于地形、地物等具体条件，片面强调路线要以直线为主或以曲线为主，或人为规定三者的比例都是不合理的。

（2）应满足驾驶人和乘客视觉和心理上的要求　高速公路、一级公路及设计速度大于60km/h 的公路，应注重立体线形设计，尽量做到线形连续、指标均衡、视觉良好、景观协调、安全舒适。计算行车速度越高，线形设计要考虑的因素就应更周全。对于设计速度小于40km/h 的公路，首先应在保证行车安全的前提下，使用平面线形要素最小值，但应在条件允许也不过多增加工程量的情况下力求做到各种线形要素的合理组合，并避免和减少不利的组合，以期充分发挥投资效益。

（3）保持平面线形的均衡与连贯　为使一条公路上的车辆尽量以均匀的速度行驶，以下几点在设计时应充分注意：

1）长直线尽头不能接小半径曲线。长的直线和长的大半径曲线会导致较高的车速，若突然出现小半径的曲线，会因减速不及而造成事故。特别是长下坡方向的尽头更要注意，若受到地形限制小半径曲线很难避免时，中间应插入过渡性曲线，并使纵坡不至过大。

2）高、低标准之间要有过渡。同一等级的公路由于地形的变化在指标的采用上也会有变化，或同一条公路按不同计算行车速度的各设计路段之间也会形成技术标准的变化。遇有这种高、低标准变化的路段，除满足有关设计路段在长度和梯度上的要求外，还应结合地形的变化，使路线的平面线形指标逐渐过渡，避免出现突变，不同标准路段衔接点应选在交通量发生变化处，或者驾驶者能够明显判断前方需要改变行车速度的地方。

（4）应避免连续急弯的线形　这种线形会给驾驶者带来不便，给乘客的舒适性也带来不良影响。设计时可在曲线间插入足够长的直线或缓和曲线。

（5）平曲线应有足够的长度　如平曲线太短，汽车在曲线上行驶时间过短会使驾驶人的操作来不及调整，一般应控制平曲线（包括圆曲线及其两端的缓和曲线）的最小长度。

道路弯道在一般情况下是由两段缓和曲线（或超高、加宽缓和段）和一段圆曲线组成，缓和曲线的长度不能小于该级公路对其最小长度的规定，中间圆曲线的长度宜有大于3s 的行程。当条件受限时，可将缓和曲线在曲率相等处对接，此时的圆曲线长度为零。道路平曲

线最小长度规定见表 2-10。

表 2-10　各级道路平曲线最小长度

设计车速/(km/h)	120	100	80	60	40	30	20
平曲线最小长度/m	200	170	140	100	70	50	40

路线偏角的大小反映了路线的舒顺程度。但如果转角过小，即使设置了较大的半径也容易把长曲线看成比实际的短，造成急转弯的错觉，偏角越小这种倾向越显著，容易导致驾驶人枉做减速转弯的操作。一般认为，$\theta<7°$ 时属于小转角弯道。小偏角弯道应设置较长的平曲线，其长度应大于下表 2-11 中规定的 "一般值"。但受地形及其他特殊情况限制时，可减短至表中的 "低限值"。

表 2-11　公路偏角等于或小于 7° 时的曲线长度

设计速度/(km/h)		120	100	80	60	40	30	20
平曲线长度/m	一般值	$1400/\theta$	$1200/\theta$	$1000/\theta$	$700/\theta$	$500/\theta$	$350/\theta$	$280/\theta$
	低限值	200	170	140	100	70	50	40

注：当 $\theta<2°$ 时，按 2° 计算。

2. 平面线形要素的组合与衔接

（1）基本形　按直线—缓和曲线—圆曲线—缓和曲线—直线的顺序组合，如图 2-12 所示。基本形中的缓和曲线参数、圆曲线最小长度都应符合有关规定。两缓和曲线参数可以相等，也可以根据地形条件设计成不相等的非对称型曲线。从线形的协调性看，宜将缓和曲线、圆曲线、缓和曲线的长度比设计成 1:1:1。

（2）S 形　两个反向圆曲线用回旋线连接的组合，如图 2-13 所示。S 形相邻两个缓和曲线参数宜相等，当采用不同的参数时，A_1 与 A_2 之比应小于 1.5。此外，在 S 形曲线上，两个反向缓和曲线之间不应设置直线，不得已插入直线时，必须尽量地短，其短直线或重合段的长度应符合下式

$$l \leqslant \frac{A_1 + A_2}{40} \qquad (2\text{-}26)$$

式中　l——反向回旋线间短直线或重合段的长度，m；
A_1、A_2——回旋线参数。

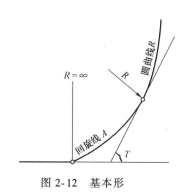

图 2-12　基本形

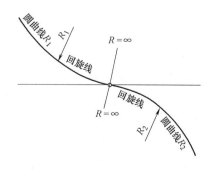

图 2-13　S 形

S形两圆曲线半径之比不宜过大，一般控制在

$$\frac{R_1}{R_2} = 1 \sim \frac{1}{3} \tag{2-27}$$

式中　R_1——小圆半径，m；
　　　R_2——大圆半径，m；

（3）卵形　用一个缓和曲线连接两个同向圆曲线的组合，如图2-14所示。卵形上的缓和曲线参数A不应小于该级公路关于缓和曲线最小参数的规定，同时为满足视觉要求，宜控制在下列范围之内

$$\frac{R_1}{2} \leq A \leq R_1 \tag{2-28}$$

式中　A_1——缓和曲线参数；
　　　R_1——小圆半径，m。

两圆曲线半径之比也控制在下式的范围内

$$0.2 \leq \frac{R_1}{R_2} \leq 0.8 \tag{2-29}$$

式中　R_2——大圆半径，m。

（4）凸形　在两个同向缓和曲线之间不插入圆曲线而径相衔接的组合，如图2-15所示。凸形的缓和曲线的参数及其连接点的曲率半径应分别符合允许最小缓和曲线参数和圆曲线一般最小半径的规定。凸形曲线尽管在各衔接处的曲率是连续的，但因中间的圆曲线的长度为零，对驾驶操作还是会带来一些不利因素，所以只有在布设路线特别困难时方可采用。

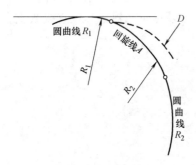

图2-14　卵形

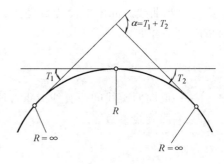

图2-15　凸形

（5）复合形　两个以上同向缓和曲线在曲率相等处相互连接的方式，如图2-16所示。复合形的两个缓和曲线参数之比应控制在$A_1:A_2=1:1.5$。

复合形回旋线除了在受地形和其他特殊限制的地方处使用，一般很少使用，多出现在互通式立体交叉的匝道线形设计中。

（6）C形　同向曲线的两回旋线在曲率为零处径相衔接，如图2-17所示。其连接处的曲率为零，相当于两条基本形同向曲线中间直线长度为零，这种线形对行车也会产生不利影响。因此，C形曲线只有在特殊地形条件下方可采用。

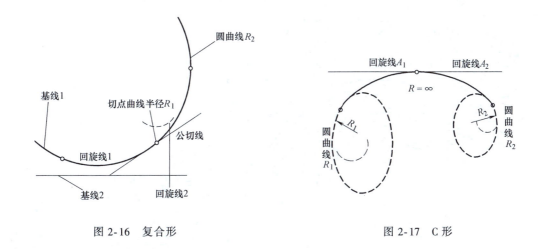

图 2-16 复合形　　　　　　　　　图 2-17 C 形

七、道路平面设计成果

完成道路平面设计即完成了各种图表的计算填写与绘制。平面设计包括的主要设计图有路线平面设计图、路线交叉设计图、平面布置图等，主要表格有直线、曲线及转角表、路线交点坐标表、逐桩坐标表、路线固定点表、总里程及断链桩号表等。图的绘制和图表的填写都应符合交通部颁发的《设计文件图表示例》中的要求。

1. 路线平面设计图

（1）公路路线平面设计图　路线平面设计图是道路设计文件的重要组成部分。该图全面、清晰地反映了道路平面位置和经过地区的地形、地物等，它是设计人员设计意图的重要体现。如图 2-18 所示。

1）平面图的比例尺。公路路线平面图是指包括道路中线在内的有一定宽度的带状地形图。若用于工程可行性研究、初步设计阶段的方案研究与比选，可采用 1:5000 或 1:10000 的比例尺测绘（或向国家测绘部门和其他工程单位搜集）。但作为初步设计、施工图设计的设计文件组成部分应采用更大的比例尺，一般常用的是 1:2000，在平原微丘区可用 1:5000。在地形特别复杂地段的路线初步设计、施工图设计可用 1:1000。若为纸上移线，则比例尺将更大。

2）路线平面图的内容及绘制方法。

① 导线及道路中线的展绘。在展绘导线或中线之前，需按图幅的合理布局绘出坐标方格网。坐标方格网尺寸采用 5cm 或 10cm，要求图廓网格的对角线长度和导线点长度误差不大于 0.05m。然后按导线/点（或交点，下同）坐标 x、y 精确点绘在相应的位置上。每张导线图展绘完毕后，用三棱尺逐点复核各点间距，再用半圆仪校核每个角度是否与计算相符，复核无误后，按"逐桩坐标表"提供的数据展绘曲线，并注明各曲线主要点及公里桩、百米桩、断链柱位置。对导线点、交点逐个编号，注明路线在本张图中的起点和终点里程等。

② 控制点的展绘。各种比例尺的地形图均应展绘和测出等级三角点、导线点、图根点、水准点等，按规定的符号表示。

③ 各种构造物的测绘。各类建筑物、构造物及主要附属设施应按《工程测量规范》的

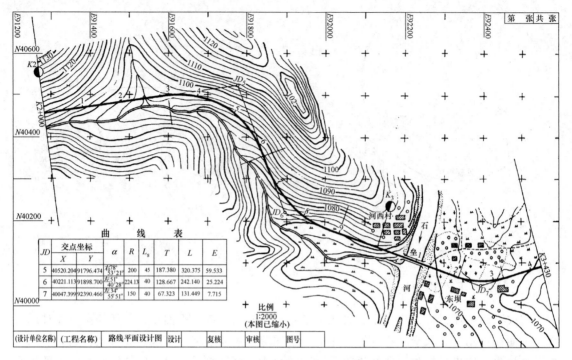

图 2-18 公路路线平面设计图

规定测绘和表示。各种线状物，如管线、高低压线等应实测其支架或电杆的位置。道路及其附属物应按实际形状测绘，公路交叉口应注明每条公路的走向。铁路应注明轨面高程，公路应标记路面类型，涵洞应注明洞底标高。

④ 水系及其附属物的测绘。包括海洋的海岸线位置，水渠顶边及底边高程，堤坝顶部及坡脚的高程，水井井台高程，水塘塘顶边及塘底的高程，河流、水沟等应注明水流流向。

⑤ 地形、地貌、植被、不良地质、地带等均应详细测绘并用等高线和国家制定的"地形图图式"符号及数字注明。

（2）城市路线平面设计图

1）绘图比例尺和测绘范围。与公路相比，城市道路长度较短而宽度较宽，在绘图比例尺的选用上一般比公路大。在进行技术设计时，可采用 1:500~1:1000 的比例尺绘制。绘图的范围视道路等级而定，等级高的范围应大一些，等级低的可小些。通常在道路两侧红线以外各 20~50m，或中线两侧各 50~150m，特殊情况除外。

2）城市道路平面设计图的内容及绘制方法。城市道路的导线、中线及路线两侧的地形、植物、水系、植被等的绘制方法与公路相同，不再重复，下面就城市道路中线各种设施的绘制方法作介绍。

① 道路红线。道路红线是道路用地与城市其他用地的分界线，红线之间的宽度也就是城市道路的总宽度，所以当道路的中心线画出后，应按城市道路的规划宽度画出道路红线。如果有远期规划和近期规划，都应画出并注明。

② 坡口、坡脚线。新建道路由于原地面高低起伏必然有填有挖。填方路段在平面图中应画出路基的坡脚线；挖方路段画出路基的坡口线。路基的坡口线与坡脚线在一般公路平面

图中由于比例尺较小不易表达，但在高速公路和一级公路中有时也要求绘制。

③ 车道线。城市道路的车道线是城市道路平面设计图的重要内容。在路幅宽度内，有机动车道、非机动车道，在机动车道中还分快车道、慢车道等。各种车道线的位置、宽度可在横断面布置图中查得。车道的曲线部分应按设计的圆曲线半径、缓和曲线长度绘制。各车道之间的分隔带、路缘带等也应绘出。

④ 人行道、人行横道线、交通岛。按设计绘出人行道、人行横道线和交通岛的位置及尺寸。

⑤ 管线及排水设施。按设计绘制地上、地下管线的走向和位置，雨水进水口，窨井、排水沟等都应在图中有标出。必要时，需分别另外绘出排水管线平面图。

⑥ 交叉口。平面交叉口、立体交叉口虽然有专门的交叉口设计图，但在平面设计图中也应该按平面图的比例尺画出并详细注明交叉口的各路去向、交叉角度、曲线元素及路缘石转弯半径。

一张完整的平面设计图，除了清楚正确地表达上述设计内容外，还可以对某些细部设施或构件画出大样图。最后在图中的空白处作一些简要的工程说明，如工程范围、采用坐标系、引用的水准点位置等。

2. 逐桩坐标表

高等级公路的线形指标一般较高，具体反映就是圆曲线半径较大，缓和曲线较长，在测设和放线过程中要求使用坐标法，以便保证测量精度。因此，在设计文件中提供逐桩坐标表是十分必要的。逐桩坐标即每个中桩的坐标，一般按如下步骤进行计算。

（1）计算导线点坐标 采用两阶段勘测设计的公路或一阶段设计但遇地形困难的路段，一般都要先进行平面控制测量，而路线的平面控制测量多采用导线测量的方法，在有条件时可优先采用全球定位系统（简称 GPS）测量的方法。导线测量的方法有经纬仪导线法、光电测距仪法和全站型电子速测仪法。其中全站仪可以直接读取导线点的坐标，其他方法可以在测得各边边长及其夹角后，用坐标增量法逐点推算其坐标。用 GPS 定位技术观测，则可在测站之间不通视的情况下，高精度、高效率地获得测点的三维坐标。

（2）计算交点坐标 当导线点的精度满足要求并经平差后，即可展绘在图纸上，用以测绘地形图（纸上定线），或以导线点为依据在现场直接测得路线各交点的坐标（直接定线）。纸上定线的交点坐标可以在图纸上量取，而直接定线的交点坐标若是用全站仪测量也可以很方便地获得（见《测量学》相关内容，这里不再重复）。

（3）计算各中桩坐标 可先计算直线和曲线主要点坐标，然后计算缓和曲线、圆曲线上每一个中桩的坐标。有关中桩坐标的计算方法，见《测量学》相关内容，这里不再赘述。

八、道路纵断面设计

（一）概述

通过公路中线的竖向剖面展开图称为路线纵断面图。由于地形、地物、地质、水文等自然因素的影响及满足经济性（工程量）的要求，公路路线在纵断面上不可能从起点至终点是一条水平线，而是一条有起伏的空间线。纵断面设计的主要任务就是根据汽车的动力性能、公路等级和性质、当地的自然地理条件及工程经济等，研究这条空间线形的纵坡大小及其长度，它是公路设计的重要内容之一，而且将直接影响行车的安全和快捷、工程造价、运营费用和乘客的舒适程度。

图 2-19 所示为某公路路线纵断面图。在纵断面图上，通过路中线的原地面上各桩点的高程称为地面高程，路中线上相邻地面高程的起伏折线的连线称为地面线。设计公路的路中线上相邻设计高程的连线称为设计线。设计线上各桩点的高程称为设计高程。在同一横断面上设计高程与地面高程之差称为施工高度或填挖高度。当设计线在地面线以上时，路基构成填方路堤；当设计线在地面线以下时，路基构成挖方路堑。施工高度的大小直接反映了路堤的高度和路堑的深度。

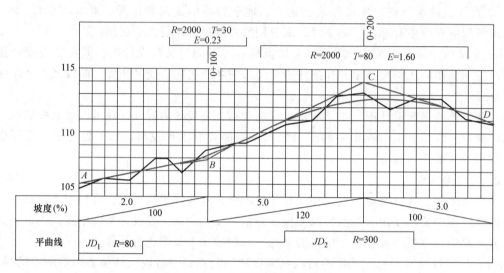

图 2-19　某公路路线纵断面图

公路纵断面设计线由直线和竖曲线两种线形要素组成。它是根据汽车的动力性能、地形条件、路基临界高度、运输与工程经济等方面的要求，通过技术、经济及视觉效果等多方面的比较后确定出来的，反映了公路路线的起伏变化情况。直线有上坡和下坡，是用高差、水平长度及纵坡度表示的。纵坡度 i 表示匀坡路段坡度的大小，用高差 h 与水平长度 l 之比量度，即 $i=h/l$。在直线的纵坡转折处为了平顺过渡，需设置一定长度的竖曲线来进行缓和。

（二）汽车行驶对纵坡设计的要求

公路平、纵、横设计是以满足汽车行驶要求为前提的。因此，在公路纵坡设计时，首先要研究汽车的动力性能及汽车对公路的具体要求，综合考虑人、车、路和环境等方面的各种因素，通过合理设计来达到汽车行驶的安全、快捷、经济、舒适和美观的要求。

1. 汽车的动力性能与公路纵坡的关系

不同类型的车辆具有不同的动力性能和制动特性，上坡时的爬坡能力和下坡时的制动效能也各不相同。按照公路上行驶的车辆类型及其具有的动力性能来确定汽车在规定速度下的爬坡能力和下坡的安全性，是确定公路最大纵坡的常用方法。

汽车在上坡行驶中受到的阻力有空气阻力、滚动阻力、坡度阻力、惯性阻力。若公路纵坡较缓，汽车的行驶阻力的代数和小于或等于汽车所用挡位的牵引力，汽车就能用该挡位以等速或加速走完该段纵坡的全长；汽车所用的挡位越高，行驶速度越快，爬坡能力就越差。因此，公路纵坡设计总是力求纵坡较缓，特别是等级较高的公路更是如此。

当公路的纵坡较陡，汽车上坡时的行驶阻力的代数和大于汽车所用挡位的牵引力时，在坡段较短的情况下，只要在上坡之前加大汽车油门，提高汽车的初速度，利用动力冲坡的惯性原理，在车速降到临界速度之前即使不换挡也能冲过此段纵坡，但如果道路纵坡既陡又长，汽车利用动力冲坡无法冲过坡顶，此时就必须在车速下降到某一程度（如临界车速）时，换到较低的挡位来获得较大的动力因数，从而增大牵引力，汽车才能继续走完全程。但挡位越低，汽车的行驶速度越慢。

汽车使用低挡的行程时间越长或换挡次数频繁，会增长行程时间，增加汽车燃料消耗和机件磨损。此外，从汽车的动力特性可知，道路纵坡对车速的影响极大，因为纵坡越陡，需要的动力因素越大，导致采用的挡位越低，行驶速度越慢。为了使汽车保持较高的车速行驶，少用低挡和减少换挡次数，对道路纵坡提出如下要求：

1）纵坡度力求平缓。
2）陡坡宜短，长陡坡的纵坡度应加以严格限制。
3）纵坡度变化不宜太多，尤其应避免急剧的起伏变化，力求纵坡均匀。

2．纵坡设计的一般规定与要求

（1）纵坡设计的一般要求　为使纵坡设计达到经济合理的目的，在设计之前必须全面掌握勘测资料，并结合选（定）线时的纵坡考虑意图，经综合分析、比较后定出设计纵坡。纵坡设计应满足以下要求：

1）纵坡设计必须满足《公路工程技术标准》中的各项规定。
2）为保证汽车能以一定的车速安全顺畅地行驶，纵坡应具有一定的平顺性，起伏不宜过大及过于频繁。平原地形的纵坡应均匀、平缓；丘陵地形的纵坡应避免过分迁就地形而起伏过大；山区的沿河线，应采用平缓的纵坡，坡长不宜超过规定的限值，纵坡不宜大于6%；山区的越岭线尽量避免采用极限纵坡值，缓和坡段应自然地配合地形设置，在连续采用极限长度的陡坡之间，不宜插入最短的缓和坡段，以争取较均匀的纵坡。垭口附近的纵坡应尽量放缓一些。连续上坡或下坡路段，应避免设置反坡。
3）纵坡设计时，应综合考虑沿线的地形、地质、水文、气候等自然条件，根据不同的具体情况妥善处理，以保证公路的畅通和稳定。
4）地下水位较高的平原微丘区和潮湿地带的路段，应满足最小填土高度的要求，以保证路基稳定。
5）一般情况下纵坡设计应考虑填挖平衡，并尽量利用挖方作为就近路段填方，减少借方和废方，以降低工程造价。
6）纵坡设计时，应照顾当地民间运输工具、农业机械、农田水利等方面的特殊要求。

（2）最大纵坡与最小纵坡

1）最大纵坡是指各级公路允许采用的最大坡度值，它是公路纵断面设计的重要控制指标。在山岭地区，纵坡的大小将直接影响路线的长度、使用质量、运输成本和工程造价。因此，纵坡大小的取值必须通过全面分析，综合考虑后合理确定。

2）确定最大纵坡应考虑的因素：

① 汽车的动力特性。要根据公路上主要行驶车辆的牵引性能，在一定的行驶速度条件下确定。

② 设计速度。设计速度越高，要求的行车速度越快，但从汽车的动力特性可知其爬坡能力越低，因此不同设计速度的公路有不同的最大纵坡值。

③ 自然因素。公路所经地区的地形、气候、海拔高度等自然因素对汽车的行驶条件和爬坡能力也有很大的影响。

3）最大纵坡的确定。最大纵坡的确定主要取决于汽车的动力性能、设计速度和自然因素，但必须保证行车安全。从实际调查中可知，汽车在陡坡路段下坡时，由于频繁制动，易使制动器发热而失效，导致事故频发。因此，确定最大纵坡不能只考虑汽车的爬坡性能，还要从行驶的快速、安全及经济等方面综合分析，同时兼顾汽车拖挂车、民间运输工具的特殊要求等。实践证明，四级公路为了达到相应的行车速度，一般情况下最大纵坡不宜超过8%，只有在工程特殊困难的山岭地区，经技术论证合理时，最大纵坡可增加1%；但在海拔2000m以上或积雪冰冻地区，出于安全考虑，最大纵坡不应大于8%。《公路工程技术标准》第4.0.20条规定各级公路的最大纵坡见表2-12，并应符合下列规定。

表2-12　各级公路最大纵坡

设计速度/(km/h)	120	100	80	60	40	30	20
最大纵坡(%)	3	4	5	6	7	8	9

① 设计速度为120km/h、100km/h、80km/h的高速公路受地形条件或其他特殊情况限制时，经技术经济论证，最大纵坡可增加1%。

② 公路改扩建中，设计速度为40km/h、30km/h、20km/h的利用原有公路的路段，经技术经济论证，最大纵坡可增加1%。

③ 二级及二级以下公路的越岭路线连续上坡（或下坡）路段，相对高差为200~500m时，平均纵坡不应大于5.5%；相对高差大于500m时，平均纵坡不应大于5%。任意连续3km路段的平均纵坡不应大于5.5%。

④ 高速公路、一级公路应论证采用合理的平均纵坡，对存在连续长、陡纵坡的路段应进行安全性评价。

⑤ 位于市镇附近非机动车交通量比例较大的路段，纵坡可根据具体情况适当放缓；平原、微丘区一般宜不大于2%~3%；山岭、重丘区一般宜不大于4%~5%。

⑥ 小桥涵处的纵坡可按表2-12的限值设计，但大、中桥上的纵坡不宜大于4%，桥头引道纵坡不大于5%，引道紧接桥头部分的线形应与桥上线形匹配，其长度不宜小于3s的设计速度行程长度；位于市镇附近非机动车交通量较大的路段，桥上及纵坡均不得大于3%。

⑦ 隧道内的纵坡不应大于3%，并不小于0.3%；独立的明洞和长度小于100m的隧道，其纵坡不受此限；紧接隧道洞口的路线，纵坡应与隧道内纵坡相同。

4）高原地区纵坡折减。在海拔300m以上的高原地区，空气密度下降使汽车发动机的功率和汽车的牵引力降低，导致汽车爬坡能力下降；此外，在高原地区，汽车水箱中的水容易开锅而破坏冷却系统。故《公路工程技术标准》规定在海拔3000m以上的高原地区，各级公路的最大纵坡值应按表2-13的规定予以折减。最大纵坡折减后若小于4%，则仍采用4%。

表2-13　高原纵坡折减值

海拔高度/m	3000~4000	>4000~5000	5000以上
折减值(%)	1	2	3

5）最小纵坡。一般来说，为使公路上汽车行驶快速和安全，纵坡设计得小一些总是有利的。但在挖方路段，设置边沟的低填路段和横向排水不畅路段，为保证排水的要求，防止积水渗入路基而影响其稳定性，一般在这些路段应避免采用水平纵坡，以免因为排水而将边沟挖得过深。故《公路工程技术标准》规定，在各级公路的长路堑路段，以及其他横向排水不畅的路段，应采用不小于0.3%的纵坡。当必须设计平坡或<0.3%纵坡时，其边沟应做纵向排水设计。干旱地区及横向排水良好的路段，其最小纵坡可不受上述限制。

3. 坡长限制与缓和坡段

（1）坡长限制 坡长限制包括最小坡长和最大坡长两个方面的内容。

1）最小坡长限制。最小坡长的限制是从汽车行驶平顺性、乘客的舒适性、纵面视距和相邻两竖曲线的布置等方面考虑的。如果坡长过短，转坡过多，使纵坡线形呈锯齿形，路容也不美观。此外，当相邻坡段的纵坡相差较大，而坡长又较短时，汽车运行中换挡频繁也增加了驾驶人的操作强度。因此，纵坡的坡长应有一个最短长度。

综合考虑设计速度和地形条件等情况，《公路工程技术标准》规定的最小坡长见表2-14。

表2-14 最小坡长（直坡）

设计速度/(km/h)		120	100	80	60	40	30	20
最小坡长/m	一般值	400	350	250	200	160	130	80
	最小值	300	250	200	150	120	100	60

《公路工程标准》还规定，公路纵坡变更处应设置竖曲线。竖曲线最小半径最小长度不应小于表2-15的规定。

表2-15 竖曲线最小半径和最小长度

设计速度/(km/h)	120	100	80	60	40	30	20
凸形竖曲线最小半径/m	11000	6500	3000	1400	450	250	100
凹形竖曲线最小半径/m	4000	3000	2000	1000	450	250	100
竖曲线最小长度/m	100	85	70	50	35	25	20

2）最大坡长限制。最大坡长限制是指比较大的纵坡对正常行车的影响。根据汽车的动力性能可知，公路纵坡的大小及其坡长对汽车的行驶影响很大，特别是长距离的陡坡对汽车行驶非常不利。实际调查资料表明，当纵坡的坡段太长，汽车因克服行驶阻力而使行驶速度显著降低，在提高汽车功率时又易使水箱开锅，导致汽车爬坡无力，甚至熄火；下坡时长时间连续制动易使制动器发热而失效，造成交通事故。所以《公路工程技术标准》规定，各级公路不同纵坡时的最大坡长可按表2-16选用。

表2-16 各级公路不同纵坡最大坡长 （单位：m）

设计速度/(km/h)		120	100	80	60	40	30	20
纵坡坡度(%)	3	900	1000	1100	1200			
	4	700	800	900	1000	1100	1100	1200
	5		600	700	800	900	900	1000

(续)

设计速度/(km/h)		120	100	80	60	40	30	20
纵坡坡度(%)	6			500	600	700	700	800
	7					500	500	600
	8					300	300	400
	9						200	300
	10							200

在实际纵坡设计中,当某一坡度的坡长还未达到规定的限制坡长时,可变化坡度(应为连续上坡或连续下坡),但其长度应按坡长限制的规定进行折算。例如,某山岭区公路(设计速度 $V=30$ km/h)的第一坡段纵坡为 8.0%,长度为 180m,即占坡长限制值的 3/5,若相邻坡段的纵坡为 7.0%,则其坡长不应超过 $500×2/5=200$ m。也就是说 8.0%的纵坡设计了长度为 180m 以后,还可接着设计坡度为 7.0%的 200m 坡长,此时坡长限制值刚好用完。

(2) 缓和坡段 缓和坡段的作用主要是为了改善汽车在连续陡坡上行驶的紧张状况,避免汽车长时间低速行驶或汽车下坡产生不安全因素。因此,当陡坡的长度达到限制坡长时,应安排一段缓坡,用以恢复在陡坡上行驶降低的速度。汽车在缓坡上行驶的长度,从理论上应满足汽车加速或减速行驶过程的需要。

《公路工程技术标准》规定,当公路连续上坡(或下坡)时,以利提高车速和行驶安全,应在不大于表 2-16 规定的纵坡长度范围内设置缓和坡段。缓和坡段的纵坡应不大于 3%,其长度应符合表 2-16 纵坡长度的规定。

4. 平均纵坡

平均纵坡是指一定长度路段的高差与水平距离之比,以百分率(%)表示。它是衡量纵断面线形设计质量的一个重要限制性指标。在山区越岭线纵坡设计中,有时公路纵坡的设计虽然完全符合最大纵坡、坡长限制和缓和坡段的规定,但也不一定能保证使用质量。当极限长度的陡纵坡与缓和坡段交替频繁使用,同样会使汽车在这样的坡段上长时间地低速行驶,引起不良后果,甚至造成事故。这说明汽车短时间内在陡坡路段上坡或下坡,问题尚不严重,但如果长时间地连续在陡坡夹缓和坡段的路段上行驶就相当危险。因此有必要从行车顺利和安全考虑来控制设计纵坡的平均值。

5. 合成坡度

合成坡度是指在设有超高的平曲线上,路线纵坡与超高横坡或路面横坡组合而成的最大坡度。其方向为流水方向,又称流水线坡度。合成坡度的计算公式为

$$i_{合} = \sqrt{i_{纵}^2 + i_{横}^2} \tag{2-30}$$

式中 $i_{合}$——合成坡度,%;

$i_{纵}$——路线纵坡度,%;

$i_{横}$——超高横坡度或路面横坡度,%。

汽车在有合成坡度的路段行驶时,如果合成坡度过大,由于离心力的作用,可能引起汽车向合成坡度方向的倾斜和侧向滑移,给汽车行驶带来危险。因此,应将合成坡度控制在一定的范围内。《公路工程技术标准》规定各级公路的最大允许合成坡度值见表 2-17。

第二章 交通道路规划设计

表 2-17 公路最大允许合成坡度

公路等级	高速公路				二、三、四级公路				
设计速度/(km/h)	120	100	80	60	80	60	40	30	20
合成坡度(%)	10	10	10.5	10.5	9	9.5	10	10	10

当陡坡与小半径平曲线重叠时，在条件许可的情况下，以采用较小的合成坡度为宜，特别是在下述情况下，其合成坡度必须小于 8%：①冬季路面有积雪、结冰的地区；②自然横坡较陡峻的傍山路段；③非汽车交通比率高的路段。

各级公路的最小合成坡度不宜小于 0.5%。在超高过渡的变化处，合成坡度不应设计为 0。当合成坡度小于 0.5% 时，则应采取综合排水措施，以保证路面排水畅通。

6. 爬坡车道

爬坡车道是指在陡坡路段正线行车道右侧设置的专供载货汽车行驶的专用车道。

在确定高速公路和一级公路的最大纵坡时，一般是以小客车行驶速度为标准的。当公路纵坡较大时，载货汽车因爬坡时需克服较大的坡度阻力，只有降低车速才能通过。当载货汽车所占比例较大时，小客车的行驶速度受到影响，超车频率增加导致爬坡路段的通行能力下降，甚至产生堵塞交通的现象。为了不使爬坡速度低的载货汽车影响爬坡速度高的小客车行驶，就需要在陡坡路段的上坡方向增设爬坡车道，把载货汽车从正线车流中分离出去，来保证道路的通行能力。

《公路工程技术标准》规定，高速公路、一级公路及二级公路的连续上坡路段，当通行能力、运行安全受到影响时，应设置爬坡车道。爬坡车道宽度不应小于 3.5m。六车道以上的高速公路，可不设爬坡车道。

对于六车道以下的高速公路、一级公路，当纵坡对载货汽车上坡运行速度影响较大时，在纵坡大于 4%、纵坡长度受限制的路段，应对载货汽车上坡行驶速度的降低值和设计通行能力进行验算；符合下列情况之一者，宜在上坡方向行车道的右侧设置爬坡车道，其宽度一般为 3.5m。

1）沿上坡方向载货汽车的行驶速度降低到表 2-18 的允许最低速度以下时，宜设置爬坡车道。

表 2-18 上坡方向允许最低速度

设计速度/(km/h)	120	100	80	60	40
允许最低速度/(km/h)	60	55	50	40	25

2）上坡路段的设计通行能力小于设计小时交通量时，宜设置爬坡车道。

3）纵坡设计中，对需设置爬坡车道的路段，应与减小主线纵坡不设爬坡车道的方案进行比较；对隧道、大桥、高架构造物及深挖方路段等特殊工程，当因设置爬坡车道使工程费用增加很大时，爬坡车道可暂不设置，视交通量增长对行车速度的影响程度在改建公路时再考虑是否设置爬坡车道；对双向六车道以上的高速公路，行车影响干扰的程度已不大，可不另行设置；对小客车较多的旅游公路或交通量很大、重载汽车比率较大的其他等级公路，也可参照上述条件，从工程建设目的、服务水平、工程投资规模综合分析后确定是否设置爬坡车道。

7. 紧急停车带

《公路工程技术标准》规定，高速公路和作为干线的一级公路右侧硬路肩宽度小于2.5m时，应设置紧急停车带。紧急停车带宽度应为3.5m，有效长度不应小于40m，间距不宜大于500m。当高速公路和作为干线的一级公路右侧硬路肩宽度达到2.5m以上时，应作为应急车道来设计，此时便无需再设置紧急停车带，如图2-20所示。

图 2-20 紧急停车带

8. 加（减）速车道

《公路工程技术标准》规定，互通式立交服务区、停车区、客运汽车停靠站、管理设施等的出入口处，高速公路、一级公路应设置加（减）速车道，二级公路应设置过渡段。

9. 避险车道

《公路工程技术标准》规定，连续长、陡下坡路段，应结合交通安全评价论证设置避险车道，如图2-21所示。

图 2-21 避险车道

（三）竖曲线

纵断面上相邻两条纵坡线相交的转折处，为了行车平顺，要用一段曲线来缓和，称为竖曲线。

竖曲线的形状，可采用圆曲线或二次抛物线，但在设计和计算上抛物线更为方便，故一般采用二次抛物线的形式。

在纵坡设计时，由于纵断面上只反映水平距离和竖直高度，因此竖曲线的切线长与弧长是其在水平面上的投影，切线支距是竖直的高程差，相邻两条纵坡线相交角用转坡角（或变坡角）表示。当竖曲线转坡点在曲线上方时为凸形竖曲线，反之为凹形竖曲线，如图 2-22 所示。

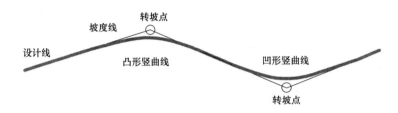

图 2-22 凸形竖曲线及凹形竖曲线

进行竖曲线设计时，首先要合理地确定竖曲线半径和长度。表 2-15 所列为竖曲线最小半径，当条件许可时应尽量采用大于表中所列的最小半径，只有当地形受到限制或有其他特殊困难时，方可采用表中所列的最小半径。对设计速度较高的公路，为了使公路的线形获得理想的视觉效果，还宜从视觉观点确定最小半径值，见表 2-19。

表 2-19 视觉所需的最小竖曲线半径值

设计速度 /(km/h)	竖曲线半径/m		设计速度 /(km/h)	竖曲线半径/m	
	凸形	凹形		凸形	凹形
120	20000	12000	60	9000	6000
100	16000	10000	40	3000	2000
80	12000	8000			

竖曲线半径选择主要考虑以下因素：

1）同向竖曲线间，特别是同向凹形竖曲线之间，当竖曲线半径小于 1000m 时，如果直线坡段不长，应合并为单曲线或复曲线，以避免出现断背曲线。

2）反向竖曲线之间，为使汽车的增重与减重之间有一过渡段，应尽量在中间设置一段直线坡段，以利汽车行驶的过渡。直线坡段的长度一般以不小于 3.0s 的行程时间为宜。当插入直线段有困难时，也可直接连接。

3）在不过分增加土石方数量情况下，为使行车舒适，应尽量采用较大半径。

4）根据竖曲线范围内的纵断面地面线起伏情况和高程控制要求，尽量考虑土石方填挖平衡，确定合适的外距值，按外距控制选择半径。

5）夜间行车交通量较大的路段，选择半径时应适当加大，使汽车前照灯有较长的照射距离。

（四）平面和纵断面线形组合设计

公路平面和纵断面线形组合设计是指在满足汽车运动学和力学要求的前提下，结合地形地物景观、视觉和经济性等，研究如何满足驾驶人在视觉和心理方面的连续性、舒适性及与周围环境相协调，以保证汽车行驶的安全、舒适与经济。

（1）平面和纵断面线形组合原则

1）应在视觉上能自然地诱导驾驶人的视线，并保持视觉的连续性。

2）平面、纵断面线形的技术指标应大小均衡，避免出现平面高标准，纵断面低标准，或与此相反的情况，使线形在视觉上、心理上保持协调。

3）选择组合得当的合成坡度，以利于路面排水和行车安全。

4）平面、纵断面线形组合应注意与周围环境相配合，充分利用公路周围的地貌、地形、天然树林建筑物等，尽量保持自然景观的连续，以消除景观单调感，使公路与大自然融为一体。

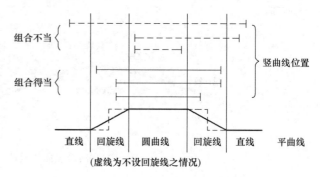

图 2-23 平曲线与竖曲线组合

（2）平曲线与竖曲线组合　平曲线与竖曲线相互重合，使平曲线稍长于竖曲线，并将竖曲线的起、终点分别放在平曲线的两个缓和曲线的中间，这是平、纵面最好的组合，如图 2-23 所示。

九、横断面设计

道路横断面是指中线上各点沿法向的垂直剖面，它是由横断面设计线和地面线组成的。其中横断面设计线包括行车道、路肩、分隔带、边沟、边坡、截水沟、护坡道及取土坑、弃土堆、环境保护设施等。城市道路的横断面组成中包括机动车道、非机动车道、人行道、绿带、分车带等。高速公路、一级公路和二级公路还有爬坡车道、避险车道；高速公路、一级公路的出入口处还有变速车道等。横断面图中的地面线是表征地面起伏变化的线，它是通过现场实测或由大比例尺地形图、航测相片、数字地面模型等途径获得的。路线设计中讨论的横断面设计只限于与行车直接有关的部分，即两侧路肩外缘之间各组成部分的宽度、横向坡度等问题，所以有时也将路线横断面设计称为"路幅设计"。

1. 公路横断面组成

公路横断面的组成和各部分的尺寸要根据规划交通量、交通组成、设计速度、地形条件等因素确定。在保证必要的通行能力和交通安全与畅通的前提下，尽量做到用地省、投资少，使道路发挥最大的经济效益与社会效益。公路横断面的组成如图 2-24 所示。

路幅是指公路路基顶面两路肩外侧边缘之间的部分。等级高、交通量大的公路（如高速公路、一级公路），通常是将上、下行车辆分开的。分隔的方式有两种：一种是用分隔带分隔，另一种是将上、下行车道放在不同的水平面上加以分隔。前者称为整体式断面，后者称为分离式断面。整体式断面包括行车道、中间带、路肩以及紧急停车带、爬坡车道、避险车道等部分。不设分隔带的整体式断面（如二、三、四级公路）包括行车道、路肩及错车道等部分。城郊混合交通量大，实行快、慢车道分开的路段，其横断面组成可能还有人行道、自行车道等，应根据实际情况选用。

公路在直线段和小半径曲线段路基宽度有所不同，在小半径曲线上，路基宽度还包括行车道加宽的宽度。

第二章 交通道路规划设计

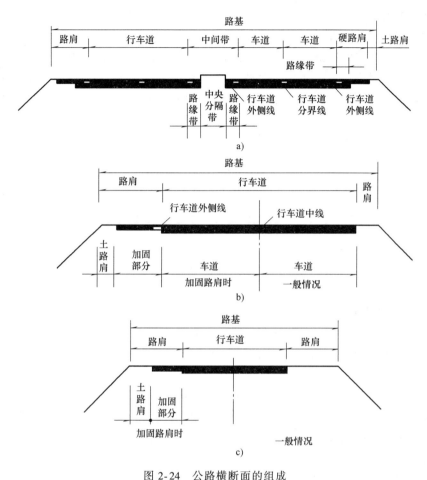

图 2-24 公路横断面的组成
a）高速公路、一级公路路基标准横断面 b）二、三级公路路基标准横断面
c）四级公路标准横断面

为了迅速排除路面和路肩上的积水，要将路面和路肩做成有一定横坡的斜面。直线路段路面横断面形式为中间高、两边低，呈双向倾斜，称为路拱。小半径曲线上为了抵消离心力，路面做成向弯道内侧倾斜的单一横坡，称为超高。

2. 公路横断面的类型

（1）单幅双车道　单幅双车道公路指的是整体式的供双向行车的双车道公路。这类公路在我国公路总里程中占的比重最大，二级、三级公路和一部分四级公路均属这一类。这类公路适应的交通量范围大，最高达 15000 小客车/昼夜，行车速度为 20~80km/h。在这种公路上行车，只要各行其道、视距良好，车速一般都不会受影响。但当交通量很大、非机动车混入率高、视距条件又差时，其车速和通行能力则大大降低。所以对混合行驶相互干扰较大的路段，可专设非机动车道，与机动车分离行驶。

（2）双幅多车道　四车道、六车道和八车道的公路，中间一般都设分隔带或做成分离式路基而构成"双幅"路。有些分离式路基为了利用地形或由于处于风景区，甚至做成两条独立的单向行车的公路。这种类型的公路适应车速高、通行能力大，每条车道能担负的交通量比一条双车道公路还多，而且行车顺适、事故率低。《公路工程技术标准》中的高速公路和一级公路即属此类。

（3）单车道　对交通量小、地形复杂、工程艰巨的山区公路或地方性道路，可采用单车道。我国标准中规定的四级公路就属于此类，路基宽度为4.50m，路面宽度为3.50m。此类公路虽然交通量很小，但仍然会出现错车和超车。为此，应在不大于300m的距离内选择有利地点设置错车道，使驾驶人能够看到相邻两错车道之间的车辆。错车道处的路基宽度≥6.5m，有效长度≥20m，错车道的尺寸规定如图2-25所示。

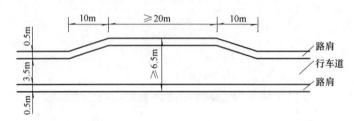

图2-25　错车道布置

3. 横断面形式的选用

单幅路占地少，投资省，但各种车辆混合行驶，于交通安全不利，仅适用于机动车交通量不大且非机动车较少的次干路、支路，以及用地不足、拆迁困难的旧城改建的城市道路上。

双幅路断面将对向行驶的车辆分开，减少了对向行车干扰，提高了车速，分隔带上还可以进行绿化、布置照明和敷设管线，但各种车辆单向混合行驶干扰较大。主要用于各向至少有两条机动车道、非机动车较少的道路。有平行道路可供非机动车通行的快速路和郊区道路，以及横向高差大或地形特殊的路段也可采用。

三幅路将机动车与非机动车分开，对交通安全有利；在分隔带上可以布置绿带，有利于夏天遮阳防晒、布置照明和减少噪声等。机动车交通量大、非机动车多的城市道路上宜优先考虑采用。但三幅式断面占地较多，只有当红线宽度等于或大于40m时才能满足车道布置的要求。

四幅路不但将机动车和非机动车分开，还将对向行驶的机动车分开，于安全和车速较三幅路更为有利，但占地更多，造价更高。它适用于机动车辆车速较高、各向两条机动车道以上、非机动车多的快速路与主干路。

一条道路宜采用相同形式的横断面。当道路横断面形式或横断面各组成部分的宽度变化时，应设过渡段。过渡段的起、止点宜选择在交叉口或结构物处。

第四节　道路测设新技术

随着测量技术、计算机技术的发展及各种高新技术的不断出现，各相关学科相互交叉和渗透、相互影响和促进，公路测设技术得到了迅速发展。以"3S"等高新技术为主体的野外勘测，以数字地面模型（DTM）为基础的内业数据处理，以AutoCAD及公路计算机辅助设计（CAD）为核心的覆盖公路测设全过程的设计一体化集成技术，代表了公路测设自动化的发展方向，成为现代公路测设新技术的重要标志。本章主要介绍国内公路测设新技术发展概况及公路测设的基础知识。

一、我国公路勘测及设计技术发展概况

我国高等级公路的建设始于20世纪80年代后期。这期间我国公路测设技术随着测量技术和计算机技术的发展而快速发展。各设计单位、高校及科研单位相继研制开发了一大批公路测设技术成果，在我国公路测设中发挥着重要的作用。从总体上讲，我国公路测设技术水平不高，集成化、系统化程度还比较低，不能适应目前公路建设对测设的要求，与国际先进水平还有一定差距。

1. 我国公路勘测技术发展概况

随着测量高新技术的发展，传统的公路勘测方法不断改进和更新。我国公路设计部门于1976年开始，逐步开展了航测在公路设计中应用的研究。许多交通设计部门和科研院所在研究利用已有的国家航测资料成果，室内借助于简单的航测设备（如多倍仪、立体镜、视差杆等立体光学模型）研究路线走向及地质判释等方面做了不少工作。交通部十分重视这一领域先进技术的研究和成果应用，相继立项开展了《航测电算在公路测设中应用的研究》《航测遥感在公路测设中的应用技术》《GPS、航测遥感及公路CAD集成技术》等科技攻关研究。

在交通部第二公路勘察设计院主持的"九五"攻关项目《GPS、航测遥感及公路CAD集成技术》的研究开发中，从公路测设原始地形数据采集的需要出发，课题组与国内的测绘科研院所合作，对GPS、航测、遥感等测量高新技术在公路测设中的应用进行了有针对性的研究和探讨。在GPS定位测量方面，探讨了GPS测量与公路导线测量的匹配关系；提出了适用于不同精度要求和不同工程（路线、大桥、隧道）测量作业模式及控制网数据处理方法，以及顾及测线大地水准面倾斜改正的GPS高程测量方法；采用RTK技术实现了公路三维数据采集与施工放样测量，以及航测外控点的快速测量；首先将动态GPS与航测集成技术应用于公路带状区域。在航测方面着重对数字摄影测量的研究，探讨了数字影像处理、自动化DTM数据生产、三维数字化地形图、数字影像产品、虚拟现实等技术。在遥感地质解译方面，着重对遥感的数据采集、图像处理、资料解译及成果应用的一体化研究，争取实现空间信息处理工程化。

目前，航测技术在各部、各省设计院的高等级公路勘察中得到普遍应用，大比例尺地形图的测绘工作基本上都是采用航测手段完成。直接利用航测在测图的同时获得的地形图数据建立数字地面模型，用于公路路线初步设计及施工图设计的方法及相应的CAD系统已在高等级公路设计中得到推广应用；利用全站仪采集地形原始数据，建立数字地面模型，自动绘制大比例尺地形图，并完成路线设计的路线CAD集成系统，也正在实际生产中发挥作用；GPS在公路路线导线网的基本控制测量、航测外控测量及各类桥隧控制测量中得到了广泛应用。有些设计院在路线测设中成功地采用了GPS定位、带坐标格网及地名注记的纠正像片、正射影像图、航测数据采集、遥感地质判释、数字地面模型等测量高新技术，取得了显著的效果。许多设计院已将GPS直接应用于路线中桩测设中。为了适应航测、数模、GPS等测量高新技术在公路测设中的应用，交通部于1997年颁发了《公路摄影测量规范》和《公路GPS测量规范》等相应的技术规范、标准。

红外测距仪和全站仪具有测距、测角、记录、计算、检查及平差等功能，在一个测站就可以得到各种测量和坐标值等数据。随着电子技术的高度发展，微处理器、微计算机在全站仪上的普遍应用，全站仪日趋小型化、轻型化、自动化，精度越来越高，使用越来越简单、方便。目前在绝大部分的交通设计单位已普遍采用全站仪进行路线控制测量中桩放样测量、大比例尺地形图测量等工作。全站仪在平面定位方面的精度相当高，而在高程测量方面也比水准仪具有更大的潜力和优势。我国的一些测量规范已将电磁波测距仪三角高程测量代替三、四等水准测量列入正式的条款。在航测外控测量中也已直接采用全站仪测量平面及高程控制点。全站仪在公路测设中的应用对提高外业工作效率和质量起到了很大的作用。

我国测绘领域对 GPS、航测遥感进行了深入的学科研究，在 GPS 辅助空中三角测量方面取得了突破性进展；在航测数字化测图技术方面，武汉测绘科技大学和国家测绘总局测绘科学研究所分别推出了商品化的全数字化测图系统（DPS），目前已推广到国内大多数的省级测绘部门，并已销售到澳大利亚、日本、美国等国家。测绘部门与公路设计部门合作，对 DPS 技术用于公路设计进行了成功的尝试，取得了较好的效果。经过十余年的努力，我国 GPS 的研究已在国土资源、城市规划与管理、环境工程及土木工程规划设计领域得到日益广泛的应用，并推广了国产化的 GIS 系统。这些展示了测量高新技术在我国公路测设中应用的广阔前景。

公路勘察的数据采集与处理，是构成公路测设一体化的重要基础。要解决公路勘察方面的问题，从技术方面而言，主要是要解决数据的有效、准确的获取，这取决于测量高新技术及新设备的应用。我国很多公路设计单位均引进了国外目前最先进的设备，并已投入使用。在采用的测量设备及手段方面，我国与国际先进水平基本同步。数据的处理主要取决于数字地面模型的应用，取决于数字地面模型系统的成熟和完善。数字地面模型作为连接野外勘测（数据采集）和内业设计（CAD 系统）之间的纽带和桥梁，在公路测设一体化系统中起着至关重要的作用。目前数学地面模型软件系统已得到很大发展。在软件功能、软件技术及采用的核心算法等方面均已达到国际先进水平。

随着测量高新技术的应用，数据的获取已不成问题，特别是航测在我国公路测设中的应用越来越普及，直接应用测绘局提供的航测图数据是在大范围内采集数据的最理想、最有效的地形原始数据采集，也是目前我国高等级公路测设中的主要地形数据来源。

但是我国公路勘测技术方面还存在下列问题：

1）原始数据的采集方法单一，没有充分利用现代化的高效的数据采集技术。虽然各个公路设计院在公路设计中已普遍采用航测方法，但航测的主要作用仅仅是测绘大比例尺地形图，没有充分利用航测提供的丰富信息，特别是地形数据资料。设计所需数据大多还是通过从地形图上读取或由野外实测这种传统的勘测手段。直接从航片采集地形数据、利用全站仪野外采集数据与数字地面模型及 CAD 系统相结合，进行公路路线设计的方法及采用 GPS 进行路线控制、采用遥感手段进行地质判释等方法，虽然已在实际工程中应用，但还没有得到大范围推广。传统的测设技术仍然滞后于 CAD 技术的发展，地形数据的获取成为公路设计中的一个最薄弱环节，形成了一个"瓶颈"，严重阻碍了公路测设的速度和质量的提高，成为我国公路测设中亟待解决的一个难题。

2）数字地面模型的应用还不普及，CAD 系统缺乏功能强大的数模的技术支撑。目前国内已推出基于航测、数模的路线设计一体化系统，并已在工程实际中得到应用，但在认识上仍没有得到应有的重视。数字地面模型是公路测设现代化的重要基础之一，数模技术发展到今天已经相当成熟、实用，国内外的研究工作都充分证明了这一点。如果数模技术不能很好地应用于实际工程，我国公路 CAD 技术也难以有新的突破，公路测设技术的水平也难以提高。

2. 我国公路设计技术的发展概况

公路 CAD 是公路设计技术发展的重要标志。近 20 年来，为在公路设计中应用计算机等新技术，各设计、研究单位相继研制开发了一大批计算机软件产品，这些产品在公路测设中发挥着重要的作用。

路线 CAD 系统（HCAD）的开发始于 1986 年，由交通部公路规划设计院等 6 家单位的 30 多位工程技术人员和教师组成的攻关队伍，经过 3 年的努力完成，并通过国家鉴定和验收。该系统以 APOLLO 图形工作站为硬件平台，软件由数字地面模型子系统，路线平纵优化子系统，路线设计子系统，立交设计子系统，公路中、小桥涵设计子系统，公路工程造价分析子系统六大专业设计子系统组成。该系统覆盖了地形数据采集→建立数字地面模型→人机交互地进行路线平、纵、横设计，优化设计和人工构造物的设计→图和表的屏幕编辑，并最终完成图纸的绘制及工程造价分析等成套 CAD 技术。

进入 20 世纪 90 年代，随着 GPS、航测、全站仪等测量新技术在公路领域的应用，高效、准确获得设计所需的大范围内的地形原始数据已成为可能，公路 CAD 逐步向测设一体化集成系统方面发展。在"七五"攻关项目"路线 CAD 系统（HCAD）"的基础上，有关院校、科研单位结合实际工程设计，对航测数模技术在公路路线施工图设计中的应用进行了深入研究，提出了采用航测、数模技术进行公路路线施工图设计的新方法及相应的作业程序，并提出了覆盖地形数据采集与处理、路线设计与优化，至设计成果输出的公路设计全过程的"基于航测、数模技术的公路测设一体化系统"，该系统由航测数据的转换与原始数据的查错、原始数据的改错与质量控制、原始数据预处理、散点数模的建立、地物断裂线的处理及路线纵横断面地面线内插、路线计算机辅助设计与绘图等主要部分组成。该系统在国内首次将航测数模技术应用于公路路线施工图设计，产生了显著的效益。

从 1996 年开始由交通部组织实施的国家"九五"重点科技攻关项目"GPS、航测遥感及公路 CAD 集成技术"由交通部第二公路勘察设计院、交通部公路研究所合作开发完成。该集成系统由全球卫星定位（GPS）测量系统、数字摄影测量系统、公路数字地面模型、遥感地质图像及判释、公路路线及立交设计集成 CAD 系统、桥梁设计集成 CAD 系统等几大部分组成。系统规模庞大，功能全面，充分反映了测量高新技术的最新发展及在公路测设中的应用前景。在 CAD 系统开发方面充分吸收了国内外先进软件的特点及计算机软硬件技术的最新成果，技术先进，软件水平高。

交通部"九五"科技攻关项目"高等级公路数模、路线设计与仿真系统"由长沙理工大学（原长沙交通学院）与山西省公路局合作完成。该系统在原有数字地面模型、公路 CAD 系统研究成果的基础上，以满足实际工程需要为目标，充分反映了有关最新科研成果和计算机技术的发展水平，建立了一个包括数字地面模型、路线设计、挡墙设计、涵洞设计、道路三维工程模型的，覆盖从数据采集、处理、初步设计、施工图设计到三维模型生成等全过程的路线设计集成系统。目前该系统已在高等级公路设计中应用。

我国"十一五"计划信息获取与处理技术主题与 3S 密切相关，其战略目标之一是构建我国的空间信息栅格（Spatial Information Grid，SIG），推动我国空间信息资源的产业化。该主题现设 5 个专题：SIG 总体技术高分辨力空间信息获取技术、空间信息处理技术、空间信息应用与产业促进、空间信息获取与处理前沿技术。在课题布置上，信息获取与处理技术主题以 SG 为技术框架，以应用为龙头，强化空间信息获取、处理和应用的有机衔接，形成链式布局，从整体上实现技术的创新跨越和可持续发展。从中可看出，我国 3S 发展进入了起飞的阶段，对 3S 产业化的积极推进具有重大意义。

二、地理信息系统

随着信息产业的形成和发展并日益受到人们的重视，计算机技术和系统分析方法的广泛应用为现代科学技术的发展展现了广阔的前景。信息时代是以信息源的科学管理和充分利用为特性的。进入信息时代的地学，对地学信息的采集、管理、分析提出了更高的要求。可以说，信息时代地学的发展水平取决于地学信息以及与之有关各类信息的采集获取和分析技术水平。

1. 地理信息系统的基本概念

地理信息系统（Geographical Information System，GIS）可简单定义为用于采集、模拟、处理检索、分析和表达地理空间数据的计算机信息系统，是有关空间数据管理和空间信息分析并以多种形式输出数据或图形产品的计算机系统，它具有信息系统的各种特点。地理信息系统与其他信息的主要区别在于其存储和处理的信息是经过地理编码的，地理位置及与该位置有关的地物属性信息成为信息检索的重要部分。在地理信息系统中，现实世界被表达成一系列的地理要素和地理现象，这些地理特征至少由空间位置参考信息和非位置信息两个部分组成。

地理信息系统具有以下三个方面的特征：

第一，具有采集、管理、分析和输出多种地理信息的能力，具有空间性和动态性。

第二，计算机系统支持进行空间地理数据管理，并由计算机程序模拟常规的或专门的地理分析方法，作用于空间数据，产生有用信息，完成人类难以完成的任务。

第三，计算机系统的支持是地理信息系统的重要特征，因此使得地理信息系统能快速、精确、综合地对复杂的地理系统进行空间定位和过程动态分析。

2. 地理信息系统的构成与功能

与普通的信息系统类似，一个完整的 GIS 主要由 4 个部分构成，即计算机硬件系统、计算机软件系统、地理数据（或空间数据）和系统管理操作人员。其核心部分是计算机系统（软件和硬件），空间数据反映 GIS 的地理内容，而管理人员和用户决定系统的工作方式和信息表示方式。

（1）计算机硬件系统　计算机硬件系统是计算机系统中的实际物理装置的总称，是 GIS 的物理外壳。系统的规模、精度、速度、功能、形式、使用方法甚至软件都与硬件有极大的关系，并受硬件指标的支持或制约。GIS 由于其任务的复杂性和特殊性，必须由计算机设备支持。构成计算机硬件系统的基本组件包括输入/输出设备、中央处理单元、存储器等，这些硬件组件协同工作，向计算机系统提供必要的信息，使其完成任务；保存数据以备现在或将来使用；将处理得到的结果或信息提供给用户。

（2）计算机软件系统　计算机软件系统是指各种必需的程序。对于 GIS 而言，通常包括计算机系统软件、地理信息系统软件和其他支持软件、应用分析程序。

（3）空间数据　是指以地球表面空间位置为参照的自然、社会和人文经济景观数据，可以是图形、图像、文字、表格和数字等。它是由系统的建立者通过数字化仪、扫描仪、键盘、磁带机或其他系统通信输入 GIS，是系统程序作用的对象，是 GIS 表达的现实世界经过模型抽象的实质性内容。在 GIS 中，空间数据主要包括某个已知坐标系中的位置、实体间的空间关系、与几何位置无关的属性。

（4）系统开发、管理和使用人员　人是 GIS 中的重要构成因素，GIS 不同于一幅地图，是一个动态的地理模型。仅有系统硬软件和数据还不能构成完整的地理信息系统，需要人进行系统组织、管理、维护和数据更新、系统扩充完善、应用程序开发，并灵活采用地理分析模型提取多种信息，为研究和决策服务。对于合格的系统设计、运行和使用来说，地理信息系统专业人员是地理信息系统应用的关键，而强有力的组织是系统运行的保障。一个周密规划的地理信息系统项目应包括负责系统设计和执行的项目经理、信息管理的技术人员、系统用户化的应用工程师及最终运行系统的用户。

3. 地理信息系统的功能

地理信息系统的核心问题是位置、条件、变化趋势、模式和模型 5 个方面。

（1）位置　即在某个特定位置有什么的问题。首先，必须定义某个物体或地区信息的具体位置，常用的定义方法有：通过某种交互手段确定位置，或者直接输入一个点坐标；其次，制定了目标或区域的位置以后，可以获得预期的结果及其所有或部分特性。

（2）条件　即符合某些条件的实体在哪里的问题。首先，可以用下列方式指定一组条件，如从预定义的可选项中选取，填写逻辑表达式，在终端上交互地填写表格。其次，指定条件后，可以获得满足指定条件的所有对象的列表，如在某个地区寻找面积不小于 $100m^2$ 的不被植被覆盖，且地下条件符合大型建筑的区域。

（3）变化趋势　该类问题需要综合现有数据，以识别某个地方已经发生的或正在发生的地理现象。首先，确定趋势。当然趋势的确定并不能保证每次都正确，一旦掌握了一个特定的数据集，要确定趋势可能要依赖假设条件、个人推测、观测现象或证据报道等。其次，通过对数据的分析对该趋势加以确认或否定。地理信息系统可使用户快速获得定量数据及说明该趋势的附图等。

（4）模式　该类问题是分析与已经发生或正在发生时间有关的因素。地理信息系统将现有数据组合在一起，能更好地说明正在发生什么，找出发生事件与哪些数据有关。首先，确定模式。模式的确定通常需要长期的观察、熟悉现有数据、了解数据间的潜在关系。其次，模式确定后，可获得一份报告说明该事件发生在何时何地，显示事件发生的系列图件。

（5）模型　该类问题的解决需要建立新的数据关系以产生解决方案。首先，建立模型，如选择标准、检验方法等。其次，建立了一个或多个模型后，能产生满足特定的所有特征的列表，并着重显示被选择特征的地图，同时提供一个对所选择的特征详细描述的报表。

由于地理信息系统发展的多源性，其功能具有可扩充性及应用的广泛性。有人按照地理信息系统中数据流程，将地理信息系统的功能分为以下 5 类 10 种：①采集、检验与编辑；②格式化、转换、概化；③存储与组织；④分析；⑤显示。在分析功能中，把空间分析和模型分析功能称为地理信息系统的高级功能。

4. GIS 在路线设计及道路管理中的应用

近年来，GIS 在交通方面的应用受到了广泛的重视，并形成了专门的交通地理信息系统

GIS-T，以满足道路交通管理方面的要求。下面分几个方面介绍 GIS 在公路方面的具体应用。

（1）GIS 应用于公路选线　辅助公路选线的 GIS 所需的数据主要包括：与路线方案有关的规划、计划，统计资料及地质、水文、气象资料和各种比例尺的地形图、地质图。根据这些信息，GIS 可以生成数字地形模型（DTM），帮助设计者宏观地认识整个沿线地区的地质、地貌，综合分析评价各个因素对路线选择的影响程度，根据公路设计技术标准的要求分析出控制点，以人机交互的方式选择合适的路线，并显示在 DTM 上。

以下对某试验区进行了 GIS 支持下的公路选线试验。该试验区地处丘陵地带，拟修建二级专用公路。路线选线的要求是既要符合公路工程技术标准，又尽可能减少耕地占用量和工程量。试验中采用的主要图形资料是地形图、地质图和土地利用现状图，扫描后通过屏幕跟踪数字化输入，文本资料通过键盘输入，建立起公路选线数据库。在此基础上生成 DTM 并应用 ARC/INFO GIS 对试验区进行了综合分析（地形分析、缓冲分析、叠置分析、网络分析等），初步确定了 7 个控制点。然后在 DTM 上人机交互完成控制点内插工作，经实地调查验证后，确定了合理的路线布局。

（2）GIS 用于公路路线平面设计　对于传统设计方法，平面设计计算工作时间是很长的。采用 GIS 技术，在计算机支持下，各曲线要素能够迅速计算出来，并通过计算机显示在屏幕上，供人们观察。此外，还可提供所定的平面方案对应的纵、横断面信息，并可输出纵、横断面地面线略图，还能够将多组参数下的图案同时显示或输出，供设计人员比较分析，以选定最佳状态。

（3）GIS 用于公路路线纵断面设计　路线纵断面设计是在路线纵断面图上决定坡度、坡长、竖曲线半径等数值以及进行有关的计算等工作。用 GIS 辅助纵断面设计时，根据公路平曲线各点的坐标，可以内插出各点的高程，从而获得现状纵断面。设计人员可应用人机交互设备，在屏幕上进行拉坡处理。计算机根据变坡点信息和设计要求，计算出竖曲线要素，并显示出来。设计人员据此进行修改，直至满意为止。同时，计算机能计算出当前纵断面方案对应的土石方累积曲线，供设计人员参考。

（4）GIS 用于公路路线横断面设计　横断面设计主要是绘出横向地面线后，根据纵断面设计确定的路基填挖高度、路基宽度、边坡坡度、边沟尺寸绘出路基的外廓线。横断面设计的工作量在整个公路设计量中占很大比例且重复工作量大。采用 GIS 辅助设计后，可以大大提高工作效率。其基本工作方式为将横断面地面线数据通过数字化输入或根据平、纵设计结果由 GIS 自动产生，设计人员根据设计要求和各路段的具体情况定义各段的标准设计断面，由计算机据此自动设计；在自动设计完成后，横断面显示在屏幕上，设计人员逐个进行检查，对不合理的设计进行修改。

（5）GIS 在公路路线设计其他方面的应用　试验研究表明，GIS 在公路路线初步设计中作用十分明显。除以上几个方面，GIS 在公路路线设计的其他方面也能发挥作用。GIS 可以实现地理坐标与里程桩号的相互转换，这就解决了传统表达方式与精确定位的矛盾，既保证了计算的精确，又符合工程管理人员的习惯。用 GIS 来计算路线长度、确定里程桩位置、处理断链等问题也是十分简便的。GIS 还可应用于工程量的估算，土石方数量是选择路线的一大因素，应用 GIS 辅助路线设计时，土石方数量的计算精确而快捷。土石方数量可使用平均断面法来求出，计算公式为

$$V = \frac{(A_1 + A_2)}{2} L \qquad (2\text{-}31)$$

式中 A_1、A_2——相邻两桩号的断面面积;

　　　L——$A_1 \sim A_2$ 间的距离;

　　　V——土石方体积。

当 A_1、A_2 相差很大时,采用以下公式计算

$$V = \frac{1}{3} \times (A_1 + A_2) \times L \times \left(1 + \frac{\sqrt{m}}{1+m}\right) \qquad (2\text{-}32)$$

式中,$m = A_1/A_2$。

断面面积就是横断面图上原地面线与路基设计线包围的面积,可先由 GIS 算出设计线与原地面线的交点坐标及高程,然后算出所围多边形的面积。

三、道路设计 CAD 技术

CAD 软件是迅速发展中的计算数学和相关的工程科学、工程管理学与计算机技术相结合而形成的一种综合性、知识密集型信息产品。它将计算机迅速、准确地处理信息的特点与人类的创造性思维能力及推理判断能力巧妙地结合起来,为现代工程设计提供了理想的手段。CAD 技术作为 20 世纪世界公认的重大技术成就之一,深刻地影响着当今工业和各个工程领域,已成为工程设计及科学研究中不可缺少的组成部分。工程设计领域是 CAD 技术应用最活跃,也是 CAD 技术发展最快的领域之一。到目前为止,已基本实现了勘察设计的技术手段从传统的手工方法向现代化 CAD 技术转变的目标。图 2-26 所示为道路 CAD 制图界面。

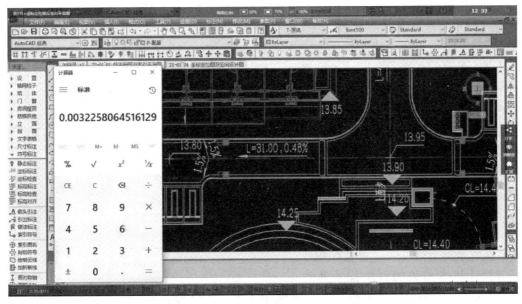

图 2-26　道路 CAD

1. CAD 的概念

CAD 是利用计算机辅助设计人员完成设计任务的理论、方法和技术。它可以帮助设计

人员在计算机上完成设计模型的构造、分析、优化和输出等工作。在设计过程中，人们可以把大量的计算、绘图、整理、修改等工作交给计算机去完成，而自己可多做些创造性的构思工作。CAD可大大提高设计的自动化程度和质量，缩短设计周期。更重要的是，人们借助计算机的高速运算能力，能够完成一些常人难以完成的设计任务。设计人员借助CAD技术以人机交互的方式和图形显示方法，在计算机上方便、灵活地构造出满足设计要求的设计模型，然后调用系统中的工程分析程序在屏幕上对模型进行分析、评价和优化，直至得到最佳设计结果。

一个完整的CAD系统的硬件部分应包括主机、图形输入设备、图形显示器及自动绘图仪。它与一般事务处理计算机系统的区别主要在于CAD系统具有较强的图形处理能力。

CAD需采用的主要技术有计算机图形学、人机交互技术、工程数据库。计算机图形学主要用于工程产品几何形状的建立、表达及图形显示等；人机交互技术为CAD提供图示化用户界面和交互式数据输入机制；工程数据库为CAD提供能满足工程应用环境要求的数据管理技术。

道路CAD系统应具有科学计算功能、图形处理功能、数据处理功能、分析功能和编制文件功能。科学计算功能能进行各种复杂的工程分析与计算；图形处理功能能进行二维和三维图形的设计及图形显示和自动绘图；数据处理功能有完善的数据库系统，能对设计、绘图使用的大量信息进行存取、查找、比较、组合和处理；分析功能能对设计的产品作各种性能分析；编制文件功能能输出各种技术文件。

必须指出，上述各项功能是一个完备的CAD系统具有的基本功能。在规划CAD系统时，可根据实际的需要和技术、经济可能性，使所建CAD系统仅具有其中某几项功能（如计算、数据处理、绘图）或超过上列五项的功能。

在计算机辅助设计工作中，计算机的任务实质上是进行大量的信息加工、管理和交换。也就是在设计人员初步构思、判断、决策的基础上，由计算机对数据库中大量设计资料进行检索，根据设计要求进行计算、分析及优化，将初步设计结果显示在图形显示器上，以人机交互方式反复加以修改。经设计人员确认之后，在自动绘图机及打印机上输出设计结果。上述CAD作业过程如图2-27所示。

CAD的方法是建立在计算机（软、硬件）技术基础上的，同时它吸收和运用了与设计技术相关的科学技术和理

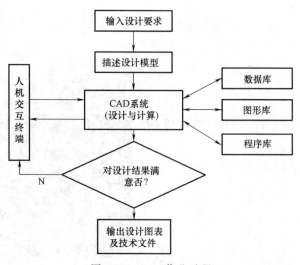

图2-27　CAD作业过程

论，如数学、优化设计、可靠性设计、有限元及边界元分析、价值分析和系统工程等。因此，CAD完全有别于传统的工程设计方法，它可以从静态分析、近似计算、经验设计的束缚中解放出来，进入动态分析、精确计算和优化设计的新阶段。可以说，CAD是现代化设计方法的综合与运用。

2. 数字地面模型的概念及应用

地形资料是道路设计的重要基础资料之一。传统设计中，一般用地形图或断面图来表示地形。地形图或断面图的获得需要通过野外实地测量，再经过手工绘制而成，人力、时间消耗很大。利用计算机进行道路设计，就要让计算机能认识和处理地形资料，为此，必须把地形资料变成计算机能接受的信息——数字。数字地面模型就是在这种背景下被引入公路设计领域的。

数字地面模型是指按照某种数学模型表达地形特征的数值描述方式，它由许多规则或无规则排列的地形点三维坐标（x，y，z）组成，是将数字化的地形资料存储于计算机的产物。

数字地面模型一般由以下三部分组成：①用离散的形式将某一区域内一系列采样点的信息按照一定的规则存储在计算机中，形成一个有限项的向量序列（通常用 x、y 表示平面坐标系，用 z 表示高程，各种平面地理信息如建筑物、河流等用编码或分层方式表示）；②给定某种数学方法来拟合地表形态（通过它可求得该区域任一平面位置点的高程，或者推算其他地面特征，如坡度、坡向等）；③实用程序块，主要完成坐标系的转换工作。

自 20 世纪 50 年代末期，美国麻省理工学院米勒教授研究用数字地面模型进行路线设计开始，人们对数模的研究与应用已有 60 年的历史。随着计算机技术及其外围设备的发展，数模在测绘、铁路、公路、机场及其他新建工程领域得到了广泛应用。

数字地面模型可用于道路设计的各个阶段。设计人员利用数字地面模型进行路线方案比选，只需输入少量的设计参数，计算机就可以按照编好的程序自动完成设计和分析比较工作，输出比较结果。设计者可以轻而易举地对方案进行比较，选择较优方案，而不需重测。另外，数字地面模型还广泛地用于道路初步设计和技术设计中。设计者做一些必要的外业调查和实测，就可以直接利用计算机进行路线设计。除此之外，用数字地面模型绘制地形图、路线平面图和地形透视图，可以大大减轻设计人员的工作强度。

3. 路线计算机辅助设计的任务

传统路线设计的一般过程为：

1）在路线方案确定的情况下，由设计者在地形图上（或实地）根据自己的经验初步定出路线的平面位置，即定出交点位置、平曲线半径和缓和曲线长度。

2）检查所定路线是否满足规范要求及与地形的适应等情况。

3）绘制与平面对应的纵断面地面线图，并设计与之适应的纵断面。

4）参照纵断面图，考虑地面横坡，根据确定的标准断面，进行横断面设计，判断是否修改平面。如需修改，则重复上述过程，直到满意为止。

这实际上是平面与纵断面交替设计的过程，其工作量是十分繁重的，且要求由有经验的设计者来完成。由于工作量大，往往会限制比较方案的个数，采用的方案仅是几个比较方案中相对较好的。

随着计算机及其外围设备的推广应用和计算数学的发展，人们自然会利用计算机快速计算的优点，在数字地面模型的支持下，借助数学方法，由计算机确定路线平面位置，进行优化设计，自动完成路线平面和纵断面设计工作。但是，由于平面线形优化涉及许多复杂因素，用这种方法实现的 CAD 系统，目前在国内外仍处于研究开发和完善阶段。因此，从目前来讲，路线计算机辅助设计的任务就是利用计算机快速计算来取代人工繁重的计算与绘图工作，进而用优化技术来自动进行部分修改工作，另一部分由人机交互修改，把设计人员的精力主要用于分析判断及处理一些难以用数学模型来表达的问题上。这样，可以大大减轻设计人员的劳动，有利于多做方案，对加快设计速度与提高设计质量有重要意义。

4. 道路透视图

随着道路等级的提高，人们对道路线形的审美要求和道路与周围景观的协调性越来越重视。道路透视图是路线计算机辅助设计的重要组成部分，可以使设计者在设计阶段获得形象逼真的道路全貌，如图 2-28 所示。它可以检查路线设计的线形质量及道路与周围景观的协调程度，并借此作为修改设计的依据。

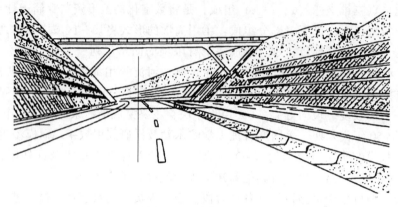

图 2-28　道路透视图

道路透视图有线形透视图、全景透视图、复合透视图和动态透视图等。线形透视图只绘出路面线以内的线条，这种透视图主要用来检查驾驶人眼中的立体线形是否合适，或走向是否清楚。全景透视图是在线形透视图的基础上将路线走廊内的景观全面地描绘出来，主要用来检查路线线形同周围景观的协调程度。复合透视图将线形透视图与照相技术相结合，最后以照片形式反映公路与周围景观的配合情况，这种透视图不全是计算机的产物。动态透视图是以移动的画面模拟汽车行驶时驾驶人感受到的道路情况，对一些条件复杂、比选方案困难的地段，可通过大屏幕动态显示路线全景透视图，这对提高设计质量会有很大的帮助。

道路的勘测设计依赖于新技术的发展。计算机技术的发展与应用，使道路 CAD 技术快速发展，给道路设计带来革命性变化。随着计算机技术的不断进步，信息技术和空间技术的飞速发展，必将推动道路设计产生又一次飞跃，其发展趋势就是道路设计的自动化。将卫星遥感技术、全球定位系统、地理信息系统、航测技术及全站仪等先进科学技术应用于道路设计，从而产生道路设计自动化技术。地形数据采集，特别是快速、高精度原始数据采集对现代道路设计自动化至关重要，全数字化测图是在解析法测图基础上发展起来的更为先进的摄影测量技术，通过扫描方式获得地面立体三维坐标，具有测图速度快、无须人工量测、数据点密集等特点，但其中自动化的相关技术还不能代替人眼立体观察，需要进一步研究。如将 RS、GIS、GPS 技术与计算技术结合，形成自动化测量技术，应用于道路自动化技术。

四、"3S" 技术

"3S" 技术最早由李德仁院士提出，它是全球定位系统（GPS）、地理信息系统（GIS）、遥感技术（RS）的一种简称。GPS、GIS、RS 三者关系结合日趋紧密，共同构成一个对地观测、处理、分析、制图和工程应用的系统。GPS、GIS、RS 的结合与集成是从整体上解决空间对地测量的理想手段。对于"3S"技术的理解必须建立在广义的基础上,包括 GPS 等多种定位、测量手段和平台、多波段、高分辨率的 RS 数据,通过含有专家系统(ES)的 GIS,实现空间数据的自动采集、编辑、管理、分析、制图,进而为一切与地学科学相关的行业服务,实现地学信息的实时、自动、数字、智能化应用。因此,"3S"技术不是 GPS、GIS、RS 的简单组合,而是将其通过数据接口严格地、紧密地、系统地集成起来,使其成为一个大系统,即"3S"集成技术,或"3S"技术。

我国从 20 世纪 80 年代即开始国土方面的数字化工作,福建、浙江等省份起步较早。国土信息主要包括基础测绘数据、地矿地质勘查信息及土地测绘方面的信息等。"3S"及其集成技术如今已成为我国"数字国土"建设的重要技术支撑。目前,采集基础信息数据工作已成为近期我国"数字国土"建设的重要任务。而测绘工作作为国土资源工作的基础性、先行性工作,依靠"3S"技术取得了积极进展。当前随着"3S"技术的广泛应用,测绘产业开始向现代信息产业转变,测绘产品的内容和形式均发生重大变化,测绘工作也由过去单纯向用户提供图纸,发展到多方位、多形式提供数字产品和地理信息系统产品。目前,我国数字测图已形成规模生产,完全取代了传统手工测图的作业模式。现在的电子地图已逐步向多媒体方面发展。毫无疑问,"3S"技术在资源与环境调查、监测、评价中,在重大自然灾害监测、预警、评估、防治对策中,在城市及工程建设的规划、设计、开发、管理、评价中,在现代化军事作战指挥系统中有着广阔的应用前景,如图 2-29 所示。

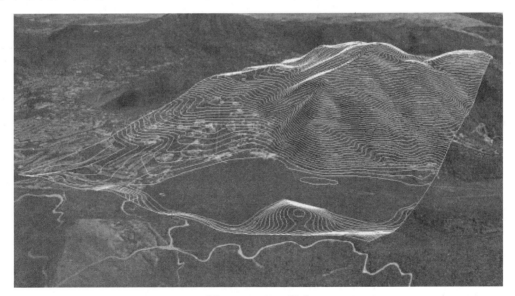

图 2-29 "3S"技术

1. "3S"技术的应用现状

(1) 全球卫星定位系统(GPS) 全球卫星定位系统不仅具有全球性、全天候、连续性、实时性等的精密三维导航和定位能力,而且具有良好的抗干扰性和保密性。GPS 及 RTK 技术在公路测设中应用非常广泛,如公路控制测量、公路大比例地形图的绘制、路线中桩实地放样、道路纵断放样和土石方计算。传统方法测图,先要建立控制点,然后进行碎部测量,绘制成图,工作量大,费工费时。用实时 GPS 动态测量,只需在沿线每个碎部点停留 1~2min,即可获得每点的坐标。采用实时 GPS 测量,只需将中桩点坐标输入到 GPS 电子手簿中，系统软件就会自动定出放样点的点位。由于每个点测量都是独立完成的，因此不会产生累计误差。

（2）遥感（RS）技术　随着空间技术的飞速发展，遥感图像宏观、逼真、直观、丰富的信息为公路选线提供了有利条件。应用遥感技术，如把野外现场搬回室内进行研究，不但能提高公路的选线质量，而且能加快测设进度，减少测设成本。RS技术在公路勘测设计中的应用目前主要是利用卫星照片或航片上含有的丰富信息，通过立体观察和相片判释并经过计算机的自动处理，自动识别从而获得与路线设计相关的各种地质、地貌、水文、建材、地质构造等资料。目前许多设计院利用遥感技术在公路工程预可、工可阶段主要做以下方面的工作：

1）帮助设计人员对路线所经区域地形、地貌、水网、路网及居民地进行概要判读，以了解其对路线的影响，有利于路线方案的优化。

2）帮助设计人员了解不良工程地质现象对路线的影响程度，以便提早改线，避免损失。

3）帮助设计人员了解沿线土壤和植被类型，了解农作物和经济作物的分布情况，有利于环保对策的制定。

4）帮助设计人员了解沿线建筑材料的分布、储量、开挖和运输条件，为施工创造良好条件。

（3）GIS技术　GIS是以研究空间信息分布为对象的科学技术，它将具有空间特征的信息可视化，为信息的使用者提供更为直观、清晰的表达形式，并具有很强的空间分析能力。其软件系统以 ARC/INFO 及 MAPINFO 为代表，目前我国研发利用多是以这种软件系统为平台。目前开发的公路地理信息系统也多是为公路管理和养护部门进行宏观管理、分析决策提供服务，如图形显示、基本信息、道路桥梁信息顿号管养机构信息查询、图标输出等。

2. RS 与 GIS 的集成

（1）RS 为 GS 提供信息源　早期利用摄影测量相片或 RS 卫星，经纠正、处理，形成正射影像图，经过进一步目视判读之后，可编制出多种专题用图，这些图件经过扫描或手扶跟踪数字化之后成为数字电子地图，进入到 GIS 中，实现多重信息的综合分析，派生出新的图形和图件。例如，公路、铁路选线中根据地形图、土壤图、地质水文图和选线的约束条件模型派生出最佳路线图；流域综合治理中，以坡度图、土壤图、植被图通过 GIS 产生出土地利用图和土地使用规划图。

把 RS 作为 GIS 的数据源是比较理想的，它将 RS 的分类图像数据直接顺利地输入 GIS 中，经过栅矢转化形成空间矢量结构数据，满足 GIS 的多种应用和需求。同时 GIS 与 RS 结合起来，GIS 为 RS 中"同物异谱"或"同谱异物"问题提供管理和分析的技术手段。GS 与 RS 的结合实质是数据转换、传输、配准。

（2）GIS 为 RS 提供空间数据管理和分析的技术手段　RS 信息源主要来源于地物对太阳辐射的反射作用，识别地物主要依据于 RS 量测地物灰度值的差异，实践中出现"同物异谱"和"同谱异物"是可能的。单纯的 RS 数字图像处理这类问题的难度较大，若将 GIS 与 RS 结合起来，此类问题就容易解决。如 GIS 将地形划分为阳坡、阴坡、半阴半阳坡及高山、中山、低山，配合 RS 进行地表植被分类，就能获得很好的效果。

3. RS 与 GPS 的集成

从 GIS 的需求来看，GPS 与 RS 都是有效的数据源。GPS 数据精度高、数量少，侧重提供特征点位的几何信息，发挥定位和导航功能，GPS 能够实时明确地物的属性；而 RS 则数据量很大，数据精度低，侧重从宏观上反映图像信息和几何特征。把 GPS 与 RS 有机地结合起来，可以有效地实现定性、定位、定量的对地观测。利用 GIS 可以实现 RS 卫星姿态角测量、摄影测量内外定向元素测定、航测控制点定位、RS 几何纠正点定位、数据配准、同步地物光谱值测地定位等。

4. GPS 与 GIS 的集成

这种集成的基本思路是把 DGPS 的实时数据通过串口实时输入 GIS 中，在数字电子地图上实现实时显示、定位、纠正、线长、面积、体积等空间位态参数的实时计算及显示、记录。其基本技术是将 GPS 数据通过 RS-232C 接口按设置的通信参数实时地传入 GIS 中。这已是非常普及的技术，至于显示、计算在 GIS 的二次开发中也很容易实现。

GPS 与 GIS 的集成是最常见、最有发展前景的集成，也是易于实现的。目前 GPS 与 GIS 的结合广泛应用于车辆、航舶、飞机定位、导航和监控，也广泛应用于交通、公安、车船机自动驾驶、科学种田、集约农业、集约林业、森林防火、海上捕捞等多个领域。

5. "3S" 集成

"3S" 的综合应用是一种充分利用各自的技术特点，快速准确而又经济地为人们提供所需的信息的新技术。基本思想是利用 RS 提供的最新的图像信息，利用 GPS 提供的图像信息中"骨架"位置信息，利用 GIS 为图像处理、分析应用提供技术手段，三者紧密结合为用户提供精确的基础资料（图像和数据）。

图 2-30 为武汉大学设计的面向环境管理、分析、预测的 "3S" 系统。该系统的设计方案，除了包括全球定位系统遥感图像处理系统和地理信息系统三个主要核心系统外，增加了必要的实况采集系统、图像图形显示系统和环境分析系统及两个数据库。

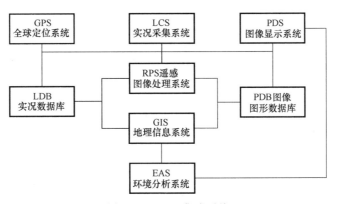

图 2-30 GRG 集成系统

（1）全球定位系统（GPS） 全球定位系统主要用于实时定位，为遥感实况数据提供空间坐标，用于建立实况数据及在 PDS 的图像上显示载运工具和传感器的位置和观测值，供操作人员观察和进行系统分析。无论是遥感数据采集和车船导航，采用单接收机定位精度已能满足要求，如 Magellan MAV5000 型手持式 GPS，单机用 C/A 码伪距法测量，其定位精度为 30~100m，而静态观测一个点的定位时间只需 1min，动态观测时约 10~20s；如果采用双机作差分定位,则定位精度 x、y、z 方向都能达到 $\pm(1\sim5)\mathrm{m}$。此外还有许多导航数据。所有的数据都可通过 GPS 的输出端与计算机串口或并口连接后输入计算机。

(2) 实况采集系统(LCS)　无论是遥感调查、环境监测和导航都少不了实况数据采集。实况数据采集用的传感器有红外辐射计或红外测温仪、瞬时光谱仪、湿度计、酸碱度测定仪、噪声仪,甚至雷达、声呐等。大多传感器输入的是模拟数据,须经模/数转换后,结合 GPS 定位数据,进入 LDB 建库或进入其他系统。模/数转换是由插在计算机中的模数变换接口板来完成的。

(3) 遥感图像处理系统(RPS)　遥感图像处理系统的功能主要有:

1) 根据实况数据(包括星上测定的参数)与原始遥感影像的特点所做的辐射校正。

2) 根据 GPS 定位数据或 PDB 中的地图数据对影像做几何校正及其他各种几何处理。

3) 数据变换和压缩。尤其是为了 GIS 矢量数据叠合分析,需将提取的专题数据进行栅格—矢量数据变换,或将 PDB 及 GIS 中过来的图形数据变换成栅格数据。

4) 图像增强。

5) 图像识别和特征提取。工作站上使用的图像处理软件如 ERDAS（Earth Resources Date Analysis System)。向 GIS 和 EAS 提供专题信息,向 PDB 提供导航用图像和显示处理的中间结果和最后成果,向 PDB 存放处理的图像或图形。

(4) 地理信息系统(GIS)　GIS 是以处理矢量形式的图形数据为主进行制图分析,也可对栅格形式的数据进行叠加分析。GIS 的特点是可以对同一地区,以统一的几何坐标为准,对不同层面上的信息进行查询、编辑、统计和分析。在 3S 系统中 GIS 的作用是将预先存入 PDB 中的背景数据与 LDB 中的实况数据和 RPS 中的遥感分类数据进行多层面的管理和分析。当前 GIS 所用软件主要是 ARC/INFO、GENAMAP 等。为 RPS 与 GIS 集成于一体,可使用 GRASS（Geographical Resources Analysis Support System,地理资源分析支持系统)或 GRAMS（Geographical Science and Remote Sensing Application Management System,地学与遥感应用管理系统)等软件将遥感和 GBS 的数据置于同一个软件中处理,但这两种软件需将矢量数据转换成栅格数据后进行叠加处理。目前 ER Mapper 软件可将栅格图像和矢量形式的图形直接在不同层面上叠加显示,更加方便。为了使声、像、动画等功能综合在一起,可使用多媒体 GIS 软件。

(5) 图像图形显示系统(PDS)　图像图形显示系统是处理和分析人员了解和监视系统工作的窗口,要以实时显示来指导航行和采集数据,故图像图形系统对这两项工作尤为重要。在图像处理、分类、图形编辑、叠加等及数据分析中也随时需要显示中间结果和最终成果。显示屏幕可以用专用屏幕,也可直接在操作终端上显示图像,但需在图像卡支持下工作,要求有漫游、缩放、彩色合成、专题显示、图像与图形、与实况数据叠合、动态变化及其他各项通常的图像图形显示功能。

(6) 环境分析系统(EAS)　环境分析系统是在各种专业应用的分析中设置的,这些专业分析已远远超过了 GIS 的分析功能。环境分析系统是按照用户的要求,以一定的模式把有关数据和分析方法像积木一样组织在一起。例如,根据环境分析要求,选择来自 LDB、PDB 的数据,组合 GIS 提供的若干功能,结合 EAS 本身的一些专用分析功能,进行叠置分析、网络的分析,甚至运用人工智能方法进行动态分析和预测分析,完成规定的环境分析任务。因此,系统软件需结合应用目的编制。

由上文可以看出，一个"3S"系统必须具备以下几大部分：

1) 完备、一致的对地观测、数据采集系统。这里主要是 RS 数据源、DGPS 和其他大地测量仪器（如全站仪、多台电子经纬仪基于空间前方交会的三维工程测量系统、惯性测量系统、电子罗盘等）、传感器（用于多种专业性问题的数字模拟仪器，其中模拟仪器要进行数模转化）三个主要组成部分，这部分关键技术是与计算机数据库系统的顺利、实时、安全、可靠通信。

2) 图像、图形存储、编辑、处理、分析、预测、决策系统。其核心是功能完备、操作简单、与数字地图兼容的 GIS 和 RS 数字图像处理合一的系统，这部分是系统的核心，针对军事、城建、城管、土地、森林资源、环境、水保与荒漠化等专业性的空间问题，用户可以进行必要的二次开发。

3) 图像、图形、文字报告、决策方案、预测结果输出系统（显示绘图、打印等）。"3S"系统是一个集多种功能和特点的对地观测手段（主要是 RS、DPS、GPS 和其他大地测量仪器、专业传感器）于一体，向 GIS 和 RS 数字图像处理系统提供具有足够数量、精度、可靠性、完备性的空间数据，通过空间分析、预测决策确保地学问题优化、系统地解决。"3S"技术是高度自动化、实时化、智能化的对地观测系统，这种系统，不仅具有自动、实时地采集、处理和更新数据的功能，而且能够智能化地分析和运用数据，为多种应用提供科学的决策咨询，并回答用户可能提出的各种复杂问题。

五、北斗卫星导航系统

1. 概述

北斗卫星导航系统（以下简称北斗系统）是中国着眼于国家安全和经济社会发展需要，自主建设、独立运行的卫星导航系统，是为全球用户提供全天候、全天时、高精度的定位、导航和授时服务的国家重要空间基础设施。

随着北斗系统建设和服务能力的发展，相关产品已广泛应用于交通运输、海洋渔业、水文监测、气象预报、测绘地理信息、森林防火、通信时统、电力调度、救灾减灾、应急搜救等领域，逐步渗透到人类社会生产和生活的方方面面，为全球经济和社会发展注入新的活力。

卫星导航系统是全球性公共资源，多系统兼容与交互操作已成为发展趋势。中国始终秉持和践行"中国的北斗，世界的北斗"的发展理念，服务"一带一路"建设发展，积极推进北斗系统国际合作，与其他卫星导航系统携手，与各个国家、地区和国际组织一起，共同推动全球卫星导航事业发展。图 2-31 为北斗卫星导航系统。

2. 发展历程

20 世纪后期，中国开始探索适合国情的卫星导航系统发展道路，逐步形成了三步走发展战略：2000 年年底，建成北斗一号系统，向中国提供服务；2012 年年底，建成北斗二号系统，向亚太地区提供服务；在 2020 年前后，建成北斗全球系统，向全球提供服务。2035 年前还将建设完善更加泛在、更加融合、更加智能的综合时空体系。

目前，我国正在实施北斗三号系统建设。根据系统建设总体规划，2018 年年底，完成 19 颗卫星发射组网，完成基本系统建设，向全球提供服务；2020 年前后，完成 30 颗卫星发射组网，全面建成北斗三号系统。

图 2-31 北斗卫星导航系统

3. 发展目标

建设世界一流的卫星导航系统，满足国家安全与经济社会发展需求，为全球用户提供连续、稳定、可靠的服务；发展北斗产业，服务经济社会发展和民生改善；深化国际合作，共享卫星导航发展成果，提高全球卫星导航系统的综合应用效益。

中国坚持"自主、开放、兼容、渐进"的原则建设和发展北斗系统。

（1）自主　坚持自主建设、发展和运行北斗系统，具备向全球用户独立提供卫星导航服务的能力。

（2）开放　免费提供公开的卫星导航服务，鼓励开展全方位、多层次、高水平的国际合作与交流。

（3）兼容　提倡与其他卫星导航系统开展兼容与交互操作，鼓励国际合作与交流，致力于为用户提供更好的服务。

（4）渐进　分步骤推进北斗系统建设发展，持续提升北斗系统服务性能，不断推动卫星导航产业全面、协调和可持续发展。

4. 基本组成

北斗系统由空间段、地面段和用户段三部分组成。

（1）空间段　北斗系统空间段由若干地球静止轨道卫星、倾斜地球同步轨道卫星和中圆地球轨道卫星三种轨道卫星组成混合导航星座。

（2）地面段　北斗系统地面段包括主控站、时间同步/注入站和监测站等若干地面站。

（3）用户段　北斗系统用户段包括北斗兼容其他卫星导航系统的芯片、模块、天线等基础产品，以及终端产品、应用系统与应用服务等。

5. 发展特色及应用

北斗系统的建设实践，实现了在区域快速形成服务能力、逐步扩展为全球服务的发展路径，丰富了世界卫星导航事业的发展模式。

北斗系统具有以下特点：一是北斗系统空间段采用三种轨道卫星组成的混合星座，与其他卫星导航系统相比高轨卫星更多，抗遮挡能力强，尤其低纬度地区性能特点更为明显；二是北斗系统提供多个频点的导航信号，能够通过多频信号组合使用等方式提高服务精度；三是北斗系统创新融合了导航与通信能力，具有实时导航、快速定位、精确授时、位置报告和短报文通信服务五大功能。

　　交通运输是国民经济、社会发展和人民生活的命脉，北斗卫星导航系统是助力实现交通运输信息化和现代化的重要手段，对建立畅通、高效、安全、绿色的现代交通运输体系具有十分重要的意义。主要包括陆地应用，如车辆自主导航、车辆跟踪监控、车辆智能信息系统、车联网应用、铁路运营监控等；航海应用，如远洋运输、内河航运、船舶停泊与入坞等；航空应用，如航路导航、机场场面监控、精密进近等。随着交通的发展，高精度应用需求加速释放，北斗系统的作用也会越来越大。

复习思考题

1. 公路网规划时一般应遵循哪几个原则？
2. 公路网规划使用的方法有哪些？简单说明其特点。
3. 简要说明公路勘测设计的基本设计依据及其基本概念。
4. 公路勘测设计的程序有哪些？
5. 道路平面线形由哪些要素组成？平面线形设计的一般原则是什么？
6. 为何要限制直线的长度？
7. 什么是最大纵坡？如何确定？
8. 为何要进行坡长限制？达到坡长限制后应如何设计？
9. 公路横断面的组成类型及适用性是什么？
10. 简要说明地理信息系统的组成及特征。
11. 简要说明 GIS 在公路方面的具体应用。
12. 查阅相关资料，举例说明北斗系统的应用。

第三章 现代道路工程

在人们的日常社会生活中,交通是出行活动必不可少的组成部分。随着社会经济的飞速发展,公路交通作为诸多交通形式中最方便、最灵活的交通方式得到了极大的发展。目前,我国的公路交通体系基本涵盖了全部的公路系统,如高速公路、国道、省道、县道、乡道等,尤其是高速公路的发展更是极大地提高了我国公路交通的建设水平。

第一节 高速公路概述

一、高速公路特点

高速公路是专供汽车高速、安全、舒适行驶,并具有四条以上车行道,设有中央分隔带,全部立交并全部控制出入口的全封闭式高速道路;是具有完善的交通安全设施与管理设施、服务设施,并能适应大交通量的现代化公路。它具有如下一些特点。

(1) 专供汽车行驶　高速公路是专供汽车行驶、不允许其他类型车辆混入、让汽车各行其道和没有混合交通现象的高等级公路。

(2) 行车速度高　国外高速公路的行车速度都在80km/h以上,一般是120km/h左右,我国规定最高速度为120km/h。由于采取了全封闭、全立交及完善的沿线设施,从而保证了车辆连续、安全行驶。

(3) 通过能力大、运输效率高　根据资料统计,多车道高速公路每一条车道的通过能力可以超过1500辆/h。这就是说,在正常情况下,每一条车道可以通过的昼夜交通量将达到12000车次。由此推算,设置4条车道的高速公路,一昼夜可以通过的交通量可达到25000~55000车次。从对汽车的通过能力看,一条这样的高速公路相当于7条二级公路。

(4) 划分车道和设置中间带　高速公路的车行道路面宽,车道多(一般在4条车道以上,有的多达8条车道或12、16条车道)。为了不让汽车在车行道上横穿或摆动,都要按一定的宽度(一般3.25~4.25m)划分车道,并规定各条车道上的汽车只能沿着车道线路向前行驶。在双向对行的内侧车道之间,为了避免因高速行车产生相互干扰,都设有中央分隔带或中间带隔开。中央分隔带宽度至少1.5m,中间带宽度可达到4.5m以上。在公路行车道两侧,设有定宽度的硬路肩或临时停车道,可供紧急停车之用。

(5) 全部立体交叉和控制进出口　高速公路与一切与之相交的线路都必须设置立体交叉。这样的设施能有效避开交叉车流的相互干扰,不降低交叉路口的行车速度和通过能力,还能保证行车安全。高速公路与另一条高速公路立交路口,还设有匝道使其互相联通,以满足左右转弯车辆的需要。为了控制高速公路的行车密度和行车速度,使其发挥最大的通过能力，对进出高速公路的车流量都须加以控制，以达到最佳状态下的行车密度，不致因交通负荷过大而发生拥挤或堵塞。高速公路在通往市镇或服务区的支线和立体交叉匝道的两端设置进出口，对车流进行有效的控制（首先不允许高速公路禁止通行的车辆混入；其次通过监控信息和指挥中心，在高峰小时交通量的状态下不放行大型车驶入）。

（6）具有安全设施和环境保护设施

1）安全设施。

① 高速公路除设置有一般公路的护栏、护柱和护墙，为了预防沿线两侧的人畜横向闯入车行道，都要在沿线路基两侧设置隔离栅栏、墙垣及防护网，使高速车道完全处于封闭状态。

② 在中央分隔宽度小于 3m 的路段，为防止高速车道的小客车偶然失去控制，越过中央分隔带闯入对向车道，常在中央分隔带上设置防护栏栅（这种防护栏栅多采用富有弹性的钢材和钢丝网制成），以防发生汽车碰撞事故，还可以栽种矮小的灌木丛和花草，以遮拦夜间对向行车的车头灯光。如果设置较宽的中间带，可以种植不高于 1.5m 的灌木丛和花草，也能起到很好的防眩作用。

③ 夜间行车较多的高速公路，都在市镇、居民区和立交路口等处，设置充分的照明设备。近年来采用的塔式灯架和大亮度的会聚灯光，可以照亮一大片地面。一处交叉路口设置 4~6 个塔架，驾驶人不仅可以看清前方路面，还可看见交叉枢纽全貌。

2）环境保护。对交通公害中的废气，主要靠改进发动机的性能予以控制，而噪声污染会影响居民的生活和休息。一些国家规定，通过居民区、医院、学校附近的汽车噪声，白天不超过 60dB，夜间不超过 50dB。要满足这一标准要求，常需在高速公路的一侧或两侧设置防噪声的隔音壁。高速公路的绿化只宜在路肩以外及边坡上栽种花草，在边坡以外种植树木，应控制树顶高度不可高出路肩 1m 以上，以免遮挡行车视线。

（7）具备交通管理设施和服务实施

1）交通管理设施。为最大限度地发挥高速公路的通过能力和经济效益，沿线都设有完善的交通标志、标线、信号、监控站和监控中心及收费站等设施。监控中心将收集到的天气变化、公路路基塌方及交通事故造成的交通障碍等情况，及时通知汽车驾驶人绕道或关闭某段高速公路的进口。如果有一段公路发生车辆拥挤或堵塞现象，也可及时调节和引导疏通。此外，通过设置在车道上的传感器、遥测、显示屏和录像等设备，对超速车辆提出警告，对违章车辆给予罚款。

2）服务性设施。服务性设施包括加油站、公用电话、饮水站、休息站、厕所、餐馆、旅馆及长途汽车的停车场等。

（8）工程量大，造价高　高速公路由于计算行车速度高，对行车的舒适性和安全性要求也高。因此高速公路的线形设计都采用较高的标准，横向路幅也比较宽。这样，在地形复杂的山岭重丘区，就得大量增加土石方工程数量，有时还必须修建隧道和高架桥，再加上路面工程的技术标准高，以及需要建立许多立体交叉，所以高速公路的工程量大，耗用的筑路材料多，单位造价高。目前国外高速公路的造价约为（50~250）万美元/km。我国的高速公路平均造价为（500~1000）万元/km，高的超过 5000 万元/km。

二、高速公路发展现状

（一）国外高速公路发展现状

修建高速公路，是社会与经济发展的需要，是由社会和经济发展的实际情况决定的。20

世纪 30 年代高速公路开始起步，到目前为止，全世界已有 80 多个国家和地区修建了总里程达 20 多万 km 的高速公路。

1. 德国

德国是最早修建高速公路的国家，早在 1921 年柏林就修建了一条长约 10km 的"汽车、交通与练习公路"（AVUS），它是最早设有上、下行车道，中间设分隔带的公路，并且取消了平面交叉口，可以看作高速公路的雏形。1929—1932 年间修建的大约 20km 长的科隆—波恩的高速公路是符合现代高速公路标准的第一条高速公路。1933 年德国通过了"关于设立帝国高速公路企业"的法律，规划了 4800km 长的高速公路网络。次年又通过了《公路新规定法》，将规划的帝国高速公路网扩大到 690km，1933—1939 年，德国共建成 3440km 高速公路，平均每年修建 582km。

至 1942 年，德国建造了 3860km 的高速公路，并有 2500km 高速公路在建。第二次世界大战后，原联邦德国将"帝国高速公路"改为"联邦高速公路"，1957 年制订了"联邦长途公路扩建计划"，1970 年当这一扩建计划完成时，原联邦德国的小汽车（包括轿车和客货两用旅行轿车）从 750 万辆增加到了 1680 万辆，公路网仍不能满足交通需求，于是在 1970—1985 年又进行了第二个扩建计划，将联邦高速公路长度翻了一番。同期，原民主德国的高速公路长度也从 500km 增加到 1880km。德国统一后，交通政策目标和交通需求都发生了新的变化，东西向交通重新复苏，交通需求快速增加。1992 年，德国联邦交通部制订了新的联邦交通干线规划，该规划提出至 2012 年，德国将新建 2882.6km、扩建 2617.3km 高速公路，以适应德国相应时期的交通需求。至 1999 年德国高速公路总里程达到 1.15 万 km，形成了欧洲最庞大的高速公路网，并有 9 条高速公路与邻国相通。德国高速公路促进了整个欧洲经济发展及与邻国之间的经济交流。

德国高速公路建设起步早，获得的设计、施工经验对世界各国修建高速公路具有重要的作用。

2. 意大利

意大利是最早发展高速公路的国家之一。1924 年建成了米兰至瓦雷泽的汽车专用公路，同年修建了米兰至都灵汽车专用公路。大规模建设和发展高速公路是从 20 世纪 50 年代开始的。1956 年，意大利投入 1000 亿里拉，用 10 年时间建成了 1000km 的高速公路，之后仍保持这样的投资额；到 1970 年前后，基本形成了高速公路框架；到 1990 年前后，高速公路网络得到进一步完善；至 2007 年，意大利拥有高速公路 8860km，总里程仅占其全国公路里程 1.82% 的高速公路，承担了全国公路 20% 和 68.7% 的客、货运输量。高速公路交通流量年递增率为 6%～10%，是一般公路的两倍，成为意大利交通运输的主动脉。

意大利的高速公路有 80% 是四车道，20% 为六车道。意大利国土的 80% 是山地丘陵，为了保证技术标准和利于环境维护，高速公路大量采用高架桥和隧道通过，其工程量之大、耗资之多，在世界各国高速公路网中也是罕见的。

3. 美国

美国是世界上高速公路发展速度最快、高速公路最多、路网最发达、设备最完善的国家之一。

1916 年，美国国会制定了联邦资助公路法案，全面开始发展公路建设。1937 年，美国在加利福尼亚州建成了第一条长 11.2km 的高速公路。到 1941 年完成了宾夕法尼亚州高速公路和康涅狄格州梅里特高速公路。两次大战的财政困难和战后恢复减缓了美国高速公路建设，但也使美国认识到高速公路的战略性作用。美国于1944年通过了《公路法》，提出了"州际高速公路系统"的概念，确定了总长度为6.44万km州际和国防高速公路规划，当时预计能承担全国公路总交通量的20%~25%，并适应未来20年的交通需求。1956年美国再次修订了《公路法》，将州际高速公路系统改称为"全国州际与国防高速公路系统"，同时将规划总长度调整为6.6万km。《公路法》还规定了公路建设费用的来源，从而大大促进了高速公路的建设。从1957年州际与国防高速公路网开始正式投资建设，美国的高速公路建设发展速度很快，平均每年建成300km。到1993年美国已建成州际高速公路系统70642km，其中免费公路66815km，收费公路3827km，升级公路2722km，加上州际高速公路以外的部分，高速公路里程超过8.5万km。美国纽约至洛杉矶高速公路全长4556km，是世界之冠。目前，全美公路总长度超过640万km，是铁路运营里程的65倍，其中高速公路总长度已达8.85万km，占美国公路总里程的1.37%。

在高速公路建设中，美国政府注重公路建设的走向和布局，既考虑与城市道路网的连接，又注意偏远、荒漠地区的建设发展需要。20世纪80年代后期，美国高速公路网基本形成，提高了运输效率，扩大了资源和商品的流通，促进了社会的发展和科学技术的进步，并在很大程度上影响了美国人的生活方式。

4. 日本

日本是世界上公路密度最高的国家之一，面积密度约3km/km^2。2007年高速公路总长达6300km，占公路总长的0.53%，却承担了公路运输总量的25.6%。日本高速公路建设起步较晚，自1957年颁发"高速道路干道法"后，才正式批准并实施建设7条纵贯国土、总长3700km的高速公路。其中第一条为1963年通车的名神高速公路。1966年日本又制订了新的高速公路修建计划，提出至2000年建设32条、总长7600km的高速公路，目标是使日本全国1h可到达高速公路的地区占70%，2h可到达高速公路的地区占90%。到20世纪80年代后期，按计划已建和在建项目超过了计划的2/3。在1987年又提出了到2015年建设1400km高标准干线公路的目标，其中国家干线高速公路在原7600km的基础上再增加3920km，达到11520km。其中2480km为一般国道汽车专用公路，加强10万人以上地方中心城市的联系；强化东京、名古屋、京阪神三大城市环行和绕行高速公路；加强重要港口、机场等客货源集中地的连接；在全日本形成从城市、农村各地1h可到达高速公路的干线网络；建设在出现灾害时有可靠替代其他运输方式的高速公路网；消除已有高速公路中交通严重拥堵的路段。至1998年日本的高速公路里程已达6114km，主要的干线公路已基本完成高速化，形成以东京为中心，纵贯南北的发达的高速公路网络。

5. 世界主要高速公路网

目前，国际高速公路网正在逐步修建形成。为了更好地发挥高速公路的优势，加强国际间的联系，一些国家正在把高速公路连接起来，以构成国际高速公路网。

(1) 欧洲高速公路网　第二次世界大战以后，西欧国家在经济政治联合过程中，逐步形成了以统一的观点在欧洲扩建和命名欧洲国际公路网的思想。1975年11月在日内瓦通过了"关于国际干线公路的欧洲协定"（AGR），将欧洲国际干线公路统一编号，并以"E"作为编号标识。其中东西向公路包括：横贯全欧洲，东起奥地利维也纳，经荷兰、法国，西至西班牙的瓦伦西亚高速公路，全长约3200km；此外，瑞士至奥地利、西班牙至葡萄牙、瑞典、丹麦、挪威、保加利亚、德国、匈牙利、捷克等国的高等级公路已连接成网。南北向公路包括：纵贯全欧、北起丹麦的哥本哈根，经德国和奥地利，南至意大利罗马的高速公路，全长 2100km；另一条纵贯全欧洲，北起波兰的格但斯克，经捷克、奥地利、意大利、南斯拉夫（已解体）、保加利亚、土耳其，南至叙利亚、伊拉克和伊朗，全长 5000m；第三条为北起俄罗斯的圣彼得堡，经波兰、匈牙利、罗马尼亚、保加利亚、希腊，最终到土耳其的伊斯坦布尔，长约 2000km。

（2）欧亚大陆公路网　该路东起日本东京，经首尔、平壤、北京、河内、达卡、新德里、德黑兰、莫斯科、华沙、柏林、波恩、巴黎（或经巴格达、布达佩斯、维也纳、慕尼黑到巴黎），最后到达伦敦。该工程将穿过日本海峡、博斯普鲁斯海峡、厄勒海峡、费马恩海峡、英吉利海峡和比利牛斯山、阿尔卑斯山等，将亚洲和欧洲的公路网连接在一起。

（3）泛美公路网　北美地区的高速公路网已经形成，在此基础上，正在初步形成经美国、墨西哥、中美洲、南美洲直至阿根廷最南端的高速公路网。

（4）亚洲公路网　设想中的亚洲公路网由 15 个国家的 41 条高等级公路组成，长约 66000km 在亚洲开发银行倡导下，中国、老挝和泰国政府于 2000 年达成合作协议，决定共同努力修建昆明—曼谷高等级公路。昆曼公路从云南省省会昆明市经老挝到达泰国首都曼谷，全长约 1800km，中国境内规划建设的里程为 688km，老挝境内里程 247km，泰国境内约 813km。这条蜿蜒于崇山峻岭中的公路实际上是亚洲公路网的重要干道，也是澜沧江—湄公河区域国家间经济合作交流的重要通道。这条公路远期将与马来西亚和新加坡的陆上通道连成一体，从而为中国—东盟自由贸易区的建设提供一条快捷的通道。除此之外，还有非洲横断公路网、亚马孙地区横断公路网等国际高速公路网络正在规划和形成中。

虽然高速公路极大地提高了通行能力，但修建道路的空间都是有限的。如何最大限度地提高路网的通行能力，智能交通系统（ITS）将是一个比较理想的方向。同时，高速公路发展将着眼于道路的多功能利用，不仅使用路面，还要利用空间，成为信息化公路。公路不仅具有运输人和物的交通功能，还能输送电力等能源及各种信息，加之道路派生出来的美化环境、提供出游、抗灾避难及作为建造其他建筑物的基础等空间功能，使高速公路真正成为多功能公路。

高速公路建设正向全球化、信息化、智能化方向发展。

（二）我国高速公路发展历程

高速公路在我国也像其他新生事物一样，经历了一个曲折的过程。我国修建高速公路的问题从 20 世纪 70 年代初期开始论证，当时仅有台湾省于 1978 年建成的基隆到高雄的 373.3km 的高速公路。1983 年在北京召开的"交通运输技术政策论证会""公路运输发展座谈会"等一系列会议就我国高速公路问题的方方面面进行了讨论、研究。1987 年 2 月，中国公路学会在广州召开了关于高速公路的座谈会。实际上，从 20 世界 70 年代初期就开始对京津塘高速公路进行了研究论证，做可行性研究，还向外国专家进行了咨询，进行社会效益和财务效益分析，计算了投资偿还期后发现其效益是显著的，并报请国务院批准兴建。直到 1987 年 10 月才签订了土建工程合同，当年 12 月破土动工。

自第一条高速公路的建成通车以来，我国高速公路得到了迅速的发展，1994 年公路建设工作提出了"统一规划、条块结合、分层负责、联合建设"的工作方针，高速公路的建设步入了一个新的发展阶段。至 1994 年底，我国的高速公路里程达到 1603km。

1998—2000年，全社会公路建设投资计划每年为1800亿元，1998年、1999年每年实际完成投资均超过2000亿元。事实证明，公路建设对我国国民经济的增长起到了重要的拉动作用。2001年，我国高速公路建设取得新的突破。全年新增通车里程3152km，使全国高速公路总里程达19437km，跃居世界第三位。之后，我国高速公路以更快的速度不断发展。

我国公路交通提出实施三步走的发展战略。第一阶段，到2010年，"五纵七横"公路国道主干线网络全面建成，公路交通紧张状况将得到全面改善。第二阶段，到2020年，在国道主干线系统完善的基础上，建成相当规模的国家重要公路干线网络，东部地区公路基本实现现代化。第三阶段，到2040年，建成安全、高效的公路交通运输网络，并与其他运输方式共同构筑现代化的运输体系，达到中等发达国家的水平。

在经济持续、快速、健康发展的过程中，我国公路运输的发展方向主要包括以下方面：

1）我国公路建设将向提高等级、增大密度的方向发展。现阶段我国东西部地区经济发展不平衡，对于东部经济发达省份来说，经济发展产生的交通需求迫使公路建设必须向提高通行能力、建设高等级公路的方向发展。而对于西部经济较为落后的省份来说，则应加大公路网的通达深度，使不通公路的村镇尽快通路脱贫。

2）运输工具将向专业化的方向发展。未来专用运输车辆的比重将大大增加，运距将越来越长，大型货车的比重将进一步提高，以满足大吨位长途运输的需求。客车将朝着舒适快速的方向发展。

3）管理将向科学化、规范化、信息化的方向发展。今后，在公路设计、建设、养护运输等方面进行科学、规范的管理，将使公路建设质量与使用质量得到提高，运输条件得到改善，将会产生巨大的经济效益和社会效益，现代化的管理手段是科学管理的基础，信息化是科学管理的保障。

我国高速公路建设尽管取得了巨大成绩，但总体上仍然处于初级发展阶段，不能满足社会经济发展和人民生活水平提高的需要，突出表现在以下几个方面。

（1）高速公路总量不足，覆盖范围需要继续扩大　目前，我国高速公路仅覆盖了省会城市和城镇人口超过50万的大城市，在城镇人口超过20万的中等城市中，只有60%有高速公路连接。我国经济总量已经跻身世界前列，而高速公路的发展水平大大落后世界发达国家，迫切需要继续加快发展。

（2）高速公路网络尚未形成，规模效益难以发挥　高速公路具有突出的网络化特征，当网络布局合理、连续运输距离达到200~800km时，高速公路将形成显著的运输效益优势。目前，我国一些人口和经济总量已达到相当规模的地级城市与省会城市之间以及地级城市之间还未通高速公路，在相邻省份之间尚未形成高速公路的有效衔接，即使在我国经济最发达、人口最稠密的东部沿海地区，高速公路依然没有实现真正的网络化服务。在我国，规模适当、布局合理、横连东西、纵贯南北的高速公路网络尚未形成，高速公路的规模效益还无法得到充分发挥。

基于以上考虑，2005年国务院通过了《国家高速公路网规划》。国家高速公路网是中国公路网中最高层次的公路通道，服务于国家政治稳定、经济发展、社会进步和国防现代化，体现国家强国富民、安全稳定、科学发展，建立综合运输体系以及加快公路交通现代化的要求；主要连接大中城市，包括国家和区域性经济中心、交通枢纽、重要对外口岸；承担区域间、省际以及大中城市间的快速客货运输，提供高效、便捷、安全、舒适、可持续的服务，为应对自然灾害等突发性事件提供快速交通保障。

国家高速公路网规划采用放射线与纵横网格相结合的布局方案，形成由中心城市向外放射以及横连东西、纵贯南北的大通道，由7条首都放射线、9条南北纵向线和18条东西横向线组成，简称为"7918网"，总规模约8.5万km，其中主线6.8万km，地区环线联络线等其他路线约1.7万km。首都放射线、南北纵向线和东西横向线见表3-1。此外，规划方案还有：辽中环线、成渝环线、海南环线、珠三角环线、杭州湾环线共5条地区性环线，2段并行线和30余段联络线。

表3-1 我国国家高速公路网规划布局方案

7条首都放射线			9条南北纵向线			18条东西横向线		
序号	最终点	里程/km	序号	最终点	里程/km	序号	最终点	里程/km
1	北京—上海	1245	1	鹤岗—大连	1390	1	绥芬河—满洲里	1520
2	北京—台北	2030	2	沈阳—海口	3710	2	珲春—乌兰浩特	885
3	北京—港澳	2285	3	长春—深圳	3580	3	丹东—锡林浩特	960
4	北京—昆明	2865	4	济南—广州	2110	4	荣成—乌海	1820
5	北京—拉萨	3710	5	大庆—广州	3550	5	青岛—银川	1600
6	北京—乌鲁木齐	2540	6	二连浩特—广州	2685	6	青岛—兰州	1795
7	北京—哈尔滨	1280	7	包头—茂名	3130	7	连云港—霍尔果斯	4260
			8	兰州—海口	2570	8	南京—洛阳	710
			9	重庆—昆明	838	9	上海—西安	1490
						10	上海—成都	1960
						11	上海—重庆	1900
						12	杭州—瑞丽	3405
						13	上海—昆明	2370
						14	福州—银川	2485
						15	泉州—南宁	1635
						16	厦门—成都	2295
						17	汕头—昆明	1710
						18	广州—昆明	1610

规划后的高速公路网，将形成由中心城市向外辐射及横贯东西、纵贯南北的大通道，并且实现"东部加密、中部联网、西部连通"的新局面；覆盖人口10多亿；直接服务范围东部地区超过90%、中部地区达到83%、西部地区接近70%；实现东部地区平均30min、中部地区平均60min、西部地区平均120min上高速公路；连接全国所有省会城市，以及目前城镇人口超过50万的大城市和城镇人口超过20万的中等城市；连接全国重要的交通枢纽城市；连接重要的对外公路口岸；在环渤海、长三角、珠三角三大都市圈内，形成较完善的城际高速公路网，并逐步形成"首都连接省会、省会彼此相通、连接主要地市、覆盖重要县市"的新的高速公路网络。

三、高速公路的效益和作用

1. 高速公路的效益

高速公路的出现与发展是国民经济发展的必然结果，只有当国民经济发展到一定程度时才需要有高速公路与其相适应，满足客观要求。我国各地的实践表明，修建高速公路的地区经济发展都很快。"要致富，先修路；修大路大富，修快速路快富"的俗语通俗地表达了高速公路与经济发展之间的关系。

（1）经济效益　高速公路是社会经济发展的必然产物，它推动了生产力的发展，又显示了很高的效益。

1）直接经济效益。包括缩短运输时间，提高汽车使用效率带来的经济效益；节约行驶费用（包括油耗、车耗、轮耗等方面的节约）带来的经济效益；节省包装、装卸，减少货物运输损坏带来的经济效益。

2）间接经济效益。高速公路的修建促进了沿线的经济发展，对地区性经济开发发挥了巨大的作用，并带来了很高的经济效益。如沈大高速公路建成后，它的经济效益和社会效益十分显著。设计通行能力达5万辆/昼夜，年货运能力8000万t，客运能力1.3亿人次，车速可达100km/h。据测算，由于距离缩短、速度提高而节约的运输费用和各种消耗每年可达4亿元以上。沈大高速公路连接沿线五大城市、三大港口，缩短了城市间、城市与港口、沿海与内陆之间的距离，港口扩大至腹地，内陆城市变成了港口城市，带动了城市群的建设，促进了城市整体能力优势的发挥，对政治、经济、文化教育的发展起到了积极的作用。

（2）社会效益

1）促进社会的生产和运输的合理化。高速公路的修建，促使该区域的工农业及各方面生产的布局更为合理。高速公路在公路运输中占很大的比重，据统计日本占全国公路里程0.53%的高速公路承担了总货运量的25.6%；美国占1.37%的高速公路承担了20%～25%的总运输量。

2）促进沿线经济发展和资源的开发。高速公路的修建有利于地方经济和一些特殊事业的发展，如上文提及的沈大高速公路。

3）加速物质生产和产品流通。现代化生产对原材料的需要和产品的流通要求直达、快速，以加快货物运转，加快资金周转，从而达到扩大再生产的目的。高速公路在加速物资生产、促进产品的流通方面起着重要作用。

4）促进水运、铁路、高速公路的联运。快速灵活的汽车与运量大的火车运输及廉价长距离的水运有机结合形成联运网，使产品运输更为直接、便利、快速、准时，从而最大限度地提高运输效率，降低运输成本。

5）有利于城市人口的分散和卫星城镇的开发。修建高速公路后，沿线小城镇、小型工业的兴建，使城市人口向郊外分散，城市主要居住区转向周围卫星城，既促进了地区发展，又缓和了城市人口集中的矛盾。

6）高速公路的建设对战时集中或疏散物资和人员，快速反应调动部队和军事装备也有重要的作用。

2. 高速公路的作用

我国国家高速公路网的作用和效果表现在以下几方面。

（1）充分体现了"以人为本" 最大限度地满足人的出行需求，创造出安全、舒适、便捷的交通条件，使人们直接感受到高速公路系统给生产、生活带来的便利。连接全国所有的省会级城市、目前城镇人口超过 50 万的大城市以及城镇人口超过 20 万的中等城市，覆盖全国 10 多亿人口；实现东部地区平均 30min 上高速，中部地区平均 1h 上高速，西部地区平均 2h 上高速，从而大大提高全社会的机动性；连接国内主要的 AAAA 级著名旅游城市，为人们旅游、休闲提供快速通道。

（2）重点突出了"服务经济" 强化高速公路对于国土开发、区域协调及社会经济发展的促进作用，贯彻国家经济发展战略。加强了长三角、珠三角、环渤海等经济发达地区之间的联系，使大区域间有 3 条以上高速通道相连，在三大都市圈内部形成较完善的城际高速公路网，为进一步加快区域经济一体化和大都市圈的形成、加快东部地区率先实现现代化奠定了基础；将显著改善和优化西部地区及东北等老工业基地的公路网结构，提高区域内部及对外运输效率和能力，进一步强化西部地区西陇海兰新线经济带、长江上游经济带、南贵昆经济区之间的快速联系，改善东北地区内部及进出关的交通条件，为"以线串点、以点带面"、加快西部大开发和实现东北等老工业基地的振兴奠定坚实基础；覆盖地区的 GDP 占到全国总量的 85%以上，规划的实施将对促进经济增长、带动相关产业发展、扩大就业等做出重要贡献；保证国家高速公路网的完整性，便利与港澳台地区的衔接；连接主要国家一类公路口岸，改善对外联系通道的运输条件，更好地服务于外向型经济的发展。

（3）着力强调了"综合运输" 注重综合运输协调发展，规划路线将连接全国所有重要的交通枢纽城市，包括铁路枢纽 50 个、航空枢纽 67 个、水路枢纽 50 个和公路枢纽 140 多个，有利于各种运输方式优势互补，形成综合运输大通道和较为完善的集疏运输系统。

（4）全面服务于"可持续发展" 高速公路将进一步促进国土资源的集约利用、环境保护和能源节约，有效支撑社会经济的可持续发展。据测算，在提供相同路网通行能力条件下，修建高速公路的土地占用量仅为一般公路的 40%左右，高速公路比普通公路可减少 1/3 的汽车尾气排放，交通事故率降低 1/3，车辆运行燃油消耗也有大幅度降低。

第二节　高速公路设计要点

一、高速公路的设计依据与技术标准

1. 高速公路的分类及主要技术标准

高速公路是专供汽车分向分车道行驶并应全部控制出入的多车道公路。根据高速公路能够适应的交通量情况，将高速公路划分为以下三种类型：

1）四车道高速公路应能适应将各种汽车折合成小客车的年平均日交通量 25000～55000 辆。

2）六车道高速公路应能适应将各种汽车折合成小客车的年平均日交通量 45000～80000 辆。

3）八车道高速公路应能适应将各种汽车折合成小客车的年平均日交通量 60000～100000 辆。

将高速公路按设计速度分为三个级别，分别为 120km/h、100km/h 和 80km/h。依据

JTG D20—2017《公路路线设计规范》，不同设计速度高速公路的主要技术指标见表3-2。

表3-2 高速公路主要技术指标

设计速度/(km/h)		120			100			80	
车道数		8	6	4	8	6	4	6	4
整体式路基宽度/m	一般值	42	34	28	41	33	26	32	24
	最小值	40	—	25	39		24		22
分离式路基宽度/m	一般值	22	17	14	22	17	13	16	13
	最小值	—		13	—				11
车道宽度/m		4	4	4	4	4	4	4	4
圆曲线最小半径/m	一般值	1000			700			400	
	最小值（最大超高为8%）	650			400			250	
不设超高圆曲线最小半径/m	路拱≤2%	5500			4000			2500	
	路拱>2%	7500			5250			3350	
停车视距/m		210			160			110	
最大纵坡(%)		3			4			5	
最小坡长/m		300			250			200	
汽车荷载		公路—Ⅰ级							

2. 技术标准的运用

设计时是否采用高速公路的设计标准应根据公路功能、路网规划、交通量，充分考虑项目所在地区的综合运输体系、社会经济等因素，经论证后确定，并结合预测交通量确定合理的车道数。

高速公路设计交通量应按20年进行预测。设计交通量预测的起算年为该项目可行性研究报告中的计划通车年。设计交通量的预测应充分考虑走廊带范围内远期社会、经济的发展规划和综合运输体系的影响。拟建公路的设计交通量如果介于一级公路与高速路之间，应从安全、远景发展等方面予以论证确定。拟建公路为干线公路时，宜选用高速公路；拟建公路为集散公路时，宜选用一级公路。

对于设计路段长度，按不同的设计速度设计的各路段长度不宜过短，高速公路设计路段不宜小于15km。对于设计速度，高速公路应根据交通量、地形等情况选用高的设计速度。对位于地形、地质等自然条件复杂的山区及交通量较小的高速公路，经论证其设计速度可采用60km/h。不同设计速度的相邻路段的设计速度之差不宜超过20km/h。不同设计路段相互衔接的地点，应选在交通量发生变化处，或驾驶人能够明显判断前方需要改变行车速度处。在确定了设计速度后，依据设计速度选用相应的设计标准。

二、高速公路总体设计与选线

（一）高速公路总体设计

高速公路在路网中的作用及其对通过地带的交通、经济、土地开发、生态环境等具有较其他公路更大的影响，且高速公路的设施完善、投资较大、技术复杂、影响面广，一旦建成很难改变，因此高速公路应综合考虑各种因素后做好总体设计。在设计中应协调公路工程项目外部与内部各专业间的关系，确定项目及其各分项的技术标准、建设规模、主要技术指标和设计方案，使之成为完整的系统工程，符合安全、环保、可持续发展的总体目标，保障用路者的安全，提高公路交通的服务质量。

1. 总体设计应考虑的因素

1）根据路线在路网中的位置、功能，综合考虑路线走廊带范围的远期社会、经济发展，城市、工矿企业的现状与规划，铁路、水路、航空、管道的布局，自然资源状况等，确定本项目起讫点、主要控制点及与之相互平行、交叉等项目的衔接关系。

2）科学确定技术标准，合理运用技术指标，注意地区特性与差异，精心做好路线设计，必要时宜进行安全性评价，以保障行车安全。因条件受限制而采用上限（或下限）技术指标值或对线形组合设计有难度的路段，应采用运行速度进行检验，并采取相应技术对策。

3）应在查明路线走廊带的自然环境、地形、地质等条件的基础上，认真研究路线方案或工程建设同生态环境、资源利用的关系，采取工程防护与生态防护相结合等技术措施，减少对生态的影响程度，加强恢复力度，最大限度地保护环境。

4）做好同综合运输体系、农田与水利建设、城市规划等的协调与配合，充分利用线位资源，合理确定建设规模，切实保护耕地，使走廊带的自然资源得以充分利用，公路建设得以可持续发展。

5）总体协调公路工程各专业间、相邻行业间和社会公众间的关系，其设计界面、接口等应符合相关法规、标准、规范的要求或规定，并注意听取社会公众意见。

6）路线方案比选应对设计、施工、养护、营运、管理的各阶段，从安全、环保、可持续发展理念出发，运用全寿命周期成本分析方法进行论证，采用综合效益最佳、服务质量最好的设计方案。

2. 总体设计的主要内容

高速公路总体设计是在项目工程可行性研究报告所进行的项目建设必要性、经济合理性、技术可行性、实施可能性和最佳综合社会经济效益发挥的可能性等综合研究的基础上，对路线做出的全面安排，包括以下方面：

（1）路线方案　路线方案是根据指定的路线总方向（路线起讫点和中间主要控制点）和设计道路的性质及其在公路网中的作用，考虑社会、经济因素和复杂的自然条件后拟定的路线走向。路线方案是否合理直接关系到公路本身的工程投资、运输效率和使用质量，还影响到在公路网中是否起到应有作用。因此要在各种可能的方案中，通过调查、分析、比选，确定出一条最优路线方案。

高速公路的任务主要是解决起终点间繁重的直达客货运输，不可过多偏离路线总方向，应尽量缩短运输里程，减少行程时间，降低行车费用和事故率。布线时要考虑的问题如下：

1）起讫点的位置。高速公路一般都以重要城市、港站、码头或大型工矿基地为起讫或中间控制点，由于这些地点是公路交通量的集中生成源，上、下高速公路的车辆都期望以最短行程出入。为此，高速公路起讫点位置宜靠近城市出入口或连接在城市外环线上。

2）跨界公路接线点位置。目前我国高速公路建设的管理体制是分块由省、市、自治区立项建设和运营管理。对跨省、市、自治区的公路接线点，应在符合规划路线总方向的前提下，全面考虑社会综合效益，由用路双方协商确定，并同时商定接界路段的建设规模、设计标准和建设时间，避免出现建设不一致性，从整体上影响社会综合效益的发挥。

3）经由城镇时的路线布置。高速公路是为起讫点间直达快速交通运输服务的，这一性质决定了它与沿线一般城镇的关系。应结合城镇发展规划，确定其连接方式（穿越、绕行或以支线连接）、地点。一般以距城镇规划区 2~5km 为宜，最大不超过 8km。

4）高速公路立体交叉。一条较长的高速公路在起讫点之间会有与之相交的其他道路，应根据相交公路的等级、性质、社会和自然条件等决定交叉类型和相交位置。对互通式立体交叉位置的选择还应考虑高速公路本身立体交叉的整体布局、横向交通的便利及相交道路的集散作用等。

5）集散道路（辅道）路线布置　由于修建高速公路要改变原有交通路线，或为减少与高速公路相交次数而合并几条相交道路，此时须考虑设置平行于高速公路的集散道路。为了排除混合交通的影响，有时还需要修建辅道。这些问题都要在高速公路选线设计中做出整体考虑。

（2）线形设计　公路线形指由公路平、纵、横三个方面组成的立体形状。公路的基本形状是在选线时定下来的，从这个意义上讲，选线时就已经开始了线形设计工作。公路线形的好坏，可从经济性、快速性、安全性和舒适性四个方面来评判，而从公路使用者的角度来看，又以安全性和舒适性最为直接。为此，线形组合时，应注意如下基本原则：

1）应在视觉上能自然地诱导驾驶人的视线，并保持视觉上的连续性。

2）线形指标应大小均衡，使使用者在视觉上、心理上保持协调。

3）在保证有足够视距的前提下，驾驶人看到前方的弯曲一般不宜超过两个，立面上起伏不超过三个。

4）选择组合得当的合成坡度，以利路面排水和行车安全。

（3）景观设计　驾驶人或乘客的舒适感和安全感是通过视觉和运动感觉得到外界信息后，在身体上和心理上的综合反应。这些信息来自两个方面：一是公路内部的线形协调，二是公路与周围环境的外部协调。前者表现为线形设计，后者属于景观设计的范畴。线形和景观对驾驶人舒适性影响的程度大约相当，这说明高速公路重视景观设计是十分必要的。

公路景观设计是使公路立体线形及桥梁、隧道、边坡、沿线设施等人工构造物构成同自然景观相协调的建筑群体。为此，要求路线平、纵、横各组成部分的空间充裕，以保证必要的视距与视野；各种设施构成的视觉系统应使驾驶人在视觉上能预知公路前方方向和路况的变化；公路的各种构造物本身不仅造型美观，而且要同自然景观融为一体；要充分利用各种沿线设施和绿化手段，改善沿线景观，形成各具特色的建筑风格。

（4）沿线设施　根据公路的功能，确定交通安全设施、交通管理设施及停车区、服务区等的布局、配置和位置。

（5）高速公路分期修建　高速公路的分期修建应根据近期和远期交通量、社会经济、自然条件及建设资金等情况确定。其目的是在有限的投资范围内，节省横断方向的工程，以此延长公路的修建长度，使高速公路早日建成。分期修建在经济上是否成立，要从分期修建和全部一次建成的投资方面和效益方面考虑种种条件并加以研究之后确定，很难一概而论。仅就工程费而言，如果分期修建方式折合为现时价值的工程费总额比一次建成的工程费总额

少，就可认为是经济的。用算式表示为

$$C > S_1 + S_2 \frac{1}{(1+r)^n} \tag{3-1}$$

式中　C——初次建成总的工程费用；

　　　S_1——初期工程费用；

　　　S_2——后期工程费用；

　　　r——利率；

　　　n——初期到后期建成的年限。

由式（3-1）可知，为使分期修建成立，必须做到以下几点：

1）初期工程的费用应尽量小一些。

2）前期工程在后期要能充分被利用，以减少重复或拆除工程，使后期工程费用尽可能小。

3）经技术经济论证后确定的前期与后期工程之间的时间间隔 n 应为适当长的年限，一般以 7~10 年为宜。

高速公路宜采用横断面方向的分期修建方式。按全部建成后规模大小的不同，可分为初期修建 2 车道、后期建成 4 车道和初期修建 4 车道、后期建成 6 车道两类。按修建顺序和初期修建车道在道路中的平面位置又可分为三种修建方式：初期修建路一侧的 2 个（或 3 个）车道；初期修建路中间部分的 2 个（或 4 个）车道；初期修建两侧靠外的 2 个车道。具体采用哪种方式，应从地形、经济及有利于后期施工等方面考虑，一般情况下，以采用第一种修建方式为宜。

3. 总体设计要点

在进行高速公路总体设计时，应遵循以下设计要点：

1）路线起讫点应符合路网规划要求。确定起讫点位置时，应为后续项目预留一定长度的接线方案，或拟定具体的实施设计方案。

2）根据公路功能、设计交通量、沿线地形与自然条件等，论证并确定公路等级、设计速度和设计路段。恰当选择不同设计路段的衔接地点，处理好衔接处的过渡及其前后一定长度范围内的线形设计。

3）应根据设计交通量论证并确定车道数。

4）一般情况下宜采用整体式路基。位于丘陵、山区时，应结合地形、地质条件以及桥梁、隧道的布设等论证采用分离式路基的可行性。

5）路线设计应合理确定路堤高度，减小对沿线生态环境的影响，并做好防护、排水、取土、弃土等设计，防止水土流失，保护环境，使公路工程建设融入自然。当出现高填、深挖时，应同架桥、建隧方案进行比选论证。

6）由面到带（走廊带）、由带到线（沿路线）查明工程地质、水文情况，重大自然灾害地质病害的分布、范围、状态，以及它们对工程的影响程度，论证并确定绕越、避让或整治病害的方案与对策。

7）确定与作为控制点的城市、工矿企业、特大桥、特长隧道等的连接位置、连接方式。

8）收费公路应在论证收费制式的基础上，确定收费方式、主线收费站位置及其与被交叉公路的交叉形式等。

9）综合拟定互通式立体交叉、服务区、停车区、公共汽车停靠站等重要设施的位置、规模和间距，以符合功能、安全、服务所需的最小（或最大）距离。

10）确定交通工程及沿线设施的建设规模与技术标准。

11）拟分期修建的工程，必须在按远期规划的技术标准做出总体设计的基础上，制订分期修建方案，并做出相应的设计。

（二）高速公路选线

高速公路具有快速、便捷、安全、容量大、经济等特点，但也存在占地多、工程量大、造价高等问题。因此，高速公路线位的确定显得更加重要。特别是高速公路线形标准高，又有较多的立体交叉和交通工程设施，与城市的连接、进出口地点的选择、通道的设置等都是确定线位时需要特别解决的问题。所以说，高速公路选线是一项综合技术和经济的工作，必须进行总体设计及方案比选，才能确定最优的路线方案。

1. 高速公路选线的原则与步骤

公路选线是一个涉及面广、影响因素多、政策性和技术性都很强的工作。它是由面到带、由带到线、由粗略到细致的过程，是逐步具体化、逐步补充修改和提高的过程。选线要先通过总体布局解决基本走向，再解决局部路线方案直到具体定线。

高速公路的勘测设计工作一般采用两阶段测设程序，即通过初测编制初步设计和工程概算，然后根据批准的初步设计，通过定测编制施工图和工程预算。对复杂的项目或路段，有时采用三阶段设计，即在两阶段设计的中间增加技术设计阶段，完成修正概算。

设计的前期工作，需进行预可行性研究和工程可行性研究。预可行性研究主要是概略规划路线方案，完成工程项目的立项并为工程可行性研究做准备。工程可行性研究主要是路线方案的比选论证，确定路线的基本走向，并为下达计划任务书提供依据。高速公路选线的基本原则如下：

1）应针对路线所经地域的生态环境、地形、地质的特性与差异，按拟定的各控制点由面到带、由带到线、由浅入深、由轮廓到具体，进行比较、优化与论证。同一起讫点的路段内有多个可行路线时，应对各设计方案进行同等深度的比较。

2）选择控制点的影响因素多且相互关联相互制约，应根据公路功能和使用任务全面权衡，分清主次，处理好全局与局部的关系，并注意局部难点的突破引起的关系转换给全局带来的影响。

3）应对路线所经区域、走廊带及其沿线的工程地质和水文地质进行深入调查、勘察，查清对公路工程的影响程度。遇有滑坡、崩塌、岩堆、泥石流、岩溶、软土、泥沼等不良工程地质的地段应慎重对待，视其对路线的影响程度，分别对绕、避、穿等方案进行论证比选。当必须穿过时，应选择合适的位置，缩小穿越范围，并采取切实可行的工程措施。

4）应充分利用建设用地，严格保护农用耕地。

5）国家文物是不可再生的文化资源，路线应尽可能避让不可移动的文物。

6）保护生态环境，并同当地自然景观相协调。

7）高速公路同作为路线控制点的城镇相衔接时，以连接城市环线或以支线连接为宜，并与城市发展规划相协调。

8）路线设计是立体线形设计，在选线时即应考虑平面、纵断面、横断面的相互组合与合理配合。为达到上述要求，选线工作必须由浅入深、由轮廓到具体，按照测设程序分阶段分步骤进行，经分析比较后选定最合理的路线。一般按全面布局、逐段安排和具体定线三个步骤进行：

① 全面布局。这是在路线总方向（起、讫点和中间必须经过的城镇或地点）确定后，从大面积着手，由面到带进行总体布置的过程。此项工作最好先在1∶100或1∶500地形图上进行路线布局，选出可能的路线方案，然后进行踏勘与资料收集，根据需要并结合具体条件，通过比选落实必须通过的主要控制点，放弃那些应避让的控制点，逐步缩小路线活动范围，定出大体的路线布局。

② 逐段安排。在总体路线方案的基础上，在相邻主要控制点间划分段落，根据公路等级标准，结合其间具体地形（如结合试坡展线法），逐段加密细部控制点，进一步明确路线走法，构成路线的雏形。

③ 具体定线。根据地形难易程度，定出一系列的控制点，通过多数点位具体确定转角点，拟定曲线半径，落实路线的桩位。

选线通常可采用纸上定线或现场定线。高速公路应采用纸上定线并现场核定的方法。选线时，应在广泛搜集与路线方案有关的规划、计划、统计资料、各种地形图、地质、气象等资料的基础上，深入调查、勘察，并运用遥感、航测、GPS、数字技术等新技术，确保勘察工作的广度、深度和质量，以免遗漏有价值的比较方案。

2. 平原微丘区选线

平原区是地面高度变化微小的地区，有时有轻微的起伏和倾斜，如图3-1所示。平原地区除泥沼、盐渍土、河谷漫滩、草原、戈壁、沙漠等外，一般多为耕地，且分布有各种建筑设施，居民点较密；在天然河网湖区，还具有湖泊、水塘、河汊多等特点。平原区虽然地势比较平坦，路线纵坡及曲线半径等几何要素比较容易达到较高的技术标准，但当地自然条件和地物的障碍及支农需要往往会影响路线的布局，选线时应综合考虑多方面的因素。

图3-1 平原微丘

平原区地形对路线的限制不大，路线的基本线形应短捷顺直。一般应采用便捷的直线、较大半径的曲线、中间加入回旋线的线形。需要转向处，应在较远处开始偏离，使偏角小而线形平顺。

平原区高速公路往往因修建通道造成路堤高、土方量大、纵坡起伏，因此，在保证排水条件下，宜降低路堤高度，并取得与周围景观的协调。

布线时注意少占农田，并与农田水利建设相结合。如使路线尽可能少与灌溉渠相交，布置在灌溉上方非灌溉的一侧或在渠道的尾部，有时可沿渠堤布线，使堤路结合。

微丘区地形略有起伏，地面有一定的自然坡度，区内常有坡形和缓的丘陵分布，地表排水方向明显，选线条件与平原区基本相同。从布线角度看，较平原应有较大的自由度，但应注意利用地形协调平、纵线形的组合，既不宜过分迎合微小地形变化造成纵面不必要的起伏，也不宜过分追求直线造成工程量不必要的增加。

3. 山岭区选线

山岭地区山高谷深、坡陡流急、地形复杂，同时地质、气候条件变化多端，但山脉水系清晰，路线方向明确，不是顺山沿水，就是穿越山岭或沟谷，如图3-2所示。依行经地区的地貌和地形特征，可选择沿河线、山腰（坡）线、越岭线和山脊线。由于高速公路技术指标高，一般沿河布设，必要时可采用隧道或高架桥穿越山岭或沟谷。

图3-2 山岭区

（1）沿河线 山区河谷一般不宽，谷坡上陡下缓，多有间断阶地；河谷地质情况复杂，常有滑坡、岩堆、泥石流等病害发生；河流平时流量不大，但一遇暴雨，山洪暴发，则冲刷河岸，甚至破坏田园。沿河线要处理好河岸的选择、线位高低和跨河地点三个关键问题。

1）河岸选择。路线应选在地形宽坦，有阶地可利用，支沟较少、较小、水文及地质条件良好的一岸；积雪冰冻地区，宜选在阳坡和迎风的一岸；距离村镇一定距离，以减少干扰的一岸为宜。

2）跨河换岸桥位。跨河桥位原则上应服从路线走向，结合桥位条件、路桥综合考虑，可采用弯、坡、斜、高架等桥型，以适应线形设计的需要。

3）线位高低。路线应在规定频率设计水位高度之上，一般以低线为主，但应有防洪措施，以保证路基稳定与安全。

（2）越岭线 越岭线的特点是路线需要克服很大的高差，路线的长度和平面位置主要取决于路线纵坡的安排。因此，在越岭线的选线中，须以路线纵断面为主导，以纵坡度为主要控制。越岭线布局应解决的主要问题有：垭口选择、过岭标高选择和垭口两侧路线展线的拟定。

1）垭口选择。垭口是越岭线方案中的重要控制点，必须全面考虑它的标高、位置、地形条件、地质情况。一般都是选择较低的垭口，而且能够与山下的控制点很好地衔接。对垭口虽高，但山体薄窄的分水岭，采用过岭隧道方案有可能成为合适的越岭方案。

2）过岭标高。过岭标高是越岭线纵向布局的重要控制因素。一般来讲，过岭标高越低，路线越短。为使路线短捷、纵坡平缓，高速公路除山脊宽厚者外，一般采用隧道穿越，其标高主要取决于合适的隧道位置。

3）垭口两侧展线方案。越岭线的高差主要通过垭口侧坡展线来克服，高速公路因技术指标高，一般以自然展线为主，在横坡陡峻的山坡宜选用分离式断面布线。

4. 重丘陵区选线

重丘陵区山丘连绵，岗坳交错，地面起伏较大，一般自然坡度较陡，具有低山区的特征，如图 3-3 所示。路线平、纵面大部分受地形限制，路线走向不如山岭区明显，平面多曲折，纵面多起伏，采用技术指标的活动范围较大。一般应注意如下几点：

图 3-3 重丘陵区

1）设线不应迁就微小地形，在注重平、纵线位的选择时，应注重横向填挖的平衡。横坡较缓的地段，可采用半填半挖或填多于挖的路基；横坡较陡的地段，宜采用全挖或挖多填少的路基；必要时可设挡土墙，同时还应注意纵向土石方的平衡，以减少弃方和借方。

2）平面、纵断面、横断面应综合考虑，不应只顾纵坡平缓，而使路线弯曲，平面标准过低；或只顾平面标准，造成高填深挖，工程量过大；或只顾工程经济，过分迁就地形，而使平面、纵断面过多地采用极限或接近极限的指标。在横坡陡或沟谷狭窄地段，为减少工程量及保证边坡稳定，可采用往复车道分离的设线方式。

3）冲沟比较发育地段，高速公路应考虑采用高路堤或高架桥的直穿方案，当必须绕避时，要注意线形的舒顺。

4）丘陵区农林业较发达，低地多为稻田，坡地多为旱作物和经济林，小型水利设施多，布线要注意支援农业，和当地的整田造林及水利规划相结合。

第三节 高速公路设施

一、高速公路交通安全设施

为了保证高速公路行车安全，沿线应设置必要的交通安全设施。交通安全设施包括交通标志、标线、护栏（路侧护栏、中央分隔带护栏和桥梁护栏等）、隔离设施、防眩设施、视线诱导设施、防噪声设施和照明设施等。交通安全设施直接影响高速公路的功能和经济效益，对减少交通事故、减轻事故严重程度、排除各种纵向行车干扰、提供视线诱导、增强公路景观起着重要的作用。

（一）交通标志

1. 交通标志的分类

交通标志是用图形、符号、颜色和文字向交通参与者传递特定信息，设置在路侧或公路上的安全设施是交通法规具体化、形象化的表现形式，能为公路使用者提供确切的交通情报，保证车辆安全、通畅、有序地运行，同时还是公路的装饰工程、形象工程和美化工程，如图3-4所示。

图3-4 交通标志

交通标志的尺寸分为小型、大型、巨型三类，以适应不同行驶速度对标志认读距离的要求。高速公路上车速较高，车道数较多，标志牌尺寸比一般道路上的大得多。

根据 GB 5768.2—2009《道路交通标志和标线 第2部分：道路交通标志》的规定，交通标志按其作用分为主标志和辅助标志两大类。

（1）主标志 主标志包括以下7类：
1）警告标志。警告车辆、行人注意危险地点的标志。
2）禁令标志。禁止或限制车辆、行人交通行为的标志。
3）指示标志。指示车辆、行人行进的标志。
4）指路标志。传递道路方向、地点、距离信息的标志。
5）旅游区标志。提供旅游景点方向、距离的标志。
6）作业区标志。告知道路作业区通行的标志。
7）告示标志。告知路外设施、安全行驶信息及其他信息的标志。

（2）辅助标志 辅助标志是附设于主标志下起辅助说明作用的标志，为长方形、白色底黑字黑边框，可分为表示车辆种类、表示时间、表示区域或距离、表示禁令或警告理由等四种，不能单独设立。

2. 交通标志的三要素

要充分发挥交通标志的作用，必须使驾驶人在一定的距离内迅速而准确地认出标志形状和文字、符号，从而掌握交通信息和管制要求，因此要求交通标志有最好的视认性。决定视认性好坏的主要因素是标志的颜色、形状和图形符号，被称为交通标志的三要素。

（1）交通标志的颜色　标志的视角清晰度与它的颜色和背景的对比度有很大关系。颜色可分为彩色和非彩色两类。黑、白色系列称为非彩色，黑、白色系列以外的各种颜色为彩色。不同颜色有不同的光学特性，如对比性、远近性、视认性等。

1）对比性。相邻区域的不同颜色相互的影响称为颜色的对比性。有的色彩对比效果强烈，有的则对比效果较差。如把绿色纸片放在红色纸片上，绿色显得更绿，红色显得更红；若把绿色纸片放到灰色纸片上，对比效果就差，而且会妨碍视认。

2）远近性。远近性的表现是等距离放置的几种颜色使人有不等距离的感觉。如红色与青色放在等距离处，红比青感到近。红、黄色为显近色，绿、青色为显远色。

3）视认性。颜色的视认性是指在同样距离内，可见光的颜色能看清楚的易见性好。如红色的易见性最高，橙、黄、绿次之，即以光的波长为序，光波长的视认性高于光波短的颜色。根据心理学的研究，不同颜色会使人有不同的联想，产生不同的心理感觉。因此可利用颜色的不同特性，制成不同的功能标志。各种颜色的光学特性和人的感觉特征如下：

① 红色。注目性非常高，又是显近色，所以视认性很好，适用于紧急停止和禁止等信号。红色在人们心理上会产生很强的兴奋感和刺激性，给人以危险的感觉。

② 黄色。也是显近色，对人眼能产生比红色更高的明度，特别能够引起人们的注意力，使人感到危险，但无红色那么强烈，只产生警惕的心理活动。黄色和黑色组成的条纹是视认性最高的色彩，故用以表示警告、注意等含义。

③ 蓝色。是显远色，注目性和视认性都不太好，但与白色搭配使用时，对比明显效果好。蓝色在太阳光直射下颜色较明显，适合用于交通标志，表示指示、指令等含义。

④ 绿色。是显远色，视认性不太高，但能使人联想到大自然的一片翠绿，由此产生舒服、恬静、安全感，用于表示安全、通行的含义。为了不与道路两旁树木绿色相混淆，在交通上只用作指挥灯的通行灯色，而不用于标志。

⑤ 棕色。它表示旅游区及景点项目的指标，用于旅游区标志的底色。

⑥ 白色。它的明度最高，反射率最高，给人一种明亮、清洁的感觉。它的对比性最强，常在标志中用作底色。

⑦ 黑色。它的明度最低，但和其他颜色相配时，却显得美观、清晰，故大部分标志用黑色作图形的颜色。

⑧ 荧光黄绿色。它表示警告，用于注意行人、注意儿童警告标志。

基于以上特点，《道路交通标志和标线　第 2 部分：道路交通标志》确定了各种标志的颜色及其搭配。

（2）交通标志的形状　驾驶人在道路上应易于识别标志的形状、颜色，从而快速辨别标志属于哪一类，可以提前做准备，充分发挥交通标志的作用。根据对交通标志形状可认性的研究，具有同等面积的不同形状的标志，其可解性是不同的。通常在同等面积条件下，三角形的辨认效果最好，其次是菱形、正方形、圆形、六角形、八角形、叉形等。在决定道路交通标志的形状时，除考虑其形状对可辨性的影响外，还要考虑标志牌的可应用面积的大小（即可容纳的信息量多少）及过去使用的习惯等因素。根据我国《道路交通标志和标线》，正三角形表示警告，圆形表示禁止和限制，正方形和长方形表示提示。

（3）交通标志的图形符号　交通标志的具体含义，即规定的具体内容，最终要由图案符号或文字来表达。图形符号信息无论在辨认速度还是在辨认距离上均比文字信息要优越。同时用图形符号来表征信息直观、生动、形象、易懂，从而可使识别交通标志的人不受文化程度的限制，不同国家、不同民族、不同语言文字的驾驶人均可理解、认读。但是图案和符号毕竟是抽象的东西，有些内容也不可能用图案和符号来表示，所以，文字和数字在某些交通标志上也是一种必要的表达方式。

3. 标志的设置原则

1）公路交通标志的设置，应以不熟悉周围路网体系的公路使用者为设计对象，综合考虑周边路网与公路条件、交通条件、气象和环境条件等因素，制定合理的设置标准，根据各种交通标志的功能和驾驶人的行为特征进行合理设置。

2）对二级及以上等级的公路和其他等级的国、省道公路应优先设置指路标志，其他公路或未设置相关指路标志的公路，经论证可设置必要的警告标志。禁令标志应设置在交通法律、法规发生作用的地点附近醒目的位置，并应避免与其他交通标志的互相影响。限速标志应根据不同路段的通行能力、车型构成比例、车辆的运行速度等分段进行设置。

3）在选择路网中指路标志的目的地信息时，应根据路网密度、公路等级、公路功能、目的地知名度等进行统一考虑。不同种类的交通标志信息应互相呼应，不得出现信息中断。

4）交通标志沿公路纵、横向设置的位置应符合《道路交通标志和标线　第2部分：道路交通标志》的规定。位于高速、一级公路路侧安全净区内的交通标志应根据标志结构规格采用解体消能结构或设置护栏加以防护，位于其他公路路侧安全净区内的交通标志宜进行必要的诱导。

5）公路交通标志的任何部分不得侵入公路建筑限界以内。路侧柱式交通标志的安装高度应考虑其板面规格、所在位置的线形特点和地形特征、是否有行人通行等因素，悬臂、门架式等悬空标志净空高度应预留20~50cm的余量。

6）交通标志安装时，标志板面的法线应与公路中心线平行或成一定角度。路侧安装的禁令标志和指示标志为0°~45°，指路标志和警告标志为0°~10°。悬臂、门架或附着式悬空标志安装时，标志的安装角度应与道路中心线垂直或前倾0°~10°。

4. 标志的设计要点

标志设计的内容主要包括标志的布设、板面内容与尺寸、结构计算、支撑方式和基础等。

1）警告标志。警告标志的作用就是及时提醒驾驶人前方道路线形和道路状况的变化及存在的潜在危险，在到达危险地点以前有充分时间采取必要措施，确保行驶安全，警告标志的形状为顶角朝上的等边三角形，颜色为黄底、黑边、黑图形。警告标志到危险地点的距离，可根据公路的设计速度，按表3-3选取。如受地形限制，可以做相应的变更，但其设置位置必须明显，并不得小于安全停车视距。

2）禁令标志。它是遵行、禁止或限制车辆的标志，其设置因目的不同而异。禁令标志的形状通常为圆形、八角形、顶角向下的等边三角形，颜色一般为白底、红圈、红杠、黑图形。个别标志如禁止驶入标志是红底，中间一道白杠；解除禁止超车和解除限速标志是白底、

表 3-3　警告标志前置距离一般值　　　　　　　　　　　　　　（单位：m）

速度/(km/h)	减速到下列速度/(km/h)											
	条件 A	条件 B										
	0	10	20	30	40	50	60	70	80	90	100	110
40	*	*	*	*								
50	*	*	*	*	*							
60	30	*	*	*	*							
70	50	40	30	*	*	*						
80	80	60	55	50	40	30	*	*				
90	110	90	80	70	60	40	*	*	*			
100	130	120	115	110	100	90	70	60	40	*		
110	170	160	150	140	130	120	110	90	70	50	*	
120	200	190	185	180	170	160	140	130	110	90	60	40

注：条件 A—道路使用者有可能停车后通过警告地点，典型的标志如注意信号灯标志、交叉口警告标志、铁路道口标志等。

条件 B—道路使用者应减速后通过警告地点，典型的标志如急弯路标志、连续弯路标志、陡坡标志等。

＊—不提供具体建议值，视当地具体条件确定。

黑圈、黑图形并有五道黑斜杠；禁止车辆停放标志为蓝底红圈、红杠，停车让行标志为红底、白字、白边。禁令标志有对行驶路线的限制，如禁止驶入、禁止通行等；有对行驶方向的限制，如禁止左转等；有对某种车辆行驶的限制，如禁止非机动车通行等；有对某种驾驶行为的限制，如禁止超车、禁止掉头、禁止停车等；有对交叉口控制方式的规定，如停车让行标志、减速标志等；有对车辆特征的限制，如限制宽度标志、限制高度标志、限速和解除限速标志等。

3）指示标志。它是表示遵行的行驶方向、通行权的分配和应遵行的特殊规定。指示标志的颜色为蓝底、白图形，形状分为圆形、长方形或正方形。

4）指路标志。它是指示公路通往目的地的方向、地名、距离及各种设施的名称和距离的标志。它采用绿底、白图形、白边框、绿色衬边，主要包括公路编号及方位标志、交叉口方向及地点标志、出口预告及出口标志、地点和方向及距离标志、收费站标志、服务区标志、情报标志及交通指示标志等。除地点识别标志、里程碑和分合流标志，其余形状为长方形和正方形。

5）旅游区标志。它是用于指示高速公路就近前往的旅游区、从旅游区方便顺势驶入高速公路的标志。其颜色为棕底、白字（图形）、白边框、棕色衬边。旅游区标志分为指引标志和旅游符号两大类。指引标志为提供旅游区的名称、有代表性的图形及前往旅游区的方向和距离，设在各高速公路出口附近及通往旅游区各连接道路的交叉口附近。旅游符号为提供旅游项目类别、具有代表性的符号及前往各旅游景点的指引，设在高速公路通往旅游景点的交叉口附近，或在大型服务区内通往各旅游景点的路口。也可在指路标志上附具代表性的旅游符号，让旅游者了解景点的旅游项目。在旅游符号下可附加辅助标志以指示前进方向或距离。

6）作业区标志。维修、养护等施工路段必须设置作业区标志，以临时分隔车流、引导交通、确保安全,在夜间施工路段还应设置施工警告灯。用于作业区安全标志为警告标志、禁令标志、指示标志及指路标志,其中警告标志为橙底黑图形,指路标志为在已有的指路标志上增加橙色绕行箭头或为橙底黑图形。

7) 辅助标志。辅助标志是为了进一步维护行车安全与交通畅通而设置的,设置在主标志下起辅助说明作用,表示车辆种类、时间、区域或距离、禁令或警告理由等。有时主标志下可安装两块以上辅助标志牌,但组合方式要求按规定进行,并且结合的图案不宜多于三种,也不能单独设置。辅助标志颜色为白底、黑字(图形)、黑边框、白色衬边,其形状为长方形。

此外,还有可变信息标志。它是一种因交通、道路、气候等状况的变化而改变显示内容的标志,一般可用作速度限制、车道控制、道路状况、交通状况、气象状况及其他内容的显示,可变信息标志不宜显示和交通无关的信息。

(二) 标线

交通标线是由施划或安装于道路上的各种线条、箭头、文字、图案及立面标记、突起路标和轮廓标等所构成的交通设施,其设置应符合《道路交通标志和标线 第3部分:道路交通标线》(GB 5768.3—2009)的要求。它的作用是向道路使用者传递有关道路交通的规则、警告、指引等信息,可以与标志配合使用,也可单独使用。各等级公路和城市快速路、主干路应设置反光交通标线,如图3-5所示。

图 3-5 道路标线

1. 标线的分类

(1) 按设置方式分类

1) 纵向标线。沿道路行车方向设置的标线。
2) 横向标线。与道路行车方向交叉设置的标线。
3) 其他标线。字符标记或其他形式标线。

(2) 按功能分类

1) 指示标线。指示车行道、行车方向、路面边缘等设施的标线。

2) 禁止标线。告示道路交通的遵行、禁止、限制等规定的标线。

3) 警告标线。促使道路使用者了解道路上的特殊情况，提高警觉，准备防范应变措施的标线。

(3) 按形态分类

1) 线条。标画于路面、缘石或立面上的实线或虚线。

2) 字符标记。标画于路面上的文字、数字及各种图形符号。

2. 标线设置原则

1) 高速公路的一般路段应设置行车道边缘线、车行道分界线，车行道边缘线应设置于公路两侧紧靠车行道的硬路肩内，不得侵入车行道内。车行道分界线应设置于同向行驶的车行道分界处。车行道边缘线的宽度应为15~20cm，车行道分界线的宽度应为10~15cm，交通标线的宽度应根据公路的设计速度和路面宽度确定。

2) 经常出现强侧向风的特大桥梁路段、宽度窄于路基的隧道路段、急弯陡坡路段、车行道宽度渐变路段，应设置禁止变换车道线，线宽与车行道分界线一致。

3) 路面文字标记应按由近到远的顺序排列，字数不宜超过三个，设置规格应符合规定。最高限速值应按一个文字处理。

4) 位于中央分隔带或路侧安全净区内未加护栏防护的桥墩、隧道洞口、交通标志立柱等构造物应设置立面标记，颜色为黄黑相间，线宽及间距均为15cm。立面标记应向车行道方向以45°倾斜。立面标记宜设置为120cm高。

5) 需要车辆减速或提醒驾驶人注意安全行车处，可根据需要设置减速标线。

6) 互通式立体交叉、服务区、停车区出入口交通标线应根据互通式立体交叉、服务区、停车区的位置，准确反映交通流的行驶方向。互通式立体交叉出入口处宜设置导向箭头。出口导向箭头应以减速车道渐变点为基准点，间距50m。入口导向箭头应以加速车道起点为基准点，视加速车道长度而定，可设三组或两组。

7) 进入收费广场应设置减速标线、收费道路面标线、岛头标线，各条减速标线的设置间距应根据驶入速度、广场长度经计算确定。收费广场出口端可设置部分车行道分界线。

8) 突起路标的设置。

① 高速公路的车行道边缘线上和互通式立体交叉匝道出入口路段应在路面标线的一侧设置突起路标，并不得侵入车行道。

② 隧道的车行道分界线上宜设置突起路标。

③ 突起路标可单独设置成车行道边缘线和车行道分界线。

④ 突起路标的壳体颜色、设置位置、间距应符合《道路交通标志和标线 第3部分：道路交通标线》的规定。

3. 指示标线

(1) 车行道分界线

1) 可跨越对向车行道分界线。这种分界线是用来分隔对向行驶的交通流的，一般设在道路中心线上，为黄色虚线。在保证安全的情况下，允许车辆越线超车或转弯。这种分界线的线宽一般为15cm，线长为4.0m，间隔长为6.0m。

2）可跨越同向车行道分界线。这种车行道分界线是用来分隔同向行驶的交通流的，设在同向行驶的车道分界线上，为白色虚线，在保证安全的情况下，允许车辆短时越线行驶。一般线宽为10cm或15cm。设计速度不小于60km/h的道路，分界线长度为6.0m，间隔为9.0m。设计速度小于60km/h的道路，分界线长度为2.0m，间隔为4.0m。

（2）车行道边缘线 应在车道的外侧边缘或在路缘带内侧划实线边缘线，车行道边缘线为白色实线。

（3）车距确认标线 车距确认线用以提供车辆驾驶人保持行车安全距离的参考。根据需要设置于经常发生超车、易肇事或其他有需要的路段。车距确认标线应与车距确认标志配合使用。车距确认标线有白色折线和白色半球状车距确认标线两种。前者标线总宽300cm，线条宽40cm或45cm，从确认基点0m开始，每隔50m设置一道标线，连续设置两组，间隔50m重复设置五组。后者设置于气象条件复杂，影响安全行车的路段两侧，半球半径为30cm，间隔50m设置，一般在一定路段内连续设置。

（4）道路出入口标线 道路出入口标线是为驶入或驶出匝道车辆提供安全交汇，减少与突出部缘石碰撞的标线。它包括出入口的纵向标线、三角地带标线。其颜色为白色，主要用于高速公路和其他采用立体交叉并有必要画这种标线的道路（如城市快速路）上。出入口标线有直接式和平行式两种。

（5）收费岛迎车流方向地面标线 它表示收费车道的位置，为缴费车辆提供清晰标记。收费岛头地面标线的颜色为白色，标线宽45cm，成45°斜角，外围标线宽20cm。标线应划在迎行车方向，长1500cm。

（6）导向箭头 导向箭头表示车辆的行驶方向，主要用于交叉道口的导向车道内，出口匝道附近及对渠化交通的引导，颜色为白色。

4．禁止标线

高速公路采用的禁止标线主要是禁止跨越同向车行道分界线，用于禁止车辆变换车道和借道超车，设于交通特别繁杂而同向具有多条行车道的桥梁、隧道、弯道、坡道、车行道宽度渐变路段、交叉口驶入段或其他认为需要禁止变换车道的路段。本标线为白色实线，线宽为10cm或15cm。

5．警告标线

（1）减速标线 用于警告车辆驾驶人前方应减速慢行，设于主线收费广场、出口匝道适当位置。减速标线为白色反光虚线，根据设置位置的不同，可以是单虚线、双虚线和重复三次，垂直于行车方向设置。减速标线应按以下原则配置：使驶入收费车道的车辆通过各标线间隔的时间大致相等，以利于行驶速度逐步降下来（减速度约为$1.8m/s^2$）。

（2）立面标记 立面标记是提醒驾驶人注意，在车行道或近旁有高出路面的构造物，以防止发生碰撞事故的标记。立面标记可设在跨线桥、渡槽等的墩柱立面，隧道洞口侧墙端面上，以及其他障碍物立面上。立面标记的颜色为黄黑相间的倾斜线条，斜线倾角为45°，线宽间距均为15cm。在设置时应把向下倾斜的一边朝向行车道。

（三）护栏

1．护栏的分类

（1）按护栏的刚度分类

图 3-6　高速公路护栏

1）刚性护栏。刚性护栏是基本不变形的护栏结构。水泥混凝土墙式护栏是刚性护栏的主要形式。我国高速公路使用较多的是 NJ 型（新泽西型）和 F 型（改进新泽西型）两种混凝土护栏。混凝土护栏防止车辆越过路（桥）外的效果好，但当车辆与护栏角度较大时，对车辆和驾乘人员的伤害较大，且对驾驶人有较强的行驶压迫感，乘客的瞭望舒适性也较差，因此不推荐在高速公路上全线设置这种护栏，仅适用于窄中央分隔带、桥梁及设置较高路肩式挡墙等的特殊路段（见图 3-6）。

2）半刚性护栏。半刚性护栏是指连续的梁柱式护栏结构，具有一定的刚度和柔性。梁柱式护栏按不同的结构可分为 W 形波形梁护栏、管梁护栏、箱梁护栏等。波形梁护栏是半刚性护栏的代表形式，它是一种以波纹状钢护栏板相互拼接并由立柱支撑面组成的连续结构，利用土基、立柱、波形梁的变形来吸收碰撞能量，并迫使失控车辆改变方向。波形梁护栏具有较强的吸收碰撞能量的能力和较好的视线诱导功能，能与高速公路线形协调，可在小半径弯道上使用，外形美观，损坏后容易更换，适用于高速公路和互通式立体交叉匝道的中央分隔带护栏和路侧护栏（大、中桥的路侧护栏除外）。

3）柔性护栏。柔性护栏指缆索护栏，是一种具有较大缓冲能力的韧性护栏结构。缆索护栏是以数根施加初张力的缆索固定于立柱上而组成的结构，主要依靠缆索的拉应力来抵抗车辆的碰撞，吸收碰撞能量。这种护栏形式美观，可重复使用，容易修复，车辆行驶时没有压迫感，但视线诱导效果差。适用于交通量低、大型车占有率小、对景观要求高的路段。

（2）按设置位置分类

1）路侧护栏。它是指设置于公路路肩上的护栏，其目的是防止失控车辆越出路外，避免碰撞路边其他设施。

2）中央分隔带护栏。它是指设置于中央分隔带内的护栏，其目的是防止失控车辆穿越中央分隔带闯入对向车道，并保护中央分隔带内的构造物。

3）桥梁护栏。它是指设置于桥梁上的护栏，其目的是防止失控车辆越出桥外。

2. 护栏的设置原则

（1）路侧护栏的设置原则

1）车辆驶出路外有可能造成二次特大事故的路段必须设置路侧护栏。

2）凡符合下列情况之一、车辆驶出路外有可能造成单车特大事故或二次重大事故的路段必须设置路侧护栏：

① 高速公路边坡坡度和路堤高度在图 3-7 的 Ⅰ 区方格阴影范围之内的路段。

② 路侧有江、河、湖、海、沼泽、航道等水域的路段。

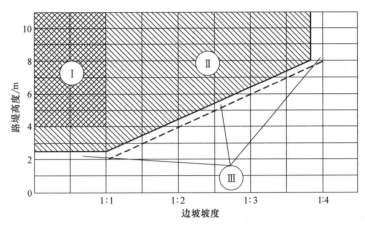

图 3-7 边坡坡度、路堤高度与设置护栏的关系

3）凡符合下列情况之一、车辆驶出路外有可能造成重大事故的路段，应设置路侧护栏：

① 高速公路边坡坡度和路堤高度在图 3-7 的 Ⅱ 区斜线阴影范围以内的路段。

② 高速公路路侧安全净区内设有车辆不能安全穿越的照明灯、摄像机、可变信息标志、交通标志、路堑支撑壁、声屏障、上跨桥梁的桥墩或桥台等设施的路段。

③ 高速公路路侧边沟无盖板、车辆无法安全穿越的挖方路段。

4）凡符合下列情况之一、经论证车辆驶出路外有可能造成一般或重大事故的路段宜设置路侧护栏：

① 高速公路边坡坡度和路堤高度在图 3-7 的 Ⅲ 区内的路段。

② 高速公路纵坡大于或等于现行《公路工程技术标准》规定的最大纵坡值的下坡路段和连续长下坡路段。

③ 高速公路平曲线半径小于现行《公路工程技术标准》一般最小半径的路段外侧。

④ 在高速公路用地范围内存在粗糙的石方开挖断面、高出路面 30cm 以上的混凝土基础、挡土墙或大孤石等障碍物时。

⑤ 高速公路互通式立体交叉出口匝道的三角地带及匝道小半径圆曲线外侧。

⑥ 高速公路路侧护栏最小设置长度应符合规范规定，相邻两段路侧护栏的间距小于表 3-4 中规定的最小长度时宜连续设置。

（2）中央分隔带护栏的设置原则

1）当整体式断面中间带宽度小于或等于 12m 时，必须设置中央分隔带护栏；大于 12m 时，应分路段确定是否设置中央分隔带护栏。

表3-4 路侧护栏最小设置长度

公路等级	护栏类型	最小长度/m
高速公路、一级公路	波形护栏	70
	混凝土护栏	36
	缆索护栏	300

2）公路采用分离式断面时，行车方向左侧应按路侧护栏设置；上、下行路基高差大于2m时，可只在路基较高的一侧按路侧护栏设置。

3）高速公路和禁止车辆掉头的一级公路中央分隔带开口处，必须设置活动护栏。

（四）隔离设施

隔离设施使高速公路全封闭得以实现，以阻止人畜进入高速公路或其他禁入区以及防止非法侵占公路用地。为此隔离栅高度一般在1.5~2.10m。

图3-8 隔离栅

1. 隔离栅

隔离栅形式可分为金属网、刺铁网和常青绿篱。常青绿篱在南方地区与刺钢丝配合使用，具有降噪、美化路容和节约投资的功效。金属网按网片形式可分为钢板网、编织网、电焊网等形式。

隔离栅的设置原则：

1）高速公路沿线两侧路段原则上均应设置隔离栅。

2）高速公路凡符合下列条件之一的路段，可不设隔离栅：路侧紧靠河流、水渠、池塘、湖泊等天然屏障，认为将来不用担心人、畜进入或非法侵占公路用地的路段；路侧有高度大于1.5m的挡土墙或砌石陡坝，人、畜难以进入的路段；桥梁、隧道等构造物的两侧，除桥头或洞口需与路基上隔离栅连接封死处的路段。

3）隔离栅一般沿公路用地界限内20~50cm处设置。

4）隔离栅在遇桥梁、通道时，应朝桥头锥坡或端墙方向围死，不应留有让人、畜可以钻入的空隙。

5）隔离栅与涵洞相交时，如河渠较窄，隔离栅可直接跨过；如河渠较宽，隔离栅难以跨越时，应朝端墙方向围死。

6）由于地形的原因，隔离栅的前后不能连续设置时，就以该处作为隔离栅的端部，并处理好端头的围封。

7）在地形起伏较大、隔离栅不易施工的路段，可根据需要把隔离栅设计成阶梯的形式。

2. 防护实施

防护设施是为预防人或自然因素对公路交通造成危害而设置的安全设施，有如下几类：

1）桥梁防护网。为防止公路上跨桥和人行天桥的行人向下抛扔物品，或大风将桥上杂物吹落到高速公路上及桥上行车装载的物品散落在高速路上，造成交通事故，因而在上述结构物两侧设防护网。

2）防落石网。为防止山崖公路路侧山坡掉落石块危及公路交通安全，需设安全网。工程上采取的三大措施是：在落石山侧设落石台；定期清除危石；用水泥喷浆加固石坡并修防护墙。目前在此基础上采取了一种新的措施，即修防落石网。防落石网是用金属或尼龙编织成网状，将路侧整个落石坡包裹起来。这种结构的好处就是可以进行绿化加固处理，美化环境。

3）防雪栅。坡面积雪常常引发交通事故，为此需设防雪栅。其高度一般为1.0~1.8m，多采用钢木结构。

4）防风栅。为防止风口狂风对高速公路行车造成危害，需设防风栅，并设风标提示司机注意。

（五）防眩设施

防眩设施的目的在于降低对向行车眩光对驾驶人的影响。防眩设施分为三类：防眩板、防眩网、植树。通常规定对下列情况，宜设置防眩设施：①夜间交通量较大，大型车混入率较高的路段；②平曲线半径小于一般最小半径路段；③竖曲线对驾驶人有严重眩目影响的路段；④从互通式立交、服务区停车场的匝道或连接道进入主干道时，给对向驾驶人带来严重眩目影响的路段；⑤无照明的大桥、高架桥上；⑥长直线路段；⑦地形起伏变化较大的路段。当中央分隔带宽度大于7m时、设有连续照明时可不设防眩设施。

防眩设施一般安装在中央分隔带，设置方式：与波形梁护栏相连接，埋置在土中；埋置在混凝土中；设置在混凝土护栏上。防眩板材料可采用钢材、塑料或其他不易变形、不易老化、不易褪色的材料。防眩设施的高度一般为1.70m，遮光角度一般为80°。

良好的防眩设计可以给驾驶人提供多样的"车行景异"的动态景观，克服行驶的单调感，给驾驶人以安全、舒适的享受，提高行车质量。

防眩设施的布置分述如下。

（1）植树 中央分隔带的宽度满足植树需要时，可采用植树作为防眩设施。一般用整形式栽植，间距6m（种三棵，树冠宽1.2m）或2m（种一株，树冠宽0.6m），树高1.5m。灌木丛也具有遮光防眩作用。通过试验，树距1.7m时遮光效果良好，无眩光感；树距2.5m时树档间有瞬间眩光。故完全植树时，间距以小于2m，树干直径大于20cm为宜。分隔带绿化为整形式侧柏、刺柏、黄杨等绿篱时，防眩效果良好。植树间距大时，也可在树间植常青绿篱，或设防眩栅、网等防眩设施。

（2）防眩板 防眩板的设置主要有三种：一是防眩板单独设置；二是设置在波形护栏的横梁上；三是设置在混凝土护栏上。

1）防眩板通过混凝土护栏部的预埋件架设在混凝土护栏上，预埋的网距一般为2m，一般采用焊接，如图3-9所示。

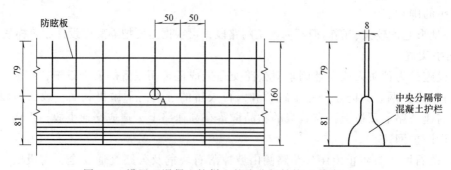

图3-9 设置于混凝土护栏上的防眩板结构（单位：cm）

2) 防眩板与波形梁护栏配合设置，可通过连接件将其架设在护栏上，也可单独竖立支柱将其埋设在中央分隔带上，如图3-10所示。

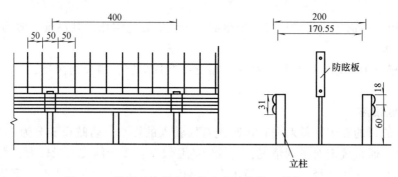

图3-10 设置于护栏中央的防眩板结构（单位：cm）

不同类型防眩设施综合性能比较，见表3-5。

表3-5 不同类型防眩设施综合性能比较

特点	植树		防眩网	防眩板
	密集型	间距型		
美观	好		较差	好
对驾驶人心理影响	小	大	较小	小
风阻力	大		大	小
积雪	严重		小	严重
自然景观配合	好		不好	好
积极性	差	好	较差	好
施工	较难		难	易
养护工作量	大		小	小
横向通视	差	较好	好	好
阻止行人穿越	较好	差	好	差
景观效果	好		差	好
防眩效果	较好		较差	好

(六) 视线诱导设施

视线诱导设施布置在车行道两侧，用以告知道路线路方向车行道边及危险路段位置，诱导驾驶人的视线。因为仅靠车前灯了解道路前方线形和行车方向有一定困难，因此要依赖于视线诱导设施。

视线诱导设施可分为轮廓标、分流诱导标、合流诱导标、指示性线形诱导标、警告性线形诱导标。高速公路的主线及互通立交、服务区、停车场等进出匝道或连接道，均全线连续设置轮廓标。轮廓标在公路左、右侧对称设置，直线段设置间隔为50m，曲线段间距离曲线半径大小在16~50m选定（匝道曲线可为4~12m间距）。埋设于土中的轮廓标由柱体、反射器和基础组成，柱体为三角形，顶面斜向车行道，在距路面55cm以上部分有25cm的黑色标记，中间有一块18cm×4cm的反射器，反射器为定向反光材料。反射器安装在波形梁护栏中的槽内时可为梯形，安装于波形梁上缘时可为圆形。反射器的安装角度无论在直线或曲线上，应尽可能与驾驶人的视线方向垂直。轮廓标在有照明的路段下可以省略。

分流诱导标设在互通式立交分流端部前方适当地点，合流诱导标设在合流端部前方适当地点。高速公路诱导标的底为绿色，诱导标的符号为白色。

指示标线形诱导标应设置在最小半径或通视较差、对行车安全不利的曲线外侧，为白底蓝图案。

警告线形诱导标应设在公路局部施工或维修作业等需临时改变行车方向的路段，为白底红图案。

线形诱导设施应具有优良的识别性能，特别是夜间的反射性能。

二、高速公路的服务设施

(一) 高速公路收费系统

世界上目前有40多个国家（包括发达国家和发展中国家）有收费公路，这种做法拓宽了道路建设投资的来源，调动了各方面修建道路的积极性，可以加快道路建设的速度，收费系统如图3-11所示。

图3-11 收费系统

收费道路的特点：道路的等级高、里程长；管理、服务水平高，设施先进。

目前各收费系统的发展趋势：由人工收费向半自动化和自动化发展。

收费制式是指高速公路上收取道路通行费的位置。

1. 收费制式的分类

目前，常用的收费制式主要有均一式、开放式、封闭式和混合式四种。四种收费制式的收费站在高速公路上的布设如图3-12所示。

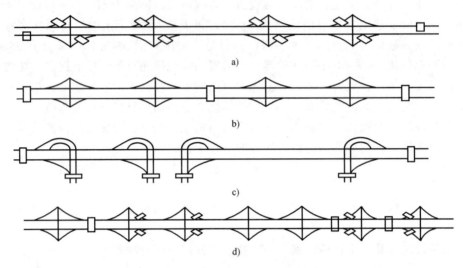

图3-12 四种收费制式收费站的布设
a) 均一式 b) 开放式 c) 封闭式 d) 混合式

（1）均一式 这种形式的收费站一般设置在收费公路的各个入口处（包括主线两端和互通立体交入口），而主线和匝道出口不再设站。每辆车在进入收费公路时都要经过一个收费站交费，然后就可在公路内行驶，不再受阻拦。均一式的收费标准仅根据车型一个因素确定，与行驶里程无关，而各个收费站都取同一收费标准。其示意图如图3-12a所示。

（2）开放式 这种收费系统的收费站建在主线上，每个收费站间隔一般30~50km，各个出入口不受控制，车辆可以自由进出，高速公路对外界环境呈"开放"状态。每个收费站的收费标准和均一式一样也是固定的，仅因车种不同而变化，但各收费站的标准则因距离不同而有所区别。车辆通过收费站时停车交费，长途车辆可能经过多个收费站而多次交费，这样也大致体现了依据行驶距离决定收费金额的原则。其示意图如图3-12b所示。

（3）封闭式 封闭式收费系统的收费站建在收费公路的所有出入口处，其中起讫点的出入口收费站一般建在主线上，称为主线起点（或讫点）收费站；互通式立体交叉出入站收费站建在出入口匝道上，称为互通式立体交叉匝道收费站。车辆进出高速公路都要经过收费站并受控制，但在公路内部则可以自由行驶，高速公路对外界环境呈"封闭"状态。

车辆驶入高速公路时，在收费站的入口车道领取一张通行券（或卡），上面记录着该收费站名称或编号（或入口地址编码）、车辆等信息，当车辆驶至目的地离开高速公路时，将通过当地收费站出口车道，届时将根据车型和行驶里程两个因素计价收费。

封闭式系统收费的依据是通行券，为了提高通行券数据处理的效率和准确性，目前世界上多采用磁卡通行券收费。车辆进入高速公路时，将所有信息记录在通行券的磁卡上，其记录的信息量大，且不易伪造和删改。出口车道设置读卡机，可以自动读出记录的信息并传到收费站的计算机系统中去。其示意图如图 3-12c 所示。

（4）混合式　它是均一式和开放式的混合形式，是一种新型的、简单有效的收费制式，用在中长距离的收费公路上。

混合式是将中长距离高速公路分成几个区段，每段大约 30~50km。每区段可能包含一处或多处互通式立体交叉，收费站设在全线所有入口处。这点和均一式相同；另外在相邻区段之间设主线路障式收费站，这又与开放式相似。其示意图如图 3-12d 所示。

各入口收费站收取的通行费允许车辆在本区段内自由行驶；主线收费站收取的通行费则允许跨区段车辆在下一区段自由行驶。混合式系统采用单一因素（车型）的收费标准，但各站（尤其是主线各站）因控制里程不等可以选用不同的费率。

2. 收费方式

收费方式是指收取过路费中的一系列操作过程。根据收费员参与收费过程的多少，收费方式分为人工收费、半自动收费和全自动收费三种。

（1）人工收费方式　人工收费是目前最简单的收费方式，它是指收费全过程由人工完成，包括人工判车型，人工套用收费标准，人工收钱、找零和给发票。人工收费方式需要较多的收费人员和较单调烦琐的程序，采用人监督人的方式。

根据单一车道上的收费亭数，人工收费方式可分为单座收费方式和串列收费方式。单座收费方式是指每一收费车道口只设一个收费亭，且只有一名收费员，每次只对一部车辆进行收费的工作方式，目前我国大多数高速公路都采用此种收费方式。串列收费方式指每一收费车道口有两个或三个收费亭，每个收费亭有一名收费员，收费亭前后紧邻，亭间没有空间容纳其他车辆，因此一次循环可服务两辆或三辆车，能明显提高车道通过率，目前国内少数高速公路采用此种工作方式。

（2）半自动收费方式　半自动收费方式是指收费工作由人和机器相互配合、共同完成的收费方式。它通过使用计算机、电子收费设备、交通控制和显示设施来代替人工收费方式操作的一部分，此收费方式投资不高，又比较有效，已经在我国的许多高速公路上实施，与人工收费方式的不同在于收费车道的入口处安装车辆分型设备（或车辆称重设备），信息自动送到车道控制计算机，收费人员据此发卡或收费。

（3）全自动收费方式　全自动收费方式是指收取过路费的全过程均由机器完成，操作人员只需对设备进行管理监督以及处理特别事件的收费方式。全自动收费方式又可分为硬币式收费方式和不停车收费（Electronic Toll Collection，ETC）方式。硬币式自动收费方式是指车辆经过收费站时由车主向硬币收费机投币交费的收费方式，不停车收费方式是指利用电子、计算机与通信技术，使驾驶人不需停在收费站付费，是收费方式的发展主方向。

不停车收费方式可分为单向式不停车收费方式和双向不停车收费方式两类。单向式不停车收费方式的基本原理：在车上安装一个车载电子标签（只读），当车辆通过收费站时，电子标签发射出信号，收费站接收装置无线读取车载电子标签中的信息并进行记录，然后将每一收费站点的资料回传给收费中心计算机，进行资料更新、登记等统计工作，在一段时间内打印出每辆车使用次数与总费用，寄送驾驶人通知缴费或从预交金中扣除。

双向不停车收费方式不但能无线读取车载电子标签（可读写）的信息，而且能无线写入信息到电子标签中，使管理上更可行。当用户在指定地方交纳固定金额使电子标签存储一定金额后，装有车载电子标签的车辆经过收费站时，接收装置读取电子标签信息，检验车载电子标签的有效性和通行费，将车载电子标签存储的金额扣除一定数量并回存在电子标签中，配合监控系统对不拥有有效电子标签的车辆进行处置。

不停车收费的车辆电子标签必须在一定范围（如一省内）通用，才能充分发挥其效益，否则对单次行驶的车辆，会增加成本及购卡延误时间，反面降低了高速公路吸引车流快速通过的特点。因此，不停车收费系统必须在较大范围内使用才会有较好的经济和社会效益。

（二）高速公路服务系统

服务设施包括服务区（停车场、加油站、汽车维修部、休息室、小卖部、食堂、厕所等）、停车区（停车场、电话亭）、辅助设施（养路站、园地）和公共汽车停车站等，如图3-13所示。

图3-13　高速公路服务站

（1）服务区　服务区是指设置在高速公路沿途，为高速公路的使用者提供服务的设施。服务区的基本形式随其主要设施如停车场、加油站、厕所及餐厅等的布置位置不同而有所不同。

1）停车场的位置有分离式和集中式两种。分离式是指上、下行车道停车场分别布置在高速公路两侧，如图3-14所示。集中式是指上、下行车道停车场集中布置在高速公路一侧，如图3-15所示。

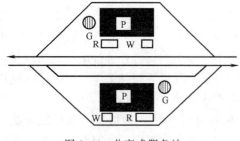

图3-14　分离式服务站

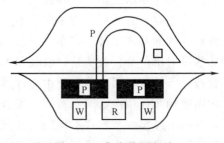

图3-15　集中式服务站

由于高速公路上、下行车道中央由分隔带分开,两侧行驶的车辆都要使用停车场,所以分离式停车场便于停车,不必绕到对面停车场去。同时,在高速公路上采用分离式停车场,还可以防止驾驶人互相交换通行卡和收费票据等作弊现象。所以,一般高速公路都采用分离式停车场。

2)餐厅的位置有外向型、内向型和平行型三种。

① 外向型。在餐厅和高速公路之间布置停车场、加油站等其他服务设施。这种布置适用于服务区外侧地形较开阔的情形,旅客在用餐时可避开嘈杂的汽车声的干扰,在安静的环境中得到较好的休息,是一种常用的布置形式,如图3-16所示。

② 内向型。餐厅与高速公路相邻,餐厅的另一端布置停车场和加油站等其他服务设施。这种布置适用于服务区周围比较封闭、旅客无法向外远眺的情形,如四周位于乡镇街道路段或挖方路段。内向型的服务区不便于停车,只有在地形条件受到限制时才采用内向型的方案,如图3-17所示。

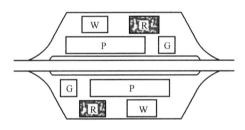

图3-16 外向型服务站

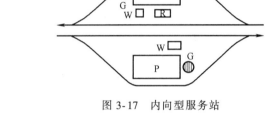

图3-17 内向型服务站

③ 平行型。餐厅和停车场、加油站等服务设施相邻,沿高速公路方向作长条形布置。这种布置方式用于地势狭长和山区地段,如图3-18所示。

3)加油站的位置有入口型、出口型和中间型三种。

① 入口型。加油站布置在服务区的入口处,车辆一进入服务区立刻就可以进行加油,入口型有利于场区合理布置、交通流畅及行人行车的安全,但加油车辆较多时,可能会妨碍入口匝道上车辆的行驶。

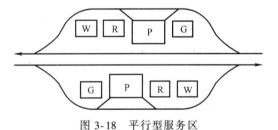

图3-18 平行型服务区

② 出口型。加油站布置在服务区的出口处,驾驶人稍事休息后出服务区时再给车辆加油。

③ 中间型。加油站布置在入口和出口之间,使用起来比较灵活。

由于停车场(P)、餐厅(R)、加油站(G)、公共厕所(W)等主要设施的布置与地形、地貌、沿线自然特征、土地利用、投资费用及管理条件等因素有关,服务区的形式是通过对各种因素的综合分析和比较,并且按照上述不同分类进行组合确定的。目前我国常见的服务区形式主要有分离式外向型(图3-16)和分离式平行型(图3-18)等。

(2)停车区 停车区是为满足驾驶人生理上的要求,并解除疲劳和紧张所需的最小限度的服务设施。停车场内只设置公共厕所、长凳等设施和少量停车位。一般在停车场内不设加油站,但是当服务区的间隔长或由于其他特殊条件而必须设置时,则可以设置。停车场与服务区或停车场之间的间隔宜为 15~25km，如图 3-19 所示。

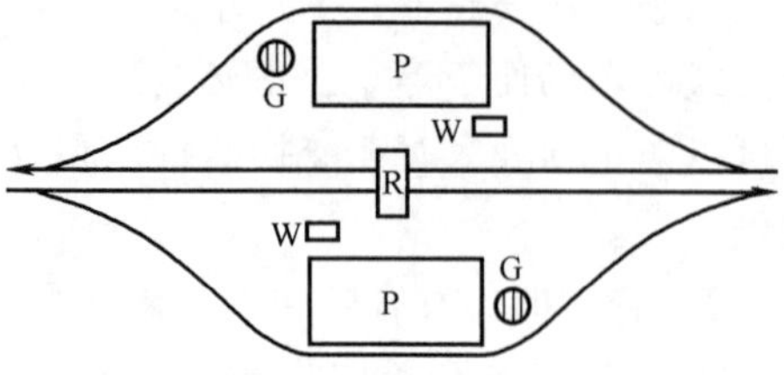

停车区的形式原则上采用分离式外向型，但当周围为深挖方或附近的景色不佳时，最好采用内向型。停车区在规划、设计方面基本上与服务区的原则相同，并应与周围的环境、景观相协调。

图 3-19 停车区布置示意图

与服务区不同，停车区的设施种类较少，而且布置也简单，一般由出入车道、小规模停车场、公共厕所、小卖部、绿地等构成。不设餐厅，有时仅放些长凳、桌子等设施。

第四节 城市道路概述

一、城市道路的基本组成

在城市，沿街两侧建筑红线之间的空间范围为城市道路用地，该用地由以下各个不同功能部分组成：

1）供各种车辆行驶的车行道。其中，供汽车、无轨电车、摩托车行驶的为机动车道，供有轨电车行驶的为有轨电车道，供自行车、三轮车、平板车行驶的为非机动车道。

2）专供行人使用的人行道。

3）起防护与美化作用的绿化带。

4）用于排除地面水的排水系统，如街沟或边沟、雨水口、雨水管、窨井等。

5）为组织交通、保证交通安全的辅助性交通设施，如交通信号灯、交通标志、交通标线、交通岛、护栏等。

6）交叉口和交通广场。

7）停车场和公共汽车停靠站台。

8）沿街的地上设备，如照明灯柱、架空电线杆、给水栓、接线柜等。

9）地下的各种管线，如电缆、煤气管、给水管、污水管等。

10）在交通高度发达的现代城市，还建有高架道路、地道桥、人行过街天桥、地下人行道、轻轨交通和地下铁道等。

二、城市道路的功能

城市道路具有交通、形成国土结构、公共空间、防灾和繁荣经济等方面功能，见表 3-6。

表 3-6 道路功能

交通功能	工作、学习、生活、旅游客运
	货物运输
形成国土结构功能	用地结构的骨架，组成街坊
公共空间功能	保证日照、通风
	提供综合交通体系的空间（高架桥、地面轨道、地下铁道）
	提供公用设施管线走廊（电力、电话、煤气、上下水管）

(续)

交通功能	工作、学习、生活、旅游客运	
	货物运输	
防灾功能	保证消防活动、救援活动	
	紧急疏散、避难通路	
	防火带	
繁荣经济功能	流通商品、活跃市场	

道路是交通的基础，是社会、经济活动产生的人流、物流的运输载体，担负着城市内部、城际之间、城乡之间交通中转、集散的功能，人们的生产、生活要求有一个安全、畅通、方便和舒适的道路交通运输体系。

道路是国土结构的骨架，城市道路则是城市建设的基础，城市各类建筑依据道路的走向布置而反映城市的风貌，所以城市道路是划分街坊、形成城市结构的骨架。道路作为公共空间，不仅提供交通体系的空间，且保证日照、通风，提供绿化、管线布置的场地，为地面排水提供条件。各种构筑物的使用效益有赖于道路先行来实现。在发生火灾、水灾、地震和空袭等自然灾害或紧急情况时，能提供疏散和避险的通道与空间。道路在全社会交通网络中起着重要的作用。

在道路建设过程中，各项基础设施应同步进行。道路的建成可使土地使用与开发得以迅速发展，经济市场得以繁荣，所以健全的道路系统能有力促进经济发展，方便生活。

第五节　城市道路的分类与分级

一、城市道路的分类

城市道路分类是一项很复杂而且迄今尚未完善解决的问题。一般从下面五个方面区分：

1）根据道路在城市规划道路系统中所处的地位区分、视城市规模大小可分为四级或三级。大城市一般分为四级，即主干路、次干路、支路及区间路。小城市分为主干路、次干路及支路（或区间路）。中等城市可视规模按四级或三级考虑。街坊内部道路作为街坊建筑的公共设施组成部分，不列入等级道路之内。

2）根据道路对交通运输所起的作用区分，可分为全市性道路、区域性道路、环路、放射路、过境道路等。

3）根据承担的主要运输性质区分，可分为客运道路、货运道路及客货运道路等。

4）根据道路所处环境区分，从道路在规划布局所处区域环境划分，可分为中心区道路、仓库区道路、文教区道路、行政区道路、住宅区道路、风景游览区道路等。

5）从道路本身服务特征及街面建筑布置情况划分，可分为商业性道路、文化娱乐性道路、科教卫生性道路、生活性道路、火车站道路、游览性道路、林荫路等。

二、城市道路分级与技术标准

1. 城市道路分级

城市道路按其在城市道路系统中的地位、交通功能分为下述四类：

（1）快速路　城市道路中设有分隔带、具有四条以上的车道、全部或部分采用立体交叉与控制出入、供车辆以较高的速度行驶的道路叫快速路。快速路完全为交通功能服务，是解决城市长距离快速交通运输的动脉。在快速路两侧不宜设置吸引大量人流的公共建筑物的进出口。两侧一般建筑物的进出口应加以控制。

（2）主干路　在城市道路网中起骨架作用的道路叫主干路，以交通功能为主（小城市的主干路可兼沿线服务功能）。自行车交通量大时，宜采用机动车与非机动车分隔的形式。主干路上平面交叉口间距以800~1200m为宜，以减小交叉口交通对主干路交通的干扰。交通性的主干路解决大城市各区之间的交通联系，以及与城市对外交通枢纽之间的联系。例如，北京的东西长安街是全市性东西向主干路，全线展宽到50~80m，市中心路段为双向10条车道，设置隔离墩，实行快慢车分流。又如，上海中山东一路是一条宽为10车道的客货运主干路。

（3）次干路　是联系主干路之间的辅助性干道，与主干路连接组成道路网，起到广泛连接城市各部分和集散交通的作用。次干路沿街多数为公共建筑和住宅建筑，兼有服务功能。

（4）支路　是次干路与街坊路的连接线，解决地区交通，以服务功能为主。沿街以居住建筑为主。

城市道路除快速路外，每类道路按照城市规模分为Ⅰ、Ⅱ、Ⅲ级。根据CJJ 37—2012《城市道路设计规范》（2016年版）规定，城市按照其市区和郊区的非农业人口总数划分为三级：

1）大城市。总人口50万以上的城市，采用各类道路中的Ⅰ级标准；
2）中城市。总人口20万以上，不足50万的城市，采用各类道路中的Ⅱ级标准；
3）小城市。总人口不足20万的城市，采用各类道路中的Ⅲ级标准。

大城市人口多，出行次数多，再加上流动人口数量大，因而客、货运输量比中、小城市大，机动车交通量也较大，所以采用的标准应高些。由于我国各城市所处的位置不同，地形、气候条件等存在着较大差异，同等级的城市也不一定采取同一等级的设计标准，应根据实际情况选用，可经过技术经济比较适当提高或降低标准。

2. 城市道路技术标准

城市道路主要技术指标见表3-7。

表3-7　城市道路分级和技术标准

等级项目	设计车速/(km/h)	路段一条车道通行能力/pcu		圆曲线半径/m		最大纵坡(%)		停车视距/m	最大超高(%)
		基本	设计	一般值	极限值	一般值	极限值		
快速路	100	2200	2000	650	400	3	4	160	6
	80	2100	1750	400	250	4	5	110	6
	60	1800	1400	300	150	5	6	70	4
主干路	60	1800	1400	300	150	5	6	70	4
	50	1700	1350	200	100	5.5	6	60	4
	40	1650	1300	150	70	6	7	40	2

(续)

等级 项目	设计车速 /(km/h)	路段一条车道通行能力/pcu		圆曲线半径/m		最大纵坡(%)		停车视距 /m	最大超高 (%)
		基本	设计	一般值	极限值	一般值	极限值		
次干路	50	1700	1350	200	100	5.5	6	60	4
	40	1650	1300	150	70	6	7	40	2
	30	1600	1300	85	40	7	8	30	2
支路	40	1650	1300	150	70	6	7	40	2
	30	1600	1300	85	40	7	8	30	2
	20	1400	1100	40	20	8	8	20	2

注：1. 道路交通量达到饱和状态时的道路设计年限规定为快速路、主干路应为20年；次干路应为15年；支路宜为10~15年。

2. 快速路和主干路的辅路设计速度宜为主路的0.4~0.6倍；在立体交叉范围内，主路设计速度应与路段一致，匝道及集散道路设计速度宜为主路的0.4~0.7倍；平面交叉内的设计速度宜为路段的0.5~0.7倍。

3. 横断面形式：快速路应设双幅（机动车道≥4条）或四幅（设辅路）（机动车道≥4条）；主干路宜设三幅或四幅（机动车道≥4条）；次干路宜设单幅或两幅（机动车道≥4条）；支路宜设单幅。

4. 一条机动车道最小宽度应满足下列要求：当设计速度大于60km/h时，大型车或混行车道取3.75m，小客车专用车道取3.50m；当设计速度不大于60km/h时，大型车或混行车道取3.50m，小客车专用车道取3.25m。

三、城市道路交叉口分类、功能

1. 交叉口分类

1）交叉口按城市大小与相交道路类型的分类应符合表3-8的规定。

表3-8 按城市大小与相交道路类型的分类

特大城市与大城市交叉口分类					中等城市交叉口分类				小城市交叉口分类		
相交道路	快速路	主干路	次干路	支路	相交道路	主干路	次干路	支路	相交道路	干路	支路
快速路	快~快	—	—	—	主干路	主~主	—	—	干路	干~次	—
主干路	快~主	主~主	—	—	次干路	主~次	次~次	—	支路	干~支	支~支
次干路	快~次	主~次	次~次	—	支路	主~支	次~支	支~支	—	—	—
支路	—	主~支	次~支	支~支							

2）平面交叉口应按交通组织方式分类。平面交叉口应分为信号控制交叉口（平A类）、无信号控制交叉口（平B类）和环形交叉口（平C类）。平面交叉口分类应符合下列规定：

① 信号控制交叉口应分为进、出口道展宽交叉口（平A_1类）和进、出口道不展宽交叉口（平A_2类）。

② 无信号控制交叉口应分为支路只准右转通行交叉口（平B_1类）、减速让行或停车让行标志交叉口（平B_2类）和全无管制交叉口（平B_3类），如图3-20所示。

3）立体交叉分为枢纽公交（立A类）、一般公交（立B类）和分离公交（立C类），如图3-21所示。

图 3-20　平面交叉口

图 3-21　立体交叉口

2. 各类交叉口的功能和基本要求

（1）快~快　应满足快速路主线车流快速、连续通行，车行道应为机动车专用车道，主线上不得因设置了匝道而使匝道进出口上、下游通行能力严重不匹配，并应符合下列规定：

1) 在主要公共交通客流通道的快速路应规划快速公共交通专用车道及港湾式停靠站。

2) 行人、非机动车应与机动车分层通行。

（2）快~主　应满足快速路主线车流快速、连续通行，车行道应为机动车专用车道，主线上不得因设置匝道而使匝道进出口上、下游通行能力严重不匹配，并应符合下列规定：

1) 主干路上应按公共交通客流需求规划规划快速公共交通或主干公交专用车道及港湾式停靠站。

2) 行人、非机动车应与快速路上机动车分层通行，主干路的人行过街横道中间应设安全岛，并应采用专用信号控制。

（3）快~次　应满足快速路主线交通快速、连续通行的需求，兼有次干路局部生活功能，并应符合下列规定：

1）次干路与快速路间提供必要的转向、集散交通通道。

2）次干路应按公交客流需求规划主干公交或区域公交专用车道及港湾式停速度靠站。

3）次干路人行过街横道中间应设安全岛，并应采用专用信号控制。

（4）主～主　应满足主干路主要流向车流畅通、能以中等速度间断通行的要求，以交通功能为主，并符合主干路的基本要求。

（5）主～次　应满足主干路畅通及次干路—主干路间转向交通需求，能以中等速度间断通行，以集散交通功能为主，兼有次干路局部生活功能，并应满足主、次干路的要求，以及交叉口通行能力与转向交通需求相匹配的要求。

（6）主～支　应满足主干路畅通、能以中等速度连续通行的要求，支路应右转进出主干路。有必要时，经论证可选用其他相交形式；主干路应以交通功能为主，支路应以生活功能为主，并应满足主、支道路的需求。

（7）次～次　应满足次干路主要流向车流畅通、能以中等速度间断通行的要求，应兼具交通与生活功能，并应满足次干路的要求。

（8）次～支　应满足次干路集散交通功能和支路的生活功能。当不采用信号控制时，应保证次干路车流连续通行，并应满足次、支道路的要求。

（9）支～支　应具有生活功能，并应满足支路的要求。

复习思考题

1. 简述高速公路的特点。我国高速公路分为哪三种类型？
2. 我国高速公路的设计依据是哪些？是如何影响相关的设计标准的？
3. 高速公路总体设计应该考虑哪些因素？
4. 高速公路布线要考虑哪些问题？并结合某一高速公路进行分析。
5. 简述高速公路选线的基本原则。
6. 交通标志、标线是如何分类的？其设置原则及设计要点是什么？
7. 简述公路路侧护栏的设置原则。
8. 简述收费制式收费站的种类及其特点。
9. 城市道路如何分类？

第四章 道路路基路面结构

第一节 路基路面工程概述

一、特点与基本性能

1. 特点

路基和路面是道路的主要组成部分。路基是按照道路路线设计线形和横断面的要求在天然地表面填筑或开挖而成的带状岩土结构物。路面是在路基顶面的行车部分用各种混合料铺筑而成的层状结构物。路基是路面的基础，起着支撑并保证路面结构稳定的作用；路面直接承受行车荷载和自然因素的作用，起着保护路基，使路基避免各种不利因素直接影响的作用。路基和路面是相辅相成、不可分割的整体，应综合考虑它们的工程特点，解决它们的工程技术问题，如图4-1和图4-2所示。

图4-1 路基

图4-2 路面

路基路面作为线形结构物，在地域空间上跨度很大，可绵延十几千米乃至上千千米。与其他结构物相比，路基路面具有许多不同的工程特点。

（1）结构简单　相对于桥梁等结构物，路基路面是结构简单的长带状结构物。

（2）工程量和工程费用巨大　道路路线长，路基工程的土石方数量大，劳力和机械用量多，施工工期长。路面结构在道路工程造价中所占比重很大，达到30%左右。

（3）涉及学科多　与路基路面工程相关的学科很多，如材料科学、岩土工程、结构分析、管理科学等。

（4）影响因素复杂　道路沿线气候、地形、地貌、水文和地质等自然条件变化很大。

即使在较短的路段内，路基的填挖情况、岩质和土质状况及水文条件等仍会有较大的差别，从而使路基的物理性质和力学性质有着很大的差异。组成路面各结构层的混合料，其力学性质对于环境条件的变化十分敏感。因此，复杂多变的环境因素对路面结构体系的性状影响很大。道路沿线城镇经济发达水平存在差异，交通繁忙程度也各不相同。因此，作用在路面上的行车荷载，无论是轴载大小还是数量和作用频率，都是具有较明显的地域特征且因时而变的随机变量。

（5）设计、施工、养护与管理应有机结合　在使用过程中，路面的使用性能因行车荷载和自然因素的不断作用而逐渐变差。路面使用性能的衰变与路面结构的承载能力、施工质量、养护条件和管理水平等因素有关。道路建成交付使用后，必要时提出维修决策，投放资金进行维修养护，通过养护维修使道路在设计使用年限内保持良好的状态。

2. 基本性能

在行车荷载和自然因素的作用下，路基路面会产生各种变形及损坏。但道路在运行期间必须保持良好的路况，这是保证道路最大限度地满足车辆运行的要求，提高车速、增强安全性和舒适性、降低运输成本和延长道路使用寿命的前提。因此，路基路面工程应具有下列基本性能。

（1）承载能力　路基路面结构承载能力包括强度与刚度两个方面。

1）强度。汽车在路面上行驶，会通过车轮将荷载传递给路面，再由路面传递给路基。在行车荷载的作用下，路基路面结构内会产生不同大小的应力、应变及位移。如果这些应力、应变及位移超过路基路面结构整体或某一组成部分的强度或抗变形能力，则路基路面会出现裂缝、沉陷、波浪和磨损等破坏，如果路基路面结构出现沉陷，会影响道路的使用质量，严重时还可能中断交通。因此，路基路面结构整体及其组成部分必须具备足够的强度，以抵抗行车作用下所产生的各种应力，避免破坏。

2）刚度。当路基路面结构整体或某一组成部分刚度不足时，在行车荷载作用下也会产生过量的变形，形成车辙、沉陷或波浪等破坏。因此，路基路面还必须具有足够的刚度，使整个路基路面结构及其组成部分的变形量控制在允许范围内。

（2）稳定性　在地表上填筑或开挖路基，必然会改变原地面的天然平衡状态，有可能使填方路基因填土自重作用而沿滑动面下滑或使挖方路基边坡失去支承力而坍塌，从而使路基整体失去稳定性。在这种情况下必须采取一定的工程技术措施进行支挡或加固，以保证路基的整体稳定性。

路基路面结构袒露于大气之中，经常受到温度和湿度变化的影响，其力学性能也随之不断发生变化，甚至发生破坏。在地面水和地下水的作用下，路基路面结构内部的湿度状态发生变化，强度会显著降低。低洼地带路基排水不良，长期积水，会使得矮路堤软化，失去承载能力；山坡路基，有时因排水不良，会引发滑坡或边坡滑塌；沥青混凝土路面中水分的侵蚀，会引起沥青结构层剥落，结构松散；水泥混凝土路面，如果不能及时将水分排出结构层，会发生唧泥现象，冲刷基层，导致结构层提前破坏；砂石路面，在雨季时会因雨水渗入路面结构，使其含水量增多，强度下降，产生沉陷、车辙或波浪等破坏。温度的变化对路基路面结构的稳定性有重要影响。季节性冰冻地区路基，在水温作用下，会发生周期性的冻融作用，造成路基冻胀和翻浆；沥青路面在夏季高温时会变软而可能产生车辙和推移，冬季低温时又可能因收缩或变脆而开裂；水泥混凝土路面在高温时会因拱胀而发生破坏，温度急骤变化时会因翘曲产生破坏。因此，要研究路基路面结构的温度和湿度状况及其对路基路面结构性能的影响，修筑在当地气候条件下具有足够稳定性的路基路面结构，而且要保证在最不利的水温状况下，路基路面结构承载力不致显著降低。

（3）耐久性　路基路面结构在使用过程中，承受行车荷载和冷热、干湿气候因素的长期重复作用，会逐渐产生塑性形变累积和疲劳破坏。路基路面材料的各项性能会由于老化产生衰变而导致破坏。这些都将引起路面结构的损坏，影响路基的稳定性，从而缩短路面的使用年限。因此，路面结构必须具有抗老化和抗形变累积的能力，以及足够的抗疲劳强度。

（4）表面平整度　路面表面平整度是评价路面使用性能的重要指标。不平整的路面表面会增大行车阻力，并使车辆产生附加的振动作用。这种振动作用会造成行车颠簸，影响行车的速度和安全、驾驶的平稳和乘客的舒适感。同时，振动作用会对路面施加冲击力，从而加剧路面和汽车机件的损坏和轮胎的磨损，并增加油料的消耗。不平整的路面表面还会积滞雨水，加速路面的破坏。因此，为了减小冲击力，提高行车速度，增进行车的舒适性和安全性，路面应保持一定的平整度。道路等级越高，设计车速越大，对路面平整度的要求也越高。

（5）表面抗滑性能　路面表面要求平整，但不宜光滑。汽车在路面上行驶时，车轮与路面之间缺乏足够的附着力或摩擦阻力，紧急制动、突然起动、爬坡或转弯时，车轮易产生空转或打滑，致使操纵稳定性降低，行车速度受限，油料消耗增多，甚至引起交通事故。路表面摩擦阻力越小，抗滑能力也越小，引起汽车滑溜事故的概率越高。行车速度越高，对路面的抗滑性能要求应越高。因此，路面表面应具有足够的抗滑性能。

二、路基路面工程简介

（一）路基工程

1. 路基的横断面组成

路基中线上任意一点的法线方向的剖面图即可构成路基的横断面图。它是由路基横断面设计线与其原地面线所围成的图形。路基横断面包括行车道、路肩、边坡、边沟、截水沟、排水沟、碎落台、护坡道及防护加固工程、安全设施与公路绿化设施等。高速公路和一级公路还包括中央分隔带和路缘带等。图4-3为路基的横断面组成。

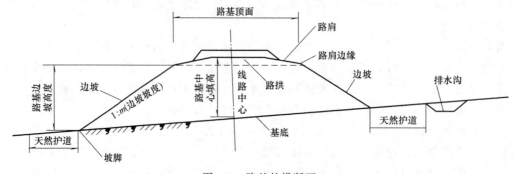

图 4-3　路基的横断面

路基顶面两侧边缘之间的距离，称为路基宽度。路基顶面以下80cm范围内的路基部分称为路床。

路基两侧具有一定坡度的坡面称为路基边坡。边坡的坡度以边坡的高度与边坡的宽度之比表示。

路基高度或深度，一般是指路基中心线上由原地面至路基顶面的垂直高度。在研究路基边坡稳定条件时，常用到路基边坡高度。路基边坡高度是从路基边缘至路堤坡脚或路堑堑顶的垂直高度。

2. 路基土的分类及工程特性

（1）路基土的分类　土是修筑路基的基本材料，由固体颗粒、水和气三相组成。土的固体颗粒包括原生矿物、不溶于水的次生矿物、可溶盐类、易分解的矿物及有机质等。各种路基土的颗粒大小和矿物成分差异较大，三相间的比例也有所不同，而且土颗粒与孔隙水及环境水之间存在复杂的物理化学作用，因此不同的路基土具有不同的工程性质。

关于公路工程的路基土分类，各国的方法不尽相同，但所依据的原则总体相近，主要是根据土颗粒的粒径组成与矿物成分、其余物质的含量及土的塑性指标进行划分。我国公路路基用土依据土的颗粒组成特征、土的塑性指标及土中有机质存在的情况，分为巨粒土、粗粒土、细粒土和特殊土四大类，并进一步细分为十二小类。巨粒土分为漂石土和卵石土；粗粒土分为砾类石和砂类土；细粒土分为粉质土、黏质土、有机质土；特殊土分为黄土、膨胀土、红黏土、盐渍土、冻土。

（2）土的工程评价　自然界中土的力学性质很复杂，不同的土类有各自不同的工程特征。即使是同一类土，在不同的状态下，表现出来的工程特征也差异巨大。因此，在选择路基填筑用土时，首先应能了解及正确评价土的工程特性，并能在实际中应用中根据不同的土类分别采取不同的工程技术措施。

1）巨粒土。巨粒土的矿物成分为原生矿物且颗粒很大，故这类土具有很高的强度及稳定性，是填筑路基很好的材料。漂（块）石土还可以用来修砌边坡；卵石土填筑后压实达到规定的密实度即可，如图4-4所示。

2）粗粒土。粗粒土的矿物成分也为原生矿物，共同的特征是水稳定性良好。其中砾类土由于粒径较大，内摩擦力也大，压实后具有良好的强度。实际应用中要注意保证该类土的级配。级配良好的砾类土，压实后强度高且密实度好；级配不良的砾类土不能充分压实，空隙较大，有时可能会形成较大的不均匀沉降，如图4-5所示。

砂类土又可分为砂土和砂性土两种。砂土无塑性，透水性强，毛细上升高度很小，具有较大的摩擦系数，强度和水稳定性均较好。但由于无黏性，易松散，故需要用振动法或灌水法才能压实，一旦得到充分压实，其稳定性好，抗变形能力也较强。这类土在应用中可考虑添加一些黏性土，以改善其工程性质。另外，由于砂土没有黏性，雨水很容易对在建路基形成冲刷，这一点在路基施工时要特别注意，要做到路基施工与设置路基排水设施的工作同步进行。

砂性土中既含有一定数量的粗颗粒，又含有一定的细颗粒。足够数量的粗颗粒使这类土形成良好的强度和水稳定性，一定数量细粒土的存在，又使之具有一定的黏结性，土颗粒不易松散。因此，砂性土兼具了粗粒土的强度、水稳性及细粒土的黏性等特征，一般遇水疏散快、不膨胀、扬尘少，容易被压实。砂性土是修筑路基的良好材料。

3）细粒土。

① 粉质土含有较多的粉质土粒，其工程特征表现为：干时稍具黏性，但黏性和强度都

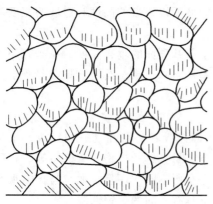

图 4-4 巨粒土

图 4-5 粗粒土

较小,土粒容易散离;浸水时容易饱和,扰动后强度极低,且粉质土的毛细作用强烈,毛细水上升高度大,一般可达 0.9~1.5m。在季冻区,冬天水分迁移、积聚现象严重,易造成严重的冻胀,春融期间出现翻浆,严重影响道路的使用。粉质土是很差的筑路用土。施工中应尽量回避使用粉质土,如不能避免,则应采取一定的措施改良其工程性质,在达到规定的要求后方可使用。同时,针对该类土对水十分敏感的特征,做好排水、隔水措施,以防水分的侵入,如图 4-6 所示。

② 黏性土的矿物成分属次生矿物,颗粒极细,性质活泼,亲水性好。其工程特征表现为:黏聚力大,透水性差,干燥时坚硬,强度较大,不易挖掘和破碎,随着湿度的增大其强度和刚度逐渐减小,水分对其性质影响巨大且水分侵入后,不易排出。它还具有较大的可塑性、黏结性和膨胀性,毛细管现象也较为显著。黏性土在适当的含水量下加以充分压实能形成较好的密实度和强度。若不受水分侵蚀的影响或排水设施良好,这类土形成的路基也同样能获得较好的稳定性。黏性土是最常见的路基填料,黏性土路基在施工过程中要特别注意对土的含水量的控制,以防由此造成不必要的返工。含水量过小不易压实,含水量过大则会形成弹簧土。

③ 有机质土(如泥炭、腐殖土等)工程性质差,不宜做路基填料,若不能避免,则应在设计和施工上采取适当的技术措施。

图 4-6 细粒土

图 4-7 特殊土

4）特殊土。除以上介绍的土类，还有一些较为特殊的土，它们大都具有不良工程特征。如黄土属于大孔和多孔结构，具有明显的湿陷性；膨胀土具有遇水膨胀性大、失水收缩性也大的特征；红黏土失水后体积收缩量较大；盐渍土潮湿时承载力很低；冻土具有流变性，长期强度远低于瞬时强度。因此，特殊土也不宜做路基填料。若必须做路基填料，则需采取适当的技术措施处理后方可使用，如图4-7所示。

3. 影响路基稳定性的因素

路基结构直接暴露在大气之中，其稳定性影响因素有两方面：一方面是自然因素，另一方面是人为因素。

（1）影响路基稳定性的自然因素

1）地形地貌。道路沿线的地形地貌不仅影响路线的选定与线形设计，还影响路基的设计。平原、丘陵、山岭各区地势不同，路基水温状况也不同。平原区地势平坦、开阔，容易满足线形要求，但地面易积水，地下水水位较高，因而在设计时，路基需要保持一定的最小填土高度，甚至需要对地基本身进行加固处理。丘陵区地势起伏不定，但若能利用好，则线形设计及排水设计都比较容易处理。山岭区地势陡峻，线形设计及路基路面设计难度较大，如排水设计不当或地质情况不良，易导致路基的强度与稳定性降低，出现各种破坏现象，影响路基的稳定性。

2）气候。气候条件如气温、降水、湿度、冰冻深度、日照、年蒸发量、风向和风力等，都影响到路基的水温情况。我国地域辽阔，各地气候差异很大，既有湿热多雨地区，又有干旱少雨地区；既有四季湿润地区，又有常年冰封雪冻地区。即使在同一地区，在一年之中，气候也有季节性的变化，因此路基水温情况也随四季而变。不同的气候条件对路基路面的影响差异显著，因此路基路面的设计与施工也有各自不同的内在规律。气候除有地域差异外，相同的地区，气候也会受地形的影响。例如，山顶与山脚、山南与山北就有所不同，因而路基水温情况也有所差异。在山顶，一日之中，气候数变，温度与湿度变化较大，风化现象较为剧烈；山南为向阳地，日照多，温度较高；山北日照较少，温度较低，湿度一般也比山南大。这些因素都会影响到路基的稳定性。

3）水文与水文地质。水文条件如地面径流，河流在各种洪水频率下的洪水水位、常水位及流量等，地面有无积水和积水期的长短，河岸的冲刷和淤积情况等。水文地质条件如地下水位、地下水移动情况，有无泉水、层间水、上层滞水等。水文和水文地质所包括的这些因素都会影响路基的稳定性。若处理不当，往往会导致路基各种病害的出现。地下水对路基的不利影响一般多反映在毛细水对路基的影响上，设计不当可能造成毛细水的上升区到达路基工作区之内，进而影响到路基的稳定性。

4）地质条件。沿线的地质条件，如沿线岩石种类及风化程度、岩层走向、倾向和倾角、层理、厚度、节理发育程度，有无断层、不良地质现象（岩溶、冰川、泥石流、地震等），都对路基稳定性有一定的影响。

5）土的类别。土是修筑路基的基本材料，一般道路建设的大部分工程量都是土方工程。因此，土类的选择对道路的工程造价会产生影响，更重要的是影响到路基的强度与稳定性。土的种类很多，成分和性质非常复杂，其强度构成、物理性质、物理状态以及亲水性差异也很大，有些适合做路基的填料，有些则不适合。土的亲水性对土的强度及稳定性影响很大。粗粒土与水的结合能力差，性质稳定。因此，土的温度变化对土的工程性质影响较小；

而细粒土由于颗粒较细，亲水性好，性质活泼，其力学性质受温度变化的影响剧烈，低温时强度较大，高温时强度会显著降低，温度越高，强度越小。

6) 植被条件。植物覆盖影响地面径流和导热情况，从而在一定程度上影响路基水温情况。植被茂盛的地区，地表径流较小，较少出现冲刷现象。

(2) 影响路基稳定性的人为因素

1) 荷载因素。荷载因素主要是道路结构的自重及行车荷载。按荷载的各类性质划分，荷载因素有静载、活载及其大小重复作用次数、作用频率等。

2) 设计因素。设计因素包括对交通量的正确统计及估算，选择合理的路基填土类别与性质、路基横断面形式，确定路面结构组合形式与路面类型，设置适当的排水结构物等。

3) 施工因素。施工因素包括施工工艺和方法是否得当、是否分层填筑、压实是否充分等。

4) 养护措施。养护措施包括一般措施及在设计、施工中未及时采纳而在养护中加以补充的改善措施。

5) 其他因素。人类的活动会改变自然环境，进而影响路基的水温状况，如公路附近修水库、排灌渠道、水田、鱼塘等。

(二) 路面

1. 路面横断面

根据道路等级的不同，路面横断面可选择不同的形式。路面的横断面形式通常分为槽式横断面和全铺式横断面两种，如图4-8所示。

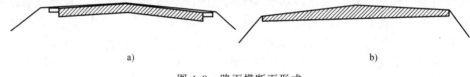

图4-8 路面横断面形式
a) 槽式 b) 全铺式

槽式横断面是在路基上按路面行车道及硬路肩设计宽度开挖路槽，保留土路肩，形成浅槽，在槽内铺筑路面；也可采用培槽方法，在路基两侧培槽，在路槽内铺筑路面。整个路面一般都做成等厚度的。

在料源丰富的地区，路基较窄的中低级路面上，或在沙漠地区因固定路基沙土的需要，可采用全铺式横断面。它是在整个路基宽度内（包括路肩在内）都铺筑路面。路面中部厚度大，逐渐向两侧减薄，至边缘厚度为2~3cm。在高等级公路建设中，有时为了将路面结构内部的水分迅速排出，在全宽范围内铺筑基层材料，保证水分由横向排入边沟。有时考虑到道路交通的迅速增长，为适应扩建的需要，将硬路肩及土路肩的位置全部按行车道标准铺装面层，形成全铺式横断面。

2. 路拱横坡度

为了保证路面上的大气降水能迅速向两侧排泄，不致渗入路面影响路基和路面的稳定性或者形成水膜影响高速行驶汽车的安全，路面必须做成中间高两边低的路拱形状。路拱几何形状的基本形式有抛物线形、直线形和折线形三种，如图4-9所示。

路拱横坡度的大小，主要因路面结构层的种类、表面平整度、抗滑性和透水性，以及当

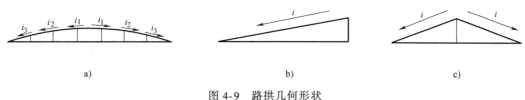

图 4-9 路拱几何形状
a) 抛物线形 b) 直线形 c) 折线形

地降雨强度、道路纵坡度等而异。路拱横坡度一般为 1%~2%。通常来说，路面越光滑、不透水，平整度与行车速度越高路拱横坡度就宜偏小，以防止车辆横向滑移，导致交通事故；反之，路面越粗糙、透水，平整度、行车速度越低，横坡度就允许偏大。

3. 路面结构层次划分

在行车荷载和自然因素作用下，路面结构各层的力学与环境响应是不同的，一般随着路面结构层深度的增加而逐渐减弱；同时，路基的水温状况等对路面的影响也会随其距离路面深度的变化而变化。因此，对路面材料的强度、刚度和稳定性的要求也随深度的增加而逐渐降低。为合理使用不同性质的路面材料，做到物尽其用，根据层位情况、使用要求、受力状况、路基支承条件和自然因素影响程度的不同，将路面分成若干功能层。按照层位和作用，路面结构层可划分为面层、基层和垫层，相关内容见第三节。

三、路基路面工程的主要内容

路基路面工程是探讨如何经济有效地建筑和维护能满足车辆行驶各方面使用要求的路基和路面结构物。根据路基路面工程特点，其主要内容包括路基和路面工程的规划、设计、施工、监测和养护等方面。

1. 规划方面

规划的任务包括财政和项目两方面，其内容为：

1）依据路网内路基与路面结构的现状，分析为达到规划期预定的目标状况所需的资源（资金、材料、机具、劳力等）及其在时间和空间（不同路线或路段）上的分配。

2）计划在给定的预算水平条件下，使路网内路面服务达到新建和改建项目及其对策方案所需的最佳水平。

2. 设计方面

设计是依据规划为项目所设定的服务水平和预算水平，考虑技术和经济条件，选定合理的路基路面结构方案，绘出设计图，将其作为施工的依据。

(1) 路基设计的主要内容

1）根据路线设计确定的路基填挖高度和顶宽，结合沿线岩质或土质情况，设计路基横断面形状和边坡坡度。

2）根据沿线地形、地面河流和地下水情况，进行道路排水系统的布置及地面和地下排水构造物的设计。

3）根据当地气候、水文和地质等情况，分析路基的稳定性，在采取坡面防护、支挡结构物作为地基加固措施时进行相应的设计。

(2) 路面设计的主要内容

1）根据设计年限、使用要求、当地自然环境、路基支承条件和路面材料供应情况，提出路面结构层的选择和组合方案。

2）根据对所选材料的性状要求和当地自然条件，进行各结构层材料的组成设计。

3）应用力学模型和相应的计算理论，或者按经验方法确定满足交通和环境条件以及设计年限要求的各结构层的尺寸。

4）综合考虑投资、施工、养护和使用性能等因素，对可能提供的若干个设计方案进行经济分和比较，选定实施方案。

3．施工方面

施工是实现项目设计的蓝图，修筑满足预定使用性能要求的路基和路面结构物。施工的内容包括：

（1）施工准备 在正式开工前进行组织、技术、物资和现场方面的准备工作，包括落实和培训施工队伍，会审和现场；核对设计图，恢复定线和进行施工测量，编制施工组织设计和工程预算，准备所需材料和机具设备，准备施工现场和保证供水、供电和便道运输条件等。

（2）修筑路基和路面 路基方面的主要内容为土方和石方作业，包括土石方的开挖、运输、填筑、压实和修整等环节，还有修筑排水构造物、坡面防护、支挡结构物和地基加固处理等工作。路面方面的主要内容为从垫层到面层各结构层混合料的拌和、运输摊铺、压实、修整和养生等。

（3）施工管理 按施工（工艺）规程和进度要求进行施工管理，并对施工质量进行控制、检查和验收。

4．监测和养护方面

已建成的路基和路面结构物在使用过程中经受行车荷载和自然因素的不断作用而逐渐出现性能衰退甚至损坏。监测是对已建成的结构物的状况和使用性能定期地进行观测和评价，为制订规划和养护计划提供依据。监测的项目主要包括路面的各项使用性能（平整度、抗滑性、损坏状况和结构承载能力）和交通（交通量及其组成）。依据监测所采集到的路况数据，可以判断路网内各路段的使用性能对使用要求满足的程度。

养护是对可能或已经出现损坏或不满足使用要求的路基和路面结构物，按养护计划和养护规范进行维护、修复或改建，以恢复或提高其使用性能，延缓路面损坏。

第二节 路基结构设计

一般路基是指在良好的水文地质等条件下，填方高度不超过20m或挖方深度不超过30m可以结合当地的地形、地质情况直接选用长期生产实践和科学研究总结拟定的典型横断面图或设计规范进行设计，而不必进行个别论证和验算的路基。对于超过相关规范规定高度的高填、深挖路基及特殊水文地质条件下的路基（即特殊路基），必须进行个别设计和验算，合理地选择路基断面形式，正确确定边坡坡度，并采取相应的防护和加固结构。

为了确保路基的强度与稳定性，使路基在各种外界因素作用下，不致产生不允许的变形，路基的整体结构设计中还必须包括路基排水、路基防护与加固、与路基工程直接相关的附属设施（如弃土堆、取土坑、护坡道、碎落台、堆料坪和错车道等）的设计。因此，路基横断面结构形式的确定、路基排水设施及防护加固结构物的设计都是路基设计的基本内容。

一、路基基本构造

路基本体由路基宽度、高度和边坡坡度三者组成。路基宽度取决于公路技术等级；路基高度取决于路线的纵坡设计及地形；路基边坡坡度取决于土质、地质构造、水文条件及边坡高度，并由边坡稳定性和横断面经济性等因素比较确定。

1. 路基宽度

路基宽度为行车道路面及其两侧路肩宽度之和。路基宽度组成如图4-10所示。当设有中间带、紧急停车带、爬坡车道、变速车道、错车道时，路基宽度还包括这些部分的宽度。路面是供机动车辆行驶，两侧路肩可以保护路面稳定，并兼供错车、临时停车及行人和非机动车通行。路面宽度根据设计通行能力及交通量大小而定，一般每个车道宽度为3.50～3.75m，技术等级高的公路及城镇近郊的一般公路，路肩宽度尽可能增大，一般取1~3m，并铺筑硬质路肩，以保证路面行车不受干扰。《公路路基设计规范》要求各级公路的路基宽度的要求见表4-1。《公路工程技术标准》取消对路基总宽度的指标规定，只规定公路路基横断面中各部分宽度，包括发挥各部分基本功能和与行车安全密切关联的"最小值"指标，以鼓励根据项目综合建设条件，因地制宜选用横断面布置形式和宽度。

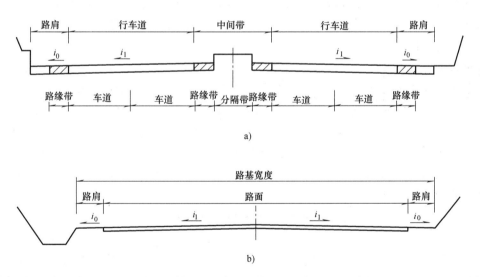

图4-10 各级公路路基宽度
a) 高速公路和一级公路 b) 二、三、四级公路

表4-1 各级公路路基宽度

公路等级	高速公路、一级公路								
设计速度/(km/h)	120			100			80		60
车道数	8	6	4	8	6	4	6	4	—
路基宽度/m 一般值	45.0	34.5	28.0	44.0	33.5	26.0	32.0	24.5	23.0
路基宽度/m 最小值	42.0	—	26.0	41.0	—	24.5	—	21.5	20.0

(续)

公路等级		二级公路、三级公路、四级公路					
设计速度/(km/h)		80	60	40	30	20	
车道数		2	2	2	2	2或1	
路基宽度/m	一般值	12.0	10.0	8.5	7.5	6.5(双)	4.5(单)
	最小值	10.0	8.5	—	—	—	—

2. 路基高度

路基高度是指路堤的填筑高度或路堑的开挖深度，是路基设计标高和地面标高之差。路基设计标高通常以路肩边缘为准，即路肩边缘标高为路基设计标高。对新建公路、高速公路和一级公路采用中央分离带外侧边缘标高，二、三、四级公路采用路基边缘标高，在设置超高和加宽路段则指在设置超高和加宽之前该处的标高。改建公路一般按照新建公路的规定办理，也可采用中央分离带中线或行车道中线标高。对城市道路，路基设计标高一般指车道中心标高。边坡高度指填方坡脚或挖方坡顶标高与路基设计标高之差。当原地面平坦时，路基高度与边坡高度相等，而山坡地面上，两者不等，且两侧边坡高度也不相等。

路基高度由路线纵坡设计确定。设计合理的路基高度，要综合考虑：地形、地质、地貌、水文等自然条件；重要构造物（如桥梁、涵洞）的控制标高；纵坡坡度应平顺，纵坡设计时要满足"平包竖"的原则；土石方工程数量的平衡，尽量满足挖填平衡的原则；路基的强度和稳定性。

在进行平原或者湖区公路设计时，路基的最小填筑高度应根据临界高度，并结合沿线具体条件和排水及防护措施，按照公路等级及有关的规定确定，一般应保证路基处于干燥或中湿状态。沿河受水浸淹的路基，其高度一般应根据《公路工程技术标准》所规定的设计洪水频率确定，见表4-2，求得设计水位，在此基础上再增加0.5m的安全高度。若河道因路堤而压缩河床使上游有壅水，或河面宽阔而有风浪，那么还应增加壅水的高度和波浪冲上路堤的高度。沿河浸水路堤的高度，应高出上述各值之和，以保证路基不致被淹没，并据此进行路基的防护加固设计。

表4-2 路基设计洪水频率

公路等级	高速公路	一级公路	二级公路	三级公路	四级公路
设计洪水频率	1/100	1/100	1/50	1/25	依实际情况而定

3. 路基边坡坡度

路基边坡坡度是指边坡高度与边坡宽度的比值，通常取边坡高度为1，用 $1:m$ 来表示；也可以用边坡角（边坡与水平面的倾角）表示。路基边坡坡度对于路基稳定十分重要，确定边坡坡度是路基设计的重要任务。

路基边坡坡度的大小，取决于边坡的土质、岩石的性质及水文地质条件等自然因素和边坡的高度。一般路基的边坡坡度可根据多年工程实践经验和设计规范推荐的数值采用。填方路基边坡坡度应根据填料种类、边坡高度、水文条件和基底工程地质条件等确定。基底良好时，边坡坡度按《公路路基设计规范》确定。土质挖方边坡设计应根据边坡高度，土的湿度密实程度，地下水、地面水的情况，土的成因类型及生成时代等因素确定。在一般情况下，土质挖方边坡坡度应根据调查路线附近已建工程的人工边坡及自然山坡稳定状况，参照《公路路基设计规范》确定。岩石挖方边坡坡度应根据岩性、地质构造、岩石的风化破碎程度、边坡高度、地下水及地面水等因素综合分析确定。岩石挖方边坡应注意岩体结构面的情况，如受结构面控制的挖方边坡，则应按结构面的情况设计边坡。当岩层倾向路基时，应避免设计高的挖方边坡。在一般情况下，岩石挖方边坡坡度可以参照《公路路基设计规范》来确定。当软质岩层倾向路基，倾角大于25°，走向与路线平行或交角较小时，边坡坡度宜与倾角一致。当挖方边坡高度超过20~30m时，可根据现场情况，调查附近已建工程的人工边坡及自然山坡情况进行边坡稳定性分析，参照《公路路基设计规范》确定。

4. 路拱

为迅速排除路面上的积水，需将路面做成一定的横向坡度，称为路拱横坡。路拱横坡坡度的确定，既要保证排水通畅又要保证行车安全，路拱横坡坡度一般依照路面类型和当地自然条件而定。一般情况下，路拱横坡的取值可以参照表4-3确定。

表4-3 路拱横坡的取值

路面类型	路拱横坡坡度(%)
沥青混凝土、水泥混凝土	1~2
其他黑色路面、整齐石块	1.5~2.5
半整齐石块、不整齐石块	2~3
碎、砾石等粒料路面	2.5~3.5
低级路面	3~4

二、路基附属设施

与一般路基有关的附属设施有取土坑、弃土堆、护坡道、碎落台、堆料坪及错车道等。

1. 取土坑

取土坑指的是在道路沿线挖取土方填筑路基或用于养护所留下的整齐土坑，如图4-11所示。取土坑的设置应有统一规划，使之具有规则的形状及平整的底部。取土坑的边坡，内侧宜为1:1.5，外侧不宜小于1:1，当地面横坡陡于1:10时，路侧取土坑应设置在路基上方一侧。平原地区的高速公路及一级公路不宜设路侧取土坑。取土坑底应设纵、横坡度，以利排水。填方路基设置路侧取土坑，路基边缘与取土坑底的高差大于2m时，应设置护坡道。一般公路的护坡道宽度为1~2m。高速公路、一级公路，护坡道宽度不应小于3m。取土坑还可以起排水沟渠的作用。取土坑如图4-11所示。

2. 弃土堆

弃土堆指的是将开挖路基所废弃的土地放于道路沿线一定距离的整齐土堆。弃土场应符合设计要求并及时完成防护工程，如图4-12所示。

弃土场的位置与高度应保证路堑边坡、山体和自身的稳定，并不得影响附近建筑物、农田、水利、河道、交通和环境等。当不能符合上述要求时，应加设挡护或采取其他措施。弃土堆不宜在堑顶设置。弃土堆还应符合下列要求：

1) 严禁在岩溶漏斗、暗河口、泥石流沟上游及贴近桥墩、台弃土弃渣。

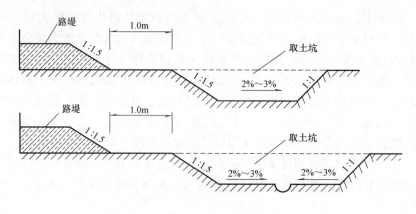

图 4-11 取土坑

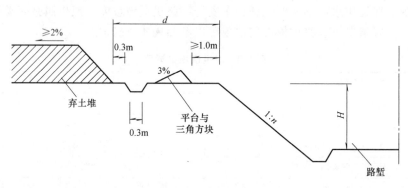

图 4-12 弃土堆

2）沿河岸或傍山路堑的弃土不得弃入河道、挤压桥孔或涵管口、改变水流方向和加剧对河岸的冲刷，必要时应设置挡护设施。

3）严禁向江、河、湖泊、水库、沟渠弃土、弃渣。

3. 护坡道

护坡道是为保护路基坡脚不受流水侵蚀，保证边坡稳定，而在路基坡脚与取土坑内侧坡顶之间预留的 1~2m 甚至 4m 以上宽度的平台。

当路堤较高时，为保证边坡稳定，在取土坑与坡脚之间或边坡坡面上，沿纵向保留或筑成有一定宽度的平台也称为护坡道。其目的是加宽边坡横距，减缓边坡平均坡度。护坡道越宽，越有利于边坡稳定，但工程量随之增加，根据实际情况，宽度至少为 1.0m，并随填土高度增加而增大。一般公路的护坡道的宽度为 1~2m；高速公路、一级公路的护坡道宽度不应小于 3m。一般情况下，护坡道宽度 d 为：填土高度 $h<3.0m$ 时，$d=1.0m$；$h=3~6m$ 时，$d=2m$；$h=6~12m$ 时，$d=2~4m$。

4. 碎落台

碎落台是指在路堑边坡坡脚与边沟外侧边缘之间或边坡上，为防止碎落物落入边沟而设置的有一定宽度的纵向平台。碎落台设置于容易产生碎落的风化破碎岩石、软质岩石、砾（碎石）类土等地段，主要供零星土石碎块下落时临时堆积之用，以保护边沟不致堵塞，也有保护坡道的作用。其宽度视边坡高度和土质而定，最小不得小于 1m，高速公路、一级公路边坡高度超过 12m 时，宽度不宜小于 2m。在砂类土、黄土、易风化碎落的岩石和其他不良的土质路堑中，其边沟外侧边缘与边坡坡脚之间，宜设置碎落台。其宽度视边坡高度和土质而定，一般不小于1m。当边坡已适当加固或其高度小于2m时，可以不设置碎落台。如碎落台兼有护坡作用，宽度应适当加大。高度与路肩齐平的碎落台上的堆积物应定期清理。

5. **堆料坪**

路面养护用矿质材料，可以就近选择路旁合适地点堆置备用，也可以在路肩外缘设置堆料坪。其面积可以结合地形与材料数量而定，如每隔50～100m设置一个堆料坪，长为5～8m，宽为2m。高级路面或采用机械化养路的路段可以不设置，或另外设置集中备用料场，以维护公路外形的视觉平顺和景观优美。

6. **错车道**

错车道是指在单车道道路上可通视的一定距离内，供车辆交错避让用的一段加宽车道。当四级公路采用4.5m单车道路基时，为错车而在适当距离内设置加宽车道。错车道应设置在有利地点，并使驾驶人能够看到相邻两错车道间驶来的车辆。设置错车道路段的路基宽度不小于6.5m，有效长度不小于20m。为了便于错车车辆的驶入，在错车道的两端应设置不小于10m的过渡段。有效长度为至少能容纳一辆全挂车的长度。

错车道的间距是根据错车时间、视距、交通量等情况而决定的，如果间距过长，错车时间长，通行能力就会下降。国外有的规定错车时间为30s左右，其最大间距应不大于300m。我国相关标准未做硬性规定，只规定要结合地形等情况，在适当距离内能看到相邻两个错车道的有利地点设置即可。

三、路基横断面形式与设计要求

1. **路基横断面形式**

路基横断面是指垂直于线路中心线截取的路基断面。根据其所处的地形条件不同，具有各种断面形式。路基按照其横断面的挖填情况分为路堤、路堑、半路堤半路堑及不填不挖断面等。在进行路基设计时，先要进行横断面设计，待横断面确定以后，再全面综合考虑路基工程在纵断面上的配合，以及路基本体工程与其他各项工程的配合。路基典型横断面的形式包括路堤（填方）、半填半挖和路堑（挖方），如图4-13所示。

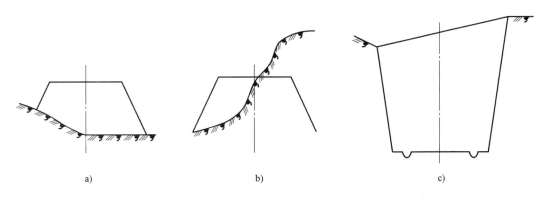

图4-13 路基横断面形式
a）路堤 b）半填半挖 c）路堑

1)路堤是指全部用岩土填筑而成的路基。路堤的常用横断面形式有矮路堤(填土高度低于1.0m者)、高路堤[填土高度大于18m(土质)或20m(石质)]、一般路堤(填土高度介于两者之间)、浸水路堤、护脚路堤、挖沟填筑路堤。

2)当原地面横坡大,且路基较宽,需一侧开挖另一侧填筑时,为挖填结合路基,也称为半填半挖路基。在丘陵或山区公路上,挖填结合是路基横断面的主要形式。

3)路堑是指全部在原地面开挖而成的路基。路堑横断面的基本形式为全挖式路基、台口式路基、半山洞式路基。

2. 路基设计要求

路基应根据其使用要求和当地自然条件(包括地质、水文和材料情况等)并结合施工方案进行设计,既应有足够的强度和稳定性,又要经济合理。影响路基强度和稳定的地面水和地下水,必须采取拦截或排出路基以外的措施,并结合路面排水,做好综合排水设计,形成完整的排水系统。修筑路基取土和弃土时,应符合环保要求,宜将取土坑、弃土堆栈加以处理,减少弃土侵占耕地,防止水土流失和淤塞河道。通过特殊地质、水文条件地带时,应做调查研究,并结合当地实践经验,进行特别设计。

四、挡土墙设计

挡土墙是指支承路基填土或山坡土体、防止填土或土体变形失稳的构造物。如图4-14所示,在挡土墙横断面中,与被支承土体直接接触的部位称为墙背;与墙背相对的、临空的部位称为墙面;与地基直接接触的部位称为基底;与基底相对的、墙的顶面称为墙顶;基底的前端称为墙趾;基底的后端称为墙踵。一般地区,根据挡土墙的设置位置不同,分为路肩墙、路堤墙、路堑墙和山坡墙等,如图4-14所示。设置在路堤边坡的挡土墙称路堤墙;墙顶位于路肩的挡土墙称为路肩墙;设置于路堑边坡的挡土墙称为路堑墙;设置于山坡上、支承山坡上可能坍塌的覆盖层土体或破碎岩层的挡土墙称为山坡墙。

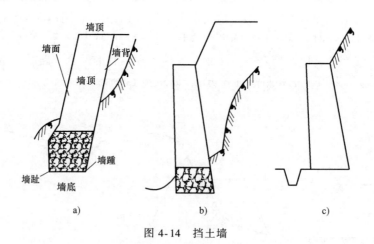

图 4-14 挡土墙
a) 路肩墙 b) 路堤墙 c) 路堑墙

1. 挡土墙的分类

按照挡土墙结构形式,挡土墙可以分为重力式挡土墙、悬臂式及扶壁式挡土墙、锚杆挡土墙、锚定板挡土墙、加筋土挡土墙等;按照墙体结构材料,挡土墙可以分为石砌挡土墙、混凝土挡土墙、钢筋混凝土挡土墙、钢板挡土墙等。一般应根据工程需要、土质情况、材料供应、施工技术及造价等因素合理地选择。

(1) 重力式挡土墙 重力式挡土墙依靠墙身自重平衡墙后填土的土压力来维持墙体稳定，一般用块（片）石、砖或素混凝土筑成，如图4-15a所示。重力式挡土墙结构形式简单，易于施工，施工工期短，可以就地取材，适应性较强，应用广泛。其适用于一般地区、浸水地区、地震地区等的边坡支挡工程。但其工程量大，对地基承载要求高，当地基承载力较低时或地质条件复杂时要适当控制墙高。

(2) 悬臂式及扶壁式挡土墙 悬臂式挡土墙多用钢筋混凝土做成，悬臂式挡土墙由立臂、墙趾板、墙踵板三部分组成，如图4-15b所示。它的稳定性主要靠墙踵悬臂以上的土所受重力维持。当墙身较高（超过6m）时，沿墙长每隔一定距离设置一道扶壁连接墙面板及踵板，以减小立臂下部的弯矩，称为扶壁式挡土墙，如图4-15c所示。

它们的共同特点是：墙身断面较小，结构的稳定性不是依靠本身的重量，而主要依靠踵板上的填土质量来保证。它们自重轻，圬工省。其适用于墙高较大的情况，由于它的悬臂部分的拉应力由钢筋来承受，因此需要使用一定数量的钢材，宜在石料缺乏、地基承载力较低的填方地段使用。

(3) 锚杆挡土墙 锚杆挡土墙是一种轻型挡土墙，主要由预制的钢筋混凝土立柱、挡土板构成墙面，与水平或倾斜的钢锚杆联合组成。锚杆挡土墙适用于墙高较大、石料缺乏或挖基困难地区，且具备锚固条件的一般岩质边坡加固工程。

按照墙面构造的不同，锚杆挡土墙分为柱板式和壁板式两种。柱板式锚杆挡土墙是由挡土板、肋柱和锚杆组成，肋柱是挡土板的支座，锚杆是肋柱的支座，墙后的侧向土压力作用于挡土板上，并通过挡土板传递给肋柱，再由肋柱传递给锚杆，由锚杆与周围地层之间的锚固力（即锚杆抗拔力）使之平衡，以维持墙身及墙后土体的稳定。壁板式锚杆挡土墙是由墙面板和锚杆组成，墙面板直接与锚杆连接，并以锚杆为支撑，土压力通过墙面板传给锚杆，依靠锚杆与周围地层之间的锚固力（即锚杆抗拔力）抵抗土压力，以维持挡土墙的平衡与稳定。

锚杆挡土墙的优点：①结构质量小，使挡土墙的结构轻型化，与重力式挡土墙相比，可以节约大量的圬工和节省工程投资；②利于挡土墙的机械化、装配化施工，可以提高劳动生产率；③不需要开挖大量基坑，能够克服不良地基开挖的困难，并利于施工安全。但是锚杆挡土墙也有一些不足之处，使设计和施工受到一定的限制，如施工工艺要求较高，要有钻孔、灌浆等配套的专用机械设备，且要耗用一定的钢材。

(4) 锚定板挡土墙 锚定板挡土墙由墙面系、钢拉杆及锚定板和填料共同组成，如图4-15d所示。墙面是由预制的钢筋混凝土肋柱和挡土板拼装，或者直接用预制的钢筋混凝土面板拼装而成。钢拉杆外端与墙面的肋柱或面板连接，而内端与锚定板连接。

锚定板挡土墙是一种适用于填土的轻型挡土结构，锚定板挡土墙和锚杆挡土墙一样，也是依靠"拉杆"的抗拔力来保持挡土墙的稳定。但是这种挡土墙与锚杆挡土墙又有着明显的区别，锚杆挡土墙的锚杆必须锚固在稳定的地层中，其抗拔力来源于锚杆与砂浆、孔壁地层之间的摩擦力；而锚定板挡土墙的拉杆及其端部的锚定板均埋设在回填土中，其抗拔力来源于锚定板前填土的被动抗力。因此，墙后侧向土压力通过墙面传给拉杆，后者则依靠锚定板在填土中的抗拔力抵抗侧向土压力，以维持挡土墙的平衡与稳定。在锚定板挡土墙中，一方面填土对墙面产生主动土压力,填土越高,主动土压力越大;另一方面填土又对锚定板的移动产生被动的土抗力,填土越高,锚定板的抗拔力也越大。

从防锈、节省钢材和适应各种填料三个方面比较,锚定板挡土结构都有较大的优越性,但施工程序较为复杂。

(5) 加筋挡土墙 加筋挡土墙如图4-15e所示,它是由填土、填土中布置的拉筋条及墙面板组成。在垂直于墙面的方向,按照一定间隔和高度水平地放置拉筋材料,然后填土压实,通过填土与拉筋之间的摩擦作用,把土的侧压力传给拉筋,从而稳定土体。拉筋材料通常为镀锌薄钢带、铝合金、高强塑料及合成纤维等。墙面板一般用混凝土预制,也可以采用半圆形铝板。

加筋挡土墙属于柔性结构,对地基变形适应性大,建筑高度大,通用于填方挡土墙。其结构简单,圬工量少,与其他类型的挡土墙相比,可以节省投资30%~70%,经济效益大。

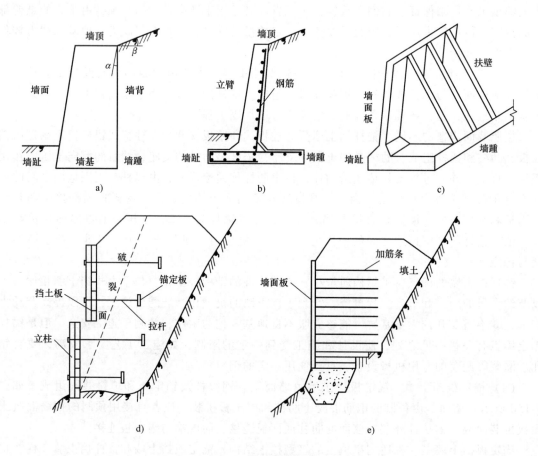

图4-15 挡土墙主要类型
a) 重力式挡土墙 b) 悬臂式挡土墙 c) 扶壁式挡土墙 d) 锚定板挡土墙 e) 加筋挡土墙

2. 挡土墙的适用条件

挡土墙类型应综合考虑工程地质、水文地质、冲刷深度、荷载作用情况、环境条件、施工条件、工程造价等因素,按照表4-4的规定采用。

表 4-4　各类挡土墙适用条件

挡土墙类型	适用条件
重力式挡土墙	适用于一般地区、浸水地区和地震地区的路肩、路堤和路堑等支挡工程。墙高不宜超过 12m，干砌挡土墙不宜超过 6m，高速公路、一级公路不应采用干砌挡土墙
半重力式挡土墙	适用于不宜采用重力挡土墙的地下水位较高或较软弱的地基上，墙高不宜超过 5m
悬臂式挡土墙	宜在石料缺乏、地基承载力较低的填方采用，墙高不宜超过 5m
扶壁式挡土墙	宜在石料缺乏、地基承载力较低的路段采用，墙高不宜超过 15m
锚杆挡土墙	宜用于墙高较大的岩质路堑地段，可用作抗滑挡土墙，可采用肋柱式或板壁式单级墙或多级墙，每级墙高不宜大于 8m，多级墙的上下级墙体之间应设置宽度不小于 2m 的平台
锚定板挡土墙	宜使用于缺少石料地区的路肩墙和路堤式挡土墙，但不应建筑于滑坡、坍塌、软土及膨胀土地区。可采用肋柱式或板壁式，墙高不宜超过 10m。肋柱式锚定板挡土墙可采用单级墙或双级墙，每级墙高不宜大于 6m，上下级墙体之间应设置宽度大于 2m 的平台。上下级墙的肋柱宜交错布置
加筋挡土墙	适用于一般地区的路肩式挡土墙、路堤式挡土墙，但不应修建在滑坡、水流冲刷、崩塌等不良地质地段。高速公路、一级公路墙高不宜大于 12m，二级及二级以下公路不宜大于 20m。当采用多级墙时，每级墙高不宜大于 10m，上、下级墙体之间应设置宽度大于 2m 的平台

3. 挡土墙的构造措施

在设计重力式挡土墙，为了保证其安全合理、经济，除进行验算外，还需要采取必要的构造措施。主要从基础埋深、墙背的倾斜方式、墙面坡度选择，基底边坡、墙趾台阶、伸缩缝、墙后排水措施及填土质量要求等方面考虑。

（1）基础埋深　重力式挡土墙的基础埋深，应根据地基承载力、水流冲刷、岩石裂隙发育及风化程度等因素进行确定。在特强冻胀、强冻地区应考虑冻胀的影响，对于土质地基，一般在地面以下至少 1m，且位于冻胀线以下的深度不少于 0.25m，对于风化后强度锐减的地基至少在地下 1.5m；对于砂夹砾石，可以不考虑冻胀线的影响，但埋深至少 1m；对于一般岩石至少埋深为 0.6m，松软岩石至少为 1m。

（2）墙背的倾斜形式　当采用相同的计算指标和计算方法时，挡土墙背以仰斜时主动土压力最小，直立居中，俯斜最大，如图 4-16 所示。墙背倾斜形式应根据使用要求、地形和施工条件等因素综合考虑确定。但对于支挡挖方工程的边坡，挡墙宜采用仰斜墙背；对于支挡填方工程的边坡，挡墙宜采用俯斜或垂直墙背，以便夯实填土。

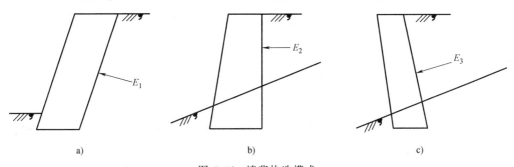

图 4-16　墙背构造模式
a）仰斜　b）直立　c）倾斜

(3) 墙面坡度选择　当墙前地面陡时，墙面可取 1∶0.05~1∶0.2 的仰斜坡度，也采用直立墙面。当墙前地形较为平坦时，对中高挡土墙，墙面坡度可较缓，但不宜缓于 1∶0.4。

(4) 基底坡度　为增加挡土墙身的抗滑稳定性，重力式挡土墙可以在基底设置逆坡，但逆坡坡度不宜过大，以免墙身与基底下的三角形土体一起滑动。对于土质地基的基底逆坡坡度不宜大于 1∶10；对于岩质地基，基底逆坡坡度不宜大于 1∶5。

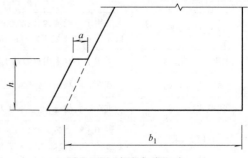

图 4-17　墙趾台阶尺寸

(5) 墙趾台阶　当墙高较大时，为了提高挡土墙抗倾覆能力，可以加设墙趾台阶（图 4-17）。墙趾台阶的高宽比可以取 $h\colon a = 2\colon 1$，$a \geqslant 20\mathrm{cm}$。

(6) 设置伸缩缝　重力式挡土墙应每间隔 10~20m 设置一道伸缩缝。当地基有变化时宜加设沉降缝。在挡土结构的拐角处，应采取加强的构造措施。

(7) 墙后排水措施　挡土墙因排水不良，雨水渗入墙后填土，使填土的抗剪强度降低，对挡土墙的稳定产生不利的影响。当墙后积水时，还会产生静水压力和渗流压力，使作用于挡土墙上的总压力增加，对挡土墙的稳定性更为不利。因此，在设计挡土墙时，必须采取排水措施。

1) 截水沟。当挡土墙后有较大面积的山坡时，应在填土顶面与挡土墙适当的距离设置截水沟，把坡上径流截断排除。截水沟的剖面尺寸要根据暴雨集水面积计算确定，并应用混凝土衬砌。截水沟出口应远离挡土墙，如图 4-18a 所示。

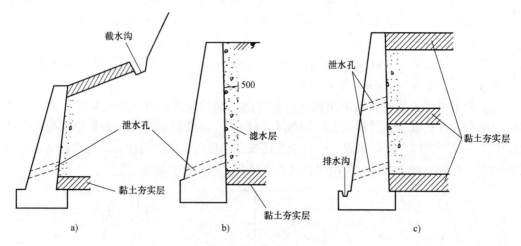

图 4-18　挡土墙的排水措施
a) 截水沟　b) 滤水层　c) 排水沟

2) 泄水孔。已渗入墙后填土中的水，则应将其迅速排出。通常，在挡土墙设置泄水孔，泄水孔的尺寸一般为 5cm×10cm、10cm×10cm、15cm×20cm 的方孔或直径 5~10cm 的圆孔。泄水孔应沿横竖两个方向设置，其间距一般取 2~3m，泄水孔外斜坡度宜为 5%。泄水孔应高于墙前水位，以免倒灌。在泄水孔入口处，应用易渗的粗粒材料做滤水层（图

4-18b），必要时做排水暗沟，并在泄水孔入口下方铺设黏土夯实层，防止积水渗入地基不利墙体的稳定。墙前也要设置排水沟，在墙顶坡后地面宜铺设防水层，如图4-18c所示。

（8）填土质量要求　挡土墙后填土应尽量选择透水性较强的填料，如砂、碎石、砾石等。因这类土的抗剪强度较稳定，易于排水。当采用黏土作填料时，应掺入适当的碎石。在季节性冻土地区，应选择炉渣、碎石、粗砂等非冻结填料。不宜采用淤泥、耕植土或膨胀土等作为填料。

第三节　路面结构设计

一、概述

路面是一种由多层次结构层组成的复合结构物，是在路基顶面的行车部分用各种混合料铺筑而成的层状结构物。按使用要求、受力状况、土基支撑条件和自然因素影响程度不同，采用一定的宽度和厚度及要求的材料分层铺设的结构层。

1. 路面结构与构造

路面设置在路基顶面的路槽内，可由一层或数层组成，一般包括面层、基层及垫层等结构层次（见图4-19）。

（1）面层　面层是直接承受车辆荷载的垂直力、水平力和冲击力作用及自然环境中的雨水、温度变化等作用的结构层次，并为车辆提供行驶表面，直接影响行车的舒适性、安全性和经济性。路面的使用品质及车辆的

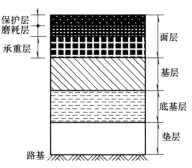

图4-19　路面结构组成

行驶质量主要取决于面层。因此同其他层次相比，面层应具有较高的强度、刚度、稳定性、抗滑性、平整度和不透水性等。

根据道路等级，修筑面层所用的材料可采用水泥混凝土、沥青混凝土、沥青碎（砾）石混合料、砂砾或碎石掺土（或不掺土）的混合料及块石等铺筑。面层可由一层或多层组成。例如，分两层铺筑时，下层可采用沥青贯入式，上层可采用沥青混凝土。但是砂石路面上所铺的2～3cm厚的磨耗层或1cm厚的保护层，以及厚度不超过1cm的简易沥青表面处治，因为很薄，所以不能作为一个独立的层次来看待，仍应看成是面层的一部分。

（2）基层　基层起支承面层的作用，主要承受由面层传下来的车辆荷载，并将它扩散到向下的各个层次中，因此基层应具有足够的强度、刚度、扩散荷载的性能。车轮荷载的水平力作用沿深度递减得很快，对基层影响很小，故对基层材料的耐磨性可不予重视。基层受气候因素影响虽然不如面层强烈，但仍可能受到地下水和路表水的渗入，因此基层应具有足够的水稳性。基层顶面应平整，应具有和面层相同的横坡，从而保证面层厚度均匀。基层厚度大时，可设两层铺筑，其上层仍称基层，下层则称底基层，并选用不同强度或质量要求的材料。对底基层材料质量的要求可低些，可使用当地材料来修筑。

修筑基层所用的材料主要有各种结合料（如石灰、水泥或沥青等）稳定土或稳定砂（砾）石、贫水泥混凝土、天然砂砾、各种碎石或砾石、片石、块石或圆石、各种工业废渣

（如煤渣、粉煤灰、矿渣及石灰粉等）所组成的混合料及它们与土、砂、石所组成的混合料等。

（3）垫层

在路基土质较差、水温状况不良时，或者在路面结构厚度小于最小防冻厚度时，可在路基和基层（底基层）之间加设垫层，主要是为了改善土的湿度和温度状况，以保证面层和基层结构强度和刚度的稳定性和不受冻胀翻浆作用。垫层通常设在排水不良和有冻胀翻浆路段，在地下水位较高地区铺设则能起隔水作用的垫层称隔离层；在冻深较大的地区铺设则能起到防冻作用。此外，垫层还能扩散由面层和基层传来的车轮荷载垂直作用力，以减小土基的应力和变形，它也能阻止路基土挤入基层中，影响基层结构的性能。

修筑垫层所用的材料，强度不一定要高，但水稳定性和隔热性要好。常用材料有两类：一类是用松散粒料，如砂、砾石、炉渣、片石或圆石等组成的透水性垫层；另一类是由整体性材料，如石灰土或炉渣石灰土等组成的稳定性垫层。

2. 路面类型

（1）按照面层材料分类　按组成路面面层的材料可分为沥青混合料、水泥混凝土、粒料和块料四种类型。各类路面各结构层次可选用的组成材料见表4-5。

表 4-5　各类路面各结构层次可选用的组成材料

结构层次	路面类型			
	沥青路面	水泥混凝土路面	块料路面	粒料路面
面层	沥青混凝土 沥青贯入碎石 沥青表面处治 沥青碎石	普通混凝土 钢筋混凝土 连续配筋混凝土 钢纤维混凝土 预应力混凝土 碾压混凝土	混凝土块料 整齐或半整齐块石 泥灰结碎石	级配碎石或砾石 泥灰结碎石 粒料改善土
基层	水泥或石灰-粉煤灰稳定碎石或砾石粒料、贫水泥混凝土、沥青贯入碎石、沥青碎石、水结碎石、泥灰结碎石			石灰、水泥或石灰、粉煤灰稳定土，砂砾
垫层	石灰-水泥或石灰-粉煤灰稳定土，碎石或砂砾			

（2）按照路面的力学性质分类　路面类型一般按面层所使用的主要材料划分，但在进行路面结构设计时，则主要依据路面结构在行车荷载作用下的力学特征，将路面分为柔性路面、刚性路面和半刚性路面三类。

1）柔性路面主要包括由各种未经处治的粒料基层和各类沥青面层及碎（砾）石或块石面层组成的路面结构。其结构的总体刚度较小，在车辆荷载作用下产生较大的弯沉变形。由于柔性路面结构本身的抗弯拉强度较低，它通过各结构层将车辆荷载传递给土基，使土基承受较大的应力作用。因此，土基的强度和稳定性对整个柔性路面结构有较大影响。

2）刚性路面主要指用水泥混凝土作面层或基层的路面结构，由于其板体有较高的刚度和抗压强度，因而具有较大的扩散荷载的能力。在车辆荷载作用下，土基所承受的应力较小，且水泥混凝土结构层处于弹性工作状态，结构产生的竖向变形也较小。

3）半刚性路面指用石灰、水泥或其他工业废渣作结合料的稳定土或稳定粒料作基层的路面结构。这类基层完工初期具有柔软的工作特性，但随着时间的延长，其强度逐步提高，板体性增加，刚度增大，故称为半刚性基层。由于半刚性基层具有一系列良好的性能，且能使用当地材料，成型工艺也较简单，目前已成为我国高级道路的主要类型。

3. 路面等级的划分

《公路工程技术标准》根据面层的使用品质、材料组成类型及结构强度和稳定性的不同将路面分成高级、次高级、中级和低级四个等级。路面面层类型的选用应根据表4-6进行。

表 4-6　路面等级的划分

路面等级	面层类型	适用道路等级
高级路面	水泥混凝土、沥青混凝土	高速、一级、二级、快速路、主干路
次高级路面	沥青贯入式、沥青表面处治	二级、三级、主干路、次干路
中级路面	半整齐石块、泥灰结碎石	三级、四级
低级路面	各种粒料的改善土	四级

高等级路面是指强度和刚度高，稳定性好，使用寿命长，能适应较繁重的交通量，平整无尘，能保证高速行车，养护费用少，运输成本低。但其基建投资大，需要质量较高的材料。次高级路面是指与高级路面相比，强度和刚度较高，使用寿命较短，能适应交通量较小，行车速度较低，它的造价较高级路面低，但养护费用和运输成本较高。中级路面是指强度和刚度低，稳定性差，使用寿命短，能适应较小的交通量，平整度差，易扬尘，行车速度低，造价低，但养护费用和运输成本高。低级路面是指强度和刚度最低，稳定性和平整度差，易扬尘，使用寿命短，适应交通量小，只能保证低速行车，造价低，但养护费用和运输成本很高。

路面其他层次类型的选择应根据道路等级、交通量、路基承载能力及气候条件等。高速公路、一级公路的基层应采用水泥稳定粒料、石灰粉煤灰稳定粒料、沥青混合料与级配碎砾石材料铺筑；高速公路、一级公路的底基层和二级或二级以下公路基层和底基层也可以用水泥稳定土、石灰稳定土、石灰粉煤灰稳定土、石灰工业废渣等材料铺筑；垫层采用水稳性好的粗粒料或各种稳定类材料。

4. 对路面的要求

为了保证道路的通行能力，提高行车速度，增强安全性和舒适性，降低运输成本和延长道路使用年限，路面结构应满足以下的要求。

（1）足够的强度和刚度　路面的强度是指结构整体及其各组成结构层抵抗行车荷载作用产生的各种应力避免破坏的能力。路面刚度是指路面抵抗变形的能力。行驶在路面上的汽车，通过车轮把垂直力和水平力传递给路面，此外路面还受到车辆振动力和冲击力的作用。在这些外力作用下，路面会产生应力、应变和位移。当路面整体或其某一组成部分的强度和刚度不能抵抗这些应力和应变时，路面会出现断裂、沉陷、车辙及波浪等破坏现象，这会导致路况恶化，道路服务水平降低。为了避免行车荷载产生的这些破坏，路面结构整体及其组成部分应具有足够的强度和刚度。

（2）足够的稳定性　路面不但受到车辆荷载的作用，还直接暴露在大气之中，经常受到湿度、大气温度等自然环境因素影响，这些都对路面的强度和刚度产生不利影响。大气温度的周期性变化对路面稳定性有着重要的影响。例如，沥青路面在高温季节易软化，在车轮荷载作用下产生车辙、波浪等永久变形，低温时沥青路面面层出现收缩、变脆而开裂；大气降水会使路面结构内部的湿度发生变化而导致路面结构稳定性降低，水泥混凝土路面会因为排水不畅发生唧泥、冲刷基层而导致路面结构破坏；沥青混凝土路面由于水的侵蚀，会出现沥青面层剥落、松散等水损害。

因此，为了设计出适合当地气候条件及稳定性良好的路面结构，应充分调查和分析当地温度和湿度状况，在此基础上选择具有足够稳定性的路面材料和路面结构。

（3）足够的平整度　路面平整度是表征行车安全、行车舒适性及运输效益的重要指标。不平整的路面会使行驶的车辆产生附加振动，造成行车颠簸，影响行车的安全性和舒适性。同时振动作用对路面施加冲击力，加速路面损坏和车辆轮胎的磨损，增加耗油量，提高车辆的运行费用。因此采用强度和稳定性好的路面结构和材料，对于长期保证路面具有优良平整度，减小路面破坏和变形速度具有重要意义。不同等级的道路对平整度的要求也不同，高速公路和城市快速路对路面平整度的要求最高。

（4）足够的抗滑性　光滑的路面，行驶的车轮和路面之间的附着力和摩擦力较小。当下雨天高速行驶需要急刹车或上下坡、转弯时，容易造成车轮打滑或空转，从而引发严重的交通事故。道路等级越高，对其抗滑性能要求也越高。为了保证路面具有足够的抗滑性能，对于沥青路面，应采用坚硬、耐磨、表面粗糙的粒料和具有良好黏结力的沥青，通过合理的组合设计来完成；对于水泥混凝土路面可采用拉毛、刻槽等措施来提供保证。

（5）少尘和低噪声　噪声和扬尘会造成环境污染，影响正常的行车秩序，应该给予足够的重视。行车噪声是由于轮胎表面花纹与不规则路面表面间的相互撞击而造成的滚动接触噪声，是交通噪声的一个组成部分，是环境噪声污染的一个来源。行车噪声与路面平整度差、路面面层材料刚度大及不良的线形设计导致车辆频繁加、减速和转向等因素有关。扬尘易发生在等级低的路面上，因车轮后面产生真空吸力将面层细骨料吸出而产生。对于高等级路面，路面浮尘和灰尘如不及时清扫同样会导致严重的扬尘。因此对于行车噪声和扬尘，应从道路工程的设计、施工、养护和管理等方面统筹考虑，才能尽可能地减小行车噪声和扬尘的发生。

（6）足够的耐久性　路面在车轮荷载和自然环境因素的作用下，使用性能会逐年下降，强度和刚度会逐渐衰减，导致塑性变形累积而产生疲劳破坏。为了提高路面的使用年限，应选择具有足够疲劳强度、抗老化和抗变形能力的材料精心设计、施工，同时还要重视路面的长年养护、维修及路面性能的恢复工作。

（7）足够的抗渗透性　容易渗透的路面，水分容易渗透到路面结构和土基中，在大量高速行车荷载反复作用下，自由水会产生很大的动水压力不断冲刷路面，造成路面出现剥落、唧泥和网裂等水损坏现象。为了避免路面水损坏，应尽量采用水稳定性好的路面材料进行路面排水设计，如设置密实有效的防水层。

5. 路面结构设计的内容

路面结构与其他任何结构物一样，必须具有足够的可靠度和经济性，并满足一定的使用要求，即在设计使用年限内，在车辆荷载和环境因素的反复作用下，路面结构必须保持满足车辆行驶要求的良好路况，具有保证车辆接近最佳平均车速安全通行的能力。

路面结构设计主要取决于行驶车辆轴载的大小和重复作用次数，路面结构设计的主要内容包括以下方面。

1）面层和其他各层结构的类型选择。应根据道路等级、环境条件、路基潮湿类型及强度、筑路材料和施工技术条件等情况进行选择。例如，为适应大交通量、重轴载汽车行驶的道路需要，应选择高标准的路面结构；反之，则无须采用标准过高的路面结构。

2）结构层组合设计。根据车辆荷载对道路作用的力学模型，应用弹性体系理论确定各结构层的厚度和结构组合。

3）结构层材料组成设计。路面结构层材料多为混合料，应根据当地环境条件、强度要求等进行混合料组成材料的配合比设计。

4）排水设计。必须综合考虑道路路线走向、路基横断面类型、路面类型等因素，组成完整而畅通的排水系统，以保证路面的整体稳定性和行车安全。

5）技术经济评价。对于多个比较方案，根据已有的统计资料做结构设计可靠度分析，对使用年限内的投资效益和社会效益等进行综合评价，选择最佳方案。

二、沥青路面结构设计

沥青路面结构设计包括路面结构层材料的调查和选择、沥青混合料配合比设计及基层材料配合比设计、设计参数的测试和确定、路面结构层组合设计、路面结构层厚度计算、路面结构的方案比选等。高速公路和一级公路，除了行车道路面外，路面设计还包括路缘带、匝道、硬路肩、紧急停车带、收费站和服务区场面的设计，以及路面排水系统设计等。

沥青路面是铺筑在柔性基层或半刚性基层上具有一定厚度的沥青混合料面层的路面结构。沥青面层是由沥青材料、矿料及外掺剂按要求比例混合或分层撒铺铺筑而成的单层或多层结构层。沥青路面由于使用了黏聚力较强的沥青材料作为结合料，大大加强了矿料之间的黏聚力，从而提高了混合料的强度和稳定性，使路面的使用性能和耐久性都得到提高。

与水泥混凝土路面相比，沥青路面具有路面使用质量和耐久性好、无缝、表面平整、行车舒适、噪声低、耐磨、施工期短及养护维修简便等优点。但是沥青路面也具有抗拉弯强度较低、沥青面层温度稳定性差等缺点。沥青路面属于柔性路面，其强度和稳定性在很大程度上取决于基层、垫层和土基等特性。因此在进行沥青路面设计时，应注意以下几点：

1）沥青路面的抗弯拉强度较低，因此需要其基层应该具有足够的强度和稳定性。基层设计必须具有足够的强度，并且能够保证在水、温度作用下具有良好的稳定性。路表弯沉70%~95%取决于路基，因此路基必须密实、均匀及稳定。控制好路基土的压实度和含水量，提高路基强度是路基路面综合设计的首要措施，其次是提高基层的模量和厚度。

2）低温时沥青路面的抗变形能力下降很多，因此在季节性冰冻地区的中湿和潮湿路段需要设置防冻垫层，以防止路基不均匀冻胀而导致沥青路面开裂。

3）为提高沥青路面结构整体性，应采取一定的工程措施，如设置黏结层来加强面结构各层之间的紧密结合，保证各结构层之间不产生层间滑动。

沥青路面结构设计的主要原则：

1）认真做好现场资料收集，掌握沿线路基特点，查明路基干湿类型，在对不良地质路段处理的基础上进行路基路面综合设计。

2）在满足交通量和使用要求的前提下，遵循因地制宜、合理选材、节约投资的原则，选择技术先进、经济合理、安全可靠及方便施工的路面结构方案。

3）结合当地条件，积极、慎重地推广新材料、新工艺与新技术，并认真铺筑试验段，总结经验，不断完善，逐步推广。

4）设计方案符合国家环境保护的有关规定，注意施工中废弃料的处理，积极保护环境。

（一）沥青路面材料特性

1. 沥青混合料的强度特性

沥青混合料是指由矿料与沥青结合料拌和而成的混合料的总称，它是一种复杂的多成分材料，属于黏-弹塑性材料，其强度取决于矿物骨架结构、沥青的结构、矿物材料与沥青材料相互作用的特点、沥青混合料的密实度及其毛细孔隙结构特点等因素。

沥青路面按强度可分为密实类和嵌挤类两种。密实类是指沥青结合料的强度是以沥青和矿料之间的黏结力为主，矿料之间的嵌挤力和内摩阻力为辅的沥青路面。它具有强度大，但路面强度会随着温度升高、受潮及荷载作用时间延长而降低等特点。沥青混凝土路面属于这种结构。嵌挤类是指沥青混合料的强度以矿料之间的嵌挤力和内摩阻力为主，黏结力为辅的沥青路面。它具有热稳性好、空隙率大、易渗水、耐久性差等特点。沥青贯入式、沥青表面处治、沥青碎石路面属于这种结构。

表征沥青混合料力学强度的参数是抗剪强度、抗压强度及抗拉（包括抗弯拉）强度。一般情况下沥青混合料均具有较高的抗压强度，而其抗剪和抗拉（抗弯拉）强度较低。因此，沥青路面的损坏往往是从拉裂或滑移开始而逐渐扩展的。

2. 沥青混合料的应力-应变特性

沥青混合料是一种弹-黏塑性材料，在应力-应变关系中呈现出不同的性质，有时为弹性，有时为黏塑性，但大多数情况下综合呈现黏-弹塑性。掌握这些性质的指标，就能正确地判断沥青混合料在不同情况下的性质，特别是高温和低温下的变形特性。

为了研究沥青混合料的工作性质，必须考虑材料的蠕变和应力松弛现象。蠕变是指材料在外力恒定不变化的情况下，变形随时间发展的过程；应力松弛是指变形物体在恒定应变作用下应力随时间增长而自动降低的过程。沥青混合料的应力-应变特性可用蠕变试验确定，其变形随着时间的推移，取决于作用应力的大小。

当应力较小，低于沥青混合料的弹性极限或屈服点时，一部分变形在材料中产生，当应力撤除后，变形以同样的速度消失，这部分的变形为沥青混合料的纯弹性变形。在这个范围内沥青混合料的应力-应变关系呈直线关系。另一部分变形，随着应力作用时间的增加而缓慢增大，应力撤除后，变形也随着时间增加而缓慢地消失，这部分变形为沥青混合料的黏-弹性变形。

当应力较大，高于沥青混合料的弹性极限或屈服点时，在相当长的时间内，材料的变形除有纯弹性变形和黏-弹性变形，还有黏-塑性变形。当应力撤除后，变形不会消失，这部分变形为黏-塑性变形。

为了正确了解沥青混合料的工作状况，还应考虑沥青混合料在应力-应变状态下呈现出的应力松弛现象。为了维持物体变形的状态，随着时间的推移，所需要的外力越来越小，应力下降到初始数值时所需要的时间为松弛时间，它是表征松弛过程的主要因素，其大小主要取决于沥青的黏滞度，随着温度升高和黏滞度降低，沥青混合料松弛时间也缩短。

沥青混合料的应力-应变的状态，主要取决于荷载作用时间与应力松弛时间的比值。若荷载作用时间比应力松弛时间短很多,材料呈现理想的弹性体;若荷载作用时间比应力松弛时间长很多,则呈现黏塑性体;荷载作用时间与应力松弛时间相同,则为弹-黏塑性材料。

目前常用劲度模量(劲度)来表征沥青混合料弹-黏塑性性质的指标。劲度模量为材料在给定的荷载作用时间和温度条件下应力与应变的比值。

3. 疲劳特性

沥青混合料的变形和破坏,不仅与荷载大小有关,还和荷载作用次数有很大关系。路面材料在低于抗拉强度下经重复拉应力或拉应变作用而导致的破坏,称为疲劳破坏。导致路面材料出现最终破坏的荷载作用时间,称为疲劳寿命。

影响沥青混合料疲劳破坏的因素很多,包括材料的性质(种类及组成等)、环境因素(温度及湿度等)与加荷方式等因素之外,还取决于沥青混合料的劲度。

4. 沥青路面的温度稳定性

(1) 沥青路面的高温稳定性　沥青混合料具有强度和抗变形能力随温度升高而降低的特点。温度升高时,沥青的黏滞度降低,矿料之间的黏结力减小,导致强度降低,沥青混合料易出现剪切破坏。由于沥青混合料的这种性质,导致沥青路面稳定性和工作状况变坏,使用性能降低。例如,夏季高温时,在停车地点(平面交叉口、公共汽车站与收费站等)和行车变速的路段上,由于汽车的起动与制动、加速和减速,路面受到很大的水平作用力且在车辆重复荷载作用下会发生变形累积,如果沥青混合料的高温稳定性不足,路面就会出现较大的剪切变形,形成推移、车辙和壅包等破坏现象。因此,提高沥青混合料的高温稳定性是十分必要的。

为了提高沥青混合料的高温稳定性,可采用提高其内摩阻力和黏结力的方法。在混合料中增加粗矿料含量,限制剩余空隙率,使粗矿料形成空间骨架结构,以提高混合料的内摩阻力。同时,适当提高沥青混合料的黏稠度,严格控制沥青用量及沥青与矿粉的比值,采用具有活性的矿粉,改善沥青与矿粉的相互作用,以提高沥青混合料的黏结力。

(2) 沥青路面的低温稳定性　沥青路面的强度虽然随着温度的降低而增加,但其刚度也随着温度的降低而增加,刚度的增加导致其抗变形能力降低。特别是温度急剧下降时,沥青混合料受基层约束而不能收缩,将会产生很大的温度应力,若累积温度应力超过沥青混合料的抗拉强度时,路面就会出现开裂等破坏现象。这种破坏现象可分为两种情况,一种是由于温度下降而造成路面表面开始开裂而逐渐发展成裂缝;另一种是由于冰冻作用导致路基、基层收缩,基层出现开裂逐渐延伸到沥青面层而产生的裂缝。低温产生的路面裂缝大多是横向的,这往往是沥青路面损坏的开始,裂缝会进一步发展,随着雨水由裂缝渗入路面结构,逐渐导致路面工作状况的恶化。

影响沥青混合料的低温稳定性的因素很多,主要包括沥青的性质、当地的气温状况、沥青老化程度、路基的种类和路面层次的厚度等。可以通过使用稠度低、温度敏感性低的沥青,延缓和减少路面出现低温裂缝。

5. 沥青路面的水稳定性

水可以使沥青从矿料表面脱落而出现路面水毁坏。提高沥青路面水稳性的措施包括提高沥青与矿料之间黏结力、在沥青中掺加抗剥落剂、矿料用石灰浆处理。高速公路、一级公路、二级公路的沥青混凝土应具有良好的水稳性。

(二) 沥青路面结构的设计指标

目前高速公路、一级公路沥青路面结构的各项技术指标应符合表4-7规定。

表4-7 沥青路面技术指标

项目	目标值	测试方法
平整度	国际平整度指数 IRI<2.0m/km	平整度测试仪、多轮仪
抗滑性能	横向力系数、动态摩擦系数、构造深度	横向力系数 SPC60、动态摩擦系数 DPT 仪、激光法
高温稳定性	动稳定度	60℃,0.7MPa 轮迹试验
水稳性	冻融劈裂试验强度比	冻融劈裂试验
抗裂性能	抗拉强度	-10℃,50mm/min
结构强度	弯沉 $l_s \leq l_d$ 及拉应力 $\sigma_m \leq \sigma_r$	规范规定程序计算

《公路沥青路面设计规范》以设计弯沉值作为路面结构设计的控制指标。对于高速、一级、二级公路的沥青面层和整体材料的基层与底基层,还应该进行层底拉应力验算;三、四级公路只采用弯沉值作为设计指标。

《城市道路设计规范》规定,除了交通量小的支路上铺筑沥青混凝土面层时可仅用设计弯沉值,其他道路铺筑沥青混凝土面层应该采用设计弯沉值、层底拉应力、剪应力三项指标;对沥青碎石路面采用设计弯沉值和剪应力两项设计指标,对沥青贯入式、沥青表面处治只用设计弯沉值作为指标。

1. 控制指标

根据《公路沥青路面设计规范》和《城市道路设计规范》,路面设计的控制方程应满足下列三式:

$$l_s \leq l_d \quad (4-1)$$

$$\sigma_m \leq \sigma_R \quad (4-2)$$

$$\tau_m \leq \tau_R \quad (4-3)$$

式中 l_s——双圆均布垂直荷载作用下实际弯沉,mm;

l_d——路面设计弯沉,mm;

σ_m——沥青混凝土层底最大拉应力,MPa;

σ_R——材料的抗拉强度,MPa;

τ_m——面层可能破裂面上的剪应力 MPa;

τ_R——沥青面层的抗剪强度,MPa。

2. 标准轴载

路面设计采用的车辆荷载以双轮组单轴载 100kN 为标准轴载(BZZ-100),标准轴载的计算参数按表 4-8 确定。

表 4-8 标准轴载计算参数

标准轴载	BZZ-100
标准轴载 P/kN	100
轮胎接地压强 p/MPa	0.70
单轮传压面当量圆直径 d/cm	21.30
当量圆半径 δ/cm	10.65
两轮中心距/cm	1.5d

(三) 沥青路面的结构组合设计

沥青路面各结构层如何选择和安排，使整个路面结构既能够经受住行车荷载和各种不利自然因素的作用，又能发挥结构层材料的最大效能，这是沥青路面结构组合设计所要解决的问题。

1) 根据各结构层功能和交通的特点选择层次结构。由于面层、基层和垫层的作用是不同的，因此面层材料应选择高强、耐磨、热稳定性好及不透水的材料；基层是主要的承重层，应选用有足够的强度、刚度和水稳性的材料；垫层应隔水、隔温，应选择水稳性、隔热性和吸水性好的材料。

2) 适应行车荷载作用的要求。车轮荷载在路面内的应力和应变随着深度而递减，影响范围随着深度的增加而增加，因此一般不应该有倒装结构。基层宽度每侧应比面层宽25cm，底基层每侧应比基层宽15cm；垫层宽度每侧应比底基层宽25cm，高速、一级、二级公路应与路基同宽。各层之间刚度不应相差太大，基层和面层材料的回弹模量比应不小于0.3；土基和基层材料的回弹模量比为0.08~0.4。

3) 采用适当的层数和层厚。路面结构层数越多，越能体现材料内应力和应变的规律，但施工和材料的制备困难；层厚应考虑施工和造价，自上到下，应由薄到厚。结构层最小厚度由表4-9确定。

表4-9 沥青路面各结构层的最小厚度

结构层		施工最小厚度/cm	适宜厚度/cm
沥青混凝土	粗粒式	5.0	6.0~8.0
	中粒式	4.0	4.0~6.0
	细粒式	2.5	1.5~3.0
沥青贯入式		4.0	4.0~8.0
沥青表面处置		1.5	1.5~3.0
水泥稳定类		15.0	16.5~20.0
石灰稳定类		15.0	16.5~20.0

4) 根据各层的结构特点，做好层间组合结构层，各层间应该紧密稳定，消除相邻层间的不利影响。一般可以在沥青面层和半刚性基层或粒料基层之间设置联结层；沥青路面不能直接铺筑在片石基层上，应该设置碎石过渡层；在多雨地区或多雨的施工季节，为了防止雨水深入基层，可以用单层的沥青表面处治做下封层。

5) 路面等级、面层类型和厚度的选择应满足交通量的要求。沥青路面等级和面层类型的选择应根据道路的等级和使用要求、设计年限内标准轴载的累计当量轴次，考虑施工难易和材料供给、施工机械设备等因素，按表4-10确定路面类型和材料。

表4-10 路面类型和材料的选择

公路等级	路面等级	面层类型	设计年限/年	累计标准轴次/(万次/车道)
高速公路一级公路	高级路面	沥青混凝土	15	>400

(续)

公路等级	路面等级	面层类型	设计年限/年	累计标准轴次/(万次/车道)
二级公路	高级路面 次高级路面	沥青混凝土热拌沥青碎石混合料、沥青贯入式	12	>200 100~200
三级公路	次高级路面	乳化沥青碎石混合料、沥青表面处治	6~10	10~100
四级公路	中级路面 低级路面	水(泥)结碎石、级配碎石、半整齐石块路面粒料改善土	5~6	<10

交通量应根据表4-11的规定划分为5个等级。设计时可根据累计标准轴次（万次/车道）或公路日平均汽车交通量（辆/日），选择一个较高的交通等级作为设计交通等级。

表4-11 交通等级

交通等级		BZZ-100kN 累计标准轴次 N/(万次/车道)	中型以上货车及大客车
A	特轻交通	<100	<300
B	轻交通	100~400	300~1000
C	中交通	400~1200	1000~4000
D	重交通	1200~2500	4000~10000
E	特重交通	>2500	>10000

半刚性基层上沥青层厚度宜根据公路等级、交通量和交通组成、气候条件及所选路面结构类型等因素按表4-12拟定。

表4-12 半刚性基层上沥青层推荐厚度

公路等级	沥青面层推荐厚度/mm	公路等级	沥青面层推荐厚度/mm
高速、一级	120~180	三级	30~50
二级	60~120	四级	10~30

（四）沥青路面结构设计实例

拟建一条一级公路，六车道，有中央分隔带，交通组成见表4-13，设计年限内交通年增长率 $\gamma=8\%$。公路沿线盛产砂砾，土质为粉质亚黏土，按照设计标高平均填土 0.7m。以路面弯沉为标准设计路面结构并进行拉应力验算（假设经过计算沥青面层和基层层底的拉应力分别为 2.19MPa 和 0.018MPa）。

表4-13 某拟建公路交通组成

车型		作用次数/(辆/d)	轴数系数 C_1	轮组系数 C_2	轴重/kN
SH141	前轴	1000	1.0	6.4	25.55
	后轴		1.0	1.0	55.10
解放 CA10B	前轴	1000	1.0	6.4	19.40
	后轴		1.0	1.0	60.85
黄河 JN150	前轴	242	1.0	6.4	49.00
	后轴		1.0	1.0	101.60

(1) 轴载换算

1) 计算设计弯沉和进行混凝土层底面拉应力验算时,凡轴载大于25kN的各级轴载作用次数要换算成标准轴载的当量作用次数,见表4-14。

表4-14 轴载换算1

车型		作用次数/(辆/d)	轴数系数 C_1	轮组系数 C_2	轴重/kN	标准轴载作用次数
SH141	前轴	1000	1.0	6.4	25.55	17
	后轴		1.0	1.0	55.10	75
解放CA10B	前轴	1000	1.0	6.4	19.40	—
	后轴		1.0	1.0	60.85	115
黄河JN150	前轴	242	1.0	6.4	49.00	70
	后轴		1.0	1.0	101.60	260

2) 进行半刚性基层底面拉应力验算时,凡是轴载大于50kN的各级荷载作用次数要换算成标准轴载的当量作用次数,见表4-15。

表4-15 轴载换算2

车型		作用次数/(辆/d)	轴数系数 C_1	轮组系数 C_2	轴重/kN	标准轴载作用次数
SH141	前轴	1000	1.0	6.4	25.55	—
	后轴		1.0	1.0	55.10	9
解放CA10B	前轴	1000	1.0	6.4	19.40	—
	后轴		1.0	1.0	60.85	19
黄河JN150	前轴	242	1.0	6.4	49.00	—
	后轴		1.0	1.0	101.60	274

(2) 计算累计当量轴次

1) 当计算设计弯沉和进行沥青基层层底拉应力时间,计算的当量轴载为

$$N_e = \frac{[(1+\gamma)'-1] \times 365}{\gamma} N_1 \eta = 1596585 \text{ 次/d}$$

式中 η——车道系数,查表4-16确定。

表4-16 车道系数

单向车道数	1	2	3	≥4
高速公路	—	0.70~0.85	0.45~0.60	0.40~0.50
其他等级公路	1.00	0.50~0.75	0.50~0.75	—

注:交通受非机动车和行人影响严重时取低限,反之取高值。

2) 进行半刚性基层层底拉应力时,计算的累计当量轴次为

$$N_e = \frac{[(1+\gamma)'-1] \times 365}{\gamma} N_1 \eta = 897893 \text{ 次/d}$$

(3) 拟定路面的结构类型和材料参数 (见表4-17)。

(4) 计算设计弯沉值

$$l_d = 600N_e^{-0.2}A_cA_sA_b = 34.5\times10^{-2}\text{mm}$$

式中 A_c——公路等级系数,高速公路、一级公路为1.0,二级公路为1.1,三、四级公路为1.2;

A_s——面层类型系数,沥青混凝土面层为1.0,热拌和冷拌沥青碎石、沥青贯入式路面、沥青表面处为1.1;

A_b——面层结构类型系数,半刚性基层沥青路面为1.0,柔性基层沥青路面为1.6。

(5) 拟定结构层 见表4-17。

表4-17 结构层及设计参数

层次	结构层名称	厚度/cm	回弹模量 E/MPa
1. 面层	沥青混凝土	6.5	1800
2. 基层	沥青碎石	10	1200
3. 底基层	石灰土	—	500
4. 垫层	天然砂粒	20	180
5. 路基	路基	—	22

(6) 计算设计层厚度 根据 $l_s=l_d$ 进行计算,路表计算弯沉值为 $l_s=1000\dfrac{2p\delta}{E_1}\alpha_c F$,其中 $p=0.7\text{MPa}$ 和 $\delta=10.65\text{cm}$ 分别为标准车型的轮胎接地压强和当量圆半径。

1) 综合修正系数 F 的计算($E_0=22\text{MPa}$)。

$$F=1.63\left(\frac{l_s}{2000\delta}\right)^{0.38}\left(\frac{E_0}{p}\right)^{0.36}=0.49$$

2) 理论弯沉系数的计算。由于 $l_s=\dfrac{2p\delta}{E_1}\alpha_c F$,则

$$0.0345=1000\times\frac{2\times0.7\times10.65}{1800}\times\alpha_c\times0.49$$

那么理论弯沉系数 $\alpha_c=8.5$。

3) 等效层厚度计算。由于 $h/\delta=0.75$,$E_0/E_2=22/1200=0.018$,查三层体系表面弯沉系数诺模图得 $K_1=1.99$;$h/\delta=0.7$,$E_2/E_1=1200/1800=0.67$,查三层体系表面弯沉系数诺模图得到 $\alpha=7.4$。

根据公式 $\alpha_c=\alpha K_1 K_2$,得 $K_2=0.577$。查三层体系表面弯沉系数诺模图,得 $H/\delta=4.6$,则等效层厚度 $H=4.6\times10.65\text{cm}=49\text{cm}$

4) 设计层厚度计算。

等效层厚度的计算公式为 $H=h_2+h_3\sqrt[2.4]{\dfrac{E_3}{E_2}}+h_4\sqrt[2.4]{\dfrac{E_4}{E_2}}$,则

$$49=10+h_3\sqrt[2.4]{\frac{500}{1200}}+20\sqrt[2.4]{\frac{180}{1200}}$$

那么设计层石灰土底基层的厚度 $h_3=44\text{cm}$。

(7) 计算允许拉应力

1) 计算沥青面层的允许拉应力。对于沥青混凝土

第四章 道路路基路面结构

$$K_S = 0.09 A_a N_e^{0.22}/A_c = 0.44$$

$$\sigma_R = \frac{\sigma_{sp}}{K_S} = 2.29 \text{MPa}$$

2)半刚性基层层底的允许拉应力。对于半刚性基层

$$K_S = 0.45 N_e^{0.11}/A_c = 9.18$$

$$\sigma_R = \frac{\sigma_{sp}}{K_S} = 0.02 \text{MPa}$$

拉应力验算结果表明沥青层层底的拉应力和半刚性基层的拉应力均满足要求。因此所设计的路面结构合理。

三、水泥混凝土路面结构设计

水泥混凝土路面结构是由不同结构层次组成,各组成部分发挥各自不同的作用,组成满足行车及使用性能要求路面结构。水泥混凝土路面结构设计即是探讨如何以经济有效的方式在设计使用期内提供满足行车和使用要求的路面结构。

(一)水泥混凝土路面的类型

(1)普通混凝土路面 普通混凝土路面又称有接缝素混凝土,是指仅接缝和一些局部范围周围配置少量钢筋的水泥混凝土路面。普通混凝土路面是目前应用最为广泛的一种面层类型。

(2)碾压混凝土路面 碾压混凝土是一种含水率低,通过碾压施工工艺达到高密度、高强度的水泥混凝土。其不在混合料内部振捣密实成型,而是通过路碾压成型。碾压混凝土面层目前主要用于行车速度不太高的道路、停车场或停机坪的面层;或用于其他道路的下面层。

(3)钢筋混凝土路面 钢筋混凝土路面是指为了防止可能产生的裂缝缝隙张开,板内配置有纵、横向钢筋网的混凝土路面。在混凝土板平面尺寸较大,路基或基层有可能产生不均匀沉降及路面板下埋置有地下设施等情况下,宜采用钢筋混凝土路面。

(4)连续配筋混凝土路面 连续配筋混凝土路面沿纵向配置连续钢筋,除了在与其他路面交接处或临近构造物附近设置胀缝及视施工需要设置施工缝,一般不设横缝,纵缝也不另设拉杆,由一侧面板的横向钢筋眼神穿过纵缝来代替,这类面层钢筋用量大,造价高。一般仅用于高速公路或交通繁重道路和加铺已经损坏的旧混凝土路面。

(5)装配式混凝土路面 装配式混凝土路面在工厂预制混凝土路面板,然后运至工地现场装配而成。预制混凝土路面板可以全年生产,不受气候影响,且混凝土质量容易保证,施工进度快,维修方便快捷。装配式混凝土路面适合用于城市道路、厂矿道路、大型基建场地、停车站场和软弱土基上的路面。

(6)钢纤维混凝土路面 在混凝土中掺入一些低碳钢、不锈钢纤维或者其他纤维,即成为一种均匀而多向配筋的混凝土。混凝土内掺办的纤维可以提高混凝土的韧度和强度,减少收缩量。钢纤维混凝土在抗疲劳、抗冲击和防裂缝方面性能优异。与普通混凝土路面相比,其厚度可以建薄35%~45%,缩缝间距可以增至15~20m,可不设胀缝与纵缝。

(7)组合式混凝土路面 缺乏品质良好的混凝土路面材料时候,可利用当地品质较差的材料修筑混凝土板的下层,品质较好的材料铺筑混凝土板的上层而形成双层式混凝土路

面。路面改建时在旧混凝土路面板上铺筑新混凝土面层，也形成双层式混凝土路面结构。

（8）混凝土小块铺筑路面　混凝土小块铺筑路面的块料由高强水泥混凝土材料预制而成，小块铺筑路面结构由面层、砂砾整平层和基层组成，具有结构简单，价格低廉，能承受较大的单位压力，并且出现较大变形块料也不会破碎的特点。

（二）水泥混凝土路面的构造

水泥混凝土路面有面层、基层、垫层和路肩及排水设施等构成。

（1）土基和基层、垫层　水泥混凝土路面要求土基具有良好的水温稳定性，在车辆荷载和环境因素作用下不出现较大的变形，特别是不均匀变形。因此混凝土路面下的路基必须密实、稳定和均匀。要求路基处于干燥或中湿状况，过湿和潮湿状态或强度与稳定性不合要求的路基必须经过处理。

基层是保证路面板具有均匀而稳定的支承、防止唧泥和错台、延长路面使用寿命的重要层次。应具有足够的刚度和稳定性，且断面正确、表面平整，还应具有一定的排水能力，可将由面层接缝或裂缝渗入路面结构内的水分迅速排除，由此提高路面的使用性能和使用寿命。路基软弱或潮湿时，应在土基和基层逐渐铺设垫层，以改善道路积水湿状况并为路面结构提供均匀支承，为基层修筑提供较坚实和稳定的基础。

（2）水泥混凝土路面板　道路混凝土面层通常为等厚断面，多采用整体式浇筑。为减少温度应力而设置的纵、横向接缝将面层划分为矩形板块。混凝土面板表面应该平整、耐磨、抗滑，其弯拉强度、厚度和平面尺寸均应该满足路面设计要求。混凝土板所需要的厚度，按道路上交通繁重程度，由应力计算确定。

（3）路肩和排水　水泥混凝土路面的路肩铺面层可以采用沥青混合料或者水泥混凝土。水泥混凝土路面排水设计对路面使用性能和使用寿命有很大影响。降落在道路表面的水，首先通过路面和路肩的横坡向两侧排流。流向路基边缘的表面水，由漫流形式沿路基边坡汇集到两侧边沟或地面排水系统。

（三）水泥路面的破坏类型

水泥混凝土在行车荷载和环境因素的作用下可能出现的破坏类型主要有以下几种：

（1）断裂　路面板内应力超过混凝土强度时会出现纵角、横斜向或角隅断裂。严重时对裂缝交叉而使面层板破碎成碎块。造成的原因是多方面的：板太薄、轮载过重、板的平面尺寸过大、地基不均匀沉降或过量塑性变形使板底脱空失去支承等。因而，板体断裂为水泥混凝土面层结构破坏的临界状态。

（2）唧泥　唧泥是车辆行经接缝时，由缝内喷溅出稀泥浆的现象。唧泥常发生在雨天或雨后。在轮载的反复作用下，板边缘或角隅下的基层由于塑性变形累积而同混凝土面板脱离，或者基层的细粒在水的作用下强度降低，当水分沿缝隙下渗而积聚在脱空的间隙内或细颗粒中，在车辆荷载作用下积水形成水压，使水和细颗粒土形成的泥浆而从缝隙中喷出来。唧泥的出现，使路面板边缘部分逐渐形成脱空区。随荷载重复作用次数的增加，脱空区逐渐增大，最终使板出现断裂，由唧泥引起的断裂一般为横向断裂。

（3）错台　错台是指接缝两侧出现的竖向相对位移。当胀缝下部填缝板与上部缝槽未能对齐，或胀缝两侧混凝土壁面不垂直，在胀缩过程中接缝两侧上下错位而形成错台。横缝处传荷能力不足，或唧泥发生过程中，使基层材料在高压水的作用下冲积到后方板的板底脱空区内，使该板抬高，形成两板间高度差。当交通量或地基承载力在横向各块板上分布不均匀，各块板沉陷不一致时，纵缝处也会产生错台现象。错台的出现，降低了行车的平稳性和舒适性。

（4）拱起 混凝土路面在热胀受阻时，横缝两侧的数块板突然出现向上拱起的屈曲失稳现象，并伴随出现板块的横向断裂。板的拱起主要是由于板收缩时接缝缝隙张开，填缝料失效，硬物嵌入致使板受热膨胀时产生较大的热压应力，从而出现这种纵向屈曲失稳现象。

（5）接缝挤碎 接缝挤碎指邻近横向和纵向两侧的数十厘米宽度内，路面板因涨热伸张时受到阻碍，产生较高的热应力而挤扭成碎块。这主要是由于胀缝内的传力杆排列不正或不能滑动，或者缝隙内混凝土搭连或落入硬物所致。

（四）水泥混凝土路面结构可靠度设计标准

从上面列举的水泥混凝土路面的主要破坏类型可以看出，影响混凝土路面的使用性能是多方面的，如轮载、温度、水分、基层、接缝构造、材料、施工和养护情况等。从保证路面结构承载能力的角度，混凝土路面结构设计应以防止面层板断裂为主要设计标准。从保证汽车行驶性能的角度，应以接缝两侧的错台为主要控制标准。产生断裂、错台等的原因是多方面的，因此，混凝土路面设计必须从多方面采取措施来保证它的使用寿命。

考虑到混凝土面板的疲劳断裂是水泥混凝土路面损坏的主要模式，所以把疲劳开裂作为确定混凝土板厚时考虑的临界损坏状态，在设计混凝土板时，以混凝土材料的弯拉强度作为其设计技术标准，使得控制行车荷载反复作用在板内所产生的荷载疲劳应力 σ_{pr}、与温度梯度反复作用在板内产生的温度疲劳应力 σ_{tr} 之和在考虑可靠度因素影响的情况下不超过混凝土的抗折强度 f_r。

设计方法规定了混凝土路面的设计使用期分别为 30 年（特重和重交通道路）和 20 年（中等和轻交通道路）。

为防止混凝土路面拱起、错台、接缝挤碎和唧泥，除了采取结构措施外，如设置排水基层、耐冲刷基层和增强接缝传荷能力外，还应加强常规养护管理。目前还没有统一的控制设计标准，我国引入可靠度的概念，并按可靠度方法来设计。

路面结构可靠度可定义为，在规定的时间内，在规定的条件下，路面使用性能满足预定水平要求概率。水泥混凝土结构设计仅考虑满足路面的结构性能要求，并以行车荷载和温度梯度综合作用产生的疲劳断裂作为设计标准。因此，水泥混凝土路面结构可靠度即在规定的设计基准期内，在规定的交通和环境条件下，行车荷载疲劳应力和温度梯度疲劳应力的总和不超过混凝土弯拉强度的概率。

公路工程结构的设计安全等级，根据结构破坏可能产生的后果的严重程度来划分。目标可靠度指所设计的路面结构应具有的可靠度水平。各级公路水泥混凝土路面结构设计安全等级及相应的设计基准期、目标可靠度及目标可靠指标，应符合表 4-18 的规定。二级及二级以下公路路面结构破坏可能产生严重后果时，可提高一级安全等级。

表 4-18 可靠度设计标准

公路等级	高速公路	一级公路	二级公路	三级公路	四级公路
安全等级	一级	一级	二级	三级	四级
设计基准期/年	30	30	20	15	10
目标可靠度(%)	95	90	85	80	70

（续）

公路等级	高速公路	一级公路	二级公路	三级公路	四级公路
目标可靠指标	1.64	1.28	1.04	0.84	0.52
变异水平等级	低	低	低~中	中~高	中~高

材料性能和结构尺寸参数的变异水平分为低、中和高三级。各变异水平等级主要设计参数的变异系数变化范围见表4-19。路面的材料性能和结构尺寸参数的变异水平等级，可按表4-19所列建议选用。也可按照施工技术、施工质量控制和管理要求达到和可能达到的具体水平，通过技术经济分析比较确定。降低所选用的变异水平等级，必须增加混凝土面层设计厚度要求；提高选用的变异水平等级，则可降低混凝土面层的设计厚度或混凝土的设计强度要求。

表4-19 变异系数 c_v 的变化范围

变异水平等级	低	中	高
水泥混凝土弯拉强度	$0.05 \leq c_v \leq 0.10$	$0.10 < c_v \leq 0.15$	$0.15 < c_v \leq 0.20$
基层顶面当量回弹模量	$0.15 \leq c_v \leq 0.25$	$0.25 < c_v \leq 0.35$	$0.35 < c_v \leq 0.55$
水泥混凝土面层厚度	$0.02 \leq c_v \leq 0.04$	$0.04 < c_v \leq 0.06$	$0.06 < c_v \leq 0.08$

水泥混凝土路面结构设计应以面层板在设计基准期内，在行车荷载和温度梯度综合作用下，不产生疲劳断裂作为设计标准，并以最重轴载和最大温度梯度综合作用下，不产生疲劳断裂作为验算标准。其极限状态设计表达式如下：

$$\gamma_r(\sigma_{pr}+\sigma_{tr}) \leq f_r \tag{4-4}$$

$$\gamma_r(\sigma_{p,max}+\sigma_{t,max}) \leq f_r \tag{4-5}$$

式中 γ_r——可靠度系数，依据所选目标可靠度及变异水平等级按表4-20确定；

σ_{pr}、σ_{tr}——行车荷载及温度梯度疲劳应力；

$\sigma_{p,max}$——最重轴载在临界荷位处产生的最大荷载应力；

$\sigma_{t,max}$——所在地区最大温度梯度在临界荷位处产生的最大温度翘曲应力；

f_r——水泥混凝土弯拉强度标准值，按交通等级查表4-20确定。

表4-20 可靠度系数

变异水平等级	目标可靠度			
	95	90	85	80~70
低	1.20~1.33	1.09~1.16	1.04~1.08	—
中	1.33~1.50	1.16~1.23	1.08~1.13	1.04~1.07
高	—	1.23~1.33	1.13~1.18	1.07~1.11

现行《公路水泥混凝土路面设计规范》（JTG D40—2011）规定，水泥混凝土的强度以28d龄期的弯拉强度控制。当混凝土浇筑后90d内可不开放交通时。可采用90d龄期的弯拉强度，不同交通等级要求的混凝土弯拉强度标准值不得低于表4-21规定。

表 4-21　水泥混凝土弯拉强度标准值

交通荷载等级	极重、特重、重	中等	轻
水泥混凝土弯拉强度标准值/MPa	≥5.0	4.5	4.0
钢纤维混凝土的弯拉强度标准值/MPa	≥6.0	5.5	5.0

(五) 水泥混凝土路面结构组合设计

1. 路基

路基应稳定、密实、均匀，对路面结构提供均匀的支承。由于混凝土面层的刚度大，具有良好的扩散荷载能力，所以传到土基顶面的荷载应力很小，一般情况下不会超过 0.07MPa。由于混凝土是脆性材料，对路基变形的适应能力较差，因而不仅要求路基有足够的承载力，也要求稳定而均匀的支撑。

由混凝土路面结构传到路基顶面的荷载应力很小，故对路基承载能力的要求并不高。但当出现不均匀变形时，混凝土面层与下卧层之间会出现局部脱空，面层应力会由此增加，从而导致面层板的断裂。对路基的基本要求是提供均匀的支撑，即路基在环境和荷载作用下不出现较大的变形，特别是不均匀变形。路基不均匀变形主要在下述情况下出现：软弱地基的不均匀沉降；填挖交替或新老填土交替；季节性冰冻地区的不均匀冻胀；填土因压实不足而引起的压密变形，受湿度变化影响而产生的膨胀收缩变形。

为控制路基的不均匀变形，须在地基、填料、压实等方面采取相应的措施。

1) 地基。混凝土路面下的路基必须密实、稳定和均匀，对路面结构提供均匀的支撑。影响路基强度和稳定的地面水和地下水，必须采取拦截或排出路基以外的措施。一般要求路基处于干燥或中湿状况，过湿状态和潮湿状态或强度与稳定性不符合要求的路基须经过处理。

2) 填料。高液限黏土及含有机质细粒土，不能用作高速公路和一级公路的路床填料或二级和二级以下公路的上路床填料；高液限粉土及塑性指数大于 16 或膨胀率大于 3% 的低液限黏土，不能用作高速公路和一级公路的上路床填料。因条件限制而必须采用上述土做填料时，应掺入石灰或水泥等结合料进行改善。路堤高程应尽可能超过中湿状态路基的临界高度，使床处于中湿或干燥状态。在设计高程受限制，未能达到中湿状态的路基临界高度时，应选用粗粒土或低剂量石灰或水泥稳定位土作为路床或上路床填料；未能达到潮湿状态的路基临界高度时，除采用上述填料措施外，应采取在边沟下设置排水渗沟等降低地下水位的措施。

3) 路基压实：路基压实应符合《公路路基设计规范》的要求。路堤上路床及零填和路堑路床的 CBR 值不得低于 8%（高速公路和一级公路）或 6%（其他等级公路）；路堤下路床不得低于 5%（高速公路和一级公路）或 4%（其他等级公路）。

路基土的湿度变化与周围环境的影响处于动态平衡状态，多雨潮湿地区，此平衡状态的湿度接近于土的塑限。高液限土及塑性指数大于 16 或膨胀率大于 3% 的低液限黏土的塑限，与轻型压实标准时土的最佳含水量接近。这些土采用重型压实标准压实，其最佳含水量远低于轻型压实标准土的塑限。压实土在随后与环境的动态平衡过程中会吸收水分而产生较大的膨胀变形，由此而抵消了施工时所投入的压实功，也增加了路基的不均匀变形量。故在多雨潮湿地区，高液限土及塑性指数大于16或膨胀率大于3%的低液限黏土路基，宜采用有轻型压实标准确定的压实度，并在含水量略大于其最佳含水量时压实。

2. 垫层

垫层主要设置在温度和湿度状况不良的路段上，以改善路面结构的使用性能。如季节性冰冻地区路面结构厚度小于最小防冻厚度要求时（表4-22），设置防冻冰点层可以使路面结构免除或减轻冻胀和翻浆病害。在路床土湿度较大的挖方路段上，设置排水垫层可以疏干路床土，改善路面结构的支撑条件。软弱地基上的路基或者新老填土交替的路基，即使是采取了控制不均匀沉降或不均匀变形的相应措施，仍有部分余量影响路面结构使面层产生断裂时，可以设置由水泥石灰或粉煤灰稳定材料或土组成的半刚性垫层，以缓解路基不均匀沉降或不均匀变形对面层的不利影响。

表4-22 水泥混凝土路面最小防冻厚度 （单位：cm）

路基干湿类型	路基土质	设计年限内当地最大冻深/cm			
		50~100	100~150	150~200	>200
中湿路段	易冻胀土	30~50	40~60	50~70	60~95
	很易冻胀土	40~60	50~70	60~85	70~110
潮湿路段	易冻胀土	40~60	50~70	60~90	75~120
	很易冻胀土	45~70	55~80	70~100	80~130

注：1. 易冻胀土指细粒土质砾、除极细粉土质砂外的细粒土质砂、塑性指数小于12的黏质土；很易冻胀土指粉质土、极细粉土质砂、塑性指数为12~22的黏质土。

2. 冻深小或填方路段，或基层、垫层采用隔温性能良好的材料，可采用低值；冻深大或挖方及地下水位高的路段，或基层、垫层采用隔温性能稍差的材料，可采用高值。

排水基层下应设置反滤层或者密级配粒料垫层，以防止路基中的细料向上迁移至基层内而堵塞排水基层。路基软弱或潮湿时，应在土基和基层之间铺设垫层，以改善路基水湿状况并为路面结构提供均匀支承，为基层修筑提供较坚实和稳定的基础。

在下述情况下，必须在基层下设置垫层：

1）季节性冰冻地区，路面结构设计厚度小于路面最小防冻厚度要求时，其差值应以垫层厚度补足。

2）水文地质条件不良的土质路堑，路床土湿度较大时，宜设置排水垫层。

3）路基可能产生不均匀沉降或不均匀变形时，可加设半刚性垫层。

4）地下水位高，排水不良，路基湿软时，应设置排水垫层。

5）透水性基层下，需设置反滤层。

垫层材料可选用天然砂或砂砾、碎石、石灰土或石灰粉煤灰土等；在季节性冰冻地区，可选用隔温性好的材料；用作反滤层时，材料粒径组成应满足反滤要求。

垫层的最小厚度为15cm，其宽度应与路基同宽。

3. 基层

水泥混凝土路面的基层是保证路面板具有均匀而稳定的支撑，防止唧泥和错台、延长路面使用寿命的重要层次。基层应具有足够的抗冲刷能力和一定的刚度，且断面正确、表面平整。

混凝土面层下设置基层的作用主要有以下四个方面：
1) 防止或减轻唧泥、错台和断裂病害的出现。
2) 改善接缝的传荷能力及其耐久性。
3) 缓解土基不均匀冻胀或不均匀体积变形对混凝土面层的不利影响。
4) 为面层施工机械提供稳定的行驶面和工作面。

水泥混凝土面层下基层的首要要求是抗冲刷能力。不耐冲刷的基层表面，在渗入水和荷载的共同作用下，会产生唧泥、板底脱空和错台等病害，导致行车不舒适，加速和加剧错台的断裂。交通繁重程度则影响到基层受到的冲刷程度及唧泥、错台出现的可能性和程度。基层类型应该根据交通等级选用。但过湿路段和冰冻地区的潮湿路段不宜采用石灰土做基层。基层材料的耐冲刷能力，目前尚无统一的试验方法和评定指标。影响稳定类基层材料耐冲刷能力的关键因素是结合料（水泥或沥青）含量，而压实度和级配也有一定影响。

按基层材料的类型和结合料含量，可以将其耐冲刷能力划分为 5 级：1 级（极耐冲刷），如贫混凝土（水泥含量 7% 或 8%）；2 级（耐冲刷），如厂拌水泥稳定粒料（水泥含量 5%）；3 级（较耐冲刷），如厂拌水泥稳定粒料（水泥含量 3.5%）、沥青稳定粒料（沥青含量 3%）；4 级（较易冲刷），如现场拌水泥稳定粒料（水泥含量 2.5%）；5 级（易冲刷），如混杂的粒料、细粒土。对于重交通的道路，可按降雨天数的多少采用 1 级或 2 级耐冲刷材料；对于中等交通的道路，可采用 2 级或 3 级耐冲刷材料；对轻交通道路，则可按降雨天数采用 3 级、4 级或 5 级耐冲刷材料。

基层可以选用粒料、石灰粉煤灰稳定粒料、水泥稳定粒料、碾压混凝土或贫混凝土和沥青稳定粒料等。

通过接缝或裂缝渗入混凝土路面内的水量相当大。在混凝土路面结构内设排水基层和纵向边缘排水系统以排出渗入水，可以减少渗入水对基层的冲刷用，从而降低唧泥、错台和板底脱空等病害出现的可能性和程度，由此提高路面的使用性能和使用性能。

湿润和多雨地区，路基为低透水性细料土的高速公路和一级公路或承受特重或重交通的二级公路，宜采用排水基层。排水基层可选用多孔隙开级配水泥稳定碎石、沥青稳定碎石或碎石，其孔隙率约为 20%。

基层宽度应比混凝土面层每侧至少宽出 300mm（采用小型机具施工）或 500mm（轨模式摊铺机施工）或 650mm（滑模式摊铺机施工）。路肩采用混凝土面层，其厚度与行车带面层相同时，基层宽度宜与路基同宽。级配材料基层的宽度也宜与路基同宽。

碾压混凝土和轻度较高的贫混凝土基层所产生的收缩裂缝，使混凝土面层出现反射裂缝。故碾压混凝土基层应设置与混凝土面层对应的接缝；贫混凝土基层的弯拉强度大于 1.8MPa 时，应设置与混凝土面层对应的横向缩缝；一次摊铺宽度大于 7.5m 时，应设置纵向裂缝。

特种或重交通道路常选用刚度比较大的贫混凝土、碾压混凝土、水泥稳定粒料、沥青混凝土或沥青稳定碎石等基层。此时上路床由黏土制砂或级配不良砂组成，由于基层与路床之间的刚度差过大，基层容易开裂，故须在基层与路床间设置底基层。底基层可采用级配料水泥稳定粒料或石灰粉煤灰稳定粒料，厚度一般为 200mm。底基层顶面宜铺设沥青封层或防水土工织物。

4. 水泥混凝土面层

水泥混凝土面层应具有足够的强度、耐久性、表面抗滑、耐磨、平整,其弯拉强度、厚度均应满足混凝土路面设计要求。普通水泥混凝土面层多采用等厚式断面,其厚度按交通的繁重程度由应力计算确定。《公路水泥混凝土路面设计规范》条文说明中表 4-3 给出了水泥混凝土面层经验厚度的参考范围,可供路面结构组合设计及初拟面层厚度时参考。在所建议的各级面层厚度参考范围内,标准轴载作用次数多、变异系数大、最大温度梯度大或者基、垫层厚度或模量值低时,应取高值。

混凝土面层板一般划分为矩形,纵、横向接缝应垂直相交,纵缝两侧的横缝不得相互错位,纵向接缝间距在路面宽 3.0~4.5m 的范围内确定。横向接缝间距按面层类型和板厚选定,一般采用 4~6m,且面层板的长宽比不宜大于 1.3,平面尺寸不宜大于 $25m^2$。在普通混凝土面层的建议范围内,所选横缝间距可随面层厚度增加而增大。在横缝不设传力杆的中等和轻交通路面上,横缝也可设置成与纵缝斜交,使车轴两侧的车轮不同时作用在横缝的一侧,从而减少轴载对横缝的影响,但横缝的斜率不应使板的锐角小于 75°。

采用碾压混凝土或贫混凝土基层时,宜将基层与混凝土面层分离式双层板进行应力分析。上、下层板的计算厚度分别满足规范的要求,上、下层板在临界荷位处的荷载疲劳应力和温度疲劳应力计算方法可参见《公路水泥混凝土路面设计规范》中有关内容。同样,具有沥青上面层的水泥混凝土板,应参照《公路水泥混凝土路面设计规范》中有关内容,计算临界荷位处的荷载疲劳应力温度疲劳应力。

路面表面构造应采用刻槽、压槽、拉槽或拉毛等方法制作。构造深度在使用初期应满足《公路水泥混凝土路面设计规范》的要求。

5. 接缝构造设计

按作用的不同,接缝可分为缩缝、胀缝和施工缝三类。其设置位置和构造应能实现三方面的要求:控制温度伸缩应力和翘曲应力所引起的开裂出现的位置;能提供一定的荷载传递能力;防止路表水下渗和坚硬杂物贯入缝隙内。

(1) 缩缝

1) 缩缝间距。

① 为控制普通混凝土路面的开裂,保证接缝具有较好的传荷能力,应采用短缩缝距。其间距(也即面层板长度)一般为 4~6m;面层板越薄,基层刚度越大,间距应越短。通常采用的缩缝间距为 5m。板的长宽比不宜超过 1.25。

② 碾压混凝土的收缩系数低于普通混凝土,因而其缩缝间距可长些,但过长时不利于接缝的荷载传递,一般不宜超过 15m,并尽可能采用短缝距。

③ 钢筋混凝土面层板的长度与配筋量成正比,因而其缩缝间距应结合需要和经济两方面,一般不宜超过 15m。

④ 钢纤维混凝土的缩缝间距与普通混凝土相同或略大。

2) 缩缝布置。横向缩缝可等间距或变间距布置,采用假缝的形式通常都垂直于路中线,等间距布置。为改善行驶质量,也可采用变间距缩缝,并倾斜于路中线布置,使车辆的两侧车轮不同时驶经横向缩缝。缩缝倾斜的斜率一般采用 1:6,缩缝间距可按 4.8m—5.7m—3.6m 或 3.0m—4.2m—3.9m—2.7m 或 5.1m—6.9m—6.6m—4.8m 等方案变化。

3) 缩缝构造。横向缩缝有假缝和设传力杆假缝两种构造形式。在特重和重交通道路上，应采用设传力杆假缝，以减少唧泥和错台病害的出现。PIARC混凝土道路技术委员会在汇总分析各国使用经验的基础上，提出了路面使用性能满足一定标准（平均错台量小于3mm）时，缩缝可采用假缝形式的适用范围。

① 对于粒料基层、在严重气候条件（潮湿冰冻地区）时，不建议在有重车行驶的道路上修建无传力杆缩缝。一定要采用时，轴载13t的货车每天不得超过20轴次或9~10t的货车每天不得超过50轴次，并且接缝必须填封和养护良好。在中等或适宜气候条件下，如果渗入水不在路面结构内积滞，接缝填封和养护良好，则交通阈限值可提高1~2倍。

② 对于水泥或稳定类基层，如能保证基层和路肩基层顶面冲刷，则交通阈限值可提高1~2倍。如设有内部排水系统，则交通阈限值还可再提高1~2倍。贫混凝土和沥青混凝土类基层在接缝填封良好和设有内部排水系统时，则交通阈限值也可提高1~2倍。

③ 钢筋混凝土面层的缩缝，由于缝隙较宽，必须设置传力杆，以保证接缝的荷载传递。碾压混凝土面层的缩缝内一般不设传力杆。

④ 接缝的槽口可以采用在硬化混凝土中锯切或者在新鲜混凝土中压入的方式形成。槽口深度约为板厚的1/4。槽口的宽度为3~8mm，锯切的槽口，宽度小；压入的槽口，宽度较大。槽口断面常采用窄而深的形式。为改进这种形状槽口内的填封材料易被挤出的缺点，可采用厚锯片进行第二次浅锯切，以加宽上部槽口，形成深宽度比为1.5~3.0的断面，上部槽口的宽度为6~10mm，深度为20mm。

4）传力杆。传力杆设计主要是确定接缝处不出现由于传力杆变形和破坏而引起的错台所必需的传力杆的直径、长度（埋入深度）和间距。

各国所选用的传力杆尺寸在下述范围内变动：传力杆直径为24~38mm，随面层厚度增加而增大，但不小于厚度的1/8或15mm；传力杆长度为35~60cm，埋入混凝土内的长度（每侧）大于6倍传力杆直径；传力杆间距通常为30cm，等间距布置，最外侧传力杆距纵向接缝或自由边缘的距离为15~25cm。有的国家视车道或轮迹情况采用不同间距，超车道内的间距大些；主车道两条轮迹带宽度（约1m）范围内的间距可小些（如25cm或30cm），非轮迹带宽度内的间距大时（如50~70cm），从而可减少传力杆数量。

传力杆的表面涂敷沥青膜（厚0.1mm），以防止钢筋锈蚀。外面再套以0.4mm厚的聚乙烯膜方面保护沥青膜，可防止传力杆与混凝土的黏结，以保证传力杆在混凝土内自由滑动。各传力杆的定位必须准确地平行于混凝土面层表面和行车道纵轴线，与水平面、竖直面和相邻传力杆的偏差不大于4°，以保证面层板的正常伸缩。

（2）胀缝 在邻近桥梁或其他固定构造物处或与其他道路相交处应设置横向胀缝；在采用短缩缝距和非低温时浇筑混凝土的情况下，可仅在与邻近构造物或与其他路面不对称交叉处设置胀缝。胀缝的设置条数视膨胀缝的大小而定。低温浇筑混凝土面层或选用膨胀性高的集料时，宜酌情确定是否设置胀缝。胀缝宽20mm，缝内设置填缝板和可滑动的传力杆。传力杆应采用光面钢筋，一端加一金属套，套子应能罩住传力杆5cm以上，并在套顶留下3cm长的空间，保证板膨胀时传力杆有向前移动的余地。传力杆加套端一半以上的长度，表面涂敷沥青膜（厚0.1mm），以防止传力杆与混凝土黏结而无法自由滑动。胀缝传力杆的尺寸、布置间距和定位要求，与缩缝传力杆相同。

（3）施工缝

1）横向施工缝。每天工作结束或因临时原因而中断施工时，需设置横向施工缝。横向施工缝应尽可能设在缩缝处,做成设传力杆的平缝形式。如有困难而设在缩缝之间时,施工缝采用设拉杆的企口形式,以保证缝隙不张开。

2)纵向施工缝。混凝土一次铺筑宽度小于路面宽度时,需设置纵向施工缝;一次铺筑宽度大于4~4.5m时,需设置纵向缩缝。纵向施工缝采用设拉杆的平缝或设拉杆的企口缝形式。纵向缩缝采用设拉杆假缝形式。纵向缩缝的槽口深度应大些,以保证槽口下的混凝土开裂。基层为粒料时,槽口深度为板厚的1/3;半刚性基层时,则增加到板厚的2/5。

(4)特殊部位的接缝布置

1)交叉口。

① 两条道路正交时,各条道路的直道部分均保持本身纵缝的连贯,而相交路段内各条道路的横缝位置应按相对道路的纵缝间距做相应变动,保证两条道路的纵缝垂直相交,互不错位。两条道路斜交时,主要道路的直道部分保持纵缝的连贯,而相交路段的横缝位置应按次要道路的纵缝间距做相应变动,保证与次要道路的纵缝相连接。相交道路弯道加宽部分的接缝布置应不出现或少出现错缝或锐角板。

② 在次要道路弯道加宽段起终点断面处横向接缝应采用胀缝形式,膨胀量大时,应在直线段连续布置2~3条胀缝。

③ 两条相交混凝土道路的弯道段,板块划分时会出现非矩形板块,但其短边长不宜小于1m,板角不宜小于90°。相交道路接合处的接缝应尽量对齐,避免出现错缝。

④ 在相交道路接合处出现错缝时,以及在弯道起终端处,应设置胀缝。

2)与桥梁衔接处。在混凝土面层板与桥头搭板之间设置长度不小于5m的钢筋混凝土面层板。搭板与钢筋混凝土板之间的接缝采用设拉杆的平缝,拉杆的尺寸和间距按传力杆的要求设置。毗邻钢筋混凝土板的普通混凝土面层板,其前后各设置一条胀缝。

3)构造物横穿公路。横穿公路构造物的上方,采用钢筋混凝土面层板。它与普通混凝土板之间的接缝采用设传力杆缩缝。

4)端部处理。

① 混凝土路面与固定构造物相衔接的胀缝无法设置传力杆时,可在毗邻构造物的板端部内配置双层钢筋网,或在长度6~10倍板厚的范围内逐渐将板厚增加20%。混凝土路面与沥青路面相接时,其间应设置至少3m长的过渡段。过渡段的路面采用两种路面呈阶梯状叠合布置,其下面铺设变厚度混凝土过渡板的厚度不得小于200mm,过渡板与混凝土面层相接处的接缝设置直径25mm、长70mm、间距400mm的拉杆。

② 连续配筋混凝土面层与其他类型路面或构造物相接的端部,应设置锚固结构。端部锚固结构可采用钢筋混凝土地梁或宽翼缘工字钢梁接缝等形式。钢筋混凝土地梁一般采用3~5个,梁宽400~600mm,梁高1200~1500mm,间距为5000~6000mm,地梁与连续配筋混凝土面层连成整体;宽翼缘工字钢梁的底部锚入钢筋混凝土枕梁内,枕梁一般长3000mm、厚200mm,钢梁腹板与连续配筋混凝土面层端部间填入胀缝材料。

5)填封(缝)材料。胀缝接缝板应该选择能适应混凝土板膨胀收缩、施工时不易变形、复原率高和耐久性材料。高速公路和一级公路宜选泡沫橡胶板、沥青纤维板;其他等级公路可以选用木材类或纤维类板。接缝槽口的填缝料应该具有回弹性好、与接缝混凝土表面黏结力强、适应混凝土板收缩、不溶于水、不渗水、高温时不流淌、低温时不脆裂、耐老化的性质。常用的缝填料有热灌的橡胶沥青类、常温施工的聚氨酯焦油类或有机硅树脂及压缩性预制嵌条三种。

6. 普通混凝土路面设计及程序

1) 收集交通资料。包括初始年日交通量、日货车交通量、方向分配系数、车道分配系数、设计使用期内交通量年平均增长率、各类货车的轴型和轴载组成等。

2) 分析交通资料。计算设计车道的初始年日货车交通量和各级轴载作用次数。将各级轴载的作用次数换算为标准轴载的作用次数,计算设计车道初始年日标准轴作用次数。按此值确定设计道路的交通等级和设计使用期。依据公路等级,选定车轮轮迹的横向分布系数。然后,计算设计使用期内设计车道上准轴载累计作用次数。

3) 初拟路面结构。按设计道路所在地的路基土质、水温状况、路面材料供应条件、公路等级和交通繁重程度,进行结构层组合设计,初选各结构层的材料类型和厚度。

4) 按混凝土设计弯拉强度的最低要求,进行混凝土混合料组成设计。

5) 通过对混合料的强度测定,确定 28d 或 90d 的设计弯拉强度 f_r。通过试验确定相应的混凝土弹性模量 E_c。

6) 计算荷载疲劳应力 σ_{pr}。

7) 计算温度疲劳应力 σ_{tr}。

8) 检验荷载疲劳应力与温度疲劳应力是否满足式(4-4)的要求。如满足,验算初拟结构是否满足式(4-5)的要求。如满足,则初拟路面结构和面层厚度可以作为设计结构。如不满足,则改变初拟结构,重复第5)步以下的计算,直到上述条件满足为止。

(六) 旧水泥混凝土路面加铺设计

1. 一般要求

1) 在旧混凝土路面上进行加铺之前,应对原有公路做下列技术调查:年平均日交通量、交通组成及增长率;公路修建与养护的技术资料;原有路面结构、宽度、厚度及路拱情况;原有路面状况的评定分级;路基的填土高度、地下水位、多年平均最大冻深、排水与积水状况等。

2) 加铺层应根据使用要求及旧水泥混凝土路面的状况,选用分离式或结合式水泥混凝土加铺结构,或沥青混凝土加铺结构,经技术经济比较后确定。

3) 加铺层的结构形式应根据旧混凝土路面状况的分级情况、接缝布置及路拱等条件选择。

① 当旧混凝土路面的状况分级为"优",且路面的结构性损坏已经修复、路拱坡度基本符合要求,板的平面尺寸及接缝布置合理时,可采有结合式加铺层。加铺层铺筑前应将旧混凝土表面凿毛并仔细清洗,清除旧混凝土表面的油污、剥落碎块及接缝中的杂物,重新封缝,并在洁净的旧混凝土路面上涂以水泥浆或水泥砂浆或环氧树脂等。

② 当旧混凝土路面的状况分级为"良""中",且路面的结构性损坏已经修复、路拱坡度基本符合要求,板的平面尺寸和接缝布置合理时,宜采用直接式加铺层。加铺层铺筑前应将旧混凝土表面凿毛并仔细清洗,清除旧混凝土表面的油污、剥落碎块及接缝中的杂物,并重新封缝。

③ 当旧路面的状况分级为"可""差",或新旧混凝土板的平面尺寸不同,接缝位置不完全一致,或新旧路面的路拱坡度不一致时,均应采用分离式加铺层。加铺层铺筑前应对旧路面中严重破碎、脱空、裂缝继续发展的板,击碎压实或予以清除,用混凝土补平。隔离层

材料宜采用油毡、沥青砂、细粒式沥青混凝土等稳定性较好的材料，不宜采用砂等松散粒状材料。

2. 加铺层的最小厚度

1）采用普通混凝土加铺层时，结合式加铺层厚度不宜小于10cm；直接式加铺层厚度不应小于14cm；分离式加铺层厚度不应小于10cm。

2）采用钢纤维混凝土加铺层时，结合式加铺层厚度不宜小5cm；直接式加铺层厚度不应小于8cm；分离式加铺层厚度不应小于10cm。

3. 水泥混凝土加铺层

（1）荷载应力分析　旧混凝土路面加铺层结构的应力可采用等刚度原则，按层间的结合条件将双层混凝土板换算为等效的单层混凝土板进行计算。标准轴载在临界荷位处产生的分离式双层板上层和下层的荷载应力或结合式双层板下层的荷载应力，分别由式（4-6）和式（4-7）确定。

$$\sigma_{ps1} = 0.077 r_g^{0.60} \frac{E_{c1} h_{01}}{12 D_g} \tag{4-6}$$

$$\sigma_{ps2} = 0.077 r_g^{0.60} \frac{E_{c2}(0.5 h_{02} + h_x k_u)}{6 D_g} \tag{4-7}$$

$$h_x = \frac{E_{c1} h_1 (h_{01} + h_{02})}{2(E_{c1} h_{01} + E_{c2} h_{02})} \tag{4-8}$$

式中　σ_{ps1}、σ_{ps2}——双层混凝土板上层和下层的荷载应力，MPa；

E_{c1}、E_{c2}——双层混凝土板上层和下层的弯拉弹性模量，MPa；

h_{01}、h_{02}——双层混凝土板上层和下层的厚度，m；

h_x——下层板中面至结合式双层板中性面的距离，m；

k_u——层间结合系数；分离式，$k_u = 0$；结合式，$k_u = 1$；

D_g——双层混凝土板的截面总刚度，MN·m；

r_g——双层混凝土板的相对刚度半径，m。

（2）加铺层结构设计　加铺层和旧混凝土面层应力分析，按上述方法计算加铺层的设计厚度，按加铺层和旧水泥混凝土板的应力分别按照规范的要求确定。

（3）接缝设置　结合式或直接式加铺层的接缝应与旧混凝土板的接缝对齐，结合式加铺层不设拉杆或传力杆；分离式加铺层接缝设置，与普通混凝土路面相同。

（七）水泥混凝土路面设计实例

某拟建二级公路，公路自然区划为V区，路基土为黏性土，交通组成见表4-23。设计路段碎石、砂砾、石灰、水泥供应丰富，拟采用普通水泥混凝土路面结构。

表4-23　交通组成表

车型	前轴重	后轴重	后轴数	后轴轮组数	后轴距/m	交通量
解放CA10B	19.40	60.85	1	双	—	69.34
黄河JN150	49	101.60	1	双	—	75.12
日野KB222	50.20	104.30	1	双	—	86.67
斯柯达706R	50	90	1	双	—	69.34

(续)

车型	前轴重	后轴重	后轴数	后轴轮组数	后轴距/m	交通量
依士兹 TD50	42.2	80	1	双	—	57.78
吉尔 130	25.75	59.50	1	双	—	109.78
交通 SH361	60	2×110	2	双	130	92.45
小汽车	—	—	—	—	—	866.72

1. 路面类型的确定

路面设计以双轮组单轴载 100kN 为标准轴载，以 BZZ-100 表示。

（1）轴载换算

$$N_s = \sum_{i=1}^{n} \delta_i N_i \left(\frac{P_i}{100}\right)^{16} \tag{4-9}$$

式中 N_s——100kN 的单轴-双轮组标准轴载的作用次数；

P_i——单轴-单轮、单轴-双轮组、双轴-双轮组或三轴-双轮组轴型 i 级轴载的总重，kN；

N_i——各类轴型 i 级轴载的作用次数；

n——轴型和轴载级位数；

δ_i——轴-轮型系数，单轴-双轮组时，$\delta_i = 1$；单轴-单轮时，按式 $\delta_i = 2.22 \times 10^3 P_i^{-0.43}$ 计算；双轴-双轮组时，按式 $\delta_i = 1.07 \times 10^{-5} P_i^{-0.22}$ 计算；三轴-双轮组时，按式 $\delta_i = 2.24 \times 10^{-8} P_i^{-0.22}$ 计算。

轴载换算结果见表 4-24。

表 4-24 轴载换算结果

车型		P_i/kN	δ_i	N_i	$N_i\left(\dfrac{P_i}{P}\right)^{16}$
解放 CA10B	前轴	19.40	$2.22\times10^3\times23.70^{-0.43}$	69.34	0
	后轴	60.85	1	69.34	0.023
黄河 JN150	前轴	35.00	$2.22\times10^3\times35.00^{-0.43}$	75.12	0.35
	后轴	70.15	1	75.12	96.83
日野 KB222	前轴	50.2	$2.22\times10^3\times42.60^{-0.43}$	86.67	0.58
	后轴	104.3	1	86.67	169.98
斯柯达 706R	前轴	50	$2.22\times10^3\times51.40^{-0.43}$	69.34	0.439
	后轴	90	1	69.34	12.85
依士兹 TD50	前轴	42.20	$2.22\times10^3\times23.70^{-0.43}$	57.78	0.023
	后轴	—		57.78	—
吉尔 130	前轴	25.75	$2.22\times10^3\times23.70^{-0.43}$	109.78	0
	后轴	59.50	1	109.78	0.023
交通 SH361	前轴	60	$2.22\times10^3\times23.70^{-0.43}$	92.45	9.95
	后轴	2×110	$1.07\times10^{-5}\times P_i^{-0.22}$	92.45	90.76
$N = \sum_{i=1}^{n}\delta_i N_i\left(\dfrac{P_i}{P}\right)^{16}$					381.808

(2) 计算累计当量轴次　二级公路的设计基准期为 20 年，安全等级为二级，临界荷位处的车辆轮迹横向分布系数 η 是 $0.54\sim0.62$，本例取 0.54，$g_r=0.075$，则

$$N_e=\frac{N_s[(1+g_r)^t-1]\times365}{g_r}\eta=\frac{381.808\times[(1+0.075)^{20}-1]}{0.075}\times365\times0.54=3.26\times10^6$$

查《公路水泥混凝土路面设计规范》水泥混凝土路面所承受的轴载作用，按设计基准期内设计车道所承受的标准轴载累计作用次数分为 5 级，标准轴载累计作用次数大于 1×10^6 时，属于重交通等级，故本设计属于重交通等级。

2. 基层、垫层材料参数确定

（1）基层　基层应具有足够的强度和稳定性，在冰冻地区应具有一定的抗冻性。拟选用石灰粉煤灰稳定粒料为基层。配比为石灰∶粉煤灰∶稳定粒料=1∶3∶12，查《公路水泥混凝土路面设计规范》得回弹模量 $E_1=130\text{MPa}$。

（2）垫层　垫层的作用有抗冻、排水、防止污染等，本设计处在山东地区，属于季节性冰冻地区，易发生冻胀、翻浆等现象，为了排出路面路基中滞留的自由水，确保路面结构稳定，避免冻害发生，在底基层下设置垫层。垫层采用石灰稳定土，其中石灰含量 10%，查《公路水泥混凝土路面设计规范》得回弹模量 $E_2=600\text{MPa}$。

3. 路面的结构厚度计算

（1）初拟路面结构　查《水泥混凝土路面设计规范》可知二级公路的可靠度设计标准见表 4-25。

表 4-25　可靠度设计标准

安全等级	设计基准期/a	目标可靠度(%)	目标可靠指标	变异水平等级
二级	20	85	1.04	中

相应于安全等级二级的变异水平等级为中~高。根据二级公路、重交通等级和中级变异水平等级，查表 4-26 初拟普通混凝土面层厚度为 22cm，基层厚 18cm，垫层厚 15cm。普通混凝土板的平面尺寸为宽 4.25m，长 4m。

表 4-26　水泥混凝土面层厚度的参考范围

交通等级	特重			重		
公路等级	高速	一级	二级	高速	一级	二级
变异水平等级	低	中	低	中	低	中
面层厚度/mm	≥260	≥250	≥240	270~240	260~220	250~220

查表 4-17，普通水泥混凝土面层的弯拉强度标准值 $f_{cm}=5.0\text{MPa}$。查《公路水泥混凝土路面设计规范》相应弯拉模量 $E_c=3.1\times10^4\text{MPa}$，路基土基回弹模量 $E_0=40\text{MPa}$。

基层顶面当量回弹模量计算如下：

$$E_x=\frac{h_1^2E_1+h_2^2E_2}{h_1^2+h_2^2}=\frac{0.18^2\times1300+0.15^2\times600}{0.18^2+0.15^2}\text{MPa}=1013\text{MPa}$$

$$D_x=\frac{E_1h_1^3}{12}+\frac{E_2h_2^3}{12}+\frac{(h_1+h_2)^2}{4}\left(\frac{1}{E_1h_1}+\frac{1}{E_2h_2}\right)^{-1}$$

$$= \frac{1300 \times 0.18^3}{12} + \frac{600 \times 0.15^3}{12} + \frac{(0.18+0.15)^2}{4} \times \left(\frac{1}{1300 \times 0.18} + \frac{1}{600 \times 0.15}\right)^{-1} \text{MN} \cdot \text{m}$$

$$= 2.5700 (\text{MN} \cdot \text{m})$$

$$h_x = \left(\frac{12 D_x}{E_x}\right)^{\frac{1}{3}} = \left(\frac{12 \times 2.57}{1013}\right)^{\frac{1}{3}} \text{m} = 0.312 \text{m}$$

$$a = 6.22 \times \left[1 - 1.51 \left(\frac{E_x}{E_0}\right)^{-0.45}\right] = 6.22 \times \left[1 - 1.51 \times \left(\frac{1013}{34}\right)^{-0.45}\right] = 4.181$$

$$b = 1 - 1.44 \left(\frac{E_x}{E_0}\right)^{-0.55} = 1 - 1.44 \times \left(\frac{1013}{40}\right)^{-0.55} = 0.757$$

$$E_t = a h_x^b E_0 \left(\frac{E_x}{E_0}\right)^{\frac{1}{3}} = 4.181 \times 0.312^{0.757} \times 40 \times \left(\frac{1013}{40}\right)^{\frac{1}{3}} \text{MPa} = 203.359 \text{MPa}$$

式中　E_t——基层顶面的当量回弹模量；

　　　E_0——路床顶面的回弹模量；

　　　E_x——基层和底基层或垫层的当量回弹模量；

　　　E_1、E_2——基层和底基层或垫层的回弹模量；

　　　h_x——基层和底基层或垫层的当量厚度；

　　　D_x——基层和底基层或垫层的当量弯曲刚度；

　　　h_1、h_2——基层和底基层或垫层的厚度；

　　　a、b——与 E_x/E_0 有关的回归系数。

普通混凝土面层的相对刚度半径计算为

$$r = 0.537 h \left(\frac{E_c}{E_t}\right)^{\frac{1}{3}} = 0.537 \times 0.22 \times \left(\frac{31000}{203.359}\right)^{\frac{1}{3}} \text{m} = 0.631 \text{m}$$

（2）荷载疲劳应力　标准轴载在临界荷载处产生的荷载应力计算为

$$\sigma_{ps} = 0.077 r^{0.6} h^{-2} = 0.077 \times 0.631^{0.6} \times 0.22^{-2} \text{MPa} = 1.206 \text{MPa}$$

因纵缝为设拉杆平缝，接缝传荷能力的应力折减系数 $K_r = 0.87$。考虑设计基准期内荷载应力累计疲劳作用的疲劳应力系数为

$$K_f = N_e^v = (3.26 \times 10^6)^{0.057} = 2.351$$

式中　v——与混合料性质有关的指数，普通混凝土、钢筋混凝土、连续配筋混凝土，$v = 0.053 - 0.017 \rho_f l_f / d_f$ 计算。

根据公路等级，查《公路水泥混凝土路面设计规范》，考虑偏载和动载等因素，对路面疲劳损失影响的综合系数 $K_c = 1.20$。

荷载疲劳应力计算为

$$\sigma_{pr} = K_r K_f K_c \sigma_{ps} = 0.87 \times 2.351 \times 1.20 \times 1.206 \text{MPa} = 2.96 \text{MPa}$$

（3）温度疲劳应力　查《公路水泥混凝土路面设计规范》，Ⅱ区最大温度梯度取 88℃/m。板长 4m，$l/r = 4/0.631 = 6.339$。

由图 4-20 可查普通混凝土板厚 $h = 0.22 \text{cm}$，$B_x = 0.68$。最大温度梯度时混凝土板的温度翘曲应力计算为

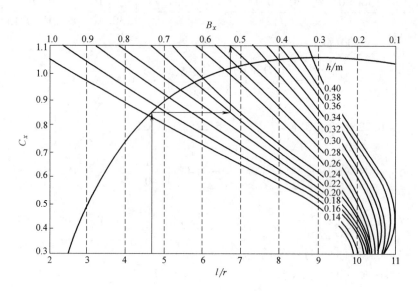

图 4-20 温度应力系数 B_x

$$\sigma_{tm} = \frac{a_c E_c h T_g}{2} B_x = \frac{1 \times 10^{-5} \times 31000 \times 0.22 \times 85}{2} \times 0.68 \text{MPa} = 1.97 \text{MPa}$$

温度疲劳应力系数 K_t 计算为

$$K_t = \frac{f_r}{\sigma_{tm}} \left[a \left(\frac{\sigma_{tm}}{f_r} \right)^c - b \right] = \frac{5.0}{1.97} \times \left[0.871 \times \left(\frac{1.97}{5.0} \right)^{1.287} - 0.071 \right] = 0.486$$

计算温度疲劳应力为

$$\sigma_{tr} = K_t \sigma_{tm} = 0.486 \times 1.97 \text{MPa} = 0.957 \text{MPa}$$

查表 4-23，二级公路的安全等级为二级，相应于二级安全等级的变异水平为中级，目标可靠度为 85%。再据查得的目标可靠度和变异水平等级，查表 4-20 得可靠度系数 $\gamma_r = 1.06$。

$$\gamma_r (\sigma_{pr} + \sigma_{tr}) = 1.08 \times (2.96 + 0.957) \text{MPa} = 4.23 \text{MPa} \leqslant f_r = 5.0 \text{MPa}$$

所选普通混凝土面层厚度（0.22cm）可以承受设计基准期内荷载应力和温度应力的综合疲劳作用；按式（4-5）验算，此处略。

当地最大冻深为 0.5m，本设计的路面结构总厚度为 0.22+0.18+0.15m = 0.55m > 0.5m，故所设计的路面结构满足最大冻深要求。

第四节 新型道路建筑材料

一、道路建筑材料的作用及应具备的性质

材料是工程结构物的物质基础。材料质量的优劣和配置是否合理、选用是否适当等，均直接影响工程结构物的质量。在道路与桥梁结构物的修筑费用中，用于材料的费用占 30%~50%，某些重要工程甚至可达 70%~80%。所以，要节约工程投资，降低工程造价，认真合

理地选配和应用材料是很重要的环节。

在道路与桥梁工程中要实现新设计、新技术、新工艺，新材料也为其中重要一环。许多新型先进设计由于材料一关未能突破，因而长期未能实现某些设计要求。某些新材料的出现，又推动新技术的发展。所以，道路建筑材料的研究是道路与桥梁技术发展的重要基础。

道路与桥梁工程都是一种承受频繁交通动荷载反复作用的结构物，又是一种无遮盖而裸露于大自然的结构物。它不仅受到车辆复杂的力系作用，又受到各种自然因素的恶劣影响。所以，用于修筑道路与桥梁结构用的材料，不仅需要具有抵抗复杂应力作用下的综合力学性能，还要保证在各种自然因素的长时期影响下，综合力学性能不产生明显的下降，即保持所谓持久稳定性，这就要求建筑材料具备下列四个方面的性质。

（1）力学性质　力学性质是材料抵抗车辆荷载复杂力系综合作用的性能。目前建筑材料力学性质主要是测定各种静态的强度，如抗压、抗拉、抗弯、抗剪等强度；或者某些特殊设计的经验指标，如磨耗强度、冲击强度等。有时假定材料的各种强度之间存在一定关系，以抗压强度作为基准，按其抗压强度折算为其他强度。

（2）物理性质　材料的力学强度随其环境条件而改变。影响材料力学性质的物理因素主要是温度和湿度。材料的强度随着温度的升高或含水率的增加而显著降低，通常用热稳定性或水稳定性等来表征其强度变化的程度。对于优质材料，其强度随着环境条件的变化应当较小。此外，通常还要测定一些物理常数，如密度、孔隙率等。这些物理常数是材料内部组成结构的反映，并与力学性质之间存在一定的相关性，可以用于推断力学性质。

（3）化学性质　化学性质是材料抵抗各种周围环境对其化学作用的性能。道路与桥梁用材料除了受到周围介质的影响（如桥墩在工业污水中）或者其他侵蚀外，通常还受到大气因素（如气温的交替变化、日光中的紫外线、空气中的氧及水等）的综合作用，引起材料的"老化"，特别是各种有机材料（如沥青材料等）尤为显著。

（4）工艺性质　工艺性质是材料适于按照一定工艺流程加工的性能。例如，水泥混凝土在成型以前要求有一定的流动性，以便制作成一定形状的构件。但是加工工艺不同，要求的流动性也不同。

建筑材料这四方面性能是互相联系、互相制约的，在研究材料性能时，往往要把各方面性能联系起来统一考虑。

二、特种水泥混凝土

1. 高性能混凝土

混凝土的高性能化是近二三十年才提出的，作为主要的结构材料，混凝土耐久性的重要性不亚于强度和其他性能。不少混凝土建筑因材质劣化引起开裂破坏甚至崩塌，水工、海港与桥梁工程尤为多见，它们的破坏往往不是因为强度不足，而是耐久性不够。因此早在20世纪30年代，水工混凝土就要求同时按强度与耐久性来设计配合比。有些重要建筑物，如高层建筑、大跨桥梁、采油平台、压力容器等对耐久性有更高要求，以保证安全。随着施工技术的进步和结构中混凝土均匀性要求的提高，工作性（和易性）成为另一重要性能指标。此外，体积稳定性（高弹性模量、干缩小、徐变及效应变小等）、抗冲、耐磨、耐疲劳、耐融化学腐蚀等性能也受到重视。

高性能混凝土的出现，标志着混凝土技术又跨入一个新的革命时期。有学者给高性能混凝土下的定义是：高性能混凝土是一种新型高技术混凝土，是在大幅度提高普通混凝土性能的基础上采用现代混凝土技术制作的混凝土，以耐久性作为设计的主要指标。针对不同用途要求，高性能混凝土在耐久性、施工性、适用性、强度、体积稳定性、经济性等性能方面有重点地予以保证。各个强度等级的混凝土都可做到高性能。为此，高性能混凝土在配制上的特点是低水胶比，选用优质原材料，除水泥、水和骨料外，必须掺加足够数量的矿物细掺料和高效减水剂，减少水泥用量。

自密实高性能配合比与普通混凝土配合比相比有很大差别，至今并无统一的设计方法。本节根据收集到的有关研究与工程实践资料，提供下列方法仅供参考。

(1) 原材料的选择

1) 外加剂的选择。通常的减水剂达不到高性能混凝土要求的减水程度及提高的工作性能，一般需要加超塑化剂（或叫高效减水剂）。有研究结果表明：将不同厂家产品（萘系高效减水剂）按比例复合使用，使掺和后的产品各组分间的作用相互调节，发挥其各自的优势，可达到"超叠加效应"。

2) 胶结材料（水泥与矿物掺和料）的选择。由于掺入较大量的矿物掺和料，缓解了外加剂和水之间相容性问题，使高性能混凝土对水泥有较大的适应性。只是在使用时要求水泥品种和来源应相对稳定。粉煤灰、磨细矿渣和膨胀剂，根据要求合理组合，使用前做好试配，尽量使用需水比小的粉煤灰。当强度等级不高时，可使用需水比大于1的粉煤灰；C50级以上的混凝土则用需水比小于1的粉煤灰。

3) 对骨料的要求。由于砂浆中砂子体积较大，宜选用细度模数较大的中砂（细度模数≥2.6），同时必须符合砂子的级配要求。由于砂浆量较大，对石子级配并不敏感，但对石子的粒形非常敏感。针片状颗粒含量不宜大于5%；当针片状颗粒含量大于7%时，拌和物完全堵塞；当针片状颗粒含量在5%~7%时，随针片状颗粒含量的增加，堵塞逐渐加重。为保证足够的团聚性和抗堵塞性能，宜选取较小的粒径。

(2) 设计方法依据

1) 流动性和抗离析性的平衡。通常用调整单方用水量和外加剂的方法调整混凝土拌和物的流动性。用水量和外加剂增大时流动性随之增大，而抗离析性随之下降。而高性能混凝土拌和物的特点是具有高流动性而无离析。因此，流动性和抗离析性是互相矛盾。达到用水量、外加剂用量和流动性、抗离析性的平衡，使矛盾得到统一，是混凝土配合比设计的关键，也是进行施工的关键。故可按混凝土浇筑部位的形状、配筋密度、浇筑方法等不同的施工条件进行配合比设计。

2) 粗骨料与砂浆。配制高流动自密度（高性能）混凝土的关键是在保证所需强度和耐久性的前提下，得到可不振捣，必要时可少振捣的高流动性混凝土拌和物。流变性良好的自密实混凝土拌和物配合比应当有两个要素：较小的骨料体积含量和足够黏度的砂浆，其中粗骨料体积含量是控制新拌流动性混凝土离析的一个重要因素。具有较少粗骨料含量的拌和物对流动堵塞有较高的抵抗力，但粗骨料含量过小的混凝土，会使弹性模量下降，进而产生较大的收缩。因此，应当在满足流变性要求的前提下，尽量增加粗骨料用量。但粗骨料用量大时，拌和物间隙通过性能差而易堵塞。普通混凝土的粗骨料用量一般为 $0.6 \sim 0.7 m^3/m^3$，而自密实高性能混凝土为 $0.5 \sim 0.55 m^3/m^3$ 时则可解决上述矛盾。

3) 砂与胶凝材料浆体。研究表明，砂子在砂浆中的体积含量小于42%时，可完全不堵塞，但砂浆的收缩随砂体积含量的减小而增大，故体积应不低于42%；砂在砂浆中的体积含量超过42%以上时，堵塞随砂体积含量的增加而增加；当砂在砂浆中的体积含量达到44%时，会产生堵塞，故砂浆中砂的体积含量不能超过44%。砂浆的黏度与砂浆中砂子含量有关，与胶凝材料浆体浓度有关。

4) 胶凝材料和水。胶凝材料浆体包括胶凝材料和水两相，其关系即水胶比。水胶比大则浆体浓度小，混凝土有较好的流动性，但强度随水胶比的增大而下降。为保证混凝土的耐久性，高性能混凝土水胶比应低于0.4。可用矿物掺和料调节混凝土强度和拌和物的黏度。

(3) 配合比设计方法和步骤

1) 设每立方米混凝土石子松堆体积 $V=0.5\sim0.55\text{m}^3$，根据石子堆积密度计算每立方米混凝土石子用量。

2) 根据石子表观密度计算每立方米混凝土石子密实体积，由 1m^3 混凝土密实体积减去石子密实体积，得砂浆密实体积。

3) 设砂浆中砂体积含量为 0.42~0.44，根据砂浆密实体积和砂在砂浆中的体积含量计算砂密实体积。

4) 根据砂密实体积和砂表观密度计算每立方米混凝土用砂量。

5) 从砂浆密实体积中减去砂密实体积，得水泥浆密实体积。

6) 根据混凝土设计强度等级，用强度水胶比公式计算，或根据经验估算水胶比（≤0.4）。

7) 设掺和料在胶凝材料中的体积含量，根据胶凝材料和水泥的体积比及其各自的表观密度计算出胶凝材料的表观密度。

8) 由胶凝材料的表观密度、水胶比，计算水和胶凝材料体积比，再根据水泥浆体积分别求出胶凝材料和水的体积，再计算胶凝材料总量。

9) 根据胶凝材料体积和掺和料的体积含量（根据国外资料和我国的研究结果，宜选用30%~60%）及各自的表观密度，分别求出每立方米混凝土中掺和料和水泥用量。

10) 按照上述步骤和要求，计算几组配合比进行试配，评价其施工性，并检验其强度，选择其中符合要求的配合比。若实测混凝土表观密度值与计算的表观密度值之差的绝对值超过2%，应用校正系数对所计算的配合比进行调整。

2. 粉煤灰混凝土

粉煤灰混凝土技术已有数十年的发展历史。随着时代的发展及能源危机、环境污染、矿物资源枯竭等问题的出现，国内外许多学者纷纷致力于粉煤灰混凝土技术的研究和开发。直至20世纪80年代，终于使粉煤灰成为现代混凝土基本材料中的珍品。粉煤灰混凝土是在现代混凝土技术新潮流中发展起来的一种经济的改性混凝土。

粉煤灰掺入混凝土后，不仅可以取代部分水泥，而且能改善混凝土的一系列性能。粉煤灰在混凝土中能与水泥互补短长、均衡协调，所以粉煤灰可充当混凝土的减水剂、释水剂、增塑剂、密实剂、抑热剂、抑胀剂等一系列复合功能的基本材料。同时粉煤灰的使用还可以减少污染，变废为宝，所以粉煤灰混凝土具有明显的技术经济效益。

严格来说，粉煤灰混凝土也属于硅质混凝土范畴。凡是掺有粉煤灰的混凝土，不论是以何种方式和方法掺入，都可以叫作"粉煤灰混凝土"。

将粉煤灰应用于水泥和混凝土中，具有优越的社会、技术和经济效果，可谓一举三得，但由于粉煤灰再循环的途径不同，所得效果也不一样。

粉煤灰的再循环途径是指将粉煤灰掺入水泥和混凝土中的方式和方法。如果再将其范围扩大到粉煤灰的水泥、骨料、混凝土及其制品工业系列，则粉煤灰再循环途径大致有以下五种：

（1）水泥原料　粉煤灰渣用作水泥生料组合，或利用含碳量较高的粉煤灰作为辅助燃料，直接喷入水泥回转窑中，可以帮助水泥煅烧。

（2）混合材料　将粉煤灰输入水泥磨中，与水泥熟料共同磨细，配制成粉煤灰硅酸盐水泥。炉底灰也可以与熟料共同磨细。同时，也可以生产三组分水泥、少熟料、无熟料水泥或其他具有各种特殊用途的混合水泥。

（3）预混合材料　在水泥厂中或专门设计的预混合工厂的混料机中，将水泥和粉煤灰均匀混合成粉煤灰硅酸盐水泥。预混合车间也可以设置在水泥熟料粉磨站或粉煤灰分配站中生产混合水泥或专门用途混合胶凝材料。

（4）混凝土基本材料　将粉煤灰在预拌混凝土工厂、混凝土预制品工厂或混凝土工程现场直接加入拌和机中，从而制备粉煤灰混凝土、砂浆或灌浆材料。

（5）骨料和填充材料　将粉煤灰渣用作人造骨料的原料，包括粉煤灰陶粒、烧结料、炉底灰、液态渣、粗粉煤灰等。其中有的需要经过复杂加工，有的只需简单地直接加入混凝土、砂浆或灌浆材料中取代全部或部分骨料或用作工程填充材料。

3. 碾压混凝土

碾压混凝土是一种含水率低，通过振动碾压施工工艺达到高密度、高强度的水泥混凝土。其特干硬性的材料特点和碾压成型的施工工艺特点，使碾压混凝土路面具有节约水泥、收缩小、施工速度快、强度高、开放交通早等技术经济上的优势。

碾压混凝土路面与普通水泥混凝土路面所用材料基本组成相同，均为水、水泥、砂、碎（砾）石及外掺剂；不同之处是碾压混凝土为用水量很少的特干硬性混凝土，比普通水泥混凝土节约水泥10%~30%。碾压混凝土配合比组成设计是按正交设计试验法和简捷设计试验法设计，以"半出浆改进VC值"稠度指标和小梁抗折强度指标作为设计指标。小梁抗折强度试件按95%压实率计算试件质量，采用上振式振动成型机振动成型。

碾压混凝土路面施工由拌和、运输、摊铺、碾压、切缝、养护等工序组成。混凝土拌和可采用间歇式或连续式强制搅拌机拌和；碾压混凝土路面摊铺采用强夯高密实度摊铺机摊铺；路面碾压作业由初压、复压和终压三个阶段组成。碾压工序是碾压混凝土路面密实成型的关键工序，碾压后的路面表面应平整、均匀，压实度应符合有关规定；切缝工序应在混凝土路面"不啃边"的前提下尽早锯切，切缝时间与混凝土配合比和气候状况有关，应通过试锯确定；在碾压工序及切缝后应洒水覆盖养护，碾压混凝土路面的潮湿养护时间与水泥品种、配合比和气候状况有关，一般养护时间为5~7d；碾压混凝土路面板达到设计强度后方可开放交通。

碾压混凝土路面与普通水泥混凝土路面相比，由于碾压混凝土的单位用水量显著减少（只需100kg/m³左右），拌和物非常干硬，可用高密实度沥青摊铺机、振动压路机或轮胎压路机施工，成为一种新型的道路结构形式。碾压混凝土路面与沥青混凝土路面和普通水泥混凝土路面的特性比较见表4-27。

表 4-27　碾压混凝土路面与沥青混凝土路面和普通水泥混凝土路面的特性比较

与沥青混凝土路面的比较	与普通水泥混凝土路面比较
1. 车辙少	1. 可用沥青路面摊铺机械进行施工
2. 抗磨耗性好	2. 施工简单、快速,可不用模板,能缩短工期
3. 耐油性好	3. 经济性优越,估计初期投资费用约节省 15%~40%
4. 平整性差	4. 单位用水量和水泥用量少,干缩率小,可以扩大接缝间距,有利于行车舒适性
5. 使用寿命长,维修费用少	
6. 重交通或某些层结构,初期投资费用有可能较省	5. 初期强度高,养护期短,可早期开放交通

从表 4-27 看出,碾压混凝土路面的最大优点是较普通水泥混凝土路面初期投资费用可节省 15%~40%,在重交通或某些厚层结构的情况下,初期投资费用甚至低于沥青路面的投资。

一般认为,普通水泥混凝土路面的初期投资高于沥青路面。但是随着交通和重型车辆的增加,路面设计厚度相应增加,普通水泥路面与沥青路面的成本差异趋于减小。如果考虑使用期间的维修费用,则水泥混凝土路面在经济上具有明显优势。目前的情况表明,碾压混凝土路面的初期投资低于普通水泥混凝土路面。碾压混凝土路面在经济上的优势由此可见一斑。

碾压混凝土路面成本的降低取决于三个方面:①提高路面施工效率,降低铺筑施工成本;②由于接缝减少,使接缝的成本降低;③常规水泥混凝土路面的水泥用量一般为 300~350kg/m²,碾压混凝土路面水泥用量一般为 250~300kg/m³,至少节约水泥 50kg/m³ 以上。

路面碾压混凝土达到普通混凝土相同强度时,它的水泥用量比较少,这是碾压混凝土路面比较经济的原因之一。材料的品质要求大致与普通混凝土路面材料的要求一样,只是石子最大粒径一般以 20mm 为标准。

碾压混凝土所用的水泥一般与普通混凝土路面所用水泥相同。美国已建成的碾压混凝土路面一直使用Ⅰ型或Ⅱ型硅酸盐水泥,日本也基本如此。碾压混凝土路面所用的水泥最好是施工时间(从拌和到铺筑终了)长、强度发展快、干缩比较小。日本目前正在开发提高此类特性的水泥,有一种专供碾压混凝土用的低收缩性水泥,其收缩率为普通水泥的 70% 以下,6 个施工实例的试用结果表明,采用此种低收缩性水泥,横缝间距可增加 1.5~2 倍;另一种是以碾压混凝土路面能早期开放交通为目的的新型水泥,用这种水泥制成的碾压混凝土在铺筑 3h 之后能通车,确认 6h 之后能开放交通。

我国从 20 世纪 80 年代初开始对碾压混凝土路面进行研究,国家"八五"重点科技项目《高等级公路碾压混凝土路面施工成套技术的研究》,经过近 4 年的攻关,使碾压混凝土路面设计施工技术取得了突破性的进展,特别是该技术成功地应用于 307 国道汾阳-柳林二级汽车专用公路 K73+000~K92+733 近 20km 碾压混凝土路面工程,使我国碾压混凝土路面的修筑技术达到世界领先水平,完全可以满足高等级公路对混凝土路面要求的使用性能。

高等级公路,特别是高速公路应能适应大量交通快速、舒适和安全地通行,这样,要求作为高等级公路的碾压混凝土路面应具有以下使用性能:

(1)强度高　通过合理的混合料配合比设计、适宜的施工工艺、严格的施工组织管理和质量控制,保证面板抗折、抗压强度达到设计要求,避免由于行车荷载和温度应力的反复作用而产生早期裂缝、断板等疲劳破坏。

(2) 平整度好　达到较高平整度指标不仅可以满足汽车高速行驶的要求，还可以减少汽车燃料消耗和轮胎磨耗，降低噪声，减少运输成本和环境污染，并可避免由于路面不平整使汽车产生的冲击力对路面的破坏作用。

(3) 抗滑性能好　表面应有良好的微观粗糙度和宏观粗糙度，以提高路面的抗滑能力，减少雨天交通事故。

(4) 耐久性好　应具有高于一般路面的强度和稳定性，经久耐用，使用年限达到 30~50 年。

4. 大体积混凝土

大体积混凝土，即为体积较大又可就地浇筑、成型、养护的混凝土，常为蛮石、毛石（质量为 45kg 以上的大块荒石）或石子粒径较大而水泥用量又较少的混凝土。

大体积混凝土结构，如大坝、反应堆体、高层建筑深基础底板及其他重力底座结构物。这些结构物又都是依靠其结构形状、质量和强度来承受荷载的。因此，为了保证混凝土构筑物能够满足设计条件和经久的稳定性，其混凝土必须具备耐久性好、水密性大、有足够的强度、满足单位质量要求、施工质量波动小等条件。

作为整体结构，大体积混凝土所需的强度是不高的，这一点可作为优点加以利用。因为通常可以采用当地的骨料资源，甚至质量不太好的骨料也可应用。骨料除碱骨料反应外，其耐久性在大坝的核心部位不是主要考虑的问题。

大体积混凝土的最主要特点是以大区段为单位施工的厚大体积混凝土，由此所带来的问题是水泥的水化热引起的温度上升高，冷却时发生裂缝。为了防止裂缝的发生，必须采取切合实际的措施。如使用水化热小的水泥和粉煤灰时，使用单位水泥用量少的配合比，控制一次灌注高度、浇注速度及人工冷却控制温度等。

大体积混凝土的配合比应与大体积的规模相适应，并且是最经济的。大体积混凝土结构物的经济问题是需要考虑的最重要参数。一个指定地点大体积混凝土结构物形式的选择，可能取决于经济条件。混凝土的配合比又受结构物形式的要求及强度、耐久性、温度参数的限制。如重力坝和拱式重力坝的混凝土在坝体的内部和外部使用不同的配合比，但拱坝就只能使用同一配合比的混凝土。重力坝的设计应力很小，因此很少按强度确定混凝土的配合比，其多数是根据外部的耐久性、水密性、内部的和易性来确定混凝土的配合比。与重力拱相比，拱坝的设计应力较大，但是按照强度所求得的水胶比偏小，只有较高的拱坝多数是按照强度确定混凝土的配合比。

日本土木学会"大坝混凝土标准规范"规定：大尺寸骨料用于坝体内部，混凝土的单位水泥用量在内部取其最小用量，一般为 $140kg/m^3$ 左右，这样有利于降低水化热。在外部根据单位用水量所需要的水胶比来确定，混凝土应具有较高的水泥用量、较低的水胶比和高质量的骨料以保证耐久性。为了提高混凝土的抗冻性，需要掺入加气剂。在溢洪道部分，为了提高耐磨性和防止成穴作用，需要采取特殊措施。

5. 高强混凝土

出现钢筋混凝土以来，作为重要的结构材料，强度一直是混凝土的主要性能指标；加之混凝土强度决定于密实性，后者与耐久性密切相关，因此高强度一直被认为是优质混凝土的特征。长期以来，强度成为配合比设计及生产和应用的首要指标，高强化的发展方向决定着水泥生产和混凝土工艺也向高强化发展。20世纪50年代以前,各国生产的混凝土强度都在30MPa以下,30MPa以上即为高强混凝土;60年代以来提高到41~52MPa;现在50~60MPa高强混凝土已开始用于高层建筑与桥梁工程。在我国,通常将强度等级等于和超过C60的混凝土称为高强混凝土。在桥梁、高层建筑及基础等一些重要工程中,80~120MPa的高强和超高强混凝土也已经在我国沿海发达地区开始使用,可见高强化趋势是很明显的。

为了减轻自重、增大跨度,现代高架公路、立体交叉和大型桥梁等混凝土结构均采用高强混凝土。为了保证混凝土质量,达到应有的强度,通常采用下述综合措施:

1)选用优质高强的水泥,水泥矿物成分中C_3S和C_2S含量应较高,特别是C_3S含量要高。骨料应选用高强、有棱角、密致而无孔隙和软弱夹杂物的材料,并且要求有最佳级配。高强混凝土均需采用减水剂及其他外加剂,可选用优质高效的NNO、MF等减水剂来提高混凝土强度。

2)采用增加水泥中早强和高强的矿物成分含量,提高水泥的磨细度,采用压蒸养护的方法来改善水泥的水化条件,以达到高强度。

3)采用加压脱水成型法、超声高频振动及掺减水剂的方法来提高混凝土的密实度,以提高混凝土的强度。

4)掺加各种高聚物,增强骨料和水泥的黏性,采用纤维增强等措施也可提高混凝土强度。

6. 轻骨料混凝土

用轻粗骨料、轻细骨料(或普通砂)和水泥配制的混凝土,其干表观密度不大于$1900kg/m^3$者,称为轻骨料混凝土。轻骨料混凝土应用于桥梁工程,可减轻自重、增大跨度、节约工程投资,但是由于轻骨料混凝土的弹性模量较低和徐变较大等问题还需进一步研究,目前仅应用于中小型桥梁,大跨度桥梁应用较少。

(1)轻骨料混凝土的技术性质

1)强度等级。轻骨料混凝土按立方体抗压强度划分为CL5.0、CL7.5、CL10、CL15、CL20、CL25、CL30、CL35、CL40、CL45和CL50等11个强度等级。桥梁结构用轻骨料混凝土,其强度等级为CL15以上的8个强度等级。

2)弹性模量。轻骨料混凝土的应变值比普通混凝土大,弹性模量为同强度等级普通混凝土的50%~70%。

3)徐变。轻骨料混凝土由于轻骨料的弹性模量较小,限制变形能力较低,水泥用量较大,因而其徐变较普通混凝土大。

(2)轻骨料的分类及来源 粒径在5mm以上,松装密度小于$1000kg/m^3$者,称为轻粗骨料;粒径小于5mm,松装密度小于$1100kg/m^3$者,称为轻细骨料(又称轻砂)。轻骨料按原料来源分为以下三类:

1)工业废渣轻骨料,是以工业废渣为原料,经加工而成的轻质骨料,如粉煤灰陶粒、矸石陶粒、膨胀矿渣、煤渣等。

2)天然轻骨料,是以天然形成的多孔岩石经加工而成的轻质骨料,如浮石、火山渣等。

3)人工轻骨料,是以地方材料为原料,经加工而成的轻质骨料,如页岩陶粒、黏土陶粒等。

（3）轻骨料的技术性质　由于轻骨料种类较多，故轻骨料混凝土常以轻骨料的种类来命名，如粉煤灰陶粒混凝土、黏土陶粒混凝土、浮石混凝土、页岩陶粒混凝土等。轻骨料混凝土的性质很大程度上取决于轻骨料的性质。轻骨料的技术性质要求如下：

1）颗粒级配。轻骨料混凝土的粗骨料级配按现行规范只控制最大、最小和中间粒径的含量及空隙率。各种轻骨料级配要求见表4-28。自然级配的空隙率应不大于50%。

表4-28　各种轻骨料级配要求

筛孔尺寸		d_{min}	$d_{max}/2$	d_{max}
圆球性及单一级配	累计筛余（按质量计）(%)	≥90	不规定	≤10
普通型的混合级配		≥90	30~70	≤10
碎石型的混合级配		≥90	40~60	≤10

2）筒压强度和强度标号。轻骨料混凝土破坏与普通混凝土不同，它不是沿着砂、石与水泥石结构面破坏，而是由于轻骨料本身强度较低首先破坏，因此轻骨料强度对混凝土强度有较大影响。轻骨料强度的测定方法有两种：一种是筒压法，其指标是筒压强度；另一种是通过混凝土和相应砂浆的强度试验，求得轻骨料强度，其指标是强度标号。

① 筒压强度。筒压强度是将10~20mm粒级轻粗骨料按要求装入规定尺寸的承压筒中，当压头压入20mm深时的压力值，除以承压面积，用以表示颗粒的平均相对强度。轻粗骨料在圆筒内受力状态是点接触，多向挤压破坏，筒压强度只是相对强度，而不是轻粗骨料颗粒抗压强度，并不能反映轻骨料在混凝土中的真实强度。

② 强度标号。用测定规定配合比的轻砂混凝土和其砂浆组分的抗压强度的方法来求得混凝土中轻粗骨料的真实强度，并以"混凝土合理强度值"作为轻粗骨料强度标号，对于不同密度等级轻粗骨料的筒压强度和强度标号，应不小于表4-29的规定值。

表4-29　轻粗骨料的筒压强度及强度标号

密度等级	筒压强度 f_a/MPa		强度标号 f_{ak}/MPa	
	碎石型	普通型和圆球型	普通型	圆球型
300	0.2/0.3	0.3	3.5	3.5
400	0.4/0.5	0.5	5.0	5.0
500	0.6/1.0	1.0	7.5	7.5
600	0.8/1.5	2.0	10	15
700	1.0/2.0	3.0	15	20
800	1.2/2.5	4.0	20	25
900	1.5/3.0	5.0	25	30
1000	1.8/4.0	6.5	30	40

③ 吸水率轻骨料的吸水率一般都比普通砂石大，并且1h吸水极快，24h后几乎不再吸水。JGJ 51—2002《轻骨料混凝土技术规程》对轻骨料1h吸水率的规定是：粉煤灰陶粒不大于22%；黏土陶粒和页岩陶粒不大于10%。

7. 流态混凝土

流态混凝土是在预拌的坍落度为80~120mm的基体混凝土拌和物中，加入流化剂，经过一次搅拌，使基体混凝土拌和物的坍落度顿时增加至180~220mm。能自流填满模板或钢筋间隙的混凝土，又称超塑性混凝土。

流态混凝土具有下列特点：

（1）流动性大、浇注性好　流态混凝土流动性好，坍落度在200mm以上，便于泵送。浇注后，可以不振捣，因为它具有自密性。

（2）减少用水量，提高混凝土性能　由于流化剂可大幅度减少用水量，如水泥用量不变，则可在保证流动性的前提下减小水胶比，因而可提高混凝土的强度和耐久性。

（3）降低浆集比，减少收缩　流态混凝土是依赖流化剂的流化效应来提高其流动性；如果保持水胶比不变，在减少用水量的同时，也节约水泥用量，这样拌和物中水泥浆的体积减小后，则可减小混凝土硬化后的收缩率，避免收缩裂缝。

（4）不产生离析和泌水　由于流化剂的作用，在用水量较小的情况下而具有大的流动性，所以它不会像普通混凝土那样产生离析和泌水。

流态混凝土在道路与桥梁工程中应用日益广泛，斜拉桥的混凝土主塔及地铁的衬砌封顶等均应采用流态混凝土。但由于流态混凝土的耐磨性较基体混凝土稍差，作为路面混凝土应考虑提高耐磨性措施。

8. 纤维增强混凝土

纤维增强混凝土简称纤维混凝土，是由水泥混凝土为基材与不连续而分散的纤维为增强材料所组成的一种复合材料。常作为增强材料的纤维有钢纤维、玻璃纤维、碳纤维、合成纤维和天然纤维等。目前土木工程中使用的主要是钢纤维混凝土。

（1）钢纤维的构造与性能　钢纤维混凝土用钢纤维主要是采用碳钢加工制成的纤维，对长期处于受潮条件的混凝土，也有采用不锈钢加工制成的纤维。钢纤维的尺寸主要由强化效果和施工难易性决定。钢纤维太粗或太短，强化效果较差；如过长或过细，施工时不易拌和，易结团。为了增加钢纤维和混凝土之间的黏结力，可采用增加纤维表面积的方法，将其加工为异形纤维，如波形、哑铃形、端部带弯钩等形状。钢纤维的几何特征，通常用长径比表示，即纤维的长度与截面当量直径之比。钢纤维一般直径为0.25～0.75mm，长度为20～60mm，长径比为30～150。

（2）钢纤维混凝土的力学性能　钢纤维混凝土的力学性能除了与基体混凝土组成有关外，还与钢纤维的形状、尺寸、掺量、配置方向和分散程度等有关。钢纤维的掺量以纤维体积率表示。当钢纤维的形状和尺寸合适时，钢纤维混凝土的强度随纤维体积率和长径比增加而增加。钢纤维体积率通常为0.5%～2.0%。如圆形截面钢纤维的直径为0.3～0.6mm，长度为20～40mm；掺量为2%的钢纤维混凝土与普通混凝土比较，其抗拉强度可提高1.2～2.0倍，伸长率约提高2倍，韧性可提高40～200倍。所以钢纤维混凝土的力学性能主要表现为抗弯拉强度提高，特别是冲击韧性有很大提高，抗疲劳强度也有一定提高。钢纤维混凝土组成复合材料后，可使混凝土的抗弯拉强度、抗裂强度、韧性和冲击强度等性能得到改善，所以钢纤维混凝土广泛应用于土木工程中的抗裂、抗拉、抗冲击、防爆等结构部位。

三、沥青混合料

按照现代沥青路面的建筑工艺，沥青与不同组成的矿质骨料可以修建成不同结构的沥青路面。最常用的沥青路面包括沥青表面处理、沥青贯入式、沥青碎石和沥青混凝土等。随着沥青路面技术的不断发展，又相继涌现出许多新型沥青路面技术并在高等级公路建设中得到应用。

沥青混合料在路面中，直接承受车辆荷载的作用，应具备一定力学强度；受各种自然因素的影响，因此必须具备抵抗自然因素作用的耐久性；为保证行车安全、舒适，需要具备特殊表面特性（即抗滑性）；为便利施工，应具备施工的和易性。

1. SMA 沥青混凝土

沥青玛蹄脂碎石（Stone Matrix Asphalt，SMA）混合料是一种新型沥青混合料结构。它起源于20世纪60年代的德国，90年代初引入美国。1993年，SMA 在我国首都机场高速公路首次应用。

（1）SMA 结构特点

1）SMA 是一种由沥青、纤维稳定剂、矿粉和少量的细骨料组成的沥青玛蹄脂填充间断级配的粗骨料骨架间隙而组成的沥青混合料。在我国，有关专家根据其构成原理，在《公路沥青路面设计规范》中正式命名为"沥青玛蹄脂碎石混合料"。沥青混合料是由矿质骨料、沥青胶浆和空气组成的三相体系，其中矿质骨架是由粗骨料、细骨料组成，是不连续的分散相，而沥青胶浆是分散介质。根据沥青混合料内部结构特性，目前沥青混合料较通用的有两种类型：一是根据连续级配的原理组成的密级配沥青混合料，这种级配的混合料由于细骨料的数量较多，矿料颗粒被自由沥青黏结，粗骨料被细骨料挤开，因此粗骨料以悬浮状态，存在于细骨料之间，属于悬浮式密实结构，具有密实度较高、稳定性较差的特点；另一种是连续开级配的沥青混合料，由于细骨料的数量少，粗骨料之间不仅紧密相连，而且有较高的空隙，这种结构的沥青混合料的内摩擦阻力起重要作用，黏结力只起骨料稳定作用，属于骨架空隙结构，具有受沥青材料的变化影响较小、稳定性较好的特点。

2）SMA 属于间断级配的沥青混合料，是目前通用的两种结构形式的有机组合，属于骨架密实结构，它既有一定数量的粗骨料形成骨架结构，又有足够的细骨料填充到粗骨料之间的空隙中去。其中 4.75mm 以上颗粒的粗骨料含量在 70%~80% 之间，0.075mm 筛孔的通过率 10%，粉胶比超过通常 1.2 的限制值。沥青结合料较普通混合料高 1% 以上。因沥青用量高而掺入纤维稳定剂，在配合比设计时，不完全依靠马歇尔配比设计方法，主要由体积指标确定。施工中对材料要求高且拌和时间延长、施工温度提高等。由于 SMA 具有粗骨料多、矿粉多、沥青结合料多、细骨料少、掺入纤维增强剂及材料要求高的特点，使得 SMA 既保持了大孔隙排水性路面表面功能好的优点，又克服了其耐久性差的缺点，兼具嵌挤和密实型混合料的长处，即同时具有较高的黏结力和内摩擦阻力。

（2）SMA 的路用性能

1）优良的温度稳定性。在 SMA 的组成中，粗骨料骨架占到 70% 以上，混合料中粗骨料相互之间的接触面较多，其空隙主要由高黏度玛蹄脂填补。由于粗骨料颗粒之间相互良好的嵌挤作用，传递荷载能力高，可以很快地把荷载传到下层，并承担较大轴载和高压轮胎；同时骨架结构增加了混合料的抗剪能力，在高温条件下，即使沥青玛蹄脂的黏度下降，对路面结构的抵抗能力影响也会减小。因此，SMA 具有较强的抗车辙能力及良好的高温稳定性。

在低温条件下，抗裂性能主要由结合料延伸性能决定，由于 SMA 的骨料之间填充了相当数量的沥青玛蹄脂，沥青膜较厚，温度下降时，混合料收缩变形使骨料被拉开时，沥青玛蹄脂有较好的黏结作用，利用其柔韧性，使得混合料能够抵抗低温变形。

2）良好的耐久性。沥青混合料的耐久性包括水稳定性、耐疲劳性和抗老化性能。

① SMA 混合料的空隙率为 3%~4%，受水的影响很小，沥青玛蹄脂与石料黏结性好，并且由于 SMA 不透水，对下层的沥青层和基层有较强的保护作用和隔水作用，使路面能保持较高的整体强度和稳定性，水稳定性较其他类型混合料有较大改善。

② SMA 混合料内部被沥青结合料充分填充，使得沥青膜较厚且空隙率小，沥青与空气的接触少，抗老化、抗松散、耐磨耗，因而沥青混合料的耐老化性能好，耐疲劳性能大大优于密级配沥青混凝土。鉴于此，SMA 混合料具有良好的耐久性。

3）优良的表面特性。SMA 混合料在骨料方面要求采用坚硬、粗糙、耐磨的优质石料，在级配上采用间断级配，粗骨料含量高，路面压实后表面构造深度大，抗滑性能好，拥有良好的横向排水性能；雨天行车不会产生较大的水雾和溅水，增大了雨天行车的可见度，并减少夜间的路面反光，路面噪声可降低 3~5dB，从而使 SMA 路面具有良好的表面特性。

4）投资效益高。由于 SMA 结构能全面提高沥青混合料和沥青路面的使用性能，使得 SMA 路面能够减少维修养护费用，延长使用寿命。尽管 SMA 初期费用比一般沥青混凝土高 20%~25%，使用期延长 2 年左右才能补偿其初期投资，但在使用 SMA 较早的欧洲，一般认为 SMA 路面使用寿命比密级配混合料路面延长 20%~40%。德国早期铺筑的 SMA 路面平均使用寿命为 17 年左右。因此，SMA 使用寿命的延长，增加了投资效益；道路使用期间维修和养护工作的减少，降低了维护费用，提高了社会效益。

2. LSAM 沥青混凝土

国内外高等级公路建设和运营实践表明：随着交通量的增长，重车和胎压的增大及交通车辆的渠化，使得沥青路面的抗车辙能力（抗高温累积变形）和路面的耐久性变差。如何提高沥青路面的抗车辙能力和延长路面的使用寿命，成为道路科研工作者十分重要的科研课题。

我国沥青路面常用的混合料类型，从矿料粒径大小来分有细粒式、中粒式、粗粒式三种类型的沥青混合料。一般情况下，细粒式沥青混合料用于表面层，中粒式和粗粒式沥青混合料用于中、下面层或连接层。在生产实际中，这些类型的混合料通常为悬浮密实型结构，强度形成主要依赖于沥青与矿料之间的黏结力及矿料之间的内摩擦力。在大交通量、重轴载车辆的作用下，由于这些混合料的抗剪强度较低，容易产生车辙等病害，影响路面的使用性能，降低路面的使用寿命，增加路面的养护费用。因此，深入系统地研究沥青混合料的强度机理、力学特征、级配组成、体积特性，特别是着重研究开发骨架密实型结构，研究总结不同接触程度的骨架类型与各种路用性能的关系和规律，提高以抗车辙能力为主的高温稳定性，改善抗疲劳性能、水稳定性和低温抗裂性等综合路用性能，已成为迫在眉睫的一项重要任务，这也是大粒径沥青混合料（Large Stone Asphalt Mixes, LSAM）设计的目的和思路。

(1) LSAM 力学特性和路用性能　英国的布朗教授提出：不同骨料的最大公称尺寸会显著影响沥青混合料的性能，使用较大公称尺寸的骨料在减少沥青用量的同时，能提高沥青混合料的稳定性和抗滑性能。

美国有关机构通过对大量的室内无侧限 1h 徐变恢复试验所进行的研究表明：当级配指数为 0.45 的 LSAM 含有 25mm 以上、38mm 以上和 53mm 以上粗骨料时，LSAM 没有明显的徐变屈服。

南非大粒径沥青混凝土野外路用性能重载模拟试验表明：传统的沥青混凝土的车辙是

LSAM 的 2~20 倍。当 LSAM 的试验段在 40~50℃的高温时，其性能也比传统的沥青混凝土好，甚至在低温时其性能也是如此。这表明 LSAM 具有较好的温度稳定性，设计适当的 LSAM 较少依靠沥青的黏滞度来提供其抗剪强度。实测低温时 LSAM 路面面层的劲度明显小于室内试验所测劲度。尽管路面弯沉有时高达 1mm，但没有发现裂缝，这表明实体 LSAM 工程和计算模型预测相比，更具有抗疲劳损伤能力。

美国陆军工程兵团的研究表明：使用最大公称尺寸为 25mm 的沥青混合料比使用 19mm 的沥青混合料具有更好的抗车辙性能，同时又能够降低沥青用量。

美国肯塔基州为减少沥青路面的车辙变形，Kamyen Mahboub 等人通过室内试验（包括静态、动态蠕变试验、压缩强度试验和回弹模量试验），研究了不同类型 LSAM 的性能，结果表明：LSAM 具有较好的稳定性、较高的压缩强度和回弹模量值，特别是具有较好的抗车辙性能。其他人的研究也表明，LSAM 的回弹模量比常用的沥青混合料大两倍左右，其抗车辙和耐久性能也优于常用的沥青混合料。

（2）LSAM 的特点和存在的问题　研究表明：LSAM 与粗粒式 AC30 沥青混合料相比，具有表 4-30 所述特点。

表 4-30　LSAM 和粗粒式 AC30 沥青混合料指标比较表

项目	我国规范中 AC-30Ⅰ、AC-30Ⅱ	LSAM
粒径尺寸	最大粒径 37.5mm、二级最大粒径 25mm	最大粒径 53mm、二级最大粒径 37.5mm
粗骨料数量	AC-30Ⅰ均值 = 58%，AC-30Ⅱ均值为 72%	通常 72% 左右
空隙率	AC-30Ⅰ为 3%~6%，AC-30Ⅱ为 4%-10%	密级配为 5% 以下，开级配为 15% 以上
沥青用量	较大	较小
实验方法	马歇尔实验	大马歇尔实验、旋转压实试验、马歇尔试验
设计方法	马歇尔稳定度试验设计法	间断密实级配综合设计法
强度理论	胶浆理论、表面理论	表面理论
抗车辙性能	较差	很好
抗水害性	AC-30Ⅱ较差	较好
抗疲劳性能	一般	设计良好的 LSAM 具有良好的抗疲劳性能
抗裂性	AC-30Ⅰ较好，AC-30Ⅱ较差	较好
耐久性	一般	较好
平整度与厚度	平整度较好，一次性铺筑厚度通常为 7cm 左右	平整度稍差，一次性铺筑厚度通常为 11~13cm
工程费用	较高	较低

综上所述，可以将 LSAM 特点概括为具有如下特点：颗粒尺寸"大"，沥青膜"厚"，路面寿命"长"；沥青含量低，VMA 低和造价低；粗骨料含量高，粗骨料接触程度高和主骨架稳定性高。

研究和应用 LSAM 过程中发现存在两方面的问题：一是 LSAM 未必比传统的 AC 混凝土的抗车辙能力强；二是施工中容易出现的离析、骨料破碎和设备磨耗等问题。进一步的研究证明这主要是 LSAM 没有形成良好的石石接触，形成的骨架稳定性较差；在重交通荷载的作用下，粗骨料一旦产生变形或移动，就会产生比细骨料更大的空间位移。对于未形成良好的石-石接触的 LSAM，其抗剪强度主要依靠细砂粒间的摩擦力形成。

3. 纤维加筋沥青混凝土

现代交通对高等级公路沥青路面提出了更高要求，经过国外几十年和国内十几年的高等级公路建设实践，沥青路面普遍存在的技术和质量问题主要有以下两个方面的问题：公路工程的耐久性（使用寿命）和路面的早期损坏。一方面，现有道路的实际使用寿命（8~12年）普遍短于设计使用寿命（15~20年）；另一方面，随着交通量的迅速增大，车辆大型化和严重超载，使路面质量面临着严峻的考验。在我国，一些新建道路开放交通一二年就出现了坑槽、开裂、车辙、抗滑性能不足等早期损坏。个别路段早期损坏现象严重，不得不进行修复，带来直接和间接的经济损失及不良影响。因而，改善沥青路面的使用品质，延长路面使用寿命，从而提高投资效益是我国道路工作者所面临的重要课题。

普遍认为，沥青路面的铺筑材料——沥青混合料是一种具有空间网络结构的多向分散体系，而从宏观上讲，可以认为它是由骨料、沥青和空气所组成的一种三相体系。因而，在改善沥青混合料的路用性能上出现了两大研究方向：一方面是改善矿质混合料的级配来提高沥青混合料的高温抗变形能力，如 SMA、LSAM 等；另一方面是通过改善沥青性能品质来提高沥青混合料的团聚力，增强抵抗永久变形能力并减少感温性，如 SBS 改性沥青、SBR 改性沥青、PE 改性沥青等；第三个重要研究方向是在沥青混合料中加入纤维加筋材料来改善其整体的物理力学性能，常应用的加筋纤维有钢纤维和软纤维两大类。

钢纤维具有高强度、耐高温、高弯曲模量和高取向等路用性能。但钢纤维的金属腐蚀性是影响其功能的根源，钢纤维增强了混凝土的导电性，因而助长了电解化学腐蚀；金属与混凝土的不相容性，使其与混凝土混合后黏附性能较差；由于金属的磨损系数小于混凝土，使得钢纤维混凝土路面产生后期效应"凸尖现象"，对轮胎的磨损非常不利。鉴于上述原因，近年来钢纤维在沥青混凝土路面的推广应用中受到很大限制。

软纤维加强混凝土及沥青混凝土实际上就是在混凝土中掺入合成纤维。20 世纪 60 年代，英国西部海岸工程中就把剁碎的聚丙烯掺入到混凝土块体中，并用这些块体砌成防波堤；在我国民间，人们就把麦秆剁碎或用切断的毛发、麻丝搅拌到泥土中，建造土坯墙体等工程。其原理都是解决块体（墙体）的非结构性开裂并起到加强筋作用。直到 20 世纪 70 年代末至 80 年代初纤维混凝土技术才有进一步发展，欧洲和美国取得了一系列有价值的成果，尤其在美国已进入了商品化阶段。软纤维是由合成纤维制成，按其材料分为玻璃纤维、聚合物纤维。

软纤维混凝土是继钢纤维混凝土后发展起来的。由于软纤维呈惰性，不受混凝土酸碱性环境影响而衰变，也不吸收湿气；换言之，它不随时间的增长而损失，还具有高强度、高伸长率、高取向性、易拌和等路用性能。在纤维混凝土路面应用中，克服了钢纤维混凝土路面出现的"腐蚀锈"和"凸尖"等路面现象。因此，合成纤维混凝土的发展非常迅速。

玻璃纤维的抗拉强度由其材料所决定，可以达到 1400~1500MPa，对混凝土不仅增韧效果好，增强效果也很好。但玻璃纤维太脆，在搅拌过程中极易断裂。为了解决搅拌过程中的纤维发生断裂，必须采取非常严格的工艺操作过程，使玻璃纤维在混凝土中的应用受到制约。纤维掺入于混凝土中起加强筋作用的首要条件是纤维必须呈均匀的三维分布。结团纤维和不均匀分布的纤维在混凝土中不仅起不到加强作用，而且起负向作用。钢纤维和玻璃纤维应用特殊的拌和装置或对原有的拌和装置加以改造才能达到较理想的均匀程度。

聚合物纤维要替代其他纤维作为沥青混凝土加强筋，首先解决的两个问题是纤维的断裂伸长率和纤维的高温性能。聚合物纤维材料只有聚酯和聚丙烯腈纶，熔点温度分别为250℃和200℃。表4-31为聚酯纤维和聚丙烯腈纶纤维的主要参数。

表4-31 聚酯纤维和聚丙烯腈纶纤维的主要参数

内容材料	直径/μm	拉伸强度/MPa	断裂伸长率(%)	熔点温度/℃	相对密度
聚酯纤维	20	>517	50	>250	1.36
聚丙烯腈纶纤维	13	910	8~12	<240	1.18

从表4-31中可以明显看出，这两类纤维的直径很细，拉伸强度很高（热轧钢纤维的拉伸强度仅为509.96MPa）。沥青混凝土中的加强筋纤维应承受大幅度温差和荷载冲击引起的拉伸力，除要求具有较高的拉伸强度外，还应具有适宜的断裂伸长率协同青混凝土变形，避免纤维过早断裂，失去加强筋作用。另一个重要指标是高温性能，沥青混合料中矿质混合料的拌和温度在150~180℃，聚合物纤维的熔点温度应满足拌和、摊铺的温度要求。比较著名的有聚酯类纤维博尼维、聚丙烯腈纶纤维德兰尼特AS。国外的研究和应用实践表明，加筋纤维使沥青混合料性能得到了普遍提高，疲劳寿命提高了25%~45%，车辙减少了45%~53%。

聚酯纤维博尼维纤维是1970年由杜邦公司的化学工程师Boni Martinez研制开发的，这种纤维就是以他的名字命名并由KAPEJO公司拥有的专利。该纤维已在美国多个州进行了使用，尤其多用于桥面铺装中，如长8km的密歇根州Mackinac桥、长4.8km的纽约州Tappan Zee桥等。博尼维纤维于1998年引进中国，已在新疆高速公路、江苏南京长江二桥、四川108国道、河北省石黄高速公路等工程上应用，使用效果良好。

德兰尼特AS纤维是由英国科特尔兹公司在德国赫斯特的工厂与一家大型道路公司合作开发并专门用于沥青混合料的腈纶纤维。它采用干法生产，与用湿法生产的一般纺织用腈纶纤维的不同之处在于纤维分子的链长度更长，由5万~7万个分子聚合而成。大分子的链纵向排列更加有序，纤维截面呈花生状，表面是均匀的纵向结构。每克德兰尼特AS纤维含有87万根4mm长的纤维，由于它可以均匀分散及高取向性，表面与沥青的亲和性好。用于改性沥青混合料时，有资料研究表明德兰尼特AS纤维的剂量只需混合料的0.1%即可相当于木质纤维0.3%的掺加效果。目前德兰尼特AS纤维大部分用于SMA的掺加剂，每克沥青混合料中含有24000根德兰尼特AS纤维。此纤维已在德国、法国、西班牙、匈牙利和奥地利等地使用，国内河北石黄高速公路、广深高速黄岗段、沪杭高速公路及上海市中外环线一期工程中均有应用，使用效果好。

4. 高速公路沥青路面层间黏结材料

为加强在路面的沥青层与沥青层之间、沥青层与水泥混凝土路面之间的黏结而洒布的沥青材料，称为黏层油。

高速公路沥青路面结构一般由面层、基层、底基层、垫层组成。面层一般由三层组成，是直接承受车轮荷载反复作用和自然因素影响的结构层，分为表面层、中间层和底面层。配合路面强度同荷载应力随深度变化的规律，这三层结构分别选用不同的混合料级配，使沥青面层具有较好的承载力和耐久性。为加强路面结构层之间的紧密结合，提高路面结构的整体性，应采取相应的技术措施，避免产生层间滑移。众所周知，压实成型的沥青混合料是由石质集料、沥青胶结料和残余空隙所组成的一种空间网络结构的多项分散体，其材料属性为颗粒性材料，它的强度构成来源于沥青材料的黏结力和集料的内摩擦阻力。但是在自下而上完成每一个结构层的铺装时，包括水泥稳定碎石基层都需要进行足够的振实碾压，因而这些结构层的表面都达到了相对平整密实状态。所以在沥青各层的连接面上的摩擦阻力就会在很大程度上低于混合料本身，其强度构成转为对黏结力的依赖。如果没有更加优质的材料来实现层间黏结处理，建立一个等于或大于混合料强度的条件，层间结合面就会成为一个薄弱环节。因此，沥青路面的层间技术是十分重要的。

一般在沥青面层与半刚性基层或粒料基层之间浇洒透层油沥青，这在我国目前的高速公路建设中已成为一项较为成熟的技术。黏层的作用在于上下沥青层完全黏结成一整体。在国外的规范中规定层与层之间必须洒黏层沥青，我国在规范中则要求连续摊铺未受到污染可省去的黏层，遇到污染清除后，洒布黏层油。因此，黏层油的洒布在我国的高速公路沥青面层中运用并不多见。目前我国黏层油运用技术比较成功的有河南省高远公路养护技术有限公司生产的 SBR 复合胶黏剂和美国科氏工业集团生产的科氏黏层沥青。河北省自 1998 年石黄高速公路石辛段洒布黏层油获得成功以来，全省的高速公路沥青面层之间均洒布了黏层沥青。

SBR 复合黏结材料是一种多组分改良沥青乳液，不仅具有 SBR 改性沥青的优良性能，而且其黏结力比原沥青高 2~3 倍。在路面的芯样弯拉试验中，其断裂面均为不规格形状，而且偏离结合面。这就说明利用 SBR 复合黏结材料使结合面超出了混合料本身的强度，由于该材料引入了多种高分子聚合物，在沥青中相互交联，形成网状，限制了沥青胶束的自由度。

5. 再生沥青混凝土

旧沥青路面材料的再生利用，在近半个多世纪中引起世界先进工业国家的高度重视，再生沥青混凝土的技术研究获得了明显的经济效益和社会效益。有关资料表明：美国开展再生沥青混凝土技术起步最早，采用再生技术节约材料费用 53%，相当于节约路面总造价的 25% 左右，再生沥青混合料的产量约占沥青混合料总用量的 1/2，到 1985 年已使用再生沥青混合料达 2 亿 t 以上，节约投资达 16 亿美元以上。日本、前苏联、英国、德国、意大利等国，从 20 世纪 70 年代起开始研究，到 20 世纪 90 年代，日本再生沥青混合料用量约占沥青混合料总量的 1/2。总的来说，再生沥青混凝土技术研究发展迅速。我国的沥青混合料再生利用技术研究起步较晚，在 20 世纪 80 年代初由各省市公路部门才开始进行沥青混合料的再生研究，但主要是采用在旧沥青路面材料中掺配新沥青或乳化沥青的重复使用技术，对于旧沥青混合料中的老化沥青可起到化学改性的作用，并可恢复旧沥青路用性能和技术指标。

重复利用旧沥青混凝土具有特殊的现实意义。在沥青混凝土路面维修或改建工程中，一般都是把清除下来的旧沥青混凝土扔掉，即使使用，也没有达到物尽其用的作用。

再生路用沥青混凝土（RAP）是把由路面上清除下来的旧沥青混凝土进行加工处理后的混合料，加工方法可在旧料中加入结合料、再生剂（也称塑化剂、复苏剂）和石料作为添加剂，也可不加上述添加剂。旧沥青混凝土主要来自道路破除或改建以及路面修复工程。

再生沥青混凝土可作为面层的上层和下层材料使用，在修筑沥青混凝土路面时，旧沥青混凝土中加入一定数量的矿料、结合料和再生剂，可把它作为主要材料使用，也可作为新混合料的添加剂使用。在某些场合，如果旧沥青混凝土可作为路面基层材料使用，此时旧沥青混凝土一般不作为再生处理。再生旧沥青混凝土的主要目的：在技术上能正确地把它作为二次原料使用，即作为修筑路面基层和面层材料的辅助来源；重复利用旧沥青混凝土可减少购置短缺沥青材料的费用,降低材料的长途运费;减少仓储面积,改善周围环境条件。

美国、法国、芬兰等国家对旧沥青混凝土路面的重复利用问题进行了大量研究工作,研制成功了一系列清除、加热和加工处理旧沥青混凝土路面的机械设备,使旧沥青混凝土路面的再生工艺水平大为提高。以前沥青混凝土路面大、中修的主要方法是加铺新的沥青混凝土层,现在已经出现了下列新的工艺方法:

1)把被磨损的沥青混凝土路面加热、翻松、整形再压实成型,而不需要加入新的材料。

2)把被磨损待修部位的沥青混凝土路面加热后翻松,与新添加的沥青混凝土混合料拌和均匀,摊铺整形,碾压成型。

3)把被磨损的沥青混凝土面层清除下来送往工厂,在专用设备中使之再生。再生旧料时可以加入沥青、再生剂或石料作为添加剂,也可以不加入此类添加剂。

上述工艺方法可作为重复利用旧沥青混凝土的基础。可以说,再生利用旧沥青混凝土是节约道路建材,降低工程造价,减少环境污染的一个重要途径。再生利用旧沥青混凝土的优点还在于彻底消除原有路面的裂缝、拥包、松散等病害对上层沥青混凝土的影响,还可以对基层病害进行适当处理,消除路面结构中的隐患。总而言之,再生利用旧沥青混凝土符合当前可持续发展的思想,将成为今后道路研究工作的一个重要研究方向。

复习思考题

1. 简述路基路面设计的主要内容。
2. 路基本体由哪三部分组成?路基附属设施有哪些?
3. 路基挡土墙有哪些类型及其特点?
4. 简述路面结构组成,路面如何分类、分级?
5. 对路面结构的要求是什么?
6. 沥青路面结构设计原则是什么?
7. 简述混凝土路面的破坏类型及其原因?
8. 接缝按作用分为哪几类?接缝的设置应能实现哪些要求?
9. 简述道路建筑材料应具备的性质。
10. 查阅资料,介绍一种你感兴趣的道路建筑新材料。

第五章 道路工程施工

第一节 道路施工组织

发展公路运输业，首先必须进行公路工程建设。公路施工组织就是研究如何使公路工程施工过程中诸要素合理组织的学科，即如何认真贯彻国家现行技术经济政策和法令，根据公路施工的特点，将人力、资金、材料、机械、施工方法等各种因素进行科学、合理的安排，使之在一定的时间和空间内得以实现有组织、有计划、有秩序的施工，使其工期短、质量好、成本低，迅速发挥投资效益。

一、道路施工组织的发展

我国公路工程施工现场的组织管理是随着经济发展变化而改变的。公路建设在土木行业中发展较晚，我国在改革开放初期才开始认识到公路对国民经济发展有重大影响，到20世纪80年代中期才开始讨论高速公路在我国的适用性。这个阶段是决定我国公路发展的关键时期，它促使了公路工程现场施工组织与管理的模式和方法的进步。从经济管理角度看，施工现场组织与管理直接影响工程质量、进度与造价。经过30余年的努力，公路工程行业的专家与学者不断学习发达国家的先进经验，结合国情实践独具中国特色的公路工程施工现场组织与管理模式，为我国公路现代化建设奠定了发展基础，也为发展中国家的公路建设与管理开辟了广阔的探索之路。

施工现场的组织与管理，不同于工程项目宏观管理，但却受宏观项目管理的制约。按照我国宏观经济发展规律与管理体制的改革过程，我国公路工程施工现场组织与管理的发展经过了初期原生态管理、行政命令管理、计划与市场经济双轨制管理、市场经济管理四个阶段。

1. 初期原生态管理

从新中国成立初期到20世纪70年代末，公路建设基本上依托林区道路和农村机耕道改建（相当于人民解放军在行军途中边行军边施工的应急便道）。根据当时的形势，道路选线强调"隐蔽、迂回、靠山、钻林"等国防需要，依靠国家建设投资和"民工建勤"等方式，全国公路通车里程增长较快，达到89万km，其中干线公路237万km，县乡公路586万km，企事业单位专用公路66万km。公路等级低，工农业发展缓慢，与当时国民经济发展速度相适应。

当时的施工现场管理是完成命令下的行政任务，不讲求进度与质量，更谈不上现代意义上的工程成本控制，缺乏标准和规范，技术上也与国外的差距很大，工程管理基本处于

"原生态"的状态。

2. 行政命令管理

20世纪70年代末的改革开放并没有一下子唤醒公路建设的热情，公路建设还处于沉睡状态。到80年代中期开始大规模讨论高速公路在我国的适应性，此时公路建设在国民经济中的重要地位开始被人们意识到，甚至提出"要想富，先修路"的口号。因此将20世纪80年代中期以前划分为第二阶段——行政命令管理阶段。至"六五"结束时，公路里程增长到94.24万km，其中一级公路422km，四级及等外公路7923万km，期间公路里程年均增长1.1万km。

该段时期最显著的特征是：所有基本建设活动都在政府部门的管理下进行，施工现场的管理者必须听命行政领导，现场管理大到购买机械设备，小到临时工人（民工）的工资，无一例外受到政府有关文件的具体控制。这一时期最显著特点是在技术上充分保证施工方案的安全、质量的可靠，但对进度与费用的控制几乎是空白。施工现场的组织管理在传统思想影响下，注重技术上的可行性和施工现场的安全问题，但忽视了方案的经济性比较和资源均衡性的消耗优化。

此时期工程管理的优点：工程造价低，施工中各种矛盾小，便于指挥调度，工程质量可靠。缺点：工程技术等级低，规范标准缺乏，进度十分缓慢，工程规模小，工期长，工人、技术员消极怠工。

3. 计划与市场经济双轨制管理

随着经济改革的不断深入，公路工程建设规模日益扩大。由公路带来的巨大经济效益和提高人民群众生活水平带来的实惠，使国家和社会都感觉到建设公路的紧迫性。但受计划经济惯性影响，公路建设的项目管理还处于过渡时期。从时间上划分，这一时期为20世纪80年代中期到90年代中期。

在这一时期，高速公路建设的序幕拉开，理论不断完善，技术不断进步。这时期大量引进国外先进管理理论，如网络计划技术、流水作业方式、排队论等，但其实际运用受到多方面限制。施工组织设计文件逐渐规范化，招投标制度开始实行；同时，引入国外新机械、新工艺。公路工程项目管理推行监理制度，应用FIDIC管理理念，施工现场管理实行承包人、业主、监理三方独立，政府监督与社会监理双向管理，规范了现场管理。至"九五"末，全国公路通车里程达到1186万km，其中高速公路3422km。在一些大经济区域内，已经形成或正在形成以高速公路为主的干线公路网，如沈阳、大连、北京、天津、石家庄、环渤海湾地区、长江三角洲、珠江三角洲等。

这段时期的主要优点：理论与技术发展活跃，规范标准日趋完善，管理理论推陈出新，建筑市场管理趋于规范化，施工现场组织管理科学化，资源被优化利用，开始使用高科技手段管理工程。

该段时期的主要缺点：项目管理的实际运用跟不上理论的发展，公路建设的快速发展与施工现场管理落后的矛盾加大，缺乏全面而有效的工程规范和标准，工程建设规模的扩大与专业技术人员的匮乏矛盾加剧。

4. 市场经济管理

20世纪90年代中期以后，我国明显加大了高速公路建设规模，并完善了建筑市场体制，规范了承包制、招投标制，政府体制改革实行政、企分开促进了公路施工企业的管理模式变革。我国公路建设市场基本成熟，各种投资方式引入公路建设中，各种具有相关资质的施工企业参与现场施工，咨询公司进入现场从事监理。

随着公路建设的发展，先进理论得以充分运用，工程项目管理进入全新阶段，项目经理乃至建造师、监理工程师、造价工程师、结构工程师、测量工程师等以注册资质实施，大大提高了公路工程全过程管理的水平。施工现场管理实现了投标时有方案、进场前有计划、施工中有措施、完工后有评价等各种保证措施。施工组织设计文件的广泛使用，进一步提高了施工现场组织管理的科学性和操作性。项目部的独立承包制促使其提高现场管理水平，降低管理成本。

现代高新技术和计算机技术的应用，降低了现场组织管理的成本，提高了机械化施工的发展速度。比如现场需要的各种报表、图表、结算、变更等，使用网络及多媒体可以加快施工现场管理的处理速度。公路建设规模庞大，机械化施工程度高，施工节奏快，要求现场管理更加科学、全面、严密，从而降低工程造价，提高工程质量，加快工程进度。国家高速公路网已经形成"五纵七横"的主要框架。

这段时期的优点：技术标准与规范已经完善；各方面理论用于公路工程现场的速度加快、效益提高；政、企分开使公路企业快速成长，项目管理能力极大提升；公路建设市场基本形成，项目管理独立化，现场组织管理规范化、程序化；网络数据传输、无纸化办公、视频会议等新技术在公路现场管理中广泛使用；公路施工现场管理人员的技术水平大幅度提高，施工组织文件被充分利用；持证上岗为公路施工现场组织管理提供了根本保障。

这段时期的缺点：公路建设市场有待进一步规范化、法制化；投资渠道的不同影响项目管理的操作；对于非政府投资公路项目，地方政府协调处理地方问题力度不够；公路现场工人、技术人员的积极性没有发挥到理想状态。

5. 施工组织管理现代化

先进的科学技术和管理理论是推动经济高速发展的两个主要因素，缺一不可。没有先进的管理理论，先进的科学技术便得不到推广，不能充分发挥它的作用。

管理现代化从发展的角度看是一个动态的概念，随着生产力和科学技术水平的不断提高，管理现代化的含义和衡量标准也不断发展变化，但在一定阶段内，其含义和衡量标准还是相对稳定的。从当前情况看，现场管理现代化主要包括以下方面：

（1）组织管理思想现代化　施工组织管理现代化是一个完整的体系，其中管理思想现代化是前提，处于主导地位。主要包括要树立社会主义市场经济的思想，要树立按照客观经济规律办事的思想。

（2）组织管理机制现代化　"机制"一词源于机器的构造与动作原理。现场的运行机制，是指在一个有效的约束与诱导的环境条件下，在管理系统内部各因素的相互作用下，项目经理作为行为的主体，为实现自己的目标而顺应客观经济规律，充分发挥其功能，推动各项工作有秩序地、协调地运转的系统。

一个完善的、科学的企业现代化管理机制，能充分发挥企业的管理职能，通过计划、组织、指挥、控制、协调等管理职能使人们明确努力的目标，调动积极性去实现其目标。施工现场管理机构的现代化在现代化管理中处于中心位置，是重点，也是难点。

（3）现场组织现代化　现场组织现代化就是建立适应生产力发展水平的科学的项目管理体制，建立科学、完善的组织机构，合理划分管理部门、管理层次及各级管理组织的权责，能有机地协调运作、组织生产、优化劳动组织和提高功效。对于项目部管理，根据施工生产流动性大的特点，还要建立具有一定灵活性的组织机构，以适应行业的特点。

（4）组织方法的现代化　根据项目特点，选择和采用现代化组织方法，提高经营管理水平。实现组织方法现代化，就是运用系统论、信息论、控制论及优化理论，分析法律方法、经济方法、行政方法、数学方法，建立完善的管理方法体系。随着组织管理水平的不断提高，现代管理技术层出不穷，施工企业应根据实际条件和经营管理的实际需要灵活选用。

（5）组织手段现代化　组织手段现代化，要求装备和运用先进的管理手段对项目进行管理，如以计算机为基本手段的现代化管理系统、现代信息交流手段、现代检测手段等。

（6）组织管理人员现代化　管理人员的知识与技能是现代化组织管理的基本条件，项目管理需要知识丰富及专业技能熟练的项目管理专家，这是由现场组织管理的特殊性决定的。

二、施工程序

施工程序是指施工单位从接受施工任务到工程竣工验收阶段必须遵守的工作顺序。

施工程序包括接受施工任务、签订工程承包合同、施工准备、组织施工和竣工验收等各个阶段。

1. 接受施工任务与签订工程承包合同

施工企业接受施工任务通常有三种方式：一是上级主管单位统一布置任务，安排计划下达；二是经主管部门同意，自行对外接受任务；三是参加投标，中标而获得任务。随着我国社会主义市场经济体制的建立和发展，施工任务将主要以参加投标、通过建筑市场中的平等竞争而取得。

接受工程项目时，首先应该查证核实工程项目是否列入国家计划，必须有批准的可行性研究、初步设计（或施工图设计）及概（预）算文件方可签订施工总承包合同（或总协议书），进行施工准备工作。

接受施工任务，是以签订工程承包合同加以肯定的。建筑安装企业接受工程项目，都必须同建设单位签订工程承包合同，明确各自的经济技术责任。合同一经签订，即具有法律效力，双方要严格履行合同。

施工承包合同内容一般包括承包的依据、承包方式、工程范围、工程质量、施工工期、开工竣工日期（包括中间交工日期）、工程造价、技术物资供应、拨款结算方式、奖惩条款和各自应做的准备工作及配合关系等。承包合同应满足工程施工的需要，反映工程的特点，合同内容要具体，责任要明确，条款要简明，文字解释要清楚，便于检查。

2. 施工准备

工程建设单位接受施工任务后，即可着手进行施工准备工作。在工程开工前，必须有合理的施工准备期，施工准备工作还应有计划、有步骤、分阶段地贯彻于整个工程项目的施工过程中。随着工程的进展，在各个分部分项工程施工之前，都要做好施工准备工作。准备工作的基本任务是掌握建设工程的特点、进度要求，摸清施工的客观条件，合理安排施工力量，从技术、物资、人力和组织等方面为建筑安装施工创造一切必要的条件。施工准备工作的内容可以归纳如下：

（1）组织准备　施工组织准备是前期准备工作的重要内容。施工前期的组织准备工作的主要任务有：组建施工项目经理部；选配强有力的施工领导班子和施工力量；强化施工队伍的技术培训；筹备实验室等。

（2）技术准备　施工技术准备是工程开工前期的一项重要准备工作，通过完善、周密的技术准备工作，全面熟悉施工图，了解设计意图和业主的要求，初步提高完成整个施工任务的战略构想。同时，根据其战略构想，对整个工程施工部署、施工计划与施工方法、施工进度、质量、安全和资源消耗等做出科学安排，使全部工程施工及分部分项工程施工都处于有组织、有计划、有秩序和有规范标准严格控制的状态之下，进而实现优质、高效完成工程施工任务的总体目标。

1）熟悉、核对设计文件、图样及有关资料。

① 了解工程全貌、工程整体情况和设计意图，形成对所承包工程整体的、全面的印象。在工程投标期间，通常由业主或发包单位对工程概况、工程量、设计标准、重点工程情况等做一般性的介绍，发送用于招标的工程图。工程中标后，由业主或发包单位发送完整、详细的设计图，作为工程承包合同的一部分。这时，承包商就应当组织力量，认真地研读设计图。

② 根据设计图提出施工部署、施工安排的初步意见，深入施工现场进行详细的调查。在审查设计图时，应对施工队伍的部署、驻地、区段划分、材料供应场地、预制构件厂等提出初步意见，也可以设计几种方案。根据初步设想，对施工现场的自然环境、客观条件进行调查，了解现场实际情况能否满足初步设想的要求、是否需要调整、是否需要增加新的内容等，作为施工安排和编制施工组织设计的依据。

③ 根据设计图的内容，确定应收集的技术资料、标准、国家规范、试验规程等内容，做好技术保障工作。

④ 根据工程内容，选派相应的管理、技术人员。公路施工涉及面广，专业内容多，需要测量、试验、材料、土建、电气、机械、预算、财务等各种技术人员。通过图样审查，可以根据工程项目的内容确定需要的各种人员。

⑤ 图样审查，找出并收集设计图中存在的问题，以便在设计交底时提出。

a. 公路项目设计图一般由道路平面设计图、纵断面设计图、横断面设计图、结构物设计图、标准图集数据表等部分组成。各部分内容相互独立又相互联系，在图样审查时应把各部分结合起来，整体地了解工程全貌。

b. 图样审查时，首先应仔细阅读设计说明。在设计说明中，设计人一般对总体设计思想、设计标准、设计中的难点重点、设计图、各部门之间的关系、施工人员应注意的问题等做简明扼要的阐述，语句不多，但包含的内容很广泛、很重要，在审图时应引起足够重视。在道路平面图中应了解路线的走向、转角、曲线情况，结构物设置情况，线路附近地表、地貌、河流村镇等情况。在纵断面图中应了解线路竖曲线的设置、线路纵坡设计、线路纵向排水设计等，了解路基土石方挖方填方及各段土方的需用量以及取土、弃土的位置。在横断面图中应了解道路横断面设计、路面各层结构设计、路基横断面超高、横断面排水等情况。了解绿化工程、土地复垦、固沙工程等多种环境保护工程。在读取平面与纵断面图时应结合结构物设计，了解结构物在道路上的位置，了解结构物的类型规模，重点了解大桥、特大桥、互通立交等结构的相关信息。

c. 图样审查形式有两种。一是若干技术人员相互独立地审查设计图，提出问题，互相交流、补充，最终达到审查图样的目的。这种方法的优点是比较完整、全面地反映问题，避免个人考虑问题不全面；缺点是审查图样的时间相对要长一些。二是按工程内容、施工区段划分，由技术人员分别审图。这种方法时间短，完成任务快，但个人有时考虑问题不全面，有遗漏与不足也得不到补充。采用这种方式，只有具有相当经验的技术人员才能胜任。

d. 图纸审查时可同时绘制一些辅助性图表，如线路平面缩图、构筑物布置图、构筑物及主要工程量一览表等。通过绘制这些图表，进一步熟悉图样，了解工程内容，同时提出简单、清楚、有指导作用的内容，供决策者、管理人员、技术人员使用。

e. 图样审查时应对主要工程量、主要设计内容，如深挖与高填的设计、特殊工程地质、路基设计等进行必要的计算，对设计图中存在的问题进行记录；根据施工单位的机械设备、施工工艺等情况对设计图纸中存在的不相适的内容提出修改意见，以便在设计交底会上进行讨论。

f. 图样审查工作一般由专业技术人员进行，在审图时应注意征求计划、物资、设备、行政部门的意见，集思广益，提出较为全面、切实可行的意见。

2）参加现场技术交底。现场技术交底是业主组织的现场交底工作，对业主、设计单位提供的图样、标准等数据进行实地交底，对业主提供的道路、水、电、场地情况进一步了解和落实，让承包商占用相应的土地，由业主提供所需的出入工地的通道。这些均需与业主紧密配合，相互信任，所以参加现场技术交底，是搞好开工前施工技术准备的重要工作。

为了进一步明确责任，把准备工作落到实处，可以与业主或有关方面签订施工准备工作协议，以契约的形式明确分工。其主要工作项目包括：土地征用，青苗、树木赔偿；清除地面房屋及架空和地下障碍物的拆迁工作，使施工现场具备施工条件；提供出入施工现场必需的通道，满足施工前材料、机械设备、劳动力早日进场的需要；施工用水、用电、电信线路接至施工现场；提供有关的技术资料并进行设计交底；办理施工所需的多种批件、证件和手续；提请业主或设计单位协调处理施工现场与周边有关单位的关系或矛盾等。

3）现场调查与施工设点。公路施工现场调查与施工设点工作是开工前准备工作的重要内容，是编制实施性施工组织设计和施工计划、搞好任务分工、组织大型机械设备进场的重要工作。做好调查与设点对于保证工程的按期开工和顺利施工起着重要作用。

现场踏勘和调查的主要内容如下：

① 对施工有影响，需拆迁的各种建筑物、构筑物，公用事业杆线、管道和附属设施，以及树木、农作物、坟墓等。

② 受施工影响的沿线建筑物、构筑物，公用事业杆线、管道安全，需加固保护的结构、数量和确切位置。

③ 沿线需重点保护的历史文物、古迹、测量标准及军事设施等。

④ 了解沿线缺土、余土的地段和数量，以及可供借土或弃土的地点。

⑤ 摸清沿线可利用的排水沟浜和下水道，以及过去暴雨后的积水情况，以便考虑施工期间的排水措施。

⑥ 了解现场附近供水、供电、通信设施、运输线路、场地及其他设施的情况。

⑦ 外露的检查井、消防栓、人防通气孔等应在图上标明，以备核对，避免埋没或堵塞。

⑧ 了解沿线各单位因施工受到的影响情况，以及车辆交通影响，以便提出安排方案。

4）编制实施性施工组织设计、施工预算。这是施工准备工作阶段中的一项深入、细致的工作，其工作成果是指导施工的重要技术文件。由于公路建筑生产的特点，不可能采用一个定型的、一成不变的施工方法，所以每个建设工程项目都需要分别确定施工方案和组织方法，故要求在施工阶段必须编制实施性施工组织设计和施工预算。

5) 组织先遣人员进场，做好后勤准备工作。在大批施工人员进场之前，施工先遣人员的任务是根据总任务的具体安排，结合施工现场实际情况，落实施工人员进场后在生产、生活等方面必须解决的问题。对施工中涉及其他部门的问题，做好联系，签订协议书或合同；及时与当地政府取得联系，争取当地政府部门的支持和帮助。

(3) 施工现场准备　依据设计文件及已编制的实施性施工组织设计做好施工现场准备工作。

1) 测出占地和征用土地范围，拆迁房屋、电信设备等各种障碍物。

2) 平整场地，做好施工放样。

3) 修建便桥、便道，搭盖工棚和大型临时设施（预制场、机修厂、沥青加工场、混凝土搅拌站等）的修建。

4) 料场布置，安装供水、供电设备等。

5) 各种施工物资资源的调查与准备，包括建筑材料、构件、施工机械及机具设备、工具等的货源安排，进场的堆放、入库、保管及安全工作。

6) 建立工地实验室，进行各种建筑材料和土质的试验，为施工提供可靠依据。

7) 施工机构设置、施工队伍集结、进场及开工上岗前的政治思想工作及安全技术教育。

上述各项具体准备工作全部就绪后，即可向建设单位或监理工程师提出开工报告。必须坚持没有做好施工准备工作不准开工的原则。

3. 组织施工

做好施工准备并报请批准后，才能进行正式施工。施工时要严格按照施工图进行，如需变动，应事先取得建设单位或监理工程师的同意。要按照施工组织设计确定的施工顺序、施工方法及进度要求，科学、合理地组织施工，而且对施工过程要注意进行全面的质量管理及成本控制。

对各分项工程，特别是地下工程和隐蔽工程，施工时要做好原始记录，每道工序施工完毕并经监理工程师检验合格后才能进行下一道工序。施工要严格按照设计要求和施工验收技术规范的规定进行，保证质量，不留隐患，不留尾巴，发现问题及时解决。

对大、中型工程建设项目，要严格执行监理制度，按有关规定严格实行投资控制、进度控制和质量控制。

组织施工时应具有以下基本文件：设计文件、施工规范和技术操作规程、各种定额、施工图预算、施工组织设计、公路工程质量检验评定标准和施工验收规范。

施工时必须精心组织，建立正常、文明的施工程序，合理使用劳动力、材料、机具、设备、资金等。施工方案要因地制宜，施工方法要先进合理，切实可行。施工中必须伴随施工过程的进行，对施工进度、质量、成本、安全等实行全面控制，以达到全面完成计划任务的目的。

4. 竣工验收

所有建设项目和单位工程都要按照设计文件规定的内容全部建完，完工后以批准的设计文件为依据，根据国家有关规定评定质量等级，进行竣工验收，并经监理工程师签认。

三、公路施工组织的研究对象、任务和发展特点

1. 公路施工组织的研究对象

公路施工组织是研究公路建筑产品（一个建设项目或单位工程）生产（即施工）过程中诸要素合理组织的学科。

要进行生产，就必须有一定的劳动力、劳动资料和劳动对象，这就是生产的诸要素。生产（施工）就是具有一定生产经验与生产技能的人借助生产工具改变劳动对象使之符合人类需要的过程。在这个过程中，人们一方面同自然对象和自然力发生关系，另一方面人们彼此之间也发生一定的关系，即生产力和生产关系。生产诸要素的组织问题就是生产力的组织问题。

本节涉及的生产力组织问题只是一个具体的建筑产品（建设项目、单位工程等）在生产（施工）过程中的诸要素，即直接使用的建筑工人、施工机械和建筑材料与构件等的组织问题。

归纳起来说，施工组织研究的是如何根据公路建设的特点，从人力、资金、材料、机械和施工方法这五个主要方面进行科学合理的安排，使之在一定的时间和空间内，得以实现有组织、有计划、均衡的施工，使整个工程在施工中实现时间上耗费少、工期短，质量上精度高、功能好，经济上资金省、成本低的目标。

2. 公路施工组织的任务

公路施工要多快好省地完成施工生产任务，必须有科学的施工组织，合理地解决好一系列问题。其具体任务如下：

1）确定开工前必须完成的各项准备工作。
2）计算工程数量，合理部署施工力量，确定劳动力、机械台班、各种材料、构件等的需要量和供应方案。
3）确定施工方案，选择施工机具。
4）安排施工顺序，编制施工进度计划。
5）确定工地上的设备停放场、料场、仓库、办公室、预制场地等的平面布置。
6）制定确保工程质量及安全生产的有效技术措施。

公路工程的施工总方案可以是多种多样的，应该依据公路工程的具体特点、工期要求、劳动力数量及技术水平、机械装备能力、材料供应及构件生产、运输能力、地质、气候等自然条件及技术经济条件进行综合分析、选择出较为理想的方案。

综合考虑上述各项问题，并做出合理的决定，形成指导施工生产的技术经济文件——施工组织设计。它是施工准备工作，也是指导施工准备工作、全面安排施工生产活动、控制施工进度、进行劳动力和机械调配的基本依据，对于能否多快好省地完成公路建筑工程的施工生产任务起着决定性的作用。

3. 公路施工组织的发展特点

现阶段公路施工组织的发展，旨在广泛地利用数学方法、网络技术和计算技术的理论，为制订和采用公路施工组织，为管理者和业务领导者确定最佳施工方案创造必要条件。

公路施工占用着成千上万的劳动力，使用着大量的构件、配件、半成品和原材料，使用

着越来越多的筑路机械和运输工具，为了有节奏地和不间断地工作，保证在完成施工过程中各个工序都一致、准确地协同作业，必须不断改善施工计划和管理的组织工作。这就要求及时整理收集到的各种信息，迅速和优质地编制作业计划。而利用传统的计算技术和工具，已经不能很好地整理数量不断增加的、为熟练指挥施工组织所需的大量信息资料，所以在施工管理中需要采用计算机技术。

现在，公路建设者已经广泛利用网络技术和计算机来编制施工进度计划、施工作业计划和进行施工管理。在施工组织和计划中使用计算机技术，是与应用数学，首先是与各种数学规划（线性规划、非线性规划、动态规划）理论的发展密切联系着的。利用现代化的计算工具和应用数学有助于提高施工组织和管理的技术水平，缩短建设工期和降低工程造价。

采用数学方法和计算机技术解决施工问题，可归纳为两类：一是选择组织工作与计划工作的最佳方案；二是信息处理和编制施工进度计划与作业计划。

第一类按照它的类型，属于求极值，如材料供应基地的企业（附属企业）需要最佳的建筑工程物资运输计划，以便最合理地安排建造各类施工项目时所需的筑路机械及其负荷等，可利用线性规划的方法解决。由于在公路施工中运用了线性规划的方法和计算机技术，施工效率得到了显著的提高。同时，由于编制了合理的运输计划，大大节省了运费。

第二类包括：编制施工组织设计；编制各个工程项目和施工机构的作业计划，并监督其完成；计算所需的材料资源、劳动资源和资金；安排施工的配套和材料设备供应等。这类任务的特点是原始资料的数量很大，并且种类繁多，解决这些任务不仅要求完成大量的计算工作，还要进行大量的逻辑推理和加工，最终表现为用图表、报表、统计表和计算书形式表示工作结果的信息。通常，为了编制和整理这些资料，需要很多工作人员和较长的时间，这不符合编制作业计划和管理工作的要求；而采用计算机处理这些资料，就能保证迅速、高质量地完成这些工作。为了在公路建设中广泛采用计算机，就需要编制各类计算机程序。例如，采用网络计划来编制施工进度计划时，就需要编制网络计划的计算程序。在公路建设的计划与管理工作中采用网络图，可大大提高指挥施工的作业效率，并加强对施工全过程的监督。

第二节　路　基　施　工

路基是城市道路工程中的重要组成部分，是按照路线位置和一定技术要求修筑的支承路面的带状构造物。路基在使用过程中要承受由路面传递而来的行车荷载作用，并抵御各种环境因素的影响，是路面的基础。路基的质量好坏，直接影响到路面的使用功能。路面的损坏往往与路基排水不够、压实质量不够、整体强度偏低等有直接关系，而且路基一旦破坏，修复难度也比较大，耗用工程费用比较高。因此，要求路基必须具有足够的强度、良好的水稳定性和持久性等。

路基足够的强度、良好的水稳定性和耐久性，不仅要通过设计予以保证，还要通过施工得以实现。路基的施工质量如何直接影响路面的质量，众多公路工程实践证明，有些新建公路投入运行很短时间，路面就发生破坏或沉陷，其主要原因是路基的施工质量不符合规范的要求。路基的各种病害关系到养护维修费用增加，乃至影响交通运输的畅通与安全，因此，必须确保路基工程的施工质量。

一、路基工程的主要特点

随着我国经济的快速发展,城市规模正不断扩大,随之而来的是城市的大建设。作为城市建设的一个重要部分,城市道路在城市发展中起到了举足轻重的作用,在实际的铺路工程中,由于城市道路路基施工质量问题,导致城市道路出现了一系列的病害,如何保证城市道路路基施工质量成为我们关注的重点。路基是路面的基础,对城市道路路基工程质量的控制是整个道路施工工程质量的关键。

在施工过程中路基工程的施工质量会受到多种因素的不利影响,虽然路基工程施工主要是开挖、运输、填筑、压实等比较简单的工序,但由于路基施工存在着条件变化大、工程数量大、施工难度大、施工方法多样等特点,故要保证路基工程质量有很大的难度,特别是地质不良的特殊路段及隐蔽工程较多的路基,在施工时常会遇到复杂的技术问题和各种突发性事故需要处理,因此路基施工技术是简单中蕴涵着复杂。道路路基是由土石方修筑而成的一种巨型的线性构造物,它与工业与民用建筑有很大不同,具有如下特点。

1) 路基土石方工程量巨大,且沿线分布不均匀。工程量大小不仅与路基工程相关的设施(如路基排水、防护与加固等)相互制约,而且与公路工程的其他项目(如桥涵、隧道、路面及附属设施)密切相关。因此,路基施工在质量标准、技术操作、施工管理等方面具有特殊性,必须予以研究并不断改进。工程实践充分证明:在整个公路工程施工中,路基施工往往是施工组织管理的关键。

2) 路基工程施工质量的制约因素较多。路基工程的施工质量好坏,不仅与路基材料、路基工程的施工质量好坏,与路基材料、施工机械、施工方法、施工工艺等有关,而且与技术水平、自然条件、地区经济、地形、地质等有关。

3) 路基工程的项目繁多,如土方、石方及圬工砌体等,在施工方法与技术操作方面各具特点。路基工程主要包括路堤与路堑,基本操作是挖掘、运输和填筑,工序比较简单,但施工条件多变,比较复杂,因而施工方法多样化,简单的工序中常常会遇到极为复杂的技术和管理方面的问题。

4) 路基施工是野外操作,经常会遇到自然条件差、运输道路不畅通、设备与施工队伍的供应和调度困难等问题;路基工地战线长,工地分散,工作面狭窄,有特殊地质不良现象,使一般的技术问题变得复杂化,而复杂的技术问题更是难用常规的方法去解决。

5) 在路基施工中还存在着场地布置难、临时排水难、用土处置难、土基压实难、赔偿工作难、群众工作难等不利因素。路基的隐蔽工程较多,施工质量不符合国家施工规范的要求,会给路基和路面留下隐患,一旦产生病害,不仅损坏道路使用品质,妨碍交通及造成经济损失,而且往往后患无穷,难以根治。

二、路基施工的基本方法

路基土石方的施工作业是施工中最主要的工序,其中包括开挖、运输、铺填、压实和修整等工作。有时为了提高挖土的效率,还要先进行松土。根据不同地区、不同自然条件、不同质量要求和不同的地质条件等,路基施工的基本方法可分为以下几种。

(1) 人工和半机械化施工 人工和半机械化施工主要依靠人力、手工工具和简易的机械设备。这种施工方法适用于缺乏机械的地方道路工地和工程量小而分散的零星工程点,以及某些辅助性的工作，生产效率较低，劳动强度较大，施工质量不易保证。

（2）水力机械施工　水力机械施工是运用水泵、水枪等水力机械喷射出高压水流，把土冲散并泵送到指定的地点沉积。这种施工方法可用来挖掘比较松散的土层和进行软土地基加固的钻孔工作，但施工现场要有充足的水源和电源。

（3）爆破施工　爆破施工是开挖岩石土路堑的基本方法。如果采用钻岩机进行钻孔，爆破后机械清理并输运渣土是岩石路基实现机械化施工的必备条件。爆破施工除岩石路堑开挖采用外，还可以用于冻土、硬土和泥沼等特殊路基施工和石料开采。如果采用定向爆破技术，可将路基挖方直接移作填方，能大大提高土石方挖填生产率。

（4）机械化施工　机械化施工是道路工程发展的趋势，是确保工程质量和加快施工进度的重要措施。这种施工方法就是采用推土机、铲运机、挖掘机、平地机、运输车辆、松土机和压路机等机械，经过计算、选型、配合，使参与施工的各项施工机械共同协调的工作。机械化施工可极大提高劳动生产率，显著加快工程的施工进度，并有效地保证工程质量。

实际上，机械化程度根本无法全部表示机械化施工的意义，它有着更广泛的含义，即不仅体现机械化程度的高低，更注重机械的管理水平，应当理解为涉及施工机械、施工技术、施工组织及施工管理等多学科的现代化施工技术。道路工程实现机械化施工，主要包含以下四方面的意义。

1）在城市道路工程的机械化施工中，应当尽可能地提高机械化装备水准，对于可采用机械作业的，应尽可能采用机械施工，以减轻人的繁重体力劳动，改善劳动条件，节省大量人工，加快工程施工进度。

2）在组织城市道路工程机械化施工中，要注意根据不同的施工对象和要求，选择最合适的施工机械，进行各种不同机械的合理组合，充分发挥机械的效能，加快工程施工进度，降低消耗和施工成本，保证工程质量，最终取得明显的经济效益。

3）要有科学的施工组织设计指导工程施工。道路工程施工不仅受各种自然因素的影响很大，而且战线长，工程量大，涉及面广，运用施工机械种类和数量繁多。所以，应当运用先进的管理科学技术对施工组织计划进行优化，以最佳方案组织施工，更好地发挥机械化施工的作用，体现出机械化施工的优越性。

4）不断采用先进的机械设备，取代使用中低效能、高能耗的落后施工机械，加强对机械的维修和科学管理，这是提高机械化设施水平的重要内容和途径。

上述施工方法的选择，应根据工程类型、工程性质、工程量大小、施工条件、施工期限、质量要求、机械有无等因素确定，同时要结合考虑因地制宜、综合配套、施工经验、经济效益等方面因素。

城市快速路、主干路及特殊地区的道路，或采用新技术、新工艺、新材料进行路基施工时，应采用不同的施工方案进行试验路段施工，从中选择路基施工的最佳方案用于指导全线施工。试验路段的位置，应选在地质条件、断面形式、地形情况、施工条件均具有代表性的地段，试验路段的长度一般以 100~200m 为宜。

三、路基施工流程

1. 施工准备

在路基工程正式开工前，施工单位应在全面熟悉设计文件和设计交底的基础上，进行现场核对和施工调查工作。复查和了解现场的地形、地质、文化、气象、水源、电源、料源或料场、交通运输、通信联络及城镇建设规划、农田水利设施、环境保护等有关情况。对于扩（改）建工程，应将拟保留的原有通信、供电、供水、供暖、供油、排水沟管等地下设施复查清楚，在施工中要采取保护措施，防止损坏。若发现问题应及时按照有关程序提出修改意见，报请设计单位变更设计，以便更加符合施工现场的实际。

根据施工现场收集到的情况和核实的工程数量，按照工期要求，施工难易程度和人员、设备、材料准备情况，依据监理工程师提出的建议，对编制的施工组织设计做进一步修改，报现场监理工程师或业主批准，及时提出开工申请报告。对于重要或大型的公路工程，还应分别编制路基施工、桥涵施工、隧道施工的网络计划。

根据施工具体情况，做好以下工作：

1）确定工地范围。施工单位应根据施工图和施工临时需要确定工地范围，以及在此范围内有多少土地，哪些是永久占地，哪些是临时占地，并与地方有关人员到现场一一核实（是荒地或是良田、果园等）、绘出地界、设立标志。

2）清除现场障碍。施工现场范围内的障碍如建筑物、坟墓、暗穴、水井、各种管线、道路、灌溉渠道、民房等必须拆除或改建，以利施工的全面展开。

3）办妥有关手续。上述占地、民房和障碍物的拆迁等都必须事先与有关部门协商，办妥一切手续后方可进行。

4）做好现场规划。施工单位按照施工总平面图搭设修建生活和工程中的临时用房（包括工棚、仓库、加工厂和预制厂等），解决好通信、电力和水的供应，修建供工程施工使用的临时便道、便桥，在有洪水威胁的地区，防洪设施应在汛期前完成。

5）道路安全畅通。公路施工需要许多大型的车辆机械和设备，原有道路及桥涵能否承受此种重载，需要进行调查、验算，不合要求的应做加宽或加固处理，保证道路安全畅通，确保施工设备、材料、生活用品的供应，设立施工中必要的安全标志。

2. 施工测量

（1）测量内容和精度 路基开工前应做好施工测量工作，其内容主要包括导线、中线、水准点的复测，横断面调查与补测，增设必要的水准点等。施工测量是整个公路工程施工的基础，是确保线路、高程、尺寸、形状正确的手段，必须认真做好这项工作。施工测量的精度应符合 JTG C10—2007《公路勘测规范》的要求。

（2）导线复测工作

1）当原测的中线主要控制桩由导线来控制时，施工单位必须根据设计资料认真做好导线的复测工作，核对施工现场与原测现状是否吻合。

2）导线复测要求精度较高，应采用现代先进的测量仪器（如红外线测距仪等）进行测量，测量的精度应符合有关规程的规定。在进行正式测量前，应对使用的仪器进行认真检验、校正，以确保其测量精度。

3）当原有导线点不能满足施工要求时，应当适当进行加密，保证在公路施工的全过程中，相邻导线点间能达到互相通视。

4）导线起讫点应与设计单位测定结果进行比较，测量精度应满足设计要求。当设计中有具体规定时，应满足以下要求：角度闭合差为 $\pm 16n$，n 为测点数；复测导线时，必须和相邻施工段的导线闭合。

5) 对有妨碍施工的导线点,在施工前应当加以固定,固定方法可采用交点法或其他的固定方法。设置的护桩应牢固可靠,桩位应便于架设测量仪器,并设在施工范围以外。其他控制点也可以参照此法进行固定。

(3) 中线复测工作

1) 在路基工程开工前,应全面恢复中线并固定路线主要控制桩,如交点、转点、圆曲线和缓和曲线的起讫点等。为确保线路准确无误,高速公路、一级公路应采用坐标法恢复主要控制桩。

2) 在恢复中线时,应特别注意与结构物中心、相邻施工段的中线进行闭合,发现问题应及时查明原因,并报现场监理工程师和业主。

3) 如果发现原设计中线长度丈量错误或将要进行局部改线时,应做断链处理,相应调整纵坡,并在设计图表的相应部位注明断链距离和桩号。对此类错误应立即与设计单位联系,共同协商解决。

(4) 校对及增设水准基点

1) 在使用设计单位设置的水准点之前,应当仔细校核,并与国家水准点闭合,超出允许误差范围时,应查明原因并及时报告有关部门。大桥附近的水准点闭合差应按《公路桥涵施工技术规范》(JTG/T F50—2011)中的规定:高速公路和一级公路的水准点闭合差$20\sqrt{L}$(mm),二级及二级以下公路的水准点闭合差为$\pm 30\sqrt{L}$mm,其中$\sqrt{L}$为水准路线的长度,以 km 计。

2) 两相邻水准点的间距一般不宜大于 1km,在人工结构物附近、高填深挖地段、工程量集中地段、地形复杂地段,宜增设临时水准点。临时水准点必须符合精度的要求,并与相邻路段的水准点闭合。

3) 如果发现个别水准点受施工影响,应将其移出影响范围,其高程应与原水准点闭合。

4) 增设的水准点应设在便于观测的坚硬岩石上,或设置在永久性建筑物的牢固处,也可设在埋入土中至少 1m 深的混凝土桩上。

(5) 横断面图核对 横断面图是否准确,关系到施工放样、工程量计算、施工标准、场地布置和工程结算等。在路基正式施工前,应详细检查、核对设计单位提供的横断面图,如果发现问题,应进行复查,并及时报告监理工程师和业主。如果设计单位未提供横断面图,应按照有关规定全部进行补测。

(6) 路基工程放样

1) 路基工程放样是一项非常重要的施工准备工作,这是施工的标准和依据,也是确保路基工程质量的重要措施,因此必须认真、准确地进行路基工程放样。

2) 在路基工程正式施工前,应根据恢复的路线中桩、设计图表、施工机械、施工工艺和有关规定,确定路基用地界桩、路堤坡脚桩、路堑堑顶桩、边沟、取土坑、护坡道、弃土堆等的具体位置。在距路中心一定安全距离处,还要设立控制桩,其间距一般不宜大于 50m。在桩上应明桩号、与路中心填挖高度,通常用(+)表示填方,用(-)表示挖方。

3) 在放完边桩后,应进行边坡的放样,对于深挖高填地段,每挖填 5m 应复测一次中线桩,测定其高程及宽度,以控制边坡的大小。

4) 对施工工期较长的公路工程,在路基工程施工期间,每半年至少应复测一次水准。

在季节冻融地区施工的路基，在冻融后也应对水准点进行复测。

5）在采用机械施工时，应在边桩处设立明显的填挖标志，高速公路和一级公路在施工过程中，宜在不大于200m的段落内，距中心桩一定距离处埋设能够控制高程的控制桩，进行数据准确的施工控制。如果发现在施工中桩被碰倒或丢失，应及时按规定将其补上，以免影响工地正常施工。

6）在取土坑放样时，应在坑的边缘设立明显标志，注明土场供应里程桩号，当挖至距设计坑底0.2~0.3m时，应按照设计修整坑底纵坡。

7）边沟、截水沟和排水沟放样时，宜先做成样板检查，也可每隔10~20m在沟内外边缘钉上木桩并注明里程及挖深。

8）在整个路基工程施工中，应注意保护设置的所有标志，特别应注意保护一些原始控制点。

3. 施工前的复查和试验

根据JTG F10—2006《公路路基施工技术规范》中的规定，在路基施工前应进行认真的复查和试验，以确保工程质量和工程顺利进行。路基的复查和试验工作主要包括以下内容：

1）在路基正式施工前，施工人员应对路基工程范围内的地质、地形、水文情况进行路基的调查，通过取样、试验确定其性质和范围，并了解附近既有建筑物和对特殊土的处理方法。

2）施工人员应根据设计文件提供的资料，对取自挖方、借土场、料场的路堤填料进行路段复查和取样试验。如果设计文件中提供的料场填料不足或不符合要求，施工单位应自行寻找，并立即报告监理工程师和业主。

3）挖方、借土场和料场用作填料的土，应严格进行下列试验项目：液限、塑限、塑性指数、天然稠度或液体指数，颗粒大小分析实验，含水率实验，密度及相对密度试验，土的击实试验，土的强度试验（CBR），一级公路、高速公路应做有机质含量试验及易溶盐含量实验。试验方法按照JTG E40—2007《公路土工试验规程》中的规定办理：

对于特殊土，除应进行以上试验外，还应结合对各种土定名的需要，辅以相应的专门鉴别试验，以确定其种类及处置方法。使用新材料（如工业废渣等）填筑路堤时，除应按照规范、规程进行有关试验，还应做对环卫有害成分的试验，同时提出报告，经有关部门批准后方可使用。

4. 场地清理工作

场地清理也是路基工程施工前的一项重要准备工作，如果场地清理不符合要求，不仅不能保证公路工程的质量，还会严重影响整个工程的施工进度。场地清理主要包括以下工作：

1）施工前应按设计要求进行公路用地放样，由业主办理土地征用手续。施工单位可根据施工需要提出增加临时用地计划，并对增加部分进行公路用地测量，绘制出用地平面图及用地划界表，送交有关单位办理拆迁及临时占用土地手续。

2）路基用地范围内的既有房屋、道路、河沟、通信、电力设施、上下水道、坟墓及其他建筑物、构筑物，均应协助有关部门事先拆迁或改造；对于路基附近的危险建筑应予以适当加固；对文物古迹应妥善保护。

3）路基用地范围内的树木、灌木丛等均应在施工前砍伐或移植清理，砍伐的树木应移置于路基用地之外，进行妥善处理。高速公路、一级公路和填方高度小于1m的其他公路，应将路基范围内的树根全部挖除并将坑穴填平夯实；填方高度大于1m的其他公路允许保留树根，但根部露出地面不得超过20cm。取土坑范围内的树根也应全部挖除。

4）在填方和借方地段的原地面应进行表面清理，清理深度应根据种植土厚度确定，清出的种植土应集中堆放。填方地段在清理完地表面后，应整平压实到规定要求，才可进行填方作业。

5．试验路段工作

1）路基的铺土厚度、压实遍数、含水率大小，以及采用"四新"（新技术、新工艺、新设备、新材料）进行施工时，均要通过试验进行确定。因此，在路基工程正式施工前，应按有关规定划出一定的试验路段。

2）高速公路、一级公路及在特殊地区，或采用新技术、新工艺、新设备、新材料进行路基施工时，应在不同路段采用不同的施工方案做试验，从中选出路基施工的最佳方案，以指导全线的施工。

3）试验路段的位置应选择在地质条件、断面形式等方面均具有代表性的地段，试验路段的长度不宜小于100m。

4）试验所用的材料和机具应当与将来全线施工所用的材料和机具相同。通过试验确定不同机具压实不同填料的最佳含水率、适宜的松铺厚度和相应的碾压遍数、最佳的机械配套设备。

四、填方路堤施工

（一）基底处理与填料的选择

路堤是在天然地基上人为构筑的土体，一般都是利用当地土作为填料，按一定方案在原地面上填筑起来的。经验证明，为保证路堤的填筑质量，保证路堤具有足够的强度和稳定性，必须对基底的处理和填料的选择。

1．路堤基底的处理

路堤基底是指路堤填料与原地面的接触部分。为使两者结合紧密，避免路堤沿基底发生滑动，防止因草皮、树根腐烂而引起路堤沉陷，需根据基底的土质、水文、坡度和植被情况及填筑高度采取相应的处理措施。

路堤填筑时，如果不清除结合面上的草木残株等对路堤稳定有害的杂物，路堤成形后一旦杂物腐烂变质，地基将出现松软和不均匀沉陷等现象，因此，必须在填土之前做好伐树、除根和表层土壤处理工作。特别当路基填筑高度过小时，应注意将路基范围内的树根、草丛全部挖除。伐树、除根和清除草丛作业可采用人工或机械方法。应注意对草丛等不能用火烧的办法，因为火烧法火势不易控制，稍有不慎即会造成烧山毁林等严重后果。

如基底的表层土是腐殖土，则须用挖掘机或人工将其表层土清除换填，厚度视具体情况而定，一般以不小于30cm为宜，并予以分层压实，压实度应符合规范要求。如发现草炭层、鼠洞、裂缝、溶洞等，必须做好处理，以防日后塌陷。路堤修筑后有些清除物（如腐殖土）可取回作为护坡保护层使用，也可作为中央分隔带及绿化带的回填土，这时应注意堆弃位置要便于取回。

路堤通过耕地时，筑填施工之前必须预先填平压实，如其中有机质含量和其他杂质较多，碾压时弹性过大，不易压实，应换填干土。

山坡路堤，地面横坡不陡于1:5且基底符合规定要求时，可直接修筑在天然的土基上；地面横坡陡于1:5时，原地面应挖成台阶（台阶宽度不小于1m），台阶顶面做成2%~4%的斜坡，并用小型夯实机加以夯实。筑填时应由最低一层台阶填起，并分层夯实，然后逐台向上填筑，分层夯实，所有台阶填完之后，即可按一般填土进行。如果基底坡面超过1:2.5，则应采用修护墙、护脚等措施对外坡脚进行特殊处理。

高速公路和一级公路，横坡陡峻地段的半填半挖路基，必须在山坡上从填方坡脚向上挖成向内倾斜的台阶，并用机具将其压（夯）实。台阶宽度不应小于1m。其中挖方一侧当行车范围内的宽度不足一个行车道宽度时，应挖够一个行车道宽度，其上路床深度范围之内的原地面应予以挖除换填，并按上路床填方的要求施工。

2. 路堤填料的选择

路基填方材料应有一定的强度。高速公路及一级公路的路基填方材料，应经野外取土试验，符合表5-1的规定时方可使用；二级及二级以下的公路路基填方材料，也按照表5-1选取。

表5-1 路基填方材料最小强度和最大粒径

路面底面以下深度/cm	项目分类	填料最小强度 CBR(%)			填料最大粒径/cm
		高速公路及一级公路	二级公路	三、四级公路	
路床	上路床(0~30)	8.0	6.0	5.0	10
	下路床(30~80)	5.0	4.0	3.0	10
路堤	上路堤(80~150)	4.0	3.0	3.0	15
	下路堤(>150)	3.0	2.0	2.0	15
零填及挖方路基	0~30	8.0	6.0	5.0	10
	30~80	5.0	4.0	3.0	10

（1）最稳定的填料　最稳定的填料主要有石质土和工业矿渣两大类。前者常用的有漂石土、卵石土、砾石土、中砂和粗砂等；后者常用的有钢渣、建筑废料等。这两类材料摩擦系数大，不易压缩，透水性好，其强度受水的影响很小，是填筑路堤的最佳材料。

（2）密实后可以稳定的填料　这类材料分为一般填土和工业废料两类。前者通常指粉土质砂及砂和黏土组成的混合土。后者主要有粉煤灰、电石灰等，这些材料压实后能获得足够的强度和稳定性，是较好的常用填筑材料，但在使用时应注意：

1）土中的有机质不可超过5%。

2）土中易溶盐含量不应超出规定的数量。

3）填土施工要在最佳含水率状态下进行。

4）必须按一定厚度铺设，分层压实。

5）砂的黏性小，易松散，有条件的适当掺杂一些黏性大的土，或将陆地表面予以加固，以提高路基的稳定性。

6）用粉煤灰填筑路堤应符合有关规定要求，其他工业废渣在使用前应进行有害物质的含量试验，避免有害物质超标，污染环境。

（3）稳定性差的填料　主要有高液限黏土、粉质土等。具体分析如下：

1) 含砂高液限黏土、高液限黏土。黏性高，塑性指数大，透水性极差；干燥时很坚硬，但浸水后强度急剧下降，不易干燥；干湿循环的胀缩引起的体积变化很大；过干时成块状，不易打碎和压实；过湿时又易压成弹簧土，属不理想的填料。

2) 粉质土。它含有较多的粉土粒，虽有一定的黏性和塑性，但不易稳定，水流失后成流体状态（泥浆），干旱时则尘土飞扬；毛细水上升高度很大（可达 0.8~1.5m），在季节性冰冻地区会造成很多水分累积，导致严重的冻胀和翻浆，属最差的路堤填土，黄土类、黑土（肥黏土）多属于这类土。

3) 上述稳定性较差的土一般属液限指大于 50、塑性指数大于 26 的土，以及含水量超过规定的土，不宜直接作为公路路基填土。在特殊情况下，受工程作业现场条件限制，必须使用时，通常应做如下处理后方能使用：

① 含水率的调节。控制含水率的目的是保证土料在最佳含水率下达到最好的压实宽度。如果土料含水率过高，应予以翻晒，最好利用松土机或圆盘耙，增大暴露面，加速蒸发。也可在取土场工作面下挖沟，使地下水位降低，改变土料含水率，这也是一种有效方法。如含水率过低，常在材料上人工洒水（最好在料场进行，以利控制洒水均匀），洒水量可由自然含水率和最佳含水率之差求出；也可采用洒水车直接在堤上喷洒，但应配用圆盘耙等机具对土料进行翻拌，使其润湿均匀；同时还需注意预计润湿时间，绝不可洒水后立即碾压。

② 外加剂改良。利用石灰、水泥工业废料或其他材料作稳定剂（或凝固剂）对土的性质进行改良，达到填土要求。这种方法对含水率大、塑性高的土或强度不足的其他材料（如含有大量细粒砂的砂质土）都有较好的效果。采用外加剂改良土的施工方法，是将土和外加材料按一定比例混合，拌匀后平铺，一般采用路拌式稳定土拌和机（灰土拌和机）和平地机等作业，也可由设于场地内的设备制备。

③ 捣碎后的种植土，可用于路堤边坡表层。

（二）填土路堤施工

1. 填土路堤填筑方法

路堤填筑是把填料用一定方式运送上堤进行铺平、碾压密实的过程。路堤填筑分为分层填筑法、竖向填筑法和混合填筑法三种。

（1）分层填筑法 路堤填筑必须考虑不同的土质，从原地面逐层填起并分层压实，每层填土的厚度可按压实机具的有效深度和压实度确定。分层填筑法又可分为水平分层填筑和纵坡分层填筑两种。

1) 水平分层填筑（图 5-1）。填筑时按照横断面全宽分成水平层次，逐层向上填筑，如原地面不平，应由最低分层填起，每填一层，压实至符合规定后，再填上一层，依次循环直至达到设计高程。这是一种常用的填筑方法。

2) 纵向分层填筑（图 5-2）。宜用推土机从路堑取土填筑距离较短的路堤，依纵坡方向分层，逐层向上填筑。原地面纵坡大于 12% 的地段常采用此法。

（2）竖向填筑法 从路基一端或两端同时按横断面的全部高度，逐步推进填筑，仅用于无法自下而上填筑的深谷、陡坡、断岩、泥沼等运土和机械无法进场的路堤，如图 5-3 所示。竖向填筑因填土过厚不易压实，施工时需采取必要的技术措施：

1) 选用振动式或夯击式压实机械。

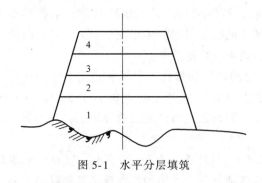
图 5-1　水平分层填筑

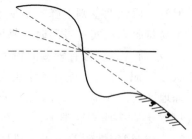
图 5-2　纵向分层填筑

2）选用沉陷量较小、透水性较好及颗粒粒径均匀的砂石材料或附近开挖路堑的废石方，并一次填足路堤全宽度。

3）暂时不修建较高级的路面，允许短期内自然沉落。

（3）混合填筑法　在深谷陡坡地段填筑路堤，尽量采用混合填筑法，如图 5-4 所示，即在路堤下层竖向填筑，上层水平分层填筑，使上部填土经分层压实获得需要的压实度。混合填筑适用于受地形限制或填筑堤身较高，不宜采用水平分层法和竖向填筑法自始至终进行填筑的情况。可以单机作业，也可多机作业，一般沿线路分段进行，每段距离以 20~40m 为宜，多在地势平坦或两侧有可利用的山地土场的场合采用。

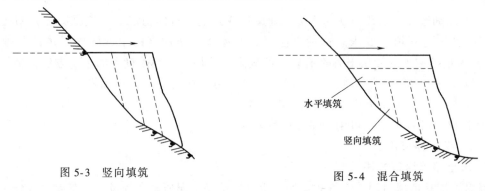

图 5-3　竖向填筑　　　　　　　图 5-4　混合填筑

（4）注意事项　采用不同土质填筑路堤，在高等级公路施工中是十分常见的，若将不同性质的土任意混填，会造成路基病害，因此必须注意下列几点：

1）不同土质应分层填筑，层次应尽量减少，每层总厚度最好不小于 0.5m。不得混杂乱填，以免形成水囊或滑动面。

2）透水性差的土填筑下层时，其表面应做成一定的横坡（一般为双向 4% 横坡），以保证来自上层透水性填土的水分及时排出。

3）为保证水分蒸发和排除，路堤不易被透水性差的土层封闭，也不应覆盖在透水性较大的土所填筑的下层边坡上。

4）根据强度与稳定性要求，合理地安排不同土质的层位。不因潮湿及冻融而产生体积变化的优良土一般应填在上层，强度（形变横量）较小的土一般应填在下层。

5）为防止相邻两段用不同土质填筑的路堤在交接处发生不均匀变形，交接处应做成斜面，并将透水性差的土填入斜面的下部。

6）若填方分几个作业段施工，两段交接处不在同一时间填筑，则先填地段应按 1∶1 的坡度分层留台阶。若两个地段同时填，则应分层相互交叠衔接，其搭接长度不得小于2m。

2. 桥、涵台背填土施工与控制

（1）设置横向泄水管或盲沟　台背路基填筑前，在原地基土拱上设置泄水管或盲沟。在基底处，先对基底做必要的处理，然后填筑横坡为3%～4%的夯实黏土土拱。在土拱上挖一条成双向坡的地沟（地沟一般宽为40～60cm，深为30～50cm），再在台背后全宽范围内满铺一层隔水材料（可用油毡或下垫尼龙薄膜上盖油毡）。在地沟内四周铺有小孔的硬塑料管（管径一般不小于10cm，其上小孔孔径为5mm，布成绢花形，间距控制在10cm以内）。塑料泄水管的出口应伸出路基外，在硬塑料管四周填筑透水性好、粒径较大的砂石材料，再分层填筑台后透水性材料，直到路基顶面。

横向盲沟同样设置，但需取消泄水管，以渗透系数较大的透水性材料填筑地沟（如大粒径碎石）。用土工布包裹盲沟出口处，并对其做必要的处理。

（2）台背填筑材料的选择与施工　桥（涵）头跳车产生的原因，主要是路基压缩沉降和地基沉降，台背处填筑内摩擦角较小的材料（如土方），加上受压实质量影响，路基的压缩沉降量一般较大。为保证台背处路堤的稳定，其填土除设计文件另有规定外，一般应选用内摩擦角较大的透水性材料，如岩渣、碎石，能较好地减少路基的压缩沉降；另一方面，也有利于背缝隙中渗入的雨水沿盲沟或泄水管顺利排出路堤外。

（3）材料的填筑高度　从路堤顶面起向下计算，在冰冻地区一般不小于2.5m，无冰冻地区填至高水位处。台背与路基接壤处，为保证连接质量，一般路基留一斜坡，斜坡坡度不大于1∶1（也可用台阶形式连接）。

台背的填筑施工应注意以下几点：

1）控制填料的质量，填料的细料含量不宜过大。

2）填筑前，应在土拱上设置泄水管或盲沟。

3）台背填筑透水性材料前，桥、涵的台前防护工程及桥梁上部结构均应完成。

4）填筑时，对涵洞缺口填土，应在两侧对称均匀分层回填压实。如使用机械回填，则涵台胸腔部分及检查井周围先用小型压实机械压实填好后，方可用机械进行大面积回填。涵顶填土压实厚度必须大于50cm，才可通过重型机械和汽车。对桥梁构造物，应做到两端对称施工，桥台背后填土与锥坡填土同时施工。

5）如果台背要填筑非透水性土，对土质不好、含水率高的填料要进行处理，必要时可以换土或掺小剂量石灰或水泥等。同时，尽可能做到桥、涵施工与路基开挖的结合，做到桥、涵台砌多高，填土填多高，分层压实，填至路基处理高度时按路基处理标准进行施工，尽量减少桥、涵完成后再开挖的局面，以保证填土的密实度。

（三）填石路堤施工

填石路堤的施工，除应考虑石料性质、石块大小、填筑高度和边坡坡度等因素外，还应注意选择正确的填筑方法。正确的填筑方法对路堤达到应有的密实度与稳定性要求是一个重要的因素。

1. 填料要求

填石路堤的石料来源主要是路堑和隧道爆破后的石料，施工时要注意其强度和风化程度是否符合要求。石料强度是指饱水试件的抗压强度，填石路堤要求其值不小于15MPa（用于护坡的不应低于20MPa）。

用于填石路堤的石料在粒径上也有要求。一般情况下，最大粒径不宜超过层厚的2/3。在高速公路及一级公路填石路堤路床顶面以下50cm范围内，填料最大粒径不得大于10cm；其他等级公路填石路堤，路床顶面以下30cm范围内，填料最大粒径不应大于15cm。

2. 填筑方法

填石路堤的填筑施工方式有倾填（含抛填）和逐层填筑、分层压实两种。倾填又可分为石块从岩面爆破后直接散落在准备填筑的路堤内，用推土机将爆破后堆置在半路堑上的石块及用自卸汽车从远处运来的爆破石块推入路堤两种情况。无论是哪一种倾填情况，由于石料是从高处自然落下，石料间难免犬牙交错，空隙较大，故倾填路堤的压实、稳定等问题较多。因此，高速公路、一级公路和铺设高级路面的其他等级公路的填石路堤不宜采用倾填式施工，应采用分层填筑、分层压实的方法。二级及二级以下且铺设低级路面的公路在陡峻山坡段施工特别困难或大量爆破以挖作填时，可采用倾填方式将石料填筑于路堤下部，但倾填路堤在路床底面下不小于1.0m范围内仍应分层填筑压实。

采用分层填筑方式施工，又可分为机械作业和人工作业两种方法。机械施工分层填筑时，高速公路及一级公路分层松铺厚度一般为50cm；其他公路为100cm。施工中应安排好石料运行路线，专人指挥，按水平分层，先低后高、先两侧后中央卸料。由于每层填筑厚度较大，摊铺平整工作必须采用大型推土机进行，个别不平处应配合人工用细石块、石屑找平。如果石块级配较差、粒径较大、填层较厚，石块间的空隙较大，可于每层表面的空隙里扫入石渣、石屑、中砂、粗砂，再以压力水将砂冲入下部，反复数次，使空隙填满。人工摊铺、填筑填石路堤，当铺填路段的填料粒径为25cm以上石料时，应先铺填大块石料，大面向下，小面向上，摆平放稳，再用小石块找平，石屑塞填，最后压实；铺填粒径25cm以下石料时，可直接分层摊铺，分层碾压。

3. 注意事项

1）填石路堤的填料如果与其岩性相差较大，特别是岩石强度相差较大时，则应该将不同岩性填料分层或分段填筑。例如，易风化软岩不得用于路堤上部，也不得用于路堤浸水部分；有些挖方路段是爆破石而有的是天然漂石土、块石土等，这些填料不得混填在一起。如果路堑或隧道基岩虽为不同岩种，但其石料强度均符合要求（大于15MPa），则允许使用挖出的混合料填筑路堤。

2）强风化石料或软质岩石填筑路堤，用重型压路机或夯锤压实时，这类石料可能会被碾压夯压成碎屑、碎粒。这类石料能否用于填筑路堤，应按有关规定检验其CBR值，符合要求（根据公路等级和填筑部位对CBR值的要求有所不同）时才准许使用，否则不得使用，这可以保证路堤填筑压实后的浸水整体强度和稳定性。该类填料与土质路堤填料类似，故能使用时，应该按照土质路堤技术要求施工。

3）填石路堤路床顶部至路床底部30~50cm（高速公路及一级公路为50cm，其他公路为30cm）范围内应用符合路床要求的土填筑，并分层压实，这可提高路床面的平整度，使其均匀受力并有利于与路面底层的连接。

（四）土石路堤施工

1. 填料要求

一般情况下，石块强度大于20MPa时，就不易被压路机压碎，所以当土石混合料强度大于20MPa时，其粒径不得超过压实层厚度的2/3，超过的应予清除，这样有利于压实均匀，不致使上下层石块重叠，避免碾压时不稳定。当土石混合料中所含石块为软质岩或极软岩（强度小于 15MPa）时，易被压路机压碎，不存在强度较大石块的问题，故可与压实层厚度相同，但不宜超过层厚，超过的应打碎。

2. 填筑方法

土石路堤不得采用倾填方法，只能采用分层填筑、分层压实。当土石混合料中石料含量超过 70% 时，宜采用人工铺填，即先铺填大块石料，且大面向下，放置平稳，再铺小块石料、石渣或石屑嵌缝找平，然后碾压。当土石混合料中石料含量小于 70% 时，可用推土机将土石混合料铺填，每层铺填厚度应根据压实机械类型和规格确定，不宜超过 40cm。用机械铺填时应注意避免硬质石块，特别是集中在一起的尺寸大的硬质石块。

3. 注意事项

1）若将压实后渗水性差的细粒土填在路堤两侧，则雨后填筑于路堤中部渗水性好的土吸收的水分无法排除，从而降低路堤承载力，甚至在路堤中部形成水囊，使路面严重破坏。所以，压实后渗水性差异较大的土石混合填料应分层或分段填筑，不宜纵向分幅填筑。如确需纵向分幅填筑，应将压实后渗水性良好的土石混合料填筑于路堤两侧。

2）土石混合填料一般来自不同的路段。如果均为硬质石料，则不论石料类别如何，可混合在一起填筑；如果均为软质石料且压实后的渗水性基本相同，也可混在一起填筑。但如果来自不同路段的土石混合料的岩性或土石混合比相差较大，则应分层或分段填筑。如分层或分段填筑有困难，则应将硬质石块的混合料铺于填筑层的下面，且石块不得过分集中或重叠，上面再铺软石质混合料，然后整平碾压。

3）由于填石路堤空隙大，在行车作用之下易产生推移。为使路面稳定，并保持较好的平整度，以利舒适行车，在土石路堤的路床顶面以下 30～50cm（高速公路、一级公路为 50cm，其他公路为 30cm）范围内应填筑符合路床要求的土，并分层压实，使在路床范围内土的强度均匀一致，并有利于加强路面结构与土石路堤之间的结合。

（五）路堤填料的碾压

路堤填料的碾压是路基工程中的一个关键施工工序，只有有效压实路基填筑料，才能保证路基工程的施工质量。除了采用透水性良好的砂石材料，其填料均需使其含水量在最佳含水量的 ±2% 内，方可进行碾压。因此，在路堤土石料碾压施工中，必须经常检查填料的含水量，并按规定检查压实度。

1. 确定要求的压实度

路基要求的压实度，应根据填挖类型、公路等级和路堤填筑高度确定，参见表 5-2。

表 5-2 土质路堤压实度的标准

填挖类型		路面底面计起深度范围/cm	压实度(%)	
			快速路、主干路	其他道路
路堤	上路床	0～30	≥95	≥93
	下路床	30～80	≥95	≥93
	上路堤	80～150	≥93	≥90
	下路堤	≥150	≥90	≥90
零填及路堑路床		0～30	≥95	≥93

根据表 5-2 中的规定，用标准击实试验求出最大干密度和相应的最佳含水量，计算出要求的最小干密度。

2. 进行试验段碾压试验

各种压实机具碾压不同土类的适宜厚度、所需碾压遍数与填土的实际含水量及要求的压实度大小有关，在正式对路堤填土压实前，应根据要求的压实度，在试验段碾压试验时加以确定。高等级公路路基填土压实，宜采用振动压路机或 30~50t 的轮胎式压路机进行。采用振动压路机碾压时，第一遍应当进行静压，第二遍开始用振动压实。

为确保填土压实质量，在压实过程中严格控制填土的含水量。当含水量过大时，应将土翻晒至要求的含水量再碾压；当含水量过小时，需均匀洒水后再进行碾压。在一般情况下，天然土中的含水量基本接近最佳含水量，因此在填土后应该随即压实。

填石路堤在压实前，应先用大型推土机推铺平整，个别不平整的地方，可以配合人工用细石屑找平。压实机具宜选工作质量在 12t 以上的重型压路机、2.5t 以上的夯锤或 25t 以上的轮胎式压路机。碾压时要求均匀压实，不得出现漏压。当采用重型振动压路机或夯锤压实时，每层的铺土厚度可以加厚至 1.0m。

填石路堤压实要求的密实度所需碾压遍数（或夯压遍数）应经过试验确定。以 12t 以上振动压路机进行压实试验，当压实层顶面稳定、不再有下沉现象时，可判为达到密实状态，即压实度合格。

土石路堤的压实要根据混合料中巨粒土含量多少来确定。当混合料中巨粒土含量较少时，应按填土路堤的压实方法进行压实；当混合料中巨粒土含量较多时，应按填石路堤的压实方法进行压实。

3. 检查填土的压实度

检查压实后填土的含水量和干密度，用下式可计算出填土的压实度 K

$$K = \frac{检查点土的干密度}{最大干密度} \times 100\% \tag{5-1}$$

每个检查点的填土压实度必须合格，不合格的必须重新处理，直至压实度合格为止。压实度检验的方法有环刀法、灌砂法、水袋法和核子密度仪，在使用核子密度仪时事先应做与规定试验方法的对比试验。

土石路堤的压实度检测采用灌砂法或水袋法，其标准干密度应根据每种填料的不同含石量的最大干密度作出标准干密度曲线，然后根据试坑挖取试样的含石量，从标准干密度曲线上查出对应的标准密度。压实度的要求同土质路堤的标准。

当巨粒土含量较高，无法采用灌砂法或水袋法进行检测时，可按填石路堤压实度的检查方法检测。压实度的标准也按填石路堤的压实度标准执行。

五、挖方路基施工

（一）挖方路基土方的施工

路堑开挖施工，除需考虑当地的地形条件、采用的机具等因素，还需考虑土层的分布及利用。在路堑开挖前，应做好现场伐树除根等清理工作和排水工作。如果移挖作填时，还应将表层土单独挖掘，或按不同的土层分层挖掘，以满足路堤填筑的要求。根据路堑深度、纵向长短及现场施工条件，可采用横向挖掘法、纵向挖掘法和混合式挖掘法。

1. 横向挖掘法

（1）开挖方式

1）单层横向全宽挖掘法。从开挖掘进方向路堑的一端或两端按断面全宽一次性挖到设计高程，逐渐向纵深挖掘，挖出的土方一般都是向两侧运送。这种方法适用于挖掘深度小且较短的路堑。

2）多层横向全宽挖掘法。从开挖的一端或两端按横断面分层挖至设计高程。多层横向全宽挖掘法主要适用于开挖深而短的路堑。

（2）作业方法　土质路堑的开挖可采用人工作业，也可选用机械作业。

1）用人工按横挖法挖路堑时，可在不同高度分几个台阶开挖，其深度一般宜为1.5~2.0m。无法自两端一次横挖到路基高程或分台阶横挖，均应设单独的运土通道及临时排水沟，以免相互干扰，影响工效，造成事故。

2）用机械按横挖法挖路堑且弃土（或移挖作填）运距较远时，宜用挖掘机配合自卸汽车进行，每层台阶高度可增加到3~4m，其余要求与人力开挖路堑相同。

3）路堑横挖法也可用推土机进行，若弃土或移挖作填运距超过推土机的经济运距时，推土机推土堆积，再用装载机配合自卸汽车运土。用机械开挖路堑应注意的是，边坡应配合平地机或人工分层修刮平整，以保证边坡的平整与稳定。

2. 纵向挖掘法

（1）开挖方式

1）分层纵挖法沿路堑全宽，以深度不大的纵向分层进行挖掘，适用于较长的路堑开挖。

2）通道纵挖法。先沿路堑纵向挖掘一通道，然后将通道向两侧拓宽以扩大工作面，并将该通道作为运土路线及场内排水的出路。该层通道拓宽至路堑边坡后开挖下层通道，如此向纵深开挖至路基高程。该法适用于路堑较长、较深，两端地面纵坡较大的路堑开挖。

3）分段纵挖法。沿路堑纵向选择一个或几个适宜处，将较薄一侧堑壁横向挖穿，将路堑分成两段或数段，各段再纵向开挖。该法适用于路堑过长，弃土运距过长的路堑，以及某一侧堑壁不厚的路堑开挖。

（2）作业方法　土质路堑纵向挖掘，多采用机械化施工。

1）当采用分层纵挖法挖掘的路堑长度较短（不超过100m）、地面坡度较陡时，宜采用机械作业。推土机作业时，每一铲挖地段的长度应能满足一次铲切达到满载的要求，一般为5~10m，铲挖宜在下坡时进行，对普通土宜为10%~18%，不得大于30%，对于松土不宜小于10%，不得大于15%；傍山卸土的运行道路应设有向内稍低的横坡，同时留有向外排水的通道。

2）当采用分层纵挖法挖掘的路堑长度较长（超过100m）时，宜采用铲运机。最好配备一台推土机配合铲运机（或使用铲运推土机）作业。对于拖式铲运机和铲运推土机，其铲斗容积为4~8m^3的适宜运距为100~400m，容积为9~12m^3的适用100~700m，自行式铲运机运距可增加一倍。铲运机的运土道，单道宽度不应小于4m，宽度不应小于8m；其纵坡，重载上坡不宜大于8%，空驶上坡不得大于50%；弯道尽可能平缓，避免急弯；路基表层应在回驶时刮平，重载弯道长度和宽度应能使铲量易于达到满载。在起伏地形的工地，应充分利用下坡铲装；取土应沿其工作面有计划地均匀进行，不得局部过度取土而造成坑洼积水。铲运机卸土场的大小应满足分层铺卸的需要,并留有回转余地。填方卸土应边走边卸,防止成堆,行走路线外侧边缘的距离不宜小于20cm。

3. 混合式挖掘法

当路线纵向长度和挖深都很大时,为扩大工作面,可将多层横挖法与通道纵挖法混合使用。先沿路堑纵向挖通道,然后沿横向坡面挖掘,以增加开挖坡面,如图 5-5 所示。每一坡面的大小,应能容纳一个施工小组或一台机械作业。

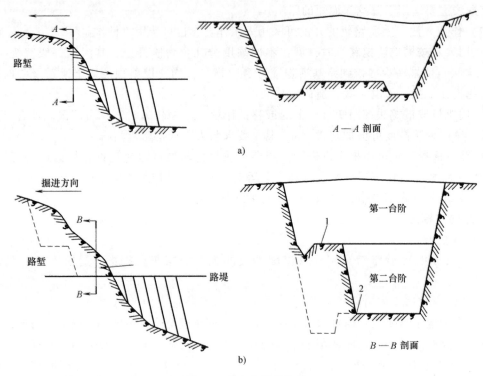

图 5-5 横向全宽挖掘法
a) 单层横向全宽挖掘法　b) 多层横向全宽挖掘法
1—第一台阶运土道　2—临时排水沟

(二) 深挖路堑、岩石路堑的施工

1. 岩石路堑破碎开挖

在路基工程中,当线路通过山区、丘陵及傍山沿溪地段时,往往会遇到集中的或分散的岩石区域,这时必须进行石方的破碎、挖掘作业。岩土的破碎开挖主要采用爆破作业法和松土机械作业法。爆破作业法是利用炸药爆炸时产生的热和高压,使岩石或周围的介质受到破坏或移位。其特点是施工进度快,可减轻繁重的体力劳动,提高劳动生产率。但这种方法毕竟是一种带有危险性的作业,需要有充分的爆破知识和必要的安全措施。松土机械作业法是利用大型、整体式松土器,松土后由铲运机械装运。其特点是作业过程比较简单,具有较高的作业效率,在国外高等级公路施工作业中被广泛采用。因此,对岩土的开挖,如果能用松土器破碎,建议使用该种方法。

2. 松土机械施工作业

高等级公路施工中常用的松土机械是带松土器的推土机。其生产率除了与自身的功率有关，还与岩石的可松性有关，即与岩石的种类、岩石的风化程度及裂缝发展程度有关。一般来说，砂岩、石灰岩、页岩及砾岩等水成岩，呈层状结构的片岩、石英岩等变成岩，岩层较薄（小于15cm）也可采用松土器施工。花岗岩、玄武岩、安山岩等火成岩及较厚的片麻岩、片岩、石英岩，松开较为困难，一般经预裂爆破后方可进行松土器施工作业。

用松土器进行岩石的破碎开挖，宜选用单齿式松土器，其贯入深度应该尽可能大，但是推土机必须有足够的牵引力，不致使履带打滑。作业时，每次的松土间隔根据石料用途和搬运方法确定，一般可取1.0~1.5m。作业时一般应低速行驶，即使在较易松开的作业现场，增加车速也不如加大压入深度或增加齿数更为经济。同时，高速行驶进行松土作业还容易因岩石硬度变化发动机转速变化，造成机体跳动，增加操纵难度。

根据作业条件，松土机作业时可采取如下方法：

（1）交叉松土 以选定的间隔在互相垂直的方向上进行作业，在岩石破碎成沟状，而其余部分未被破碎时，采用这种方法较为有效。缺点是松土后的地面很粗糙且不规则，降低了机械的工作效率。

（2）串联松土 用另外一台推土机助推，用于较硬岩石的破碎，虽成本有所增加，但行之有效。如果工效能提高3~4倍，施工的成本反而会降低。

（3）预裂爆破后松土 对特别坚硬的岩石，进行预裂爆破（如松动爆破、静态爆破）后再用松土器作业，比单纯爆破工效高，施工成本也低。

无论在哪种情况下，松土时机械行驶的方向应与岩纹垂直，这样破碎效果较好，否则，顺着岩纹作业，可能出现松土器经过的地方劈成沟状，而其余部分仍没有松开或松开很少。另外，应尽可能利用下坡进行松土作业，可提高松土效果。

3．爆破施工作业

（1）爆破器材 爆破器材又叫火工产品，分军用与民用两大类。民用爆破器材又称爆破器材，包括炸药、雷管、导火索。

1）炸药。表5-3为炸药分类表。公路工程施工中最常用的是硝铵类炸药中的铵梯炸药，具有中等威力和一定的敏感性。但其受潮和结块后，爆破性能会降低，生成的有毒气体明显增加。

表5-3 炸药分类表

类别名称	炸药名称和型号		说　　明
硝铵类炸药主要成分：硝酸铵	铵梯炸药	岩石铵梯炸药2号、3号、2号抗水、4号抗水	公路工常用岩石2号，怕潮
		露天铵梯炸药1号、2号、3号、2号抗水	
		煤矿许可铵梯炸药2号、3号、2号抗水、3号抗水（安全炸药）	
	铵梯油炸药2号、2号抗水、3号抗水		
	铵松蜡炸药1号、2号		
	多孔粒状铵油炸药		
	铵油炸药1号、2号、3号		吸湿后结块不能久存，成本低
	乳化炸药	岩石乳化炸药	
		露天乳化炸药	
		煤矿许用乳化炸药	

(续)

类别名称	炸药名称和型号		说　明
硝化甘油类炸药	胶质硝化	1号普通、2号普通	爆炸威力大，危险性大
	甘油炸药	1号难冻、2号难冻	适用地硬岩石或水下
芳香族硝基炸药	梯恩梯(硝基甲苯)		一种烈性炸药
	苦味酸(黄色炸药)		价格昂贵，爆炸后产生有毒气体
黑火药	爆破用黑火药		适用于开采石料

2) 雷管。雷管是用来起爆炸药的，按点火方式不同分电雷管与火雷管。用导火索的雷管叫火雷管，分6号、8号两种，除有沼气和矿井中不用，可用于一般爆破工程，但应注意雷管的防潮。电雷管的构造与火雷管基本相同，只是增加了一个电气点火装置，根据雷管中主装药量不同分为6号、8号两种。

起爆炸药之间有一段缓燃导火索，根据导火索燃烧时间不同，延长起爆时间也不同，延长时间以秒、毫秒计。

一个作业面需要同时爆炸的，用瞬发电雷管；要不同时爆炸制造临空面以扩大爆破效果的，用延期电雷管。

3) 导火索和火花起爆。导火索以火点燃，用以引爆火雷管或黑火药包，按燃烧速度分为普通导火索和缓燃导火索，每米燃烧速度分别为100~125s与180~215s。火花起爆法是利用导火线燃烧引爆雷管，从而使药包爆炸的一种起爆方法。

4) 导爆索和导爆索起爆法。导爆索的索芯由高级烈性炸药制成，按其包缠结构分棉线导爆索和塑料导爆索。由于导爆索着火较困难，使用时须在药室外的一段导爆线上捆扎一个8号雷管来起爆。由于导爆索的爆速快，每秒可达6000多米，故适用于深孔、洞室爆破。

5) 塑料导爆管非电起爆方法。塑料导爆管由高压聚乙烯制成，内、外径分别为1.4mm和3mm的软管，内装以混合炸药，药量为14~16mg/m。国产塑料导爆管爆速为1600~2500m/s，可用雷管、导爆索、火帽、引火头等产生冲击波的器材激发，通过塑料导爆管传递到雷管激发而起爆。起爆网络与药包的联结方式有并联、串联、簇联和复式联结法等非电起爆法具有抗杂电、操作简便、使用安全可靠、成本较低等优点，有逐渐替代导火索起爆法的趋势。

(2) 石方爆破的一般规定

1) 根据岩石的工程地质分类、岩石的风化程度和节理发育程度等确定开挖方式。对于软石和强风化岩石，能用机械直接开挖的，均应用机械开挖；如这类石方数量不大，允许人工开挖，也可以人工开挖。不能使用机械或人工直接开挖的石方，用爆破法开挖。爆破法开挖的路段，应查明路段内有无电缆线，地下预埋管线及其平面位置、埋置深度，同时调查开挖边界线外的建筑物结构类型、完好程度、距离开挖边界距离，然后制订爆破方案。爆破方案必须确保既有建筑物、管线的安全。爆破方案选定后，应视受其影响的构造物的重要程度，分别报送当地公安部门、构造物行业主管部门及监理工程师审批。爆破作业必须由经过专业培训并取得布孔爆破证书的专业人员施爆。石方爆破施工中，当工程量小、工期允许时，可采用人工打眼；当工程量较大时，应采用机械钻孔，钻孔机械可采用风钻或凿岩机。

2) 石方开挖所得的土石料一般都可以用在填方及浆砌工程上,因此公路石方开挖很少采用抛掷爆破。深挖石方路堑多采用松动爆破。一级以上公路不得采用抛掷爆破倾填路堤。

3) 公路石方开挖应充分重视挖方边坡稳定,一般宜选用中小炮爆破,对于风化较严重发育或岩层产状对边坡稳定不利的石方开挖,宜用小排炮微差爆破,小型排炮药室距设计的水平距离,应不小于炮孔间距的1/2。

4) 开挖边坡外有必须确保的重要建筑物,当采用减弱松动爆破都无法保证建筑物安全时,应采用人工开凿、化学爆破或控制爆破。

5) 在石方开挖区应注意施工排水,应在纵向和横向形成坡面开挖面,其纵坡应满足要求,以确保爆破的石料不受积水的浸泡。炮眼位置选择应注意:

① 炮位设计应充分考虑岩石的形状、类别、节理发育程度、岩石溶蚀情况等因素,应避开溶洞和大的裂隙。

② 避免在两种岩石硬度相差很大的交界面处设置炮孔药室。

③ 非群炮的单炮和数炮施爆,炮孔宜选在抵抗线最小、临空面多,且与各临空面安全的位置,同时应为下次布孔创造更多的临空面。

④ 群炮炮间间距,宜根据地形、岩石类别、炮型等确定,并根据炮眼间距、深度计算装药量;对于群炮,宜分排或分段采用微差爆破。

⑤ 非群炮的单炮或数炮施爆,炮眼方向宜与岩石临空面大致平行,一般按岩石外形、节理、裂隙等情况分别选择正炮眼、斜炮眼、平炮眼或吊眼等。

(3) 综合爆破方法 综合爆破方法是根据石方的集中程度、地质、地形条件,公路路基断面的形状,综合各种爆破方法的最佳使用特性,因地制宜,综合配套使用的一种爆破方法。按其装药量的多少分中小型爆破和大爆破(装药量在1000kg以上)。

1) 裸露药包法。将炸药直接置于被炸岩石表面或经清理的石缝中,药包表面用草皮或稀泥覆盖,然后进行爆破。这种方法主要用于破碎孤石或大块岩石的二次爆破。

2) 钢钎炮。通常指炮眼直径和深度分别小于7cm和5cm的爆破方法。由于其工效低,浅孔炮比深孔炮低3~3.5倍,在石方集中条件下低10~20倍,飞石严重,大量使用不经济,因此公路施工中只用在地形艰险及爆破量较小地段或作为服务其他炮型的辅助炮型,包括在推土机松土器施工不便的局部坚硬岩石地段。

3) 葫芦炮(药壶炮)。葫芦炮是将炮眼底部扩大成葫芦形,将炸药基本集中于炮眼底部的扩大部分,以提高爆破效果的一种炮型。其炮眼深度较深,为5~7m,它适用于均匀致密的硬土、次坚石和坚石。药壶炮有省药、爆破能利用率高等优点,但操作复杂,目前已不多用。

4) 猫洞炮。猫洞炮是将集中药包直接放入直径为0.2~0.5m、炮眼深2~6m的水平或略有倾斜炮洞中的一种炮型。它适用于硬土、胶结良好的古河床、水渍层、软石和节理发育的次坚石、坚石,可利用裂隙修成导洞或药室。由于潜孔钻机的采用,掘孔已由原来用小炮扩孔挖掘发展到目前直接用钻机钻水平中深孔,使工效提高了很多。

5) 深孔松动爆破。也是中小型爆破的一种,其孔径在75mm,深度在5m以上,是机械化程度很高的一种作业方式。钻孔施工采用凿岩机或穿孔机,爆破方式多采用深孔多排微差爆破,每次爆破方量可达万立方米以上。出渣方式多采用正铲或反铲挖掘机装车,翻斗自卸汽车外运,推土机配合清理道路和作业面,因此生产效率高,适合于深挖路堑施工,是高等级公路大量快速施工的发展方向。

进行深孔爆破,要先将地面修成台阶,称为梯段,梯段的倾角最好为60°~75°,高度应为5~15m。炮孔分垂直孔和斜孔两种,炮孔直径一般为80~300mm,公路工程以100~150mm为宜。

六、特殊季节路基的施工

特殊季节路基的施工,在我国主要是指路基的冬期施工和雨期施工。路基工程施工应该尽量避开冬期及雨期施工,如果由于工期等要求必须安排在冬期及雨期进行施工,在进行冬期或者雨期施工时,应当根据实际情况采取必要的措施来保证冬期、雨期施工的路基工程能够满足设计文件及相关施工技术规范的要求,从而保证整个道路的施工质量。

(一)路基的冬期施工

在路基的冬期施工过程中,寒冷的气候条件对路基工程的施工质量、施工安全和施工进度都具有直接的影响。路基冬期施工质量事故发生的比较隐蔽、滞后,要改变这种状况,就需要改变路基冬期施工中的影响因素,尽可能避免施工问题的出现。因此,在路基的冬期施工中应注意如下事项。

1. 冬期施工可以进行的路基工程项目

1)泥沼地带河湖冻结到一定深度后,可利用冻结后的一定承载力修筑施工便道,运输所需的机具、设备和材料。如果需要进行换土,可趁冻结期挖去原地面的软填合格的其他填料。

2)含水量高的流动土质、流沙地段的路,可充分利用冻结期进行开挖。

3)河滩地段可利用冬季枯水有利条件,开挖基坑修建防护工程,但应采取加温、保温措施,注意养护。

4)岩石地段的路堑或半填半挖地段,可进行开挖作业。

5)其他情况的次干路以下道路路基可在冬期施工,但融冻后必须按规定重新对填方路堤进行补充压实达到规范要求,砍伐用地界内不需要刨根的树木,清除用地界内的杂物。

2. 不宜进行冬期施工的路基工程项目

1)城市快速路、主干路的土路堤和地质不良地区次干路以下道路路堤。

2)铲除原地面的草皮;挖掘填方地段的台阶。

3)整修路基的边坡。

4)在河滩低洼地带将被水淹没的填土路堤。

3. 路基冬期施工的准备工作

1)按照冬期施工项目的特点和规律排队,编制实施性的施工组织计划。

2)在冰冻之前,应对冬期施工项目进行施工现场放样,保护好施工控制桩并树立明标志,防止被冰雪掩埋。

3)在冰冻之前,应全部清除路基范围内的树根、草皮和杂物,修通现场的施工便道。

4)在冰冻之前,应挖好坡地上填方的台阶,清除石方挖方的表面覆盖层和裸露岩体。

5)维修保养冬期施工需用的车辆、机具设备,充分备足冬期施工期间的工程材料。

6)准备施工队伍的生活设施、取暖照明设备、燃料和其他越冬所需的物资。

4．路基冬期施工的注意事项

1）路堤填料应选用未冻结的砂性土、碎石土、卵石土，开挖石方、石块、石渣等透水性良好的土，禁止使用含水量过大的黏性土。城市快速路、主干路禁止用冻结填料修筑路堤，其他等级的道路可用含部分冻土的土填筑路堤，但其中冻土块的粒径不得大于5cm，冻土块的含量不宜超过30%，而且冻土块应均匀分散在填土中，不得把冻土块集中填筑于一处。

2）冬季填筑路堤，应按横断面全宽平填，每层松铺厚度应按正常施工减少20%~30%，且最大松铺厚度不得超过30cm，压实度不得低于正常施工时的要求，当天填筑的土必须当天完成碾压。

3）当路堤高距路床底面1.0m时，应碾压密实后停止填筑。在上面铺一层雪或松土保温待冬季过后整理复压，再分层填至设计标高。

4）挖填方交界处，填土低于1.0m的路堤都不应在冬季进行填筑。

5）冬期施工取土坑应远离填方的坡脚。如条件限制需在路堤附近取土时，取土坑内侧到填方坡脚的距离，应不得小于正常施工护坡道的1.5倍。

6）冬季填筑施工的路堤，每层每侧应按规定进行超填并压实，待冬季过后修整边坡，削去多余部分并拍打密实或进行加固处理。

7）冬期施工开挖路堑表层冻土时，可以根据气温高低、冻土深度、机械设备情况等选用下列方法。

① 爆破冻土法。当冻土深度达到1m以上时，可采用爆破法炸开冻土层。炮眼深度取冻土深度的0.75~0.90倍，炮眼间距取冻冰深度的1.0~1.3倍，并按梅花形交错布置。

② 机械破冻法。当冻土深度达到1m以下时，可采用专用破冰机械（如冻土摩、冻土劈、冻土锯和冻土铲等），予以破碎清除。

③ 人工破冻法。当冰冻层较薄，破冻面积不大时，可采用日光暴晒法、火烧法、热水开冻法、水针开冻法、蒸汽放热解冻法和电热法等方法，胀开或融化冰冻层，并辅以人工。

8）冬季开挖路堑时，应符合下列规定：

① 当冻土层破开挖到未冻土时，应当连续作业，分层开挖，如果中间停顿时间较长，应在表面覆雪保温，避免出现重复被冻。

② 挖方边坡不应一次开挖到设计线，空预留30cm厚的台阶，待到正常施工季节再削去预留台阶，整理达到设计边坡。

③ 路堑挖至路床面以上1.0m时，挖好临时排水沟后，应停止开挖并在表面覆雪或松土，待到正常施工季节时，再挖除其余部分。

④ 冬季开挖路堑时必须从上向下开挖，严禁从下向上掏空挖"神仙土"，这对施工安全是非常不利的。

⑤ 每日开工时应尽量选挖向阳处，待气温回升后再挖背阴处，如果开挖中遇到地下水源，应及时开挖排水沟，将水引排出去。

9）冬期施工开挖路堑的弃土要远离路堑边坡坡顶堆放。弃土高度一般不应大于3m，弃土堆坡脚到路堑边坡顶的距离一般不得小于3m，深路堑或松软地带应保持5m以上。弃土堆应摊开整平，严禁把弃土堆置于路堑边坡顶上。

(二) 路基的雨期施工

道路施工是露天作业，受自然条件的影响很大，尤其是路基工程以水害最为严重，是影响工程质量和进度的主要因素。

路基雨期施工地段一般应选择丘陵和山岭地区的砂类土、碎砾土和岩石地段、路堑的弃土地段。除施工车辆外，应严格控制其他车辆在施工场地通行。重黏土、膨胀土及盐渍土地段不宜在雨期施工。平原地区排水困难，不宜安排雨期施工。

1. 雨期施工应进行的准备工作

1）对选择的雨期施工地段进行详细的现场调查研究，根据实际情况编制实施性的雨期施工组织计划。

2）修建施工便道并保持雨天、晴天均畅通。

3）住地、库房、车辆停放场地、生产设施等，都应设在最高洪水位以上地点或高地上并应远离泥石流沟槽冲积堆一定的安全距离。

4）修建临时排水设施，保证雨期作业的场地不被洪水淹没并能及时排除地面水。

5）储备足够的工程材料和生活物资。

2. 填筑路堤时的一般规定

1）雨期施工的路基工程，应根据工程特点合理安排机具和劳力，组织快速施工。

2）雨期施工期间安排施工计划，应集中人力，分段突击，本着完成一段再开一段的原则，当日进度当日完成，做到随挖、随填、随压。

3）符合雨期路基施工的地段，在正式填筑路堤前，应在填方坡脚以外开挖排水沟，保持场地不积水；如果原地面松软，应采取换填等措施。

4）雨期填筑路堤应选用透水性好的碎石土、卵石土、砂砾、石方碎渣和砂类土作为填料。当利用挖方土作为填方时，应随挖、随运、随填、随压实，含水量过大无法晾干的土不得用作雨期施工填料。

5）雨期施工路堤应分层填筑，每一层的表面应做成2%~4%的排水横坡，以防止产生积水。填筑和压实应协调进行，当天填筑的土层应当天完成压实；对当日不能填筑的液化土，应大堆存放，以防止雨水浸泡。

6）雨期填筑路堤需要借土时，取土坑距离填方坡脚不宜小于3m。平原地区顺路基纵向取土时，取土坑深度一般不宜大于1m。

3. 开挖路堑时的一般规定

1）路堑开挖前在路堑边坡坡顶2m以外按规定开挖截水沟并接通出水口。

2）路堑宜分层开挖，每开挖一层均应设置排水纵横坡。挖方边坡不宜一次挖到设计标高，应沿坡面留30cm厚，待雨季过后再修整到设计坡度。以挖作填的挖方应做到随挖随运随填。

3）开挖路堑挖至路床设计标高以上30~50cm时应停止开挖，并在两侧开挖排水沟。待雨季过后再挖到路床设计标高后压实。高速公路或一级公路，当土的强度不符合设计要求时应超挖50cm，其他等级公路超挖30cm，用粒料分层回填并按路床要求压实。

4）开挖岩石路堑时，炮眼应尽量水平设置。边坡应按设计边坡自上而下层层刷坡，并随时核对其坡度是否符合设计要求。为降低工程投资和保护自然环境，应尽量利用挖出的石渣，石渣必须废弃时应按有关规定办理。

第三节　路　面　施　工

一、沥青路面的透层、黏层、封层

1．透层施工

透层是为使沥青面层与非沥青材料基层结合良好，在基层上浇洒乳化沥青、煤沥青或液体沥青而形成的透入基层表面一定深度的薄层。

沥青路面各类基层都必须喷洒透层油，沥青层必须在透层油完全渗入基层后方可铺筑。基层上设置下封层时，透层油不宜省略。在气温低于10℃或大风天气或即将降雨时，不得喷洒透层油。

透层沥青施工程序如图5-6所示，施工要点如下：

（1）透层油施工准备

1）洒布机械准备。高速公路、一级公路应使用汽车洒布机洒布；二级以下的公路可以使用人工沥青洒布机洒布。因此，根据道路情况应准备性能良好的汽车洒布机或人工洒布机，并在使用前检查保养。调试安装喷油嘴，进行喷油量试喷检查，使机械处于完好的待用状态

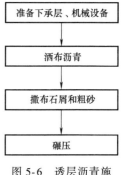

图 5-6　透层沥青施工程序

2）喷油用油准备。选择合适的沥青品种，对沥青进行乳化生产，使其符合使用技术要求备用；或是购买合格的成品乳化沥青储存备用。

3）基层准备。

① 验收基层后，放出喷洒边缘线。

② 如基层已完工较长时间，表面过分干燥时应清扫基层，在基层表面洒少量的水湿润，等表面稍干后喷洒透层油。

③ 紧接施工后喷洒透层油施工，只需基层满足验收条件，并表面稍干后，即可喷洒透油层。

④ 对路缘石及人工结构物做适当保护，以防污染。

⑤ 起点处铺1~2m厚油毛毡，以保证喷洒得整齐均匀，不致重叠多洒沥青。终点准备油槽，待喷洒结束时，接喷管道的油，不致污染基层。

（2）透层油喷洒施工

1）根据透层油喷洒量、喷洒宽度，安装好喷油管，调试喷油嘴高度、喷油斜度并检查液压泵系统、管道系统是否正常无故障。

2）检查油车沥青罐油表是否准确，行车排挡、行车速度钢泵排挡、沥青节门等是否调整正确，确保喷洒均匀、喷洒量准确。

3）一切都检查无误后进行洒布施工。

4）洒油车从洒油起点处起动加速到喷洒油速度后，匀速沿导向标指引方向前进。

5）当洒油车喷油管进入洒油起点油毛毡覆盖区时，打开喷油开关节门进行喷洒。

6）当油喷洒结束，鸣笛，关闭节门，油车稍前行停下。事先等候的工人用油槽接住喷管中还在细流的油，避免污染基层。

7）核对喷洒耗量与喷洒面积是否吻合，并卸下喷油管清洗备用。

8）一车油为一个洒油施工段，下一车开始喷洒时，将上次施工起点油毛毡移至终点，覆盖上已洒的部分，作为新洒喷起点。以后工序按前述步骤进行。

9）洒过透层油后，严禁车辆通行。

2．黏层施工

为加强路面沥青与沥青层之间、沥青层与水泥混凝土路面之间的黏结而洒布的沥青材料薄层为黏层。黏层的作用就是使上下层沥青结构层或沥青结构层与结构物完全黏结成整体。下列情况应浇洒黏层沥青：

1）双层式或三层式热拌热铺沥青混合料路面的沥青层之间。

2）水泥混凝土路面、沥青稳定碎石基层或旧沥青路面层上加铺沥青层。

3）路缘石、雨水口、检查井等构造物与新铺沥青混合料接触的侧面。

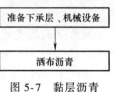

图 5-7 黏层沥青施工程序

黏层沥青施工程序如图 5-7 所示，施工要点如下：

（1）施工准备

1）应将需喷洒黏层沥青的下层清扫干净，确保无灰尘。如果用水冲洗，应使表面干燥；如果是喷洒过透层沥青，应使透层表面干燥。

2）准备沥青洒布车，使之处于良好状态，保证洒油量准确、均匀。

（2）喷洒工艺和质量要求

1）黏层油的喷油工艺同透层油喷洒工艺。

2）黏层沥青应喷洒均匀，或涂刷均匀，喷洒过量处应刮除，严格控制喷洒量。

（3）施工注意事项

1）喷洒表面一定清扫干净，并使表面干燥。

2）当气温低于10℃或路面潮湿时禁止喷洒。

3）喷洒黏层后，严禁车辆、行人通过。

4）黏层沥青喷洒后，一定要等乳化沥青破乳、水分蒸发完后才能铺筑上层沥青混凝土。

（4）施工要求

1）黏层沥青的技术要求。黏层沥青材料目前一般多采用乳化沥青，宜使用快裂型乳化沥青，也可以使用快、中凝液体石油沥青或煤沥青。黏层油的规格、质量应符合规范要求。黏层沥青的种类、标号宜与面层所用沥青相同，但需经乳化或稀释。

2）黏层沥青的用量、品种选择。路面的基层结构不一样，使用黏层沥青的品种就不一样。如级配碎石基层的渗透性好，可采用慢裂乳化沥青，而半刚性基层使用慢裂石油沥青洒布后会严重流淌，应使用快裂型沥青。

3．封层施工

（1）封层的作用与适用条件　路面封层的作用可归结为四点：一是封闭某一层起保水防水作用；二是起基层与沥青表面层之间的过渡和有效联结作用；三是对路的某一层表面破坏松散处加固补强；四是基层在沥青面层铺筑前，要临时开放交通，防止基层因天气或车辆作用出现水毁。封层可分为上封层和下封层。就施工类型来分，可采用拌和法或层铺法的单层式表面处治，也可以采用乳化沥青稀浆封层。

符合下列情况之一时，应在沥青面层上铺筑上封层：沥青面层的空隙较大，透水严重；有裂缝或已修补的旧沥青路面；需加铺磨耗层改善抗滑性能的旧沥青路面；需铺筑磨耗层或保护层的新建沥青路面。

（2）封层施工工序及要点

1）使用层铺法沥青表面处治铺筑上封层时，按层铺法表面处治工艺施工。其材料用量要求应符合有关规定。沥青用量可采用规定范围的中、低限。

2）使用层铺法沥青表面处治铺筑下封层时，施工工艺同上封层。矿料用量应根据矿料尺寸、形状、种类等情况确定，宜为 $5\sim 8m^3/1000m^2$。沥青用量可采用规定范围的中、高限。

3）采用拌和法施工上、下封层时，应按照热拌沥青混凝土路面的施工工艺进行。当为下封层铺筑时，宜采用 AC-5（或 LH-5）砂粒式沥青混凝土，厚度宜为 1cm。

4）使用乳化沥青稀浆施工上、下封层：

① 稀浆封层的厚度宜为 3~6mm。

② 稀浆封层的矿料类型及矿料级配，应根据封层的目的、道路等级、铺筑厚度、集料尺寸及摊铺用量等因素选用。

③ 稀浆封层使用的乳化沥青可采用慢裂或中裂的拌和型乳化沥青，当需要减缓破乳速度时，可掺加适量的氧化乳作外加剂。当需要加快破乳时，可采用一定数量的水泥或消石灰粉作填料。

④ 乳化沥青的合理用量通过试验确定。

⑤ 混合料的湿轮磨耗试验的磨耗损失不宜大于 $800g/m^2$；轮荷压砂试验的砂吸收量大于 $600g/m$。

⑥ 稀浆封层混合料的加水量应根据施工摊铺和易性由稠度试验确定，要求的稠度应为 2~3cm。

（3）稀浆封层施工注意事项

1）在磨损的旧路面上铺筑稀浆封层时，施工前应先修补坑槽，整平路面。

2）稀浆封层施工应在干燥情况下进行。

3）稀浆封层施工应使用稀浆封层铺筑机，宜匀速铺筑，达到厚度均匀、面平整的要求。

4）稀浆封层铺筑后，必须待乳液破乳、水分蒸发、干燥成型后方可开放交通。

5）稀浆封层施工气温不得低于 10℃。

二、沥青混凝土路面施工

热拌热铺沥青混合料路面是指沥青与矿料在热态下拌和、热态下铺筑施工成型的沥青。沥青混合料可分为沥青混凝土和沥青碎石混合料。

在 CJJ—2008《城镇道路工程施工与质量验收规范》中，对热拌沥青料路面施工有具体规定和要求，在施工中应当严格执行。

1. 一般规定

1）热拌沥青混合料（HMA）适用于各种等级公路的沥青路面。其种类按集料公称粒径、矿料级配、空隙率划分。

2）沥青混合料集料的最大粒径应该与分层压实厚度相匹配。密级配沥青混合料每层的压实厚度不宜小于集料公称最大粒径的 2.5~3 倍；SMA 和 OGFC 等嵌挤型混合料每层的压实厚度不宜小于公称最大粒径的 2~2.5 倍。

2. 施工准备工作

根据《城镇道路工程施工与质量验收规范》的规定，在热拌热铺沥青混合料路面施工时应做好以下准备工作。

1）热拌沥青混合料铺筑前，应复核基层和附属构筑物高程，确认是否符合要求，并对施工工具设备进行检查，确认处于良好状态。

2）沥青混合料搅拌及施工温度应根据沥青标号及黏度、气候条件、铺装层的厚度和温度确定。

① 普通沥青混合料搅拌及压实温度宜通过在 135~175℃ 条件下测定的黏度温度关系曲线确定。缺乏黏度-温度曲线时，可参照规范，结合实际情况确定科学的搅拌及施工温度。

② 聚合物改性沥青混合料搅拌及施工温度应根据实践经验经试验确定。通常宜较普通沥青混合料温度提高 10~20℃。

③ SMA 混合料的施工温度应经试验确定。

④ 热拌沥青混合料宜由有资质的沥青混合料集中搅拌站供应。

3）自行设置集中搅拌站应符合下列规定：

① 搅拌站的设置必须符合国家环境保护、消防、安全等规定。

② 搅拌站与工地现场距离应当满足沥青混合料运抵现场时施工对温度的要求，且沥青混合料不离析。

③ 搅拌站贮料场及场内道路应做硬化处理，具有完备的排水设施。

④ 各种集料（含外掺剂、混合料成品）必须分仓贮存，并具有防雨设施。

⑤ 搅拌机必须设二级除尘装置。矿粉料仓应配置振动卸料装置。

⑥ 采用连续式搅拌机搅拌时，使用的集料料源应稳定不变。

⑦ 采用间歇式搅拌机搅拌时，搅拌能力应满足施工进度要求。冷料仓的数量应满足需要，通常不宜少于 5~6 个。

⑧ 沥青混合料搅拌设备的各种传感器必须按规定周期检定。

⑨ 集料与沥青混合料取样应符合现行试验规程的要求。

4）搅拌机应配备计算机控制系统。生产过程中应逐盘采集材料用量和沥青混合料量、搅拌温度等各种参数，以指导生产。

3. 沥青混合料的拌制

1）高速公路和一级公路施工用的间歇式拌和机必须配备计算机设备，拌和过程中逐盘采集并打印各个传感器测定的材料用量和沥青混合料拌和量、拌和温度等各种参数。每个台班结束时打印出一个台班的统计量，按《城镇道路工程施工质量验收规范》规定的方法进行沥青混合料生产质量及铺筑厚度的总量检验。总量检验的数据有异常波动时，应立即停止生产，分析原因。

2）沥青混合料的生产温度应符合"施工准备"中的要求。烘干集料的残余含水量不得大于 1%。每天开始的前几盘应提高加热温度，并干拌几锅集料废弃，再正式加沥青拌和混合料。

3）沥青混合料的拌和时间应根据具体情况经试拌确定，以沥青均匀裹覆集料为度。间歇式拌和机每盘的生产周期不宜少于45s，其中干拌时间不少于5~10s。改性沥青和SMA混合料的拌和时间应该适当延长。

4）间歇式沥青拌和机宜备有保温性能好的成品储料仓，贮存过程中混合料温度下降不得大于10℃，且不能有沥青滴漏。普通沥青混合料的贮存时间不得超过72h；改性沥青混合料的贮存时间也不宜超过24h；SMA混合料只限当天拌和当天使用；OGFC混合料宜随拌随用。

5）生产添加纤维的沥青混合料时，纤维必须在混合料中充分分散、拌和均匀。拌和应配备同步添加投料装置，松散的絮状纤维可在喷入沥青的同时或稍后采用风送设备喷入拌和锅，拌和时间宜延长5s以上。颗粒纤维可在投入粗骨料时自动加入，经5~10s的拌和后，再投入矿粉。工程量很小时，也可分装成塑料小包或由人工量取直接投入拌和锅。

6）使用改性沥青时，应随时检查沥青泵、管道、计量器等部位是否受堵，出现堵时应及时清洗。

7）沥青混合料出厂时，应逐车检测沥青混合料的重量和温度，记录出厂时间，签发料单，不合格品不得出厂。

4. 沥青混合料的运输

1）热拌沥青混合料宜采用较大吨位的运料车运输，但不得超载运输，在运输中不得急刹车、急弯掉头，以免对透层、封层造成损伤。运料车的运输能力应稍有富余，施工过程中摊铺机前方应有运料车等候。对高速公路和一级公路，宜待等候的运料车多于5辆后开始摊铺。

2）运料车在每次使用前后必须清扫干净，在车厢板上涂一薄层防止沥青黏结的隔离剂或防黏剂，但不得有余液积聚在车厢底部。从拌和机向运料车上装料时，应多次挪动汽车位置，平衡装料，以减少混合料离析。运料车运输混合料宜用苫布覆盖保温、防雨、防污染。

3）运料车进入摊铺现场时，轮胎上不得沾有泥土等可能污染路面的垃圾，否则宜设水池洗净轮胎后进入工程现场。沥青混合料在摊铺地点凭运料单接收，若混合料不符合施工温度要求，或已经结成团块、已遭雨淋，不得铺筑。

4）在摊铺过程中，运料车应在摊铺机前100~300mm处停住，空挡等候，由摊铺机推动前进开始缓缓卸料，避免撞击摊铺机。在有条件时，运料车可将混合料卸入转运车，经二次拌和后向摊铺机连续均匀供料。运料车每次卸料必须倒干净，尤其是改性沥青或SMA混合料，如果卸料未干净，应及时清除，防止硬结。

5）SMA及OGFC混合料在运输、等候的过程中，如果发现有沥青混合料沿车厢板滴漏时，应采取措施予以避免。

5. 沥青混合料的摊铺

热拌沥青混合料的摊铺是施工过程中的关键环节，是确保公路路面施工质量的重要工序，因此，必须严格按照施工技术规范施工。在铺筑沥青混合料前，应检查确认下承层的质量。对新建的道路，必须按基层的质量标准进行检查验收；对于原来的路面，凡有坑陷和失稳的地段，必须进行修补、处理，不平的接缝一定要整平，裂缝要填实密封，直至符合要求为止。

施工放样和高程控制，必须进行水平和垂直坡度的控制，以保证完工路面符合工程平面和纵断面位置。通常由测量人员在路基基层两侧平行于中心线的位置上，按一定距离放坡度桩和路线桩，使洒布机和摊铺机走向正确。如果道路的坡度要求比较严格，最好的方法是放置基准线来控制高程。基准线由坡度桩根和可调节的导杆拉紧，摊铺机可循此线为基准进行摊铺。每段基准线的绷紧固定长度可为90～150m，且每隔8m加一个支撑点。坡度急剧变化时，绷紧固定长度要适当缩短。在弯道处，线桩的距离要缩短，支撑点的间距也要小些，以保证弯道的位置定向准确。

当以上基本的准备工作完成后，可以按照施工组织设计中的施工顺序进行沥青混合料的摊铺，根据《城镇道路工程施工与质量验收规范》中的规定，热拌沥青混合料的摊铺应符合下列要求：

1）热拌沥青混合料应采用机械摊铺。城市快速路主干路宜采用两台以上摊铺机联合摊铺。每台机器的摊铺宽度宜小于6m。表面层宜采用多机全幅摊铺，减少施工接缝。

2）摊铺机应具有自动或半自动方式调节摊铺厚度及找平的装置、可加热的振动熨平板或初步振动压实装置、摊铺宽度可调整等多种功能，且受料斗的斗容量应能保证更换运料车时连续摊铺。

3）采用自动调平摊铺机摊铺最下层沥青混合料时，应使用钢丝或路缘石、平石控制高程与摊铺厚度，以上各层可用导梁引导高程控制，或采用声呐非接触式平衡梁控制方式。经摊铺机初步压实的摊铺层应满足平整度、横坡的要求。

4）沥青混合料的最低摊铺温度应根据气温、下卧层表面温度、摊铺层厚度与沥青混合料种类经试验确定。城市快速路、主干路不宜在气温低于10℃条件下施工。

5）沥青混合料的松铺系数应根据混合料类型、施工机械和施工工艺等通过试验段确定。试验段长不宜小于100m。松铺系数可按照表5-4进行初选。

表5-4 沥青混合料的松铺系数

种　　类	机械摊铺	人工摊铺
沥青混凝土混合料	1.15～1.35	1.25～1.50
沥青碎石混合料	1.15～1.30	1.20～1.45

6）摊铺沥青混合料应均匀、连续不间断，不得随意变换摊铺速度或中途停顿。摊铺速度宜为2～6m/min。摊铺时螺旋送料器应不停地转动，两侧应保持有不少于送料器高度2/3的沥青混合料，并保证在摊铺机全宽度断面上不发生离析。熨平板按所需厚度固定后不得随意调整。

7）摊铺层发生缺陷应找补，并停机检查，查明原因，排除故障。

8）路面狭窄部分、平曲线半径过小的匝道小规模工程，可采用人工摊铺。

6. 沥青路面压实与成型

对热拌沥青混合料进行碾压要达到两个目的：一是混合料具有强度和稳定性；二是减少混合料中的空隙，并使空隙产生封闭，防止空气和水分浸入，从而避免道路的加速老化及冻融破坏和剥落现象。

沥青混合料路面在压实过程中受到三种力的作用，即压路机的压力、混合料内部的阻力及下部稳定基础层的支承反力。要达到压实的目的，压路机的压力与下部稳定基础层的支承反力的合力,必须克服面层的内部阻力。当这三个作用力达到平衡时,压实作用就已经完成。

在沥青混合料的压实过程中,影响压实的主要因素有:混合料的特性、环境条件和铺筑厚度。根据《城镇道路工程施工与质量验收规范》的规定,热拌沥青混合料的压实应符合下列要求:

1)选择合理的压路机组合方式及碾压步骤,以达到最佳碾压结果。沥青混合料宜采用钢筒式静态压路机与轮胎压路机或振动压路机组合的方式压实。

2)压实按初压、复压、终压(包括成形)三个阶段进行。压路机应以慢而均匀的速度碾压,压路机的碾压速度宜符合表5-5的规定。

表 5-5　压路机碾压速度　　　　　　　　　　(单位:km/h)

类别	初压		复压		终压	
	适宜	最大	适宜	最大	适宜	最大
钢筒式压路机	1.5~2.0	3.0	2.5~3.5	5.0		8.0
轮胎压路机			3.5~4	6.0	4.0~6.0	8.0
振动压路机	1.5~2.0(静压)	5.0(静压)	1.5~2.0(振动)	1.5~2.0(振动)	2.0~3.0(静压)	5.0(静压)

3)初压应符合下列要求:

① 初压温度应符合规范规定,以能稳定混合料,且不产生推移、开裂。

② 碾压应从外侧向中心碾压,碾压速度应稳定均匀。

③ 初压应采用轻型钢筒式压路机碾压1~2遍。初压后应检查路面的平整度、路拱,必要时应进行修整。

④ 复压应紧跟初压连续进行,并应符合下列要求:

a. 碾压段长度宜为60~80m。当采用不同型号的压路机组合碾压时,每一台压路机均应做全幅碾压。

b. 密级配沥青混凝土宜优先采用重型的轮胎压路机进行碾压,碾压到要求的压实度。

c. 对大粒径沥青稳定碎石类的基层,宜优先采用振动压路机复压。厚度小于30mm的沥青碎石基层不宜采用振动压路机碾压。相邻碾压带重叠宽度宜为10~20cm。振动压路机折返时应先停止振动。

d. 大型压路机不易碾压的部位,宜采用小型压实工具进行压实。

4)终压温度应符合规范规定。终压宜选用双轮钢筒式压路机,碾压至无明显车轮印记为止。

5)SMA混合料的压实应符合下列要求:

① SMA混合料宜采用振动压路机或钢筒式压路机碾压。

② SMA混合料不宜采用轮胎压路机碾压。

③ OGFC混合料宜用12t以上的钢筒式压路机碾压。

6)碾压过程中碾压轮应保持清洁,可对钢轮涂刷隔离剂或防粘剂,严禁刷柴油。当采用向碾压轮喷水(可添加少量表面活性剂)的方式时,必须严格控制喷水量且应成雾状,不得漫流。

7）压路机不得在未碾压成形路段上转向、调头、加水或停留。在当天成形的路面上不得停放各种机械设备或车辆,不得散落矿料、油料等杂物。

7. 沥青路面的接缝

沥青路面的接缝按其方向不同,可分为纵向接缝和横向接缝。接缝质量不仅关系到路面的整体性,而且关系到路面的渗透性和耐久性。根据《城镇道路工程施工与质量验收规范》的规定,在沥青路面接缝施工中应遵循以下要求:

1）沥青混合料面层的施工接缝应紧密、平顺。

2）上、下层的纵向热接缝应错开 15cm;冷接缝应错开 30~40cm。相邻两幅及上、下层的横向接缝均应错开 1m 以上。

3）表面层接缝应采用直茬,以下各层可采用斜接茬,层较厚时也可做阶梯形接茬。

4）在冷接茬施工作业前,应对茬面涂少量沥青并预热。

8. 开放交通及其他

1）热拌沥青混合料路面应待摊铺层自然降温至表面温度低于50℃后,方可开放交通。

2）沥青路面在雨期施工时应符合下列要求:

① 注意气象预报,加强工地现场、沥青拌和厂及气象台（站）之间的联系,控制施工中铺筑长度,各项工序紧密衔接。

② 运料车和工地现场应备有防雨设施,并做好基层及路肩排水。

3）铺筑好的沥青层应严格控制交通,做好成品保护,确保路面整洁,不得造成污染,严禁在沥青层上堆放施工产生的土或杂物,严禁在已铺沥青层上制作水泥砂浆。

三、沥青表面处治与封层施工

沥青表面处治是指用沥青和集料按层铺或拌和方法施工的厚度不大于 30mm 的一种薄层面层。其主要作用是构成磨耗层,保护承重层不遭受行车的破坏;作为沥青面层或基层的一层,防止地表水渗入基层或土基,提高路面的平整度,增强抗滑性能;改善行车条件,延长路面的使用寿命。

沥青表面处治的特点是造价较低、施工工艺简单、施工进度快、使用质量较高。但基层较薄,承载力较低,不能作为单独受力结构层。根据工程实践经验,在沥青表面处治的施工中应遵循以下的规定。

1. 一般规定

1）沥青表面处治适用于城市次干路及以下道路的沥青面层。各种封层适用于加铺薄层罩面、磨耗层、水泥混凝土路面上的应力缓冲层、各种防水层和密水层、预防性养护罩面层。

2）沥青表面处治与封层宜选择在干燥和较热的季节施工,并在雨季及日最高气温低于15℃到来之前半个月结束。

2. 层铺法沥青表面处治

1）沥青表面处治可采用道路石油沥青、乳化沥青、煤沥青铺筑,沥青标号应按相关规定选用。沥青表面处治的集料最大粒径应与处治层的厚度相等;沥青表面处治施工后,应在路侧另备 S12（5~10mm）碎石或 S14（3~5mm）石屑粗砂或小砾石（2~3）m^3/1000m^2 作为初期养护用料。

2）在清扫干净的碎（砾）石路面上铺筑沥青表面处治时，应喷洒透层油。在沥青路面、水泥混凝土路面、块石路面上铺筑沥青表面处治路面时，可在第一层沥青用量中增加10%～20%，不再另洒透层油或粘层油。

3）层铺法沥青表面处治路面宜采用沥青洒布车及集料洒布机联合作业。沥青洒布车喷洒时应保持稳定速度和喷洒量，并保持整个洒布宽度喷洒均匀。小规模工程可采用机动或手摇的手工沥青洒布机洒布沥青。洒布设备的喷嘴应适用于沥青的稠度，确保能成雾状，与洒油管成15～25℃的夹角，洒油管的高度应使同一地点接受2～3个喷油嘴喷洒的沥青，不得出现花白条。

4）沥青表面处治喷洒沥青材料时，应对道路人工构造物、路缘石等外露部分做防污染处理。

5）沥青表面处治施工应确保各工序紧密衔接，每个作业段长度应根据施工能力确定并在当天完成。人工洒布集料时应等距离分段备料。

6）三层式沥青表面处治的施工工艺应按下列步骤进行：

① 清扫基层，洒布第一层沥青。沥青的洒布温度应根据气温及沥青标号选择，石油沥青宜为130～170℃，煤沥青宜为80～120℃，乳化沥青在常温下洒布，加温洒布的乳液温度不得超过60℃，前后两车喷洒的接茬处用铁板或建筑纸铺1.0～1.5m，并使其搭接良好。分几幅浇洒时，纵向搭接宽度宜为100～150mm。洒布第二、三层沥青的搭接缝应当错开。

② 洒布主层沥青后应立即用集料洒布机或人工洒布第一层主集料。洒布集料后应及时扫匀，达到全面覆盖、厚度一致、集料不重叠，也不露出沥青的要求。局部有缺料时，应当适当找补，积料过多的将多余集料扫出。两幅搭接处，第一幅洒布沥青应暂留100～150mm宽度不洒布石料，待第二幅一起洒布。

③ 洒布主集料后，不必等全段洒布完，可立即用6～8t钢筒压路机从路边向路中心碾压3～4遍，每次车轮印记重叠约300mm，碾压速度开始一般不宜超过2km/h，以后可适当提高。

④ 第三层的施工方法和要求与第一层相同，但可以采用8t以上的压路机进行碾压。

7）双层式或单层式沥青表面处治浇洒沥青及洒布集料的次数相应减少，其施工过程和要求可参照"三层式沥青表面处治的施工工艺"。

8）除乳化沥青表面处治应待破乳、水分蒸发并基本成型后方可通车外，沥青表面处治在碾压结束后即可开放交通，并通过开放交通补充压实，成型稳定。在通车的初期应设专人指挥交通或设置障碍物控制行车速度，行车速度不超过20km/h，严禁畜力车及铁轮车行驶，使路面全部宽度均匀压实。

9）沥青表面处治应特别注意初期养护。当发现有泛油现象时，应在泛油处补洒与最后层石料规格相同的嵌缝料并扫匀，过多的浮料应扫出路外。

3. 上封层的施工

1）根据情况可选择乳化沥青稀浆封层、微表处、改性沥青集料封层、薄层磨耗层或其他适宜的材料。

2）铺设上封层的下卧层必须彻底清扫干净，对车辙、坑槽、裂缝进行处理或挖补。

3）上封层的类型根据使用目的、路面的破损程度进行选用。详细情况如下：

① 裂缝较细、较密的可采用涂洒类密封剂、软化再生剂等涂刷罩面。

② 对二级及二级以下公路的旧沥青路面，可以采用普通的乳化沥青稀浆封层，也可在

喷洒道路石油沥青后洒布石屑（砂）后碾压作封层。

③ 对高速公路和一级公路有轻微损伤的宜铺筑微表层。

④ 对用于改善抗滑性能的上封层，可采用稀浆封层、微表处或改性沥青集料封层。

4. 下封层的施工

1）微表处主要用于高速公路及一级公路的预防性养护及填补轻度车辙，也适用于新建公路的抗滑磨耗层。稀浆封层一般用于二级及二级以下公路的预防性养护，也适用于新建公路的下封层。

2）稀浆封层和微表处必须使用专用摊铺机摊铺。单层微表处适用于旧路面车辙深度不大于15mm的情况；超过15mm的必须分两层铺筑，或先用V形车辙摊铺箱摊铺；深度大于40mm时不适宜做微表处处理。

3）微表处必须采用改性乳化沥青，稀浆封层可采用普通乳化沥青，也可采用改性乳化沥青，其品种和质量应分别符合JTG F40—2004《公路沥青路面施工技术规范》中的要求。

4）稀浆封层和微表处应选择坚硬、粗糙、耐磨、洁净的集料。其中微表处用通过4.75mm筛的合成矿料的砂当量不得低于65%，稀浆封层用通过4.75mm筛的合成矿料的砂当量不得低于50%。细骨料宜采用碱性石料生产的机制砂或洁净石屑。集料中的超粒径颗粒必须筛除。

5）稀浆封层和微表处的混合料中乳化沥青的用量应通过配合比设计确定。

6）稀浆封层和微表处混合料的配合比设计按下列步骤进行：

① 根据选择的级配类型，确定矿料的级配范围。计算各种集料的配合比，以确保合成级配在要求的级配范围内。

② 根据以往的经验初选乳化沥青、填料、水和外加剂用量，进行拌和试验和黏聚性试验。可拌和时间的试验温度应考虑最高施工温度，黏聚力试验应考虑施工中可能遇到的最低温度。

③ 根据上述试验结果和稀浆混合料的外观状态，选择1~3个认为合理的混合料配方进行稀浆混合料的性能试验，如不符合要求，应适当调整各种材料的配合比再试验，直至符合要求为止。

④ 当设计人员经验不足时，可将初选的1~3个混合料配方分别采用不同的沥青用量（沥青用量一般为6.0%~8.5%），按照范围要求重复试验，并分别将不同沥青用量的湿轮磨耗值及黏附砂量绘制成关系曲线。以磨耗值接近要求的沥青用量作为最小沥青用量，黏附砂量接近要求的沥青用量为最大沥青用量，得出沥青用量可选择范围。

⑤ 根据经验在沥青用量的可选范围内选择适宜的沥青用量。对微表处混合料，以选择的沥青用量检验混合料的浸水6d湿轮磨耗指标，用于车辙填充的增加检验负荷车轮试验的宽度变化率指标，不符合要求时调整沥青用量重新试验，直至符合要求为止。

⑥ 根据以往经验和配合比试验结果，在充分考虑气候及交通特点的基础上，综合确定混合料配方。

7）稀浆封层和微表处施工前，应彻底清除原路面上的泥土、杂物，修补坑槽，凹陷较宽的裂缝宜清理灌缝。在水泥混凝土路面上铺筑微表处时宜洒布粘层油，过于光滑的表面需进行拉毛处理。

8）稀浆封层和微表处的最低施工温度不得低于10℃。严禁在雨天中施工，未成型混合料遇雨时，应予铲除。

9）稀浆封层和微表处两幅纵缝交接的宽度不宜超过8mm，横向接缝宜做成对接缝。分两层摊铺时，第一层摊铺后至少开放交通24h后方可进行第二层摊铺。

10）稀浆封层和微表处铺筑后的表面不得有超粒径料拖拉的严重划痕，横向接缝和纵向接缝处不得出现余料堆积或缺料现象。用3m直尺测量接缝处的不平整度不得大于6mm。对微表处不得有横向波浪和深度超过6mm的纵向条纹。经养生和初期交通碾压稳定的稀浆封层和微表处，在行车作用下应不飞散且完全泌水。

5. 冷拌沥青混合料路面施工

冷拌沥青混合料路面施工，是公路沥青路面施工中常用的一种施工方法，与热拌沥青混路面施工相比，具有节省能量、降低造价、施工简便、质量可靠等优点，但仅适用于三级以下公路的沥青面层，应用范围不广泛。根据《城镇道路工程施工与质量验收规范》的规定，在冷拌沥青混合料路面的施工中应遵循以下要求：

1）冷拌沥青混合料适用于支路及其以下道路的面层支路的表面层，以及各级道路沥青路面的基层、连接层或整平层。冷拌改性沥青混合料可用于沥青路面的坑槽冷补。

2）冷拌沥青混合料宜采用乳化沥青或液体沥青拌制，也可采用改性乳化沥青。各原材料类型及规格应符合《城镇道路工程施工与质量验收规范》的有关规定。

3）冷拌沥青混合料宜采用密级配，当采用半开级配的冷拌沥青碎石混合料路面时，应铺筑上封层。

4）冷拌沥青混合料宜采用厂拌，机械摊铺时，应采取防止混合料离析措施。

5）当采用阳离子乳化沥青搅拌时，宜先用水湿润集料。

6）混合料的搅拌时间应通过试拌确定，机械搅拌时间不宜超过30s，人工搅拌时间不宜超过60s。

7）已拌好的混合料应立即运至现场摊铺，并在乳液破乳前结束。在搅拌与摊铺过程中宜超过60s。破乳的混合料应予废弃。

8）冷拌沥青混合料摊铺后宜采用6t压路机初压初步稳定，再用中型压路机碾压化沥青开始破乳，混合料由褐色转变成黑色时，改用12~15t轮胎压路机复压，将水分压出后暂停碾压，待水分基本蒸发后继续碾压至车轮印记小于5mm，表面平整，压实度符合要求为止。

9）冷拌沥青混合料路面的上封层应在混合料压实成型，且水分完全蒸发后施工。

10）冷拌沥青混合料路面施工结束后宜封闭交通2~6h，并做好早期养护。开放交通初期车速不得超过20km/h，不得在其上刹车或掉头。

四、其他沥青铺装工程施工

其他沥青铺装工程施工包括的范围非常广泛，也可以说除去主干交通路面的所有都包括在内。归纳起来，主要包括行人及非机动车道路、重型停车场、公共汽车站、水泥混凝土桥面的沥青铺装层、钢桥面的沥青铺装层、公路隧道沥青路面和路缘石与拦水带等。

根据城市道路工程施工实践经验，在其他沥青铺装工程的施工中应遵循以下方面要求：

（1）一般规定　在特殊场合铺筑沥青铺装层时，应当根据其使用部位及其功能要求不同，采取不同的措施。

（2）行人及非机动车道路

1) 人行道、非机动车道、园林公路、行人广场等主要供行人、非机动车使用的沥青层应平顺、舒适、排水良好。

2) 行人沥青道路宜选择针入度较大的石油沥青或乳化沥青，沥青混合料的沥青用量宜比车行道的沥青用量增加 0.3%左右。

3) 行人沥青道路的表面层应采用细型的粗粒式或砂粒式密级配沥青混凝土混合料，在无机动车通行的道路上也可铺筑透水路面。

4) 行人沥青道路设置路缘石、井孔盖座、消防栓、电杆等公路附属设施时，应预先安装。喷洒沥青或铺筑沥青混合料前，应采取措施防止污染，并避免因压路机碾压而受到损坏。对使用大型压路机有困难的部位，可采用小型振动压路机、振动夯板、夯锤压实。

（3）重型停车场、公共汽车站

1) 城市快速路服务区、停车场，公共汽车站等处的沥青层，应当满足较长时间停驻重型车辆及承受反复起动、制动水平力的功能要求，沥青混合料应具有较高的抗永久性流动变形的能力。

2) 沥青混合料宜选择集料最大粒径较粗、嵌挤性能良好的矿料级配，可适当增加 75mm 以上的粗集料部分，减少天然砂的用量。沥青结合料宜采用低针入度沥青或者改性沥青，沥青用量比标准配合比设计用量宜减少 0.3%~0.5%。

3) 在大面积行人广场铺筑沥青层时，应当充分注意平整度、坡度及排水符合设计要求，施工时宜设置间距不大于 5m 方格形样桩，随时用 3m 直尺检查，不符要求及时趁热整修。

（4）水泥混凝土桥面的沥青铺装层

1) 大中型水泥混凝土桥桥面铺筑的沥青铺装层，应满足与混凝土挢面的黏结，防止渗水、抗滑及有较高抵抗振动变形的能力等功能性要求，并设置有效的桥面排水。

2) 铺装沥青层的下卧层必须符合平整、粗糙、整洁的要求，桥面的纵横坡符合要求。

3) 在铺装沥青层前，水泥混凝土桥面板表面应做铣刨拉毛处理，清除其表面的浮浆，除去过高的突出部位。

4) 铺设桥面铺装必须确保混凝土完全干燥，严禁在潮湿条件下铺设防水黏结层，摊铺沥青混合料，防止混凝土中的水分在施工或使用过程中遇热变成水汽，使防水黏结层出现鼓包现象。

5) 喷洒沥青式改性沥青类桥面防水黏结层的施工应符合下列要求：整个洒铺过程直至铺设石屑保护层之前，严禁包括行人在内的一切交通；不洒黏层油，直接分 2~3 层喷洒或人工涂刷热沥青、热融或溶剂稀释的改性沥青、改性乳化沥青防水黏结层，必须均匀一致，且达到要求的厚度；喷洒防水黏结层后，应立即布一层洁净的尺寸为 3~5mm 的石屑作保护层，并用 6~8t 轻型压路机以较慢的速度碾压。

6) 防水卷材防水层的铺筑应符合下列要求：防水卷材应符合相关质量要求，无破洞、不漏水，内部有金属或聚合物纤维，表面有均匀的石屑洒布层。铺筑的防水黏结层不得有漏铺、破漏、脱开、翘起、皱折等现象。铺设防水卷材防水层前，应喷洒黏层油和涂刷黏结剂，铺筑时边加热边滚压，黏结后必须检查确认任何部位都不能被人工或铁锹撕开和揭开。铺设防水卷材后不得通行任何车辆或堆放杂物，防止卷材产生污染。防水卷材防水层不得在摊铺机或运料车作用下遭到损坏。

7) 桥面铺装的复压宜采用轮胎压路机或钢筒式压路机，经试验或经验证明不致损坏桥梁结构时，也可采用振动压路机进行碾压。

8）沥青面层所用的沥青材料的质量，应符合《城镇道路工程施工与质量验收规范》的有关规定，必要时可采用改性沥青。

9）桥面铺装和土石方路基、桥头搭板上的路面应连接平顺，应采取必要的技术措施预防桥头发生跳车。

(5) 钢桥面的沥青铺装层

1）钢桥面铺装必须具有以下功能性要求：沥青铺装层能与钢板紧密结合成为一个整体，两者变形协调一致；沥青铺装层的防水性能良好，能有效防止钢桥桥面生锈；应当具有足够的耐久性和有较小的温度敏感性，满足使用条件下的高温抗流动变形能力、低温抗裂性能、水稳定性、抗疲劳性能、表面抗滑的要求；与钢板黏结良好，具有足够的抗水平剪切重复荷载及蠕变变形的能力。

2）钢桥面铺装结构通常由防锈层、防水黏结层、沥青面层等组成。

3）在涂刷防水层前，应对钢板焊缝和吊钩残留物仔细平整，彻底除锈，并清扫干净，保持干燥。

4）钢桥面铺装的防水黏结层必须在防锈层后立即涂刷，防水黏结层宜采用高黏度的改性沥青、环氧沥青、防水卷材等材料。当采用浇注式沥青混凝土铺筑桥面的铺装时，可不设防水黏结层。

5）钢桥面铺装使用的改性沥青，宜单独提出相应的技术要求。沥青层的压实设备和碾压工艺，应通过力学验算并经试验验证，防止钢桥面主体受损。

6）在钢桥面铺装施工过程中，必须保持桥面整洁，不得堆放与施工无关的材料、机械和杂物，以防止污染铺装的桥面。

7）钢桥面铺装宜在无雨少雾季节、干燥状态下施工，千万不能在雨中铺装。

(6) 路缘石与拦水带

1）沥青路面的外侧边缘宜设置深度深入基层的纵向渗水沟，并留置横向排水孔。渗水沟和排水孔均可采用多孔水泥混凝土或单粒径碎石，表面层铺筑沥青混凝土。

2）路缘石应有足够的强度和耐久性，其表面应平整，与路线线形一致。行车道与中央分隔带之间设置埋置式路缘石时，应防止中央分隔带的雨水进入路面结构层。

3）沥青混凝土拦水带应采用专用设备连续铺设，其矿料级配宜符合表5-6中的要求，沥青用量宜在正常试验的基础上增加 0.5%~1.0%，双面击实50次的设计空隙率宜为 1%~3%。基底需洒布用量为 $0.25 \sim 0.50 \text{kg/m}^2$ 的黏层油。

表 5-6 沥青混凝土拦水带矿料级配范围

筛孔尺寸/mm	16.0	13.2	4.75	2.36	0.3	0.075
通过质量百分率(%)	100	85~100	65~80	50~65	18~30	5~15

4）埋置式路缘石宜在沥青层施工全部结束后安装，严禁在两层沥青层施工间隙中因开挖、埋设路缘石导致沥青层的污染。

五、水泥混凝土路面施工

(一) 水泥混凝土路面施工准备

水泥混凝土路面的施工质量、施工进度和施工秩序如何，在很大程度上取决于施工准备是否充分。因此，认真做好水泥混凝土路面的施工准备工作，是确保工程顺利进行和工程质量的关键。水泥混凝土路面的准备工作很多，主要包括施工机械的选择、制定施工组织设计、搞好搅拌场的设置、做好摊铺前材料与设备检查、进行路基路面和封层的检测与修整、贫混凝土基层铺筑与质量检验等。

（二）水泥混凝土的搅拌与运输

水泥混凝土路面的铺筑需要数量巨大的混凝土，如何供应质量优良、数量充足、经济合理、施工简便的混凝土是混凝土路面施工组织中一个非常重大的技术问题。因此，在路面施工组织设计的过程中，要科学、周密地考虑混凝土拌和物的搅拌和运输。

（三）水泥混凝土面层的铺筑

水泥混凝土面层的铺筑方法很多，在城市道路施工中主要有滑膜机械铺筑、三辊轴机组铺筑、轨道摊铺机铺筑、小型机具铺筑和碾压混凝土五种方法。

水泥混凝土面层铺筑前应确保下列项目满足要求：基层或砂垫层表面、模板位置、高程等符合设计要求；模板支撑接缝严密、模内洁净、隔离剂涂刷均匀；钢筋、预埋胀缝板的位置正确，传力杆等安装符合要求；混凝土搅拌、运输与摊铺设备，状况良好。

（四）钢筋及钢纤维混凝土路面施工

随着公路上特重、重交通量超载运输条件的恶化，以及公路建设速度的加快，基础和路基稳定性不足或脱空现象增多，适应恶劣交通条件的钢筋混凝土路面将在我国公路工程中的使用越来越多。

钢筋混凝土路面分为三种：局部补强使用的间断钢筋混凝土路面；连续配筋的钢筋混凝土路面；预应力混凝土路面。我国常见的是前两种，后者正处于研究、试验之中。由于在钢筋混凝土路面中配置了大量的钢筋或单双层钢筋网，必然会给机械施工带来较大的难度，施工中首要的问题是必须预先将钢筋网按设计要求架设牢固，其次要特别注意钢筋网底部混凝土的振捣密实度。

1. 钢筋混凝土路面

路面面层一般采用设接缝的普通混凝土铺设，当面层板的平面尺寸较大或形状不规则，路面结构下部埋有地下设施，高填方、填挖交界段的路基有可能产生不均匀沉降时，应采用设置接缝的钢筋混凝土面层。其他面层类型可根据适用条件，按表5-7中选用。

表5-7 各种面层的适用条件

面层类型	适用条件
连续配筋混凝土面层	高速公路
沥青上面层与连续配筋混凝土或横缝传力杆的普通混凝土下面层组成的复合式路面	特重交通的高速公路
碾压混凝土面层	二级及二级以下公路、服务区停车场
钢纤维混凝土面层	标高受限制路段、收费站、混凝土加铺层和桥面铺装
矩形或异形混凝土预制块面层	服务区停车场、二级及二级以下公路桥头引道沉降未稳定段

普通混凝土、钢筋混凝土、碾压混凝土或连续配筋混凝土公路面层的所需厚度，可参照成功工程经验选用，再通过设计计算确定。经过国内外多年工程实践经验，连续配筋混凝土

路面一般不得减少板的厚度，盲目减薄的板厚会在钢筋位置被剪切断裂破坏。我国比较成功的高速公路连续配筋混凝土路面的设计厚度为280mm，低于250mm的路面很容易出现早期断裂。

2. 特殊气候混凝土路面施工

根据我国混凝土路面施工的实际情况，特殊气候施工主要包括雨期施工、风天施工、高温季节施工和低温季节施工。

（1）一般规定

1）气象预报与防范措施。在混凝土路面整个铺筑期间，应有专人收集和记录月、旬、日天气预报资料，遇有暴雨、洪水、高温、大风和寒流侵袭等灾害天气，或影响路面施工质量的降雨、刮风和气温较大变化时，应及时发布气象异常通报，采取暂时停工或必要的防范措施。制订在特殊气候下的施工方案。

2）暂停施工的天气条件。混凝土路面施工期间，一般是不允许随意停工的，如果遭遇到如下恶劣天气条件，则必须停工，待建工程不得开工。

① 施工现场降雨。为防止混凝土中增加水量，增大混凝土的水胶比，也为了防止软混凝土表面水泥浆被冲刷、垮边或平整度损失，在施工现场发生降雨时应当停工。

② 强风天气。当施工现场出现风力大于6级、风速在10.8m/s以上的天气时，为防止软混凝土表面产生塑性收缩开裂，应当停止施工，这是我国在施工规范中首次规定的强制停工的临界风级和风速。

③ 施工温度较高。为了防止温度收缩开裂断板、塑性收缩开裂和接缝拉开量过大，如果施工现场气温高于30℃或拌和物摊铺温度高于35℃时，应当停止施工。

④ 施工温度较低时，摊铺现场连续5昼夜平均气温低于5℃，夜间最低气温低于-3℃时，应当停止施工。这也是我国在施工规范中首次规定水泥混凝土路面允许施工的最低温度。

（2）混凝土雨期施工

1）防雨准备工作。在雨天施工的水泥混凝土路面，做好防雨准备工作，对于确保施工质量和顺利施工具有十分重要的作用，因此混凝土在雨期施工，应做好如下防雨准备工作，以防场地被淹：地势低洼的搅拌场、水泥仓、备件库及砂石料堆场，应按照汇水面积修建排水沟或预备抽排水设施；搅拌楼的水泥和粉煤灰罐仓顶部通气口、料斗及不得遇水部位，应有防潮、防水覆盖措施，砂石料堆应采用帆布进行覆盖。

2）防雨覆盖。混凝土路面雨期施工时，在新铺筑的混凝土路面上应备足防雨篷、帆布和塑料布或塑料薄膜，以便在突发雷阵雨时可以立即遮盖刚铺筑的混凝土路面。混凝土运输车辆应加盖防雨篷布，防止雨水灌入混凝土而改变水胶比。

3）搭防雨篷。防雨篷支架宜采用足够重量的焊接钢结构，并安装在轮子上便于推动，表面覆盖材料宜使用帆布或编织布，并有足够的在防雨篷内操作的施工高度。

4）防雨水冲刷措施。

① 遇雨即停。在铺筑水泥混凝土路面的过程中，如果突遇降雨，应立即停止浇筑混凝土，并立即覆盖刚摊铺的混凝土路面，以免遭到雨水的冲刷。

② 紧急覆盖。水泥混凝土路面在摊铺过程中遭遇降雨，首先应紧急使用防雨篷、塑料或塑料薄膜等材料，迅速覆盖刚摊铺完成但尚未硬化的混凝土路面。

③ 冲刷处理。对于来不及覆盖已被阵雨轻微冲刷过的路面，平整度和细观抗滑构造仍满足要求的，抗滑构造宜通过硬刻槽恢复，或通过先磨平再刻槽的方法处理。对于暴雨冲刷后路面平整度严重劣化或路面低侧边缘冲垮的部位，应尽早铲除重铺。

④ 雨后摊铺。降雨停止后，在重新摊铺混凝土路面前，应及时排除车辆内、搅拌场及砂石料堆场内的积水和淤泥，方可开工。运输便道应排除积水，并进行必要的修整，摊铺前也应排除或扫除基层上的积水。

(3) 刮风天气施工　在刮风天气进行水泥混凝土路面施工时，应采用一定的养生抹面措施，防止路面混凝土发生塑性收缩开裂。工程实践证明：防止水泥混凝土路面出现塑性收缩开裂的基本措施有以下三个方面：

1) 当水泥混凝土浇筑完毕后，应尽早在水泥混凝土路面上喷足够的养生剂，以阻止水分蒸发，使混凝土在湿状态下水化和硬化。

2) 在不压坏抗滑构造的前提下，可以采取喷大量养生剂的同时尽快覆盖塑料薄膜措施，以便更有效地阻断水分的蒸发。

3) 保证平整度的机械抹面，压缩掉因快速蒸发形成的水泥混凝土路面体积收缩量，略压低1～2mm表面厚度即可消除平面开裂。再喷足量养生剂或覆盖塑料薄膜、麻袋、草袋等进行养护。

如果受施工工期的限制，必须在风速较大的天气施工，必须装备整个横断面的斜辊或叶片式重型抹面机。但采取这种施工方法会使水泥路面迅速硬化，无法软作粗细两级抗滑构造，必须采取钢丝刷刷出细观抗滑构造和硬刻出宏观抗滑构造，从而保证高等级公路要求的抗滑构造粗糙度和沟槽。

最新的路面混凝土断裂力学研究表明：发生大量或严重的塑性收缩裂缝的水泥混凝土路面，无论采用何种摊铺方式，均必须返工重铺。即使路面上的裂缝很浅，只要存在10～30mm的微小裂缝，由于裂纹尖端的开裂敏感性及车辆荷载的反复疲劳作用，裂纹会逐渐发展为裂缝，在一年左右的时间穿透面板，形成结构断裂破坏（即断板）。由此可见，施工期间最主要和最艰巨的任务是防止表面塑性收缩开裂和温度开裂。

(4) 高温季节施工　水泥混凝土面板高温天气条件施工的定义为：当施工现场的气温高于30℃，拌和物摊铺温度在30～35℃，同时空气相对湿度小于80%时，混凝土面板的施工应按高温季节的规定进行。高温季节施工有三个关键方面：一是控制混凝土拌和物具有良好的工作性，确保其能够顺利摊铺；二是保持混凝土拌和物的摊铺温度不超过35℃，防止面板发生温差开裂；三是在高温条件施工时，混凝土的蒸发率很大，应当特别加强洒水和覆盖养护，防止塑性收缩开裂及干缩开裂。

1) 避开高温时段。当现场气温大于30℃时，应避开中午高温时段施工，可选气温较低的早晨、傍晚或夜间施工，夜间施工应有良好的操作照明，并注意施工安全

2) 采用拌和物降温保塑措施。砂石料堆应设遮阳篷，抽用地下冷水或采用冰屑水拌和，拌和物中宜加允许最大掺量的粉煤灰或磨细矿渣，但不宜掺加硅灰。拌和物中应掺足够剂量的缓凝剂、高温缓凝剂、保塑剂、缓凝（高效）减水剂等。原材料的降温作用可以通过混凝土配合比的热工计算得出。其中，砂石料堆遮阳覆盖防止太阳暴晒升温作用最明显。实测结果表明：掺足量的粉煤灰可使拌和物的初凝时间延缓0.5h左右；掺足量的磨细矿渣可使拌和物的初凝时间延缓15min左右。

3) 覆盖车内拌和物。混凝土拌和物装入运输车后，会因为气温高而回升一定的温度，特别是运输距离较长时则升得更高。因此，应对自卸车上的混凝土拌和物加帆布等遮盖。

4) 加快施工各环节。在水泥混凝土路面的施工过程中，应尽量压缩混凝土搅拌、运输、摊铺、辗压、饰面等工艺环节耗费的时间。

5) 采取遮阳搭篷。如果工程施工进度要求紧迫，必须在高温阳光下施工时，可使用防雨篷防晒遮阳，这样可在每日气温最高和日照最强烈时段进行遮阳施工。

6) 加强温度检测。在高温天气施工时，混凝土拌和物的出料仓温度不宜超过35℃，并应随时监测气温、水泥、拌和水、拌和物及路面温度，必要时应加测混凝土的水化热。

7) 加强洒水养护。在混凝土路面的表面洒水，采用覆盖保湿养护，不仅可以降低混凝土表面的温度，还可以避免干缩开裂。加强洒水养护，是确保混凝土路面表面不发白，并使其强度正常增长的重要措施。

8) 提前切缝防止断板。水泥混凝土路面切缝应根据混凝土强度的增长情况确定，但高温下宜比常温下施工适当提早切缝，以防止面板出现断板。特别是在夜间降温幅度较大或降雨时，更应提早切缝。

9) 其他施工措施。水泥混凝土在高温天气施工时的其他施工措施很多，如采用合适的水泥品种、控制搅拌开始温度等，可以根据施工条件、实际气候、以往经验等采用。

10) 低温季节施工。在持续低温的施工环境下，混凝土水化速度降低，致使混凝土强度增长缓慢，如果温度低于-10℃，则水泥的水化反应完全停止，即使龄期再长也不会再产生任何强度。另一方面混凝土中的液相水产生结冰，其冰晶压力会破坏正在形成的混凝土结构。JTG/T F 30—2014《公路水泥混凝土路面施工技术细则》规定：当摊铺现场连续5昼夜平均气温在5~15℃，夜间最低气温在-3~5℃，混凝土路面和桥面的施工应按低温季节施工规定的措施进行。

(5) 低温季节施工的措施

1) 选用早强剂及促凝剂。水泥混凝土在低温季节施工，在进行混凝土配合比设计时，混凝土拌和物中应优选和掺早强剂或促凝剂，并通过试验确定早强剂或促凝剂适宜的掺量。

2) 加强保温保湿，覆盖养护。可先用塑料薄膜保湿隔离覆盖或喷洒养护剂，再采用保温草帘、泡沫塑料等保温覆盖初凝后的混凝土路面。遇雨雪必须加盖油布和塑料薄膜等，防止保温材料变湿丧失保温效果。

3) 选用适宜水泥品种和用量。应选用总水化发热量大的R型水泥或单位水泥用量较多的32.5级水泥，不宜掺粉煤灰。试验结果证明，粉煤灰的持续水化需要两个条件：一是保持长期足够的湿度；二是要有足够的温度，两者缺一不可。否则，粉煤灰不能水化和提供长期强度，不能水化的粉煤灰在混凝土中是有害无利的。

4) 控制拌和物的出料温度。在低温天气下施工的水泥混凝土，搅拌机出料的温度不得低于10℃，摊铺混凝土的温度不得低于5℃。在养护期间，应始终保持混凝土板的最低温度不低于5℃才能缓慢地增长强度。工程实践证明：水泥混凝土只有在不低于10℃的温度条件下才能保持较高的后期强度增长率。否则，应采用热水或加热砂石料拌和混凝土，但拌和水的温度不得高于80℃，砂石料的温度不宜高于50℃。

5) 随时测定各种温度。为确保低温天气混凝土的施工质量，在低温天气下施工的水泥混凝土路面，应随时检测气温，水泥拌和水、拌和物及路面的温度，每工班至少测量三次，以便在达不到规定施工温度时采取相应措施。

复习思考题

1. 简述道路工程的施工程序,并说明各阶段的主要工作内容。
2. 简述路基工程的特点。路基施工的基本方法有哪几种?
3. 路基工程施工测量的主要内容有哪些?
4. 查阅资料,结合工程实例说明路堤填料的选择。
5. 绘图说明填土路堤的填筑方法。
6. 如何控制路堤填料的碾压?
7. 查阅资料,结合工程实例说明冬、雨期施工应注意的事项。

现代桥梁工程 第六章

第一节 桥梁工程概述

一、桥梁工程的地位和作用

桥梁工程指桥梁勘测、设计、施工、养护和检定等的工作过程,以及研究这一过程的科学和工程技术,它是土木工程的一个分支。桥梁工程不但在工程规模上占公路总造价的10%~20%,而且往往是交通运输的咽喉,是保证全线早日通车的关键。桥梁工程学的发展主要取决于交通运输对它的需要。

桥梁工程学主要研究桥渡设计,包括选择桥址,确定桥梁孔径,考虑通航和线路要求以确定桥面高度,考虑基底不受冲刷或冻胀以确定基础埋置深度,设计导流建筑物等;桥式方案设计;桥梁结构设计;桥梁施工;桥梁检定;桥梁试验;桥梁养护等方面。

古代桥梁以通行人、畜为主,载重不大,桥面纵坡可以较陡,甚至可以铺设台阶。自从有了铁路以后,桥梁所承受的载重逐倍增加,线路的坡度和曲线标准要求又高,且需要建成铁路网以增大经济效益,因此,为要跨越更大更深的江河、峡谷,迫使桥梁向大跨度发展。在建桥材料方面,以高强、轻质、低成本为选择的主要依据,仍以发展传统的钢材和混凝土为主,提高其强度和耐久性。石材、木材、铸铁、锻铁等桥梁材料,显然不合要求,而钢材的大量生产正好满足这一要求。

大力发展交通运输事业,建立四通八达的现代交通网络,对于发展国民经济,促进文化交流,巩固国防等方面,都具有非常重要的意义。20世纪60年代以来,由于科学技术的进步,全民经济、文化水平的提高,人们对桥梁建筑提出了更高的要求。现代高速公路上迂回交叉的各式立交桥,城市内环线建设的各种高架桥,长江、黄河等大江大河上的新颖大跨度桥梁等,如雨后春笋,频频建成。路桥建设的突飞猛进,对促进我国地域性的经济腾飞,起到了关键性的作用。

二、古代桥梁简述

桥梁是人类在生活和生产活动中,为克服天然障碍而建造的建筑物,也是有史以来人类所建造的最古老,最壮观和最美丽的建筑工程,它体现了一个时代的文明与进步。

在人为桥梁之前,自然界由于地壳运动或其他自然现象的影响,形成了不少天然的桥梁形式。如浙江天台山横跨瀑布上的石梁桥,江西贵溪因自然侵蚀而成的石拱桥(仙人桥),以及小河边因自然倒下的树干而形成的"独木桥",或两岸藤萝纠结在一起而构成的天生

"悬索桥"等。人类从这些天然桥中得到启示，便在生存过程中，不断仿效自然。开始时大概是利用一根木料在小河上，或氏族聚居群周围的壕沟上搭起一些独木桥（桥之所以始称"梁"，也许便是因这种横梁而过的缘故），或在窄而浅的溪流中，用石块垫起一个接一个略出水面的石蹬，构成一种简陋的"跳墩子"石梁桥（后园林中多仿此原始桥式，称"汀步桥"、"踏步桥"）。这些"独木桥""跳墩子桥"便是人类建筑的最原始的桥梁，随着社会生产力的发展，不断由低级演进为高级，逐渐产生各种各样的跨空桥梁。

古代桥梁所用材料，多为木、石、藤、竹之类的天然材料。锻铁出现以后，开始建筑简单的铁链吊桥。由于当时的材料强度较低，人们力学知识不足，古代桥梁的跨度都很小。木、藤、竹类材料易腐烂，致使能保留至今的古代桥梁，多为石桥。世界上现存最古老的石桥在今希腊的伯罗奔尼撒半岛，是一座用石块干砌的单孔石拱桥（公元前1500年左右）。

在古代，罗马人和中国人在建造石拱桥方面具有辉煌的历史。公元前30年至公元476年的罗马帝国，在其全盛时期，修建过许多巨大的石拱桥。最著名的是今法国南部尼姆城（Nimes）的加尔德石拱桥。该桥建于公元前18年，顶层全长275m，下层最大跨度24.4m。全桥共分三层：上层宽3m、高7m为输水槽；中层宽4m、高20m供行人通行；下层宽6m、高22m，并在一侧加宽以便车马通行，是1743年扩建的。意大利威尼斯的利亚托桥是14~16世纪文艺复兴时期桥梁的代表作。该桥长48.2m，宽22.5m，跨度为27m。全桥用大理石装饰，雕凿精美，线条流畅。桥上还建有24家店铺，它充分反映了欧洲文艺复兴时期桥梁建筑技术与建筑艺术达到的水平。

我国文化悠久，是世界上文明最早的国家之一。就桥梁建筑这一学科领域而言，我们的祖先也曾写下了不少光辉灿烂的篇章。我国幅员辽阔，山多河多，古代桥梁数量惊人，类型也丰富多彩，几乎包含了所有近代桥梁中的最主要形式。从古至今的时间顺序来看，我国传统桥梁大致经历了四个发展阶段。

第一阶段以西周、春秋为主，包括此前的历史时代，这是古桥的创始时期。此时的桥梁除原始的独木桥和汀步桥外，主要有梁桥和浮桥两种形式。当时由于生产力水平落后，多数只能建在地势平坦，河身不宽、水流平缓的地段，桥梁也只能是一些木梁式小桥，技术问题较易解决。而在水面较宽、水流较急的河道上，则多采用浮桥。

第二阶段以秦、汉为主，包括战国和三国，是古代桥梁的创建发展时期。秦汉是我国建筑史上一个璀璨夺目的发展阶段，这时不仅发明了人造建筑材料的砖，而且创造了以砖石结构体系为主题的拱券结构，从而为后来拱桥的出现创造了先决条件。战国时铁器的出现，也促进了建筑方面对石料的多方面利用，从而使桥梁在原木构梁桥的基础上，增添了石柱、石梁、石桥面等新构件。不仅如此，它的重大意义还在于由此而使石拱桥应运而生。石拱桥的创建，在中国古代建桥史上无论是实用方面，还是经济、美观方面都起到了划时代的作用。石梁石拱桥的大发展，不仅减少了维修费用、延长了桥的使用时间，还提高了结构理论和施工技术的科学水平。因此，秦汉建筑石料的使用和拱券技术的出现，实际上是桥梁建筑史上的一次重大革命。从一些文献和考古资料来看，大约在东汉时，梁桥、浮桥、索桥和拱桥这四大基本桥型已全部形成。

第三阶段是以唐宋为主的，包括两晋、南北朝和隋、五代时期，这是古代桥梁发展的鼎盛时期。隋唐国力较之秦汉更为强盛，唐宋两代又取得了较长时间的安定统一，工商业、运输交通业及科学技术水平等十分发达，是当时世界上最先进的国家。东晋以后，由于大量汉人贵族官宦南迁，经济中心自黄河流域移往长江流域，使东南水网地区的经济得到大发展，经济和技术的大发展，又反过来刺激桥梁的大发展。因此，这时创造出许多举世瞩目的桥梁，如隋代石匠李春首创的敞肩式石拱桥——赵州桥，北宋废卒发明的叠梁式木拱桥——虹桥，北宋创建的用筏形基础、植蛎固墩的泉州万安桥，南宋的石梁桥与开合式浮桥相结合的广东潮州的湘子桥等。这些桥在世界桥梁史上都享有盛誉，尤其是赵州桥，类似的桥在世界别的国家中，晚了七个世纪方才出现。纵观中国桥梁史，几乎所有的重大发明和成就，都是此时创建的。

第四阶段为元、明、清三朝，这是桥梁发展的饱和期，几乎没有什么大的创造和技术突破。这时期的主要成就是对一些古桥进行了修缮和改造，并留下了许多修建桥梁的施工说明文献，为后人提供了大量文字资料。此外，也建造完成了一些像明代江西南城的万年桥、贵州的盘江桥等艰巨工程。同时，在川滇地区兴建了不少索桥，索桥建造技术也有所提高。

三、我国现代桥梁建设的成就

新中国成立前，我国交通事业发展滞后，桥梁建设的技术水平远远落后于西方各国，我国的桥梁建设大部分由外国投资、洋人设计、外商承包。直到由茅以升先生主持设计施工的浙江杭州钱塘江大桥的修建，才开启了国人在大江大河上修建现代桥梁的序幕。

钱塘江大桥（图6-1），位于杭州市西湖之南、六和塔附近的钱塘江上，是一座双层铁路、公路两用桥，横贯钱塘南北，是连接沪杭甬铁路、浙赣铁路的交通要道。大桥于1934年8月8日开始动工兴建，1937年9月26日建成，历时三年一个月。大桥建成后，为阻日寇进攻，由茅以升先生协助炸毁过。1953年恢复使用，钱塘江大桥已经在风雨和大潮的洗礼中岿然屹立了一个甲子。

图6-1 钱塘江大桥

新中国成立后，在建国初期修复并加固了大量旧桥，随后在第一个、第二个五年计划期间，学习苏联技术，修建了不少小跨径、小规模的混凝土桥梁。20世纪50—60年代，我国修订了桥梁设计规程，编制了桥梁标准设计图和设计计算手册，我国的桥梁工程技术也有所发展。1956年，建成了中国公路上第一座预应力混凝土桥——京周公路哑巴河桥。进入20世纪60年代以后，经济形势恶化，资金和材料匮乏，交通建设受到很大影响，桥梁技术的研究和探索也只能在时断时续中进行。1964年，无锡市交通局桥梁工程队创建了双曲拱桥。双曲拱桥用料省、易施工，在财力困难、钢材紧张的年代，为农村交通建设和公路桥梁改造做出了重要贡献。1965年，我国建成第一座预应力T形刚构桥——五陵卫河桥。1971年，我国建成了更大跨径的预应力混凝土T形刚构桥——福建乌龙江大桥，标志着大跨径预应力混凝土桥梁建造技术取得了巨大进步。1975年，在四川省云阳县建造了我国第一座试验性斜拉桥——云阳汤溪河桥。

武汉长江大桥位于武汉市区，是在万里长江上修建的第一座公铁两用桥。桥梁全长1670m，主桥由三联九孔跨径各为128m的连续钢桁梁组成。大桥在苏联专家的帮助下，于1955年9月开工建设，1957年10月建成通车。"长江第一桥"使中国人数千年期盼的"天堑变通途"成为现实。

南京长江大桥（图6-2）位于南京市区与浦口之间，连接津浦、沪宁铁路，是中国自行设计、自行施工的具有世界水平的公铁两用桥。大桥铁路部分长6772m，公路部分长458m，江面正桥长516m，最大跨径160m，为简支连续钢桁架桥。大桥于1960年1月开工建设，1968年9月铁桥首先建成通车；1968年12月公路桥建成通车。

图6-2 南京长江大桥

改革开放以后，随着我国经济实力不断增强，桥梁建设也不断掀起新的发展高潮。20世纪80年代，上海拟在黄浦江上修建大跨径桥梁，与日本草签了由日本免费设计、低息贷款帮助修建南浦大桥的协议，但在同济大学李国豪教授的坚持下，以项海帆为首的桥梁方案小组，提出了自主建设的建议并获得批准。1991年，上海南浦大桥建成通车，使我国桥梁工作者树立了信心，积累了经验，锻炼了队伍，培养了人才，拉开了我国自主建设特大跨径桥梁的序幕。

20世纪90年代，随着国家加大对交通基础设施建设的投入，中国桥梁建设进入高速发展期。1993年，当时世界最大跨径的斜拉桥——主跨602m的杨浦大桥建成通车。1994年，我国第一座现代悬索桥——主跨452m的广东汕头海湾大桥建成。1999年，我国首座超千米的大跨径悬索桥——江阴长江大桥建成，同时，该桥也是国内首次采用预应力钢绞线锚固系统。丹河大桥、万县长江大桥等不同类型的拱桥，创造了新的世界跨径纪录。

进入21世纪，中国桥梁在经过20年的自主建设取得举世瞩目的成就的基础上，厚积薄发，进入了一个"创新和超越"的崛起时代。2008年世界最大跨径的斜拉桥——苏通长江大桥建成通车；同年，世界最长的跨海大桥——杭州湾跨海大桥建成通车；2009年，主跨1650m的舟山西堠门大桥建成通车，其跨径世界第二。各类型桥梁，无论是数量还是跨径均进入世界前十位之列，标志着我国已开始从桥梁大国向桥梁强国迈进。

广东番禺洛溪桥位于广州市南部，跨越珠江，是我国第一座预应力混凝土连续刚构桥。桥总长1916.04m，宽15.5m。主梁采用单箱单室，首次引进瑞士VSL钢绞线群锚系统。该桥于1988年建成通车。

上海南浦大桥是上海市区第一座跨越黄浦江的大桥，落成于1991年11月19日。桥梁总长8346m，其中主桥全长846m，引桥全长7500m。南浦大桥是我国自行设计、自行建造的双塔双索面、叠合梁斜拉桥。主塔上"南浦大桥"四个红色大字为邓小平同志所题写。

广东虎门珠江大桥位于广州东南约42km的珠江出海口附近，1997年6月建成通车。桥全长3636m，其中主航道主跨为888m钢箱梁悬索桥，辅航道桥主跨为270m预应力混凝土连续刚构桥。

江阴长江大桥（图6-3）位于长江三角洲地段的中部，连接江苏省无锡市和泰州市，于1999年9月建成。大桥全长3177m，主桥主跨采用1385m钢箱梁悬索桥。

图6-3 江阴长江大桥

万县长江大桥位于重庆市万州长江上游7km，是国道318线上跨长江的一座特大公路桥梁，于1997年6月建成。大桥全长856.12m，主桥为420m钢筋混凝土箱形拱桥。该桥采用钢管混凝土劲性骨架成拱方法，是拱桥施工方法的一大突破。

芜湖长江大桥位于安徽省芜湖市与巢湖市所辖无为、和县两县境内，于2000年9月建成。跨江正桥为公铁两用，桥长2193.7m。铁路桥全长10520.966m，公路桥全长

5681.25m。主跨采用板桁结合结构矮塔斜拉桥，是国内首座公铁两用矮塔斜拉桥。

山西丹河大桥位于太行山脉南端，于山西晋城—河南焦作高速公路K10+300处跨越丹河，2000年7月建成。主桥采用净跨径146m的特大石拱桥，单跨跨径居世界同类桥型首位，桥梁全长425.6m。

润扬长江大桥连接镇江市与扬州市，于2005年10月建成通车。大桥及接线工程全长35.66km，其中南汊主航道桥为主跨1490m单孔桥双铰钢箱梁悬索桥，北汊副航道主桥采用176m+406m+176m三跨双塔双索面钢箱梁斜拉桥。

南京长江三桥（图6-4）位于南京长江大桥上游19km处的大胜关，于2005年10月建成。主桥主跨为648m的双塔双索面钢塔钢箱梁斜拉桥。该桥是我国首座采用钢塔的大型桥梁，也是世界上第一座弧线形钢塔斜拉桥。

图6-4 南京长江三桥

苏通长江大桥位于江苏省长江南通河段，南北两岸为苏州市和南通市，于2008年5月建成。大桥全长8146m，主航道桥为双索面斜拉桥，跨径1088m，塔高300.4m，131根大直径超深钻孔灌注桩和承台面积为113.75m×48.1m的索塔基础。该桥建成时为世界第一大跨径斜拉桥。

重庆朝天门大桥（图6-5）位于重庆市区，在嘉陵江与长江交汇口（朝天门）下游2.4km处跨越长江，于2009年5月建成。大桥主桥采用190m+552m+190m三跨连续中承式钢桁系杆拱桥。大桥为公轨两用特大型拱桥，上层桥面为双向六车道，下层桥面为2个预留车道和2条双向轨道交通。该桥是跨径最大的拱桥，被誉为"世界第一拱"，2009年4月建成。

南京大胜关长江大桥位于长江下游的南京大胜关河段，主桥为6跨连续钢桁拱桥，2009年11月建成。该桥是世界首座六线铁路大桥，同时也是世界上设计荷载最大的高速铁路大桥，其主跨2×336m的连拱名列世界同类高速铁路桥之首。

香港昂船洲大桥位于香港市区，以维多利亚港为背景，横跨蓝巴勒海峡，是香港八号干

图 6-5　重庆朝天门大桥

线重要的一环。大桥总长 1596m，主跨跨径 1018m，2009 年 6 月建成，是仅次于苏通长江的世界第二大跨径斜拉桥。

杭州湾跨海大桥（图 6-6）北起浙江嘉兴海盐县，南止宁波慈溪市，跨越杭州湾海域，全长 36km，2008 年 5 月建成通车。北航道桥为双塔双索面五跨连续钢箱梁斜拉桥（70m+160m+448m+160m+70m），南航道桥为独塔双索面三跨连续钢箱梁斜拉桥（80m+160m+318m），水中区引桥跨径均为 70m（总长 18.27km），南岸滩涂区引桥跨径为 50m（总长 10.1km）。该桥的建设使宁波至上海的陆路距离缩短了约 120km，从而使宁波由交通末端型城市向枢纽型城市转变。

舟山西堠门大桥位于浙江省舟山市西堠门海域，是舟山连岛工程之一，2009 年 12 月 25

图 6-6　杭州湾跨海大桥

日建成通车。主桥为两跨连续分体式全漂浮体系钢箱梁悬索桥，主跨跨径1650m，位居悬索桥世界第二、中国第一，其中钢箱梁全长在悬索桥中居世界第一。

青岛海湾大桥又称胶州湾跨海大桥，位于胶州湾北部，起自青岛主城区海尔路，经红岛到黄岛，大桥全长36.48km，2011年6月30日全线通车，全长超过我国杭州湾跨海大桥和美国切萨皮克跨海大桥，是当时世界上最长的跨海大桥，也是世界第二长桥。

嘉绍大桥是连接嘉兴海宁与绍兴上虞的嘉绍通道的中间跨江部分，2013年7月建成通车。大桥主航道桥采用6塔独柱斜拉桥方案，主桥长度达2680m，分出5个主通航道，索塔数量、主桥长度规模位居世界第一；大桥采用双向八车道高速公路标准，主桥总宽度达55.6m（含布索区），是世界上最宽的多塔斜拉桥。

马鞍山长江公路大桥位于马鞍山市市区与郑蒲港新区之间，桥位位于河段当涂江心洲，主桥长10.9km，2013年12月31日建成通车。大桥的左汊主桥采用2×1080m三塔两跨悬索桥，首次实现了三塔两跨悬索桥跨径由百米向千米的重大突破。主跨跨径在世界同类桥梁中位居第一，中塔还首次采用了塔梁固结体系。

矮寨大桥位于湖南湘西矮寨镇境内，距吉首市区约20km，跨越矮寨大峡谷，桥面设计高程与地面高差达330m左右，2012年3月建成通车。主桥主跨采用1176m钢桁加劲梁单跨悬索桥，全长1073.65m。该桥是跨峡谷悬索桥中主跨长度世界第一，采用"轨索滑移法"架设钢桁梁也是世界首创。

港珠澳大桥（图6-7）是连接香港、珠海和澳门的桥隧工程，位于广东省伶仃洋区域内，为珠江三角洲地区环线高速公路南环段。港珠澳大桥东起香港国际机场附近的香港口岸人工岛，向西横跨伶仃洋海域后连接珠海和澳门人工岛，止于珠海洪湾；桥隧全长55km，其中主桥长29.6km、香港口岸至珠澳口岸长41.6km；桥面为双向六车道高速公路，设计速度100km/h；工程项目总投资额1269亿元。

图6-7 港珠澳大桥

四、国外现代桥梁建设的成就

18世纪以后，欧洲进入工业革命时代，随着钢铁应用于桥梁及结构理论的逐步完善，桥梁建设从过去的经验法过渡到在理论指导下的经验法。铁路的兴建、桁架结构的兴起、新材料的发明、建筑标准的诞生等，拉开了现代桥梁建设的序幕。18 世纪末 19 世纪初，英国现代桥梁先驱托马斯·泰尔福德率先修建了塞文河上的铸铁拱桥和横跨威尔士的麦纳海峡索桥，开创了桥梁建设应用金属材料的新局面。20 世纪初，钢筋混凝土开始广泛应用，至 20 世纪 30 年代发明了预应力混凝土。钢筋混凝土和预应力混凝土技术大大提高了结构的抗裂性能、刚度和承载能力，使土木工程发生了一次飞跃，桥梁结构形式及规模有了突破，迎来了全世界前所未有的建筑活动兴盛期。第二次世界大战结束后，西方国家进入了大规模的建设时期。特别是随着计算机技术的发展及其在土木工程中的应用，使各类桥型得以不断创新和发展。1955 年，利用预应力混凝土技术首创了无支架悬臂挂篮施工技术；1956 年第一座现代斜拉桥诞生；1962 年建成第一座混凝土斜拉桥；1976 年建成世界第一座预应力混凝土连续刚构桥。

世界各国桥梁工作者始终在寻求结构构造合理、造价更经济、跨越能力更大的桥梁形式，推动了世界桥梁工程的发展。

加拿大魁北克大桥是东起大西洋岸哈利法克斯、西至太平洋岸鲁珀特王子港的铁路干线上的一座公铁两用桥，在魁北克附近跨越圣劳伦斯河，1917 年通车，现在还在使用。以建造过程中两次倒塌、死亡 82 人为代价，魁北克大桥将桥跨长度的世界纪录由 518.1m 增加到 548.6m，至今仍是世界上跨径最大的钢悬臂梁桥。

澳大利亚悉尼大桥（图 6-8）位于杰克逊港，号称世界第一单孔拱桥，1932 年 3 月建成通车。该桥是双铰钢桁架中承式拱桥，跨径 502m，全长 1149.1m。它是早期悉尼的代表建筑，与举世闻名的悉尼歌剧院隔海相望，成为悉尼的象征。

图 6-8　澳大利亚悉尼大桥

美国旧金山金门大桥（图 6-9）位于美国加利福尼亚州宽 1900m 的金门海峡之上，1937 年建成。该桥 1957 年之前一直是世界上最长的悬索桥（主跨 1280m），是世界著名大桥之一，被誉为近代桥梁工程的一项奇迹，也被认为是旧金山的象征。

委内瑞拉马拉开波湖桥位于委内瑞拉的第二大海港城市马拉开波市，横跨马拉开波湖，于 1962 年建成通车。该桥为六塔双索面稀索体系双箱单室预应力混凝土箱梁斜拉桥，主桥共有 5 孔，跨径 235m，全桥长 8.7km，是世界上第一座公路预应力混凝土斜拉桥。

法国诺曼底大桥（图 6-10）位于法国北部塞纳河上，于 1995 年 1 月建成通车。该桥主

图 6-9　美国旧金山金门大桥

跨 856m，为混合梁斜拉桥，其中 624m 为钢梁，其他为混凝土梁；边跨全部为混凝土梁，用顶推法施工。它是一座与当地景观完美协调的斜拉桥，以其细长的结构和典雅的造型而著称。

图 6-10　法国诺曼底大桥

日本明石海峡大桥（图 6-11）连接日本神户市与淡路岛，全长 3911m，主桥跨径 1991m，于 1998 年 4 月建成。该桥为三跨两铰加劲桁梁式悬索桥，跨越日本本州岛—四国岛之间的明石海峡，最终实现了日本人一直想修建一系列桥梁把四个大岛连在一起的愿望，1991m 的主跨长度仍保持着悬索桥最大跨径的世界纪录。

法国米约大桥位于法国首都巴黎通往地中海地区的公路上，跨越马希福中央山脉的上方，桥面高出地面 270m，最高的塔柱高出地面 343m，堪称世界上最高的桥梁。该桥为跨径 180m+6×320m+180m 的 7 塔 8 跨钢箱梁斜拉桥，2005 年建成后，使原来 3h 的路程缩短为只需 10min。

第六章 现代桥梁工程

图 6-11 日本明石海峡大桥

第二节 桥梁的基本组成与分类

一、桥梁的基本组成部分

桥梁一般由上部结构、下部结构和附属设施组成。常见的梁式桥如图 6-12 所示，拱式桥如图 6-13 所示。

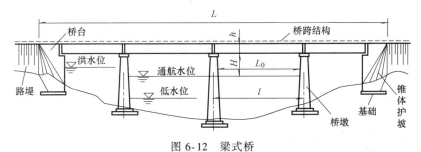

图 6-12 梁式桥

l—净跨径 L_0—计算跨径 L—桥梁全长 H—桥下净空高度 h—桥梁建筑高度

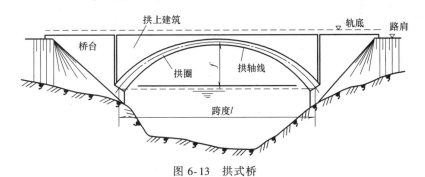

图 6-13 拱式桥

上部结构包括桥跨结构和支座系统两部分。桥跨结构是指直接承重并架空的结构部分；支座系统的作用是支撑桥跨结构并把荷载传递给墩台，并保证桥跨结构能够满足一定的变位要求。

下部结构包括桥墩、桥台和墩台的基础。其作用是支撑上部结构，并将结构的荷载向下传递给地基。桥台设在桥跨结构的两端，桥墩设在两桥台之间。桥台除了起支承桥跨结构的作用，还起到与路堤衔接、抵御路堤土压力、防止路堤滑坡的作用。因此，桥台两侧常设置锥体护坡。

墩台的基础是承受由上至下的全部作用（包括交通荷载和结构自重）并将其传至地基的结构部分。它通常埋于土层中或建筑在基岩上，常常需要在水下施工，因而也是桥梁建筑中情况比较复杂的部分。

附属设施包括桥面铺装、排水防水系统、伸缩缝、栏杆和灯光照明等。它与桥梁的服务功能密切相关，对桥梁行车的舒适性和结构物的外观质量有着重要影响，因而在桥梁设计中要对附属设施给予足够的重视。

二、桥梁的分类

1. 桥梁按结构体系分类

（1）梁式桥 梁式桥（图 6-14）是一种在竖向荷载作用下无水平反力的结构。由于外力（恒载和活载）的作用方向与承重结构的轴线接近垂直，故与同样跨径的其他结构体系相比，梁内产生的弯矩最大，通常需用抗弯能力强的材料（钢、木、钢筋混凝土等）来建造。为了节约钢材和木料（木桥使用寿命不长，除临时性桥梁或战备需要外，一般不宜采用），目前在公路上应用最广的是预制装配式的钢筋混凝土简支梁桥。这种梁桥的结构简单，施工方便，对地基承载能力的要求也不高，但其常用跨径在 25m 以下。当跨度较大时，需要采用预应力混凝土简支梁桥，但跨度一般也不超过 50m。为了达到经济、省料的目的，可根据地质条件等修建悬臂式或连续式的梁桥。对于很大跨径，以及承受很大荷载的特大桥梁，可建造使用高强度材料的预应力混凝土梁桥，也可建造钢桥。

图 6-14 梁式桥

（2）拱式桥 拱式桥（图 6-15）的主要承重结构是拱圈或拱肋。在竖向荷载作用下，桥墩或桥台将承受水平推力。同时，这种水平推力将显著抵消荷载在拱圈（或拱肋）内引起的弯矩作用。因此，与同跨径的梁相比，拱的弯矩和变形要小得多。鉴于拱桥的承重结构以受压为主，通常就可用抗压能力强的圬工材料（如砖、石、混凝土）和钢筋混凝土等来建造。

拱桥的跨越能力很大，外形也较美观，在条件许可的情况下，修建拱桥往往是经济合理的。同时应当注意，为了确保拱桥能安全使用，下部结构和地基必须能经受住很大的水平推力的不利作用。此外，拱桥的施工一般要比梁桥困难些。对于很大跨度的桥梁，也可建造钢拱桥。

在地基条件不适于修建具有强大推力的拱桥的情况下，必要时也可建造水平推力由钢或预应力筋做成抗拉系杆来承受的系杆拱桥。近年来还发展了一种"飞鸟式"三跨无推力拱桥，即在拱桥边跨的两端施加强大的预加力，传至拱脚，以抵消主跨拱脚巨大的恒载水平推力。

图 6-15　拱式桥

（3）刚架桥　刚架桥（图 6-16）的主要承重结构是梁或板和立柱或竖墙整体结合在一起的刚架结构，连接处刚性很大。在竖向荷载作用下，梁部主要受弯，而在柱脚处也具有水平反力，其受力状态介于梁桥与拱桥之间。刚架桥跨中的建筑高度可以做得较小。当遇到线路立体交叉或需要跨越通航江河时，采用这种桥型能尽量降低线路高程，以改善纵坡并减少路堤土方量。但普通钢筋混凝土修建的刚架桥施工比较困难，梁柱刚接处较易开裂。

图 6-16　刚架桥

T型刚构是修建较大跨径钢筋混凝土桥曾采用的桥型，它是结合了刚架桥和多孔静定悬臂梁桥的特点发展起来的一种多跨结构。对于普通钢筋混凝土T型刚构桥，由于悬臂根部的负弯矩很大，修建时不仅钢材用量大，而且控制混凝土裂缝的开展成了难题，因此跨径不能做得太大（通常40~50m），目前已很少采用。

预应力混凝土工艺的发展，使得T型刚构桥和连续刚构桥得到了很大的推广。特别是采用了悬臂安装或悬臂浇筑的分段施工方法，不但加速了修建大跨度桥梁的施工速度，也克服了要在江河或深谷中搭设支架的困难。

多跨连续刚构桥属多次超静定结构，在设计中一般应减小墩柱的抗弯刚度，否则会在结构内引起较大的附加内力。对很长的桥，为了降低这种附加内力，往往在两侧的边跨设置活动铰支座，甚至将主跨的墩柱做成双壁式结构。

当跨越陡峭河岸和深邃峡谷时，修建斜腿式的刚构桥往往既经济合理，又造型轻巧美观。由于斜腿墩柱置于岸坡上，有较大斜角，在主梁跨度相同的条件下，斜腿刚构桥的桥梁跨度比门式刚构桥要大得多。

T型刚构桥的悬臂主梁主要承受负弯矩，因此，横截面宜用箱形截面。连续钢构桥和斜腿刚构桥的主梁受力与连续梁相近，通常也采用各式箱形横截面。

（4）悬索桥 传统的悬索桥（也称吊桥）（图6-17）均用悬挂在两边塔架上的强大缆索作为主要承重结构。在竖向荷载作用下，通过吊杆使缆索承受很大的拉力，通常就需要在两岸桥台的后方修筑非常巨大的锚碇结构。悬索桥也是具有水平反力（拉力）的结构。现代悬索桥广泛采用高强度钢丝成股编制的钢缆，以充分发挥其优异的抗拉性能，因此结构自重较轻，就能以较小的建筑高度跨越其他任何桥型无与伦比的特大跨度。悬索桥的另一特点是：成卷的钢缆易于运输，结构的组成构件较轻，便于无支架悬吊拼装。我国在西南山岭地区和在遭受山洪泥石冲击等威胁的山区河流上，当修建其他桥梁有困难的情况时，往往采用悬索桥。

图6-17 悬索桥

近年来，鉴于对桥梁美观的要求，在不宜修建锚碇的情况下，也可建造将主缆锚固在主梁两端的"自锚式"悬索桥。这种桥型虽然很有特色，但其结构设计和施工工艺比较复杂，经济性较差，跨径也不宜过大，目前最大跨径为385m。

相对于前面所说的其他体系而言，悬索桥的自重轻，结构的刚度差，在车辆动荷载和风荷载作用下，桥有较大的变形和振动。可以说，整个悬索桥的发展历史，是不断研究和克服其有害的变形与振动的历史，也是争取其结构刚度的历史。

（5）斜拉桥　斜拉桥（图6-18）由斜索、塔柱和主梁组成。用高强钢材制成的斜拉索将主梁多点吊起，并将主梁的恒载和车辆荷载传至塔柱，再通过塔柱基础传至地基。这样，跨度较大的主梁就像一根多点弹性支承（吊起）的连续梁一样工作，从而可使主梁尺寸大大减小，结构自重显著减轻，既节省了结构材料，又大幅度地增大桥梁的跨越能力。与悬索桥相比，斜拉桥的结构刚度大，即在荷载作用下的结构变形小得多，且其抵抗风振的能力也比悬索桥好，这也是在斜拉桥可能达到的大跨度情况下使悬索桥逊色的重要因素。

图6-18　斜拉桥

斜拉桥的斜索组成和布置、塔柱形式及主梁的截面形状是多种多样的，我国常用平行高强钢丝束、平行钢绞线束等制作斜索，并用热挤法在钢丝束上包一层高密度的黑色聚乙烯（HDPE）外套进行防护。

斜索在立面上也可布置成不同形式。各种索形在构造和力学上各有特点，在外形美观上也各具特色。常用的索形布置为竖琴形和扇形两种。另一种是斜索集中锚固在塔顶的辐射形布置，因其塔顶锚固结构复杂而较少采用。

常用的斜拉桥是三跨双塔式结构，但在实践中也往往根据河流、地形、通航要求等情况，采用对称与不对称的独塔双跨式斜拉桥。

斜拉桥是半个多世纪来最富想象力和构思、内涵最丰富且引人瞩目的桥型，它具有广泛的适应性。一般说来，对于跨度从200~700m，甚至超过1000m的桥梁，斜拉桥在技术和经济上都具有相当优越的竞争能力。诚然，随着斜拉桥跨度的增大，将会面临塔过高和斜索过长等一系列技术难点，这不仅涉及高耸塔柱抗震和抗风等动力稳定方面的问题，还有主梁受压力过大及长斜索因自重垂度增大而引起的种种技术问题。必须提到的是，斜拉桥的斜索可以说是这种桥梁的生命线，国内外已发生过几起通车仅几年就因斜索腐蚀严重而导致全部换索的实例。因此，确保其使用寿命仍是当今桥梁界十分关切和重视的重要课题。随着高性能新材料的开发、计算理论的进一步完善、施工方法的改进、特别是设计构思的不断创新，斜拉桥还会向更大跨度和更新的结构形式发展。

（6）组合体系桥　除了以上五种桥梁的基本体系，根据结构的受力特点，还有由几种不同体系的结构组合而成的桥梁，称为组合体系桥。图 6-19 所示为一种梁和拱的组合体系，其中梁和拱都是主要承重结构，两者相互配合共同受力。由于吊杆将梁向上（与荷载作用的挠度方向相反）拉，显著减小了梁中的弯矩；同时由于拱与梁连接在一起，拱的水平推力就传给梁来承受，这样梁除了受弯还受拉。这种组合体系桥能跨越较一般简支梁桥更大的跨度，墩台没有推力作用，因此对地基的要求就与一般简支梁桥一样。

图 6-19　组合体系桥

2. 桥梁的其他分类方法

除了上述按受力特点将桥梁分成不同结构体系，还可按桥梁用途、大小规模和建桥材料等进行分类。

（1）按桥梁用途来划分　可分为公路桥、铁路桥、公铁两用桥、公轨两用桥、农桥、人行桥、水运桥（渡槽）及其他专用桥（如通过管道、电缆等）。

（2）按主要承重结构所用材料划分　可分为圬工桥（包括砖、石、混凝土桥）、钢筋混凝土桥、预应力混凝土桥、钢桥、钢—混凝土组合桥和木桥等。

（3）按桥梁全长和跨径不同划分　可分为特大桥、大桥、中桥、小桥和涵洞。

（4）按跨越障碍的性质划分　可分为跨河桥、跨线桥（立体交叉）、高架桥和栈桥。高架桥一般指跨越深沟峡谷以代替高路堤的桥梁。为将车道升高至周围地面以上并使下面的空间可以通行车辆或作其他用途而修建的桥梁，称为栈桥。

（5）按上部结构的行车位置划分　可分为上承式桥、下承式桥和中承式桥。桥面布置在主要承重结构以上的称上承式桥；桥面布置在桥跨结构高度中间的称中承式桥；桥面布置在承重结构以下的称下承式桥。上承式桥结构简单，施工方便，且其主梁或拱肋的数量和间距可按需要调整，以求得经济合理的布置；同时，在上承式桥上行车时，视野开阔，视觉舒适，所以公路桥梁一般尽可能采用上承式桥。但上承式桥的不足之处是桥梁的建筑高度较大，因此，在建筑高度受严格限制的情况下，就应采用下承式桥或中承式桥。

（6）按桥跨结构的平面布置划分　可分为正交桥、斜交桥和弯桥。

除上述的桥梁分类方法外，还有按桥梁使用时间长短划分的永久性桥梁和临时性桥梁。除了固定式的桥梁，还有开户桥、浮桥和漫水桥等。

第三节　桥梁的总体规划设计

一、桥梁设计的基本原则

桥梁设计的一般步骤：通过概念设计确定结构方案，确立计算模型，确定结构的详细尺寸和细节构造。选择构思好的桥梁结构方案，是设计工作的第一步也是最重要的一步，是评价桥梁设计成功与否的重要标准。

与设计其他工程结构物一样，在桥梁设计中必须考虑下述各项要求。

（1）使用上的要求　桥上的行车道和人行道宽度应保证车辆和行人的安全畅通，并适当考虑将来交通量增长的需要。桥型、跨度大小和桥下净空应满足泄洪、安全通航或通车等要求。建成的桥梁要保证使用年限，并便于检查和维修。

（2）经济上的要求　桥梁设计应体现经济上的合理性。在设计中必须进行详细周密的技术经济比较，使桥梁的总造价和材料等的消耗最少。应注意的是，要全面精确地计及所有的经济因素往往是困难的，在技术经济比较中，尚应充分考虑桥梁在使用期间的运营条件及养护和维修等方面的问题。

桥梁设计应根据因地制宜、就地取材、方便施工的原则，合理选用合适的桥型。此外，能满足快速施工要求缩短工期的桥梁设计，不仅能降低造价，而且提早通车在运输上将带来很大的经济效益。

（3）结构尺寸和构造上的要求　整个桥梁结构及其各部分构件在制造、运输、安装和使用过程中应具有足够的强度、刚度、稳定性和耐久性。桥梁结构的强度应使全部构件及其连接构造的材料抗力或承载能力具有足够的安全储备。对于刚度的要求，应使桥梁在荷载等作用下的变形不超过规定的允许值，过度的变形会使结构的连接松弛，而且挠度过大会导致高速行车困难，引起桥梁剧烈振动，使人体感觉不适，严重者会危及桥梁结构的安全。结构的稳定性是要使桥梁结构在各种外力作用下，具有能保持原来形状和位置的能力，如桥梁结构和墩台的整体不致倾倒或滑移，受压构件不致引起纵向屈曲变形等。在地震区修建桥梁时，在计算和构造上还要满足抵御地震破坏力的要求。

（4）施工上的要求　梁结构应便于制造和架设。应尽量采用先进的工艺技术和施工机械，以利于加快施工进度，保证工程质量和施工安全。

（5）美观上的要求　桥梁应具有优美的外形，与周围的景观相协调。城市桥梁和游览地区的桥梁，可较多地考虑建筑艺术上的要求。公路上的特殊大桥宜进行景观设计；上跨高速公路、一级公路的桥梁应与自然环境和景观相协调。合理的结构布局和轮廓造型是桥梁美观的主要因素，决不应把美观片面地理解为豪华的细部装饰。

优秀的、结构上有特色又美观的桥型方案，应使结构的造型与力学行为相协调。在外形上标新立异，有特色但力学行为不合理的桥型方案，往往会显著提高造价和增加施工难度，严重者甚至会影响结构的耐久性和运行安全。

二、桥位勘测与设计资料调查

在着手设计之前，首先要选择合理的桥位，这常常是影响桥梁设计、施工和使用的全局问题，对于选定的桥位，必须进一步调查研究，详细分析建桥的具体情况，才能做出合理的设计方案。一般桥梁设计中需要进行的资料调查工作为：

1）调查桥梁的使用任务。根据桥梁所在的路线类别，调查桥上的交通种类和行车、行人的往来密度，确定桥梁的荷载等级和行车道、人行道宽度等。调查桥上是否需要通过各类管线（如电力、电话线和水管等），如有则需设置专门的构造装置。

2）测量桥位附近的地形，绘制地形图供设计和施工使用。

3）探测桥位的地质情况，包括岩土的分层高程、物理力学性能、地下水位等，并将钻探所得资料绘成地质剖面图。对于遇到的地质不良现象，如滑坡断层、溶洞、裂隙等，应详加注明。

4）调查和测量河流的水文情况，包括调查河道性质（如河床及两岸的冲刷和淤积、河道的自然变迁等），收集和分析历年的洪水资料，测量河床断面图，调查河槽各部分的形态标志、糙率等，计算各种特征水位、流速、流量等。与水利和航道部门协商确定通航水位和通航净空标准。了解河流上相关水利设施对新建桥梁的影响。

5）调查当地建筑材料（砂、石料等）的来源，水泥、钢材的供应情况及水陆交通的运输情况。

6）调查了解施工单位的技术水平、施工机械等装备情况，以及施工现场的动力设备和电力供应情况。

7）调查和收集有关气象资料，包括气温、雨量及风速（或台风影响）等情况。

8）调查新建桥位上、下游有无老桥，如有，需调查老桥的桥型布置及使用情况等。

很明显，为选择桥位需要了解一定的地形、地质和水文等资料，而对于选定的桥位，又需要进一步为桥梁设计提供更为详尽的依据资料，因此以上各项工作往往是互相渗透、交错进行的。

三、设计程序

设计工作是一座桥梁建设的灵魂。对于工程复杂的大、中桥梁的设计，为了能从错综复杂的客观情况中得出既经济又合理的设计，就需要循序渐进、逐步深入、科学地进行工作。一般大型桥梁的设计工作分前期工作阶段和设计工作阶段。前者分为工程预可行性研究（简称"预可"）阶段和工程可行性研究（简称"工可"）阶段；后者则分成初步设计、技术设计和施工图设计三个阶段。各个阶段包含的内容和深度、目的、解决的问题是不相同的。设计招标一般应在初步设计阶段进行。

1. "预可"和"工可"研究阶段

两者包含的内容基本一致，但研究的深度各有不同。"预可"阶段要在工程可行的基础上，着重研究建桥的必要性和宏观经济上的合理性。"工可"阶段则要在"预可"被审批确认后，进一步研究工程技术上的可行性和投资上的可行性。

一座大型桥梁的"预可"报告应从经济、政治、国防等方面，详细阐明建桥理由和工程建设的重要性和必要性；同时初步探讨技术上的可行性。对于区域性线路上的桥梁，应以建桥地点（渡口等）的车流量调查（以及国民经济逐年增长率）为立论依据。"预可"阶段的另一重点是：通过多个桥位的综合比较，选定桥位和确定建设规模。

"预可"阶段工作的主要目标是解决建设工程的上报立项问题。在"工可"阶段，则要在"预可"的基础上着重研究和制订桥梁设计的技术标准，包括设计荷载标准、桥面宽度、通航标准（通航净宽和净高）、设计车速、桥面纵向和横向坡度、竖曲线与平曲线半径等。在这一阶段，要与河道、航运、城市规划等部门共同研究，处理好所有"外部条件"的关系。

在可行性研究阶段，尚不可能对桥式方案做深入比选，故不需要明确提出推荐方案，对工程量的估算也不宜偏紧。

这两个阶段的经济分析方面主要涉及造价估算、投资回报、资金来源及偿还等问题。一般来说，"预可"中要有设想，"工可"中要基本落实。

2. 初步设计

根据批准的"工可"报告编制的"设计任务书"，是进行初步设计的依据。在进一步的水文、地质"初勘"后，如发现原可行性研究阶段建议的桥位有问题，尚可适当挪动桥位轴线，推荐新桥位。

初步设计阶段也是桥梁设计中通过酝酿，构思出最富创造性的概念设计的阶段，其工作重点是：通过多个各具创意的桥式方案的比选，推荐最优方案，报上级单位审批。在编制各个桥型方案时，要提供桥式布置图、主桥和引桥的横断面图，标明主要结构尺寸（包括重要的细节构造和尺寸），并估算工程数量，提供主要材料的用量，根据施工组织设计和概算定额编制出工程概算。初步设计的概算造价是控制建设项目投资和以后编制施工预算的依据。对所做的工程概算加以适当调整，可以作为招标的"标底"。

3. 技术设计

本阶段的工作是对初步设计的补充修改、深化和完善。技术设计中的补充勘探工作称为"技勘"，对水中基础每墩要有必要数量的地质钻孔。进一步研究解决所批准桥式方案的总体和细部的技术问题，并提交详细的结构设计图纸和工程数量，修正工程概算。如果初步设计中有批准下达的科研项目，也要在这阶段予以实施解决。

4. 施工图设计

本阶段的工作是根据前面批准核定的修建原则、技术方案、技术决定和总投资额等加以具体化。在施工图设计阶段，必要时需对重要的桥梁基础进行"施工钻探"，但此时一般不钻深孔。在此阶段中，必须对桥梁各部分构件进行详细的结构计算，绘制出施工详图，提供给施工单位，或进行施工招标。再由施工单位编制详细的施工组织设计和工程预算。施工图设计可由原编制技术设计的单位继续编制，或由中标施工单位编制，但要对技术设计有所改变的部分负责。

国内一般的公路大桥常把技术设计和施工图设计合并为一个阶段进行。一般小桥和较简单的中桥也可以采用一阶段设计，即以扩大的初步设计来包含各阶段设计的主要内容。

第四节　桥梁上的设计作用

作用是指施加在结构上的一组集中力或分布力，或引起结构外加变形或约束变形的原因，前者称直接作用，后者称为间接作用。直接作用也称为荷载。

合理选择桥梁上的作用并按作用发生概率进行组合，是比结构分析更为重要的问题，因为它关系到桥梁结构在它的有限寿命期限内的安全和桥梁建设费用的合理投资。近年来，由于交通量的不断增加，大型超重车辆的不断出现，风载、地震荷载的重要性愈显突出等，导致实际与可能在桥梁结构上的作用越来越复杂，这就为桥梁荷载的选定和分析造成了困难，常因初始设计荷载选定的滞后，而造成桥梁早期破坏或加固。习惯上我们仍把"作用"称为"荷载"。

一、公路桥梁的作用

1. 作用的分类

在 JTG D60—2015《公路桥涵设计通用规范》中，将作用在桥梁上的作用（荷载）分为永久作用、可变作用、偶然作用、地震作用四大类。

1）永久作用（恒载）是指在设计基准期内始终存在，其值不随时间变化或其变化值与平均值相比可以忽略不计的作用。它包括结构重力、预加力、土的重力及侧压力、混凝土收缩及徐变作用、基础变位作用和水的浮力。

2）可变作用是指在设计基准期内随时间变化，且其变化值与平均值相比不可忽略的作用。可变作用包括汽车荷载、汽车冲击力、汽车离心力、汽车引起的土侧压力、人群荷载、汽车制动力、疲劳荷载、风荷载、冰压力、流水压力、波浪力、温度作用及支座摩阻力。

3）偶然作用是指在设计基准期内不一定出现，而一旦出现其量值很大，且持续时间较短。它包括船舶或漂浮物的撞击作用、汽车撞击作用。

2. 作用的代表值

公路桥梁在设计时，对不同的作用采用不同的代表值。

1）永久作用应采用标准值作为代表值。结构物的重力（包括结构的附加重力），可按照结构的实际体积或设计时所假定的体积与材料密度计算确定，该值为永久作用的标准值。对于预应力混凝土结构，预加应力在结构使用阶段设计时，应作为永久作用计算其效应，计算时应考虑相应阶段的预应力损失；在结构承载能力极限状态设计时，预应力不作为荷载，而将预应力筋作为普通钢筋计入结构抗力。

2）可变作用应根据不同的极限状态分别采用标准值、组合值。频遇值或准永久值作为其代表值。承载能力极限状态设计及按弹性阶段计算结构强度时应采用标准值作为可变作用的代表值；正常使用极限状态按短期效应（频遇）组合设计时，应采用频遇值作为可变作用的代表值；按长期效应（准永久）组合设计时，应采用准永久值作为可变作用的代表值。

3）偶然作用取其设计值作为代表值，可根据历史记载、现场观测和试验，并结合工程经验综合分析确定，也可根据有关标准的专门规定确定。

4）地震作用的代表值为其标准值。地震作用的标准值应根据 JTG B02—2013《公路工程抗震规范》的规定确定。

3. 作用组合

桥梁结构按承载能力极限状态设计时，对持久设计状况和短暂设计状况应采用作用的基本组合，对偶然设计状况应采用作用的偶然组合，对地震设计状况应采用作用的地震组合桥梁结构正常使用极限状态设计时，应根据不同的设计要求，采用作用的频遇组合或准永久组合。

4. 公路桥梁上的汽车荷载

桥梁上行驶的车辆荷载种类繁多，有各种汽车、平板挂车等，而同一类车辆又有许多不同型号和载重等级。随着交通运输事业和高速路的发展，车辆的载质量还将不断增大。因此，需要拟定一种既满足目前车辆情况和将来发展需要，又能便于在设计中应用简明统一的荷载标准。通过对实际车辆的轮轴数目前后轴间距、轴压力等情况分析、综合和概括，在《公路桥涵设计通用规范》中，规定了桥涵设计的标准化荷载。将汽车荷载分为公路—Ⅰ级和公路—Ⅱ级。桥梁设计时，汽车荷载按车道荷载或车辆荷载计算。车道荷载由均布荷载和集中荷载组成。桥梁结构整体计算采用车道荷载；桥梁结构局部加载、涵洞、桥台和挡土墙土压力等的计算采用车辆荷载。车辆荷载与车道荷载不得叠加。

二、城市桥梁汽车荷载

CJJ 11—2011《城市桥梁设计规范》适用于城市内新建、改建的永久性桥梁与涵洞，高架道路及承受机动车的结构物荷载设计。此标准中采用两级荷载标准，即城—A 级和城—B 级。城—A 级总轴重 700kN，适用于快速路及主干路。城—B 级荷载总轴重 300kN，适用于次干路及支路。城—A 级和城—B 级标准车辆。在城市桥梁设计中，汽车荷载可分为车辆荷载和车道荷载。桥梁的横隔梁、行车道板、桥台或挡土墙后土压力的计算，应采用车辆荷载。桥梁的主梁、主拱圈和主桁架等的计算应采用车道荷载。当进行桥梁结构计算时，不得将车辆荷载与车道荷载的作用叠加。

第五节　桥面布置与构造

一、桥梁纵断面设计

桥梁纵断面设计包括确定桥的总跨径、桥梁的分孔、桥道的高程、桥上和桥头引道的纵坡及基础的埋置深度等。

1. 桥梁总跨径的确定

对于一般跨河桥梁，总跨径可参照水文计算来确定。桥梁的总跨径必须保证桥下有足够的排洪面积，使河床不致遭受过大的冲刷。另一方面，根据河床土壤的性质和基础的埋置情况，设计者应根据河床的允许冲刷深度，适当缩短桥梁的总长度，以节约总投资。由此可见，桥梁的总跨径应根据具体情况经过全面分析后加以确定。例如，对于在非坚硬岩层上修筑的浅基础桥梁，总跨径应该大一些而不使路堤压缩河床；对于深埋基础，一般允许较大的冲刷，总跨径就可适当减小。山区河流一般河床流速已经很大，应尽可能少压缩或不压缩河床；而平原区的宽滩河流虽然可允许较大的压缩，但必须注意壅水对河滩路堤、附近农田和建筑物可能造成的危害。

2. 桥梁的分孔

一座较长的桥梁应当分成几孔，各孔的跨径大小不仅影响使用效果、施工难易等，还在很大程度上关系到桥梁的总造价。跨径越大、孔数越少，上部结构的造价就越高，墩台的造价就减少；反之，上部结构的造价降低，墩台造价将提高。这与桥墩的高度及基础工程的难易程度有密切关系。最经济的分孔方式就是使上、下部结构的总造价趋于最低。

对于通航河流，在分孔时首先应考虑桥下通航的要求。桥梁的通航孔应布置在航行最方便的河域。对于变迁性河流，因为航道位置可能发生变化，需要多设几个通航孔。

在平原地区的宽阔河流上修建多孔桥时，通常在主槽部分按需要布置跨径较大的通航孔，而在两旁浅滩部分则按经济跨径进行分孔。如果经济跨径较通航要求还大，则通航孔也应取用较大跨径。

在山区的深谷上、在水深流急的江河上或在水库上修桥时，为了减少中间桥墩，应加大跨径。条件允许的话，甚至可采用特大跨径单孔跨越。

在布置桥孔时，有时为了避开不利的地质段（如岩石破碎带、裂隙、溶洞等），可将桥基位置移开，或适当加大跨径。对于某些体系的多孔桥梁，为了合理使用材料，各孔跨径应有适宜的比例关系。

为了使钢筋混凝土连续梁桥的中跨和相邻边跨的跨中最大弯矩接近相等，其中跨与相邻边跨的跨径比值，对于三跨连续者约为 $1.00:0.80$，对于五跨连续者约为 $1.00:0.90:0.65$。对于悬臂施工的预应力混凝土梁桥，为了简化边孔的施工，往往将边跨做得更小些，如 $1.00:0.65$（0.5）。为了使多孔悬臂梁桥的结构对称，最好布置成奇数跨。

从战备方面考虑，应尽量使全桥的跨径做得一样，并且跨径不宜太大，以便于战时抢通和修复。

跨径的选择还与施工能力有关。有时选用较大跨径虽然在经济上是合理的，但限于当时的施工技术能力和设备条件，不得不将跨径减小。对于大桥施工，基础工程往往对工期起控制作用，在此情况下，从缩短工期出发，应减少基础数量而修建较大跨径的桥梁。桥梁既是交通工程结构物，又是自然环境的美化者，对于一些特别重要的桥梁，更应该显示出宏伟社会主义建设的时代特点，因此在整体规划桥梁分孔时必须重视美观上的要求。

总之，大、中桥梁的分孔是一个相当复杂的问题，必须根据使用任务，桥位处的地形和环境，河床地质、水文等具体情况，通过技术经济等方面的分析比较，才能做出比较完美的设计方案。桥梁的分孔布局要适应河床、地质等长期稳定的自然条件，人为地改变自然条件，如通过挖掘河床改变航道位置等的做法是不可取的。

3. 桥道高程的确定

对于跨河桥梁，桥道的高程应保证桥下排洪和通航的需要；对于跨线桥，则应确保桥下安全行车。在平原区建桥时，桥道高程抬高往往伴随着桥头引道路堤土方量的显著增加。在修建城市桥梁时，桥高了两端引道的延伸会影响市容，或者需要设置立体交叉或高架栈桥，将导致造价提高。因此，必须根据设计洪水位、桥下通航（或通车）净空等需要，结合桥型、跨径等一起考虑，以确定合理的桥道高程。有些情况下桥道高程在路线纵断面设计中已做规定。下面介绍确定桥道高程的有关问题。

1) 为了保证桥下流水净空，对于梁式桥，梁底一般应高出设计洪水位（包括壅水和浪高）不小于 50cm，高出最高流冰水位 75cm；支座底面应高出设计洪水位不小于 25cm，高出最高流冰水位不小于 50cm。对于无铰拱桥，拱脚允许被设计洪水位淹没，但淹没深度一般不超过拱圈矢高的 2/3。并且在任何情况下，拱顶底面应高出设计洪水位 1.0m。拱脚的起拱线应高出最高流水位不小于 0.25m。在河流中有形成流水阻塞危险或有漂浮物通过时，桥下净空应当按当地具体情况确定。对于有淤积的河床，桥下应适当加高。

2) 在通航及通行木筏的河流上，必须设置保证桥下安全通航的通航孔。在此情况下，桥跨结构下缘的高程应高出自设计通航水位算起的通航净空高度。所谓通航净空，就是在桥孔中垂直于流水方向规定的空间界限，任何结构构件或航运设施均不得伸入其内。

3) 在设计跨越线路（铁路或公路）的立体交叉时，桥跨结构底缘的高程应高出规定的车辆净空高度。对于公路所需的净空尺寸，见桥梁横断面设计相关内容，铁路的净空尺寸可查阅 TB 10002—2017《铁路桥涵设计规范》。

桥道高程确定后，就可根据两端桥头的地形和线路要求来设计桥梁的纵断面线形。小桥通常做成平坡桥。大、中桥梁为了利于桥面排水和降低引道路堤高度，往往设置从中间向两端倾斜的双向纵坡。桥上纵坡不宜大于 4%；桥头引道纵坡不宜大于 5%。对位于市镇混合交通繁忙处的桥梁，桥上纵坡和桥头引道纵坡均不得大于 3%。桥上或引道处纵坡发生变更的地方均应按规定设置竖曲线。

二、桥梁横断面设计

桥梁横断面的设计，主要是确定桥面的宽度和桥跨结构横截面的布置。桥面宽度取决于行车和行人的交通需要。我国公路桥面每条行车道的净宽标准与设计行车速度有关，当设计行车速度在 80km/h 或以上时车道净宽为 3.75m，设计行车速度为 60~20km/h 时车道净宽为 3.50~3.00m。我国公路净空界限的一般规定见 JTG D60—2015《公路桥涵设计通用规范》（以下简称《桥通规》）第 3.3.1 条规定。在规定界限内，不得有任何结构部件等侵入。桥上人行道和自行车道的设置应根据实际需要而定。人行道的宽度为 0.75m 或 1m，大于 1m 时按 0.5m 的级差增加。一条自行车道的宽度为 1m，当单独设置自行车道时，一般不应少于两条自行车道的宽度。高速公路上的桥梁应设检修道，不宜设人行道。与路基同宽的小桥和涵洞可仅设缘石或栏杆。漫水桥不设人行道，但可设置护栏。

城市桥梁及位于大、中城市近郊的公路桥梁的桥面净空尺寸，应结合城市实际交通量和今后发展的要求来确定。在弯道上的桥梁应按路线要求予以加宽。

与行车道平设的人行道，两者间应有安全隔离设施，不然人行道和路缘石最好应高出行车道面 0.25~0.35m，以确保行人和行车的安全。

对于相同桥面净宽的上承式桥和下承式桥的横截面布置，由于结构布置上的需要，下承式桥承重结构的宽度 B 要比上承式桥的大，而其建筑高度 h 却比上承式桥的小。

公路和城市桥梁，为了利于桥面排水，应根据不同类型的桥面铺装，设置从桥面中央倾向两侧 1.5%~3% 的横向坡度。

三、平面布置

桥梁的线形及桥头引道要保持平顺，使车辆能平稳地通过。高速公路和一级公路上的大中桥，以及各级公路上的小桥的线形及其与公路的衔接，应符合路线布设的规定。

二、三、四级公路上的大、中桥线形一般为直线，如必须设成曲线，其各项指标应符合路线布设规定。

从桥梁本身的经济性和施工方便来说，应尽可能避免桥梁与河流或桥下路线斜交，但对于一般小桥，为了改善路线线形，或城市桥梁受原有街道的制约时，也允许修建斜交桥，斜度通常不宜大于 45°。在通航河流上斜交不能避免时，交角不宜大于 5°；当交角大于 5° 时，宜增加通航孔净宽。

第六节　桥梁墩台与基础

一、概述

桥梁墩、台和基础（图6-20）是桥梁结构的主要组成部分。其中，桥墩和桥台是支撑桥梁上部结构并将桥上荷载依次传递给基础和地基的建筑物。通常把设置在桥梁两端的称为桥台，把设置在多跨桥梁中间的称为桥墩。

基础是介于墩身和地基之间的传力结构，是桥梁下部结构的核心。基础的质量影响着桥梁结构的质量。这里所谓的地基是指承受桥梁各种作用的地层，坚实的地基是桥梁安全性的保障。

桥梁墩、台和基础是确保桥梁安全使用的关键。桥梁发展初期，由于科学技术的限制，为了保证桥梁安全使用，桥梁墩、台、基础的设计均采用的是厚重、粗犷的结构。科学技术的发展、各种新型材料的研发及各种施工方法的涌现，使得桥梁下部结构的种类和样式日益增多，墩、台与基础的结构类型也变得轻便、精巧。以桥墩为例，早期的桥墩多以重力式桥墩为主，现今的桥墩则以轻型桥墩居多。

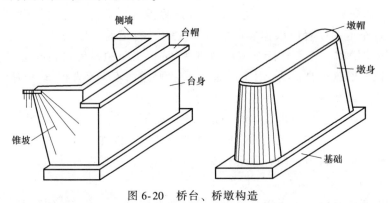

图6-20　桥台、桥墩构造

二、桥墩的类型和构造

桥墩按其墩身结构形式可分为重力式桥墩和轻型桥墩两类。其中，现阶段桥梁以轻型桥墩居多。轻型桥墩外形轻巧美观且变化多样，现阶段较为常见的独柱式或排柱式、倾斜式、双叉形、四叉形、T形、V形和X形等均属于轻型桥墩（图6-21）。

1. 梁式桥墩的类型及构造

梁桥桥墩按其墩身结构形式可分为重力式桥墩、柱式墩、柔性墩、钢筋混凝土空心墩及薄壁墩等。

（1）重力式桥墩　重力式桥墩（图6-22）是实体的圬工墩，它主要靠自身的重量来平衡外力，从而保证桥墩的强度和稳定。它适用于地基良好的大、中型桥梁，或流冰、漂浮物较多的河流中的桥墩。在砂、石料方便采集的地区，也用于小桥。其主要缺点是圬工体积大，自重和阻水面积也大，对地基承载力要求较高。重力式桥墩由墩帽、墩身等部分组成。

（2）空心式桥墩　空心式桥墩（图6-23）是桥墩向轻型化、机械化方向发展的途径之

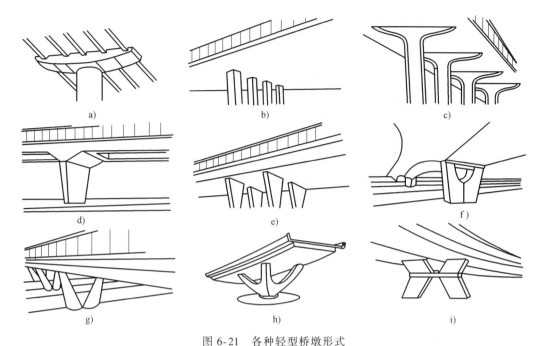

图 6-21 各种轻型桥墩形式

a) 独柱式 b)、d) 排柱式 c) T形 e)、h) 四叉形 f) V形 g) 双叉形 i) X形

图 6-22 重力式桥墩

一。空心式桥墩可以充分利用材料的强度,减轻桥墩自重,同样高度的空心墩比实体墩节省圬工 20%~30%,钢筋混凝土空心墩可节省混凝土 50% 左右。空心式桥墩的截面形式有圆形、圆端形、长方形等,其中,圆形及圆端形的截面形式便于使用滑模施工。其构造特点如下:

1) 墩身最小壁厚,对于钢筋混凝土不小于 30cm,对于混凝土不小于 50cm。

2) 墩身可设横隔板,以加强墩壁的局部稳定。因为设置横隔板对滑模施工比较困难,当壁厚与半径比大于 1/10 时,可以不设置横隔板。设置横隔板时,其间距可取 6~10m。

3) 空心式桥墩的顶部可设置实体段,以便布置支座、均匀传力并减少对墩壁的撞击,

图 6-23 空心式桥墩

高度可设为 1~2m。墩身与顶面或底部交界处，应采用墩壁局部加厚或设置实体段，改善应力集中现象。如重庆长江大桥的空心式桥墩。

4）墩身周围应设置适当的通风孔或泄水孔，孔的直径不小于 20cm；在墩顶实体段以下应设置带门的进入洞或相应的检查设备。

厚壁空心式桥墩的刚度较大，常在预应力混凝土 T 形刚构桥中采用；薄壁空心式桥墩，在流速大并夹有大量泥砂石的河流，以及在可能有船只、冰和漂流无冲击的河流中不宜采用。空心式墩可以采用钢滑动模板施工，具有施工速度快、质量好、节省模板支架的优点，特别对于高桥墩，更显示出其优越性。

（3）柱式桥墩　柱式桥墩的结构特点是沿桥的横向由分离的两根或多根立柱（或桩柱）组成。它是目前公路桥梁广泛使用的桥墩形式，刚度较大，并可与桩基配合使用。特别是在桥宽较大的城市桥和立交桥中，采用这种桥墩既能减轻墩身重量，节约圬工材料，又较美观。

柱式桥墩一般由基础之上的承台、柱式墩身和盖梁组成。双车道桥常采用的形式有单柱式、双柱式、哑铃式及混合双柱式四种，如图 6-24 所示。其中，单柱式桥墩适合于斜交角大于 15°、流向不固定的桥梁或立交桥。目前，双柱式桥墩在我国应用较广，哑铃式及混合双柱式对有较多漂流物和流冰的河道较为适用。

（4）柔性墩　柔性墩是桥墩轻型化的途径之一，它的主要特点是：可以通过一些构造措施，将上部结构传来的水平力（制动力、温度影响力等）传递到全桥的各个柔性墩台或相邻的刚性墩、台上，以减少单个柔性墩受到的水平力，从而达到减小桩墩截面的目的。理论分析和试验表明：作用在桥梁上的水平力将按各墩台的刚度分配，使每个柔性墩水平力较小，所以柔性墩可以采用单排桩墩、柱式墩或其他薄壁式桥墩。

柔性墩的优点是用料省，修建简便，施工速度快；主要缺点是用钢量大，适用高度和承载能力都受到一定的限制。因此，它适用于在低浅宽河流、通航要求和流速不大的水网地区河流上修建的小跨径桥。

（5）薄壁墩　钢筋混凝土薄壁墩是一种新型桥墩，截面形式有一字形、I 形、箱形等，圆形的薄壁空心墩也是钢筋混凝土薄壁墩的类型之一。与柔性排架墩相比，钢筋混凝土薄壁墩虽圬工用量多，但对漂流物及流冰的抵抗能力要强些，同时比重力式桥墩可节约圬工

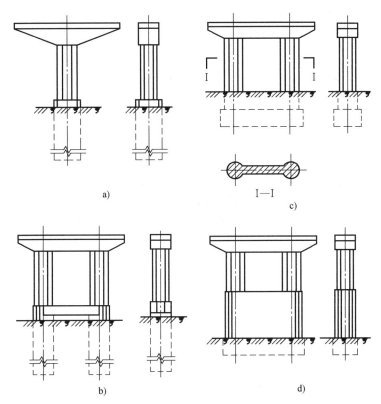

图 6-24 柱式桥墩的分类与构造
a) 单柱式 b) 双柱式 c) 哑铃式 d) 混合双柱式

70%。其中，一字形的薄壁墩构造简单、轻巧、工程体积小，适用于地基承载力较弱的地区。其外形除了可做成常见的一字形，还可做成 V 形、Y 形或其他形状。

2. 拱式桥墩的类型和构造

拱桥是一种能够产生推力的结构，桥墩承受拱跨结构传来的荷载，除了垂直力以外，还有较大的水平推力和弯矩，这是与梁桥最大的不同之处。故拱桥墩台的尺寸一般比梁桥的大，必须具有足够的强度和稳定性。

（1）重力式桥墩　重力式桥墩属于普通墩，除了承受相邻两跨结构传来的垂直反力外，一般不承受恒载水平推力或承受很小的不平衡水平推力。重力式桥墩由墩帽、墩身等组成。

（2）柱式桥墩　柱式桥墩属于普通轻型桥墩，一般为配合钻孔灌注桩基础使用，从外形上看与梁桥的桩柱式桥墩相似，主要差别：在梁桥墩帽上设支座，在拱桥墩顶部分设置拱座。

（3）单向推力墩　在多孔拱桥中，为了防止一孔破坏危及全桥，或采用无支架或早脱架施工时可能出现的裸拱或全桥的单向恒载推力对桥墩的作用，必须每 3~5 孔设置一个单向推力墩，或者采用其他能够抵抗单向推力的措施。

单向推力墩又称为制动墩，主要作用是当一侧的桥孔因某种原因遭受毁坏时，能承受住单向的恒载水平推力，以保证另一侧的桥孔不致坍塌。有时，为了施工的需要，常常将桥台与桥墩之间或者两个桥墩之间作为一个施工段进行分段施工，这时也要设置单项推力墩承受部分恒载的单向推力。因此，普通墩一般可以薄一些，单向推力墩则要做厚一些。

单向推力墩的形式有以下几种：

1）悬臂墩。悬臂墩是在桩柱式墩上加一对悬臂，拱铰支撑在悬臂端的一种桥墩。当一孔坍塌时，可以通过另一侧拱座的竖向分力与悬臂长所构成的稳定力矩来平衡拱的水平推力所导致的倾覆力矩。这种形式适用于两铰双曲拱桥。但由于其墩身较薄，受力后悬臂端会有一定位移，因而对于无铰拱会有附加内力产生。

2）斜撑墩。在柱式墩的每根立柱两侧增设一对钢筋混凝土斜撑的墩称为斜撑墩。斜撑是指构造处理上只能承受压力，不能承受拉力和水平拉杆。斜撑墩可以提高抵抗恒载单向推力的能力，从而保证一孔被破坏而不影响邻孔。为了提高构件的抗裂性，可以采用预应力混凝土结构。这种桥墩只在桥不太高的旱地上采用。

3）重力式单向推力墩。重力式单向推力墩是在双向重力式桥墩的基础上，通过加大尺寸来承受单向恒载推力的桥墩。此种形式的单向推力墩圬工体积大、用料多，且增加了阻水面积，立面美观也较差。

三、桥台的类型和构造

（一）梁式桥桥台

与桥墩相同，梁式桥桥台也可分为重力式桥台和轻型桥台两类。

1. 重力式桥台

重力式桥台也称实体式桥台，它主要靠自重来平衡台后的土压力。桥台台身多数由石砌、片石混凝土或混凝土等圬工材料建造，并采用就地建造的施工方法。梁桥和拱桥重力式桥台依据桥梁跨径、桥台高度及地形条件的不同，有多种形式，常用的有U形桥台、埋置式桥台、八字式桥台和一字式桥台等。

（1）U形桥台 U形桥台由台身（前墙）、台帽、基础与两侧的翼墙组成，在平面上呈U形结构，故而得名。台身支承桥跨结构，并承受台后土压力；翼墙连接路堤，在满足一定条件时，同前墙共同承受土压力，侧墙外侧设锥形护坡。U形桥台的一般构造如图6-25所示。

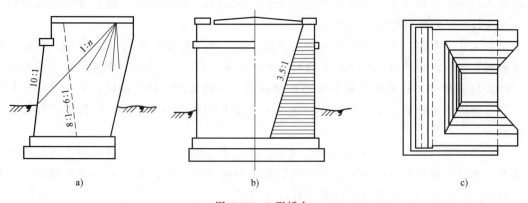

图 6-25 U形桥台

U形桥台构造简单，基础底承压面大，应力较小，可以用混凝土或片石、块石砌筑。但圬工体积大，也增加了对地基的要求。桥台内的填土容易积水，结冰后冻胀，使桥台结构产生裂缝。U形桥台适用于填土高度 8~10m 的中等以上跨径的桥梁，要求桥台中间填料用渗水性较好的土夯填，并做好台背排水。

（2）埋置式桥台　桥台台身埋置于台前溜坡内，不需另设翼墙，仅由台帽两端的耳墙与路堤衔接。图 6-26a 为直立式埋置桥台，图 6-26b 为后倾式埋置桥台，它使台身重心向后，用以平衡台后填土的倾覆力矩，但倾斜度应适当。

埋置式桥台，台身为圬工实体，台帽及耳墙采用钢筋混凝土，当台前溜坡有适当保护不被冲毁时，可考虑溜坡填土的主动土压力。因此，埋置式桥台圬工数量较省，但由于溜坡深入桥孔，压缩了河道，有时需要增加桥长。它适用于在桥头为浅滩，溜坡受冲刷较小，填土高度在 10m 以下的中等跨径的多跨桥中使用。当地质情况较好时，可将台身挖空成拱形，以节省圬工，减轻自重。

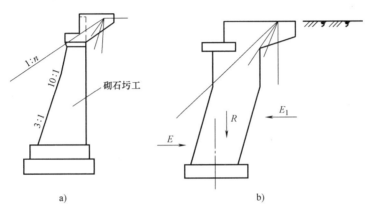

图 6-26　埋置式桥台的构造
a）直立式　b）后倾式

2. 轻型桥台

钢筋混凝土轻型桥台，其构造特点是利用钢筋混凝土结构的抗弯能力来减少圬工体积而使桥台轻型化。主要包括薄壁轻型桥台、带有支撑梁的轻型桥台及双柱式桥台等。

（1）薄壁轻型桥台　薄壁轻型桥台常用的形式有悬臂式、扶壁式、撑墙式及箱式等，如图 6-27 所示。在一般情况下，悬臂式桥台的混凝土数量和用钢量较大，撑墙式与箱式的模板用量较大。薄壁轻型桥台的优点与薄壁墩类同，可依据桥台高度、地基强度和土质等因素选定。

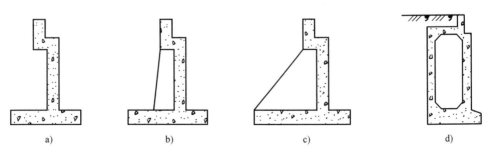

图 6-27　薄壁轻型桥台
a）悬臂式　b）扶壁式　c）撑墙式　d）箱式

（2）带有支撑梁的轻型桥台　单跨或少跨的小跨径桥，在条件许可的情况下，可在轻型桥台之间或台与墩间设置 3~5 个支撑梁。支撑梁设在冲刷线或河床铺砌线以下。梁与桥台设置锚固栓钉，使上部结构与支撑梁共同承受台后土压力。此时，桥台与支撑梁及上部结构形成四铰框架来受力。轻型桥台可采用八字式和一字式翼墙挡土，如地形许可，也可做成耳墙，形成埋置式轻型桥台并设置溜坡。

（3）双柱式桥台　当桥较宽时，可采用双柱式（图6-28）。填土高度小于5m时，为了减少桥台水平位移，也可先填土后钻孔。填土高度大于5m时，可采用墙式，墙厚一般为0.4~0.8m，设少量钢筋，台帽可做成悬臂式或简支式，需要配置受力钢筋。半重力式构造与墙式相同，墙较厚，不设钢筋。当柱式桥台采用钻孔桩基础并延伸做台身时，可不设承台。柱式和墙式桥台一般在基础之上设置承台。

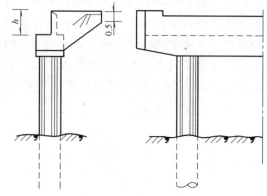

图 6-28　双柱式桥台构造

（4）其他组合式桥台　组合式桥台的出现不仅使桥台变得更为轻型化，而且变得更为安全。组合式桥台在使用过程中只承受本身桥跨结构传来的竖向力和水平力，而台后的土应力则由其他结构承受。

1）锚碇式桥台（锚拉式）　锚碇式桥台（图6-29）有分离式和结合式两种形式。分离式是台身与锚碇板、挡土结构分开，台身主要承受上部结构传来的竖向力和水平力，锚碇板设施承受土压力。锚碇板结构由锚碇板、立柱、拉杆和挡土板组成。桥台与锚碇板结构预留空隙，上端做伸缩缝，桥台与锚碇板结构的基础分离，互不影响，使受力明确，但结构复杂，施工不方便。结合式锚碇板式桥台的构造，它的锚碇板结构与台身结合在一起，台身兼作立柱或挡土板。假定作用在台身的所有水平力均由锚碇板的抗拔力来平衡，台身仅承受竖向荷载。结合式结构简单，施工方便，工程量较省，但受力不是很明确，若台顶位移量计算不准，可能会影响施工和运营。

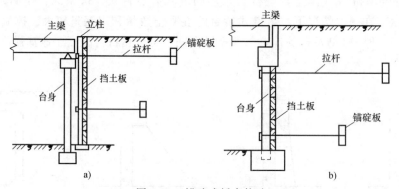

图 6-29　锚碇式桥台构造
a）分离式　b）结合式

2）过梁式（框架式）组合桥台。桥台与挡土墙用梁结合在一起的桥台为过梁式的组合桥台，可使桥台与桥墩的受力相同。当梁与桥台、挡土墙刚接，则形成框架式组合桥台。框架的长度及过梁的跨径由地形及土方工程比较确定，组合式桥台越长，需要的梁的材料数量就越多，而桥台及挡土墙的材料数量相应地有所减小（见图6-30）。

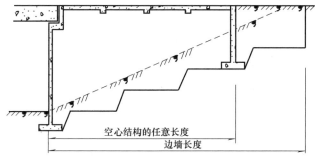

图6-30　框架式组合桥台

3）桥台与挡土墙组合桥合。该类桥台由轻型桥台支承上部结构，台后设挡土墙承受土压力。台身与挡土墙分离，上端做伸缩缝，使受力明确。当地基比较好时，也可将桥台和挡土墙放在同一个基础之上。这种组合式桥台可采用轻型桥台，而且可不压缩河床，但构造复杂，是否经济需通过比较确定。

（二）拱桥桥台

（1）重力式U形桥台　重力式U形桥台由台身（又称为前墙）和平行于行车方向的侧翼墙组成。常采用锥形护坡与路堤连接，锥坡的坡度根据加固形式、坡高、地形等确定，一般为1∶1.5～1∶1。其构造基本与梁桥重力式桥台类似。

（2）齿槛式桥台　齿槛式桥台的基础底板面积较大，基底应力较小，因此它可用于较软弱的地基。这种桥台在底板下设齿槛，以增大摩阻力和抗滑稳定性。齿板宽度和深度一般不小于0.50m。为增加刚度，在底板上拱座与后挡板之间设撑墙。利用后挡板后面原状地基土及前墙背面填土的侧压力来平衡拱的推力。它一般用于河床冲刷不大的中小跨径拱桥。

（3）空腹式（L形）桥台　空腹式桥台的后墙与底板形成L形。为增加刚度，在拱座与后墙间设撑墙。前墙与后墙之间用撑墙相连，平面上形成目字形。它充分利用后背土抗力和基底摩阻力来平衡拱推力，适用于地基较软、冲刷较小的河床，可用于大中跨径的拱桥。

（4）组合式桥台　组合式桥台由台身和后座两部分组成。台身承受拱的垂直压力，由后座的自重摩阻力及台后的土侧压力来平衡拱推力。因此，后座基底的高程应低于起拱线的高程。台身与后座间应密切贴合并设沉降缝，以适应两者的不均匀沉降。在地基土质较差时，后座地基也应该处理，以免后座的后倾斜导致台身和拱圈变形。

（5）轻型桥台　轻型桥台是相对于重力式桥台而言的，这种桥台适用于13m以内的小跨径拱桥和桥台水平位移量很小的情况。其工作原理：当桥台受到拱的推力后，便发生绕基底形心轴而向路堤方向的转动，此时台后的土便产生抗力来平衡拱的推力，从而使桥台的尺寸大大小于实体重力式桥台（约为65%）。常用的轻型桥台有八字形和U字形桥台、前倾一字台、背撑式桥台等。采用轻型桥台时，要注意保证台后的填土质量，台后填土应严格按照规定分层夯实，并做好台后填土的防护工作，防止受水流的侵蚀和冲刷。

1）八字形桥台。八字形桥台构造简单，台身由前墙和两侧的八字翼墙构成，两者之间通常留沉降缝分砌。前墙可以是等厚度的，也可以是变厚度的。变厚度台身的背坡为 2∶1～4∶1。翼墙的顶宽一般为 40cm，前坡为 10∶1，后坡为 5∶1。为了防止基底向河心滑动，基础应有一定的埋置深度。台后填土必须分层夯实，做好防护措施，防止受水流侵蚀、冲刷。

2) U 字形桥台。U 字形桥台是由前墙和平行于车行方向的侧墙组成，构成 U 字形的水平截面。它与 U 形重力式桥台的差别是，后者是靠扩大桥台底面积以减小基底压力，并利用基底与地基的摩阻力和适当利用台背侧土压力，以平衡拱的水平推力，因此基础底面积较轻型桥台的要大，通常从前墙一直延伸到侧墙尾端。侧墙与前墙连成整体，而与拱上侧墙间应设变形缝，以适应桥的可能变位。轻型桥台侧墙的顶宽一般为 50cm，内侧坡度为 5∶1；若有人行道，则上端做成等厚直墙，直到与按 5∶1 内坡相交为止，以下仍用 5∶1 的坡度。

3) 背撑式桥台。当桥台较宽时，为了保证结构的强度和稳定性，可以在八字形或 U 字形桥台的前墙背后加一道或几道背撑，构成 π 字形、E 字形等水平截面形式的前墙。背撑顶宽为 3.0～6.0m，厚度也为 30～60cm，背坡为 3∶1～5∶1 的梯形。这种桥台比八字形桥台的稳定性要好，但土方开挖量及圬工体积都有增多。加背撑的 U 字形桥台能适用于较大跨径的高桥和宽桥。

四、基础的类型和构造

基础是放置于地基之上，并将桥墩、桥台产生的荷载传递给地基的结构。基础的质量决定着桥梁结构的安全，而坚实的地基是基础质量的保证。地基可根据处理方式分为天然地基和人工地基两类。未经人工处理就可以满足设计要求的地基称为天然地基。如果天然地基土质过于软弱或存在不良工程地质问题，需要经过人工加固或处理后才能修筑基础，这种地基称为人工地基。与地基相比，基础的形式较多，常用的有浅基础、深基础和深水基础三种。浅基础与深基础是根据基地埋置深度（自地面或局部冲刷线到基础底面的距离）确定的，通常将埋置较浅且施工相对简单的基础称为浅基础。浅基础计算可忽略侧面土体的摩阻力和侧向抗力，如刚性扩大基础、柔性扩大基础等。若浅层土质不良，需将基础置于较深的良好土层上，且在设计计算中不能忽略基础侧面土体的摩阻力和侧向抗力的基础形式，称为深基础，如桩基础、沉井基础、地下连续墙等。深水基础则与基础的埋置深度无直接关系，因在水下部分较深，在设计和施工中必须考虑水深对基础的影响。

1. 天然地基上的浅基础

天然地基上的浅基础根据受力条件及构造可分为刚性基础（也称无筋扩展基础）和钢筋混凝土扩展基础两大类，如图 6-31 所示。

（1）刚性基础　刚性基础（无筋扩展基础）通常是由砖、块石、毛石、素混凝土、三合土和灰土等材料建造的且不需要配置钢筋的基础。这些材料有较好的抗压性能，但抗拉、抗剪强度不高，设计时要求限定基础的扩展宽度和基础高度的比值，以避免基础内的拉应力和剪应力超过其材料强度。基础的相对高度一般都比较大，几乎不会发生弯曲变形，习惯上称为刚性基础。其特点是稳定性好、施工简便、能承受较大的荷载，主要缺点是自重大，且当基础持力层为软弱土时，由于扩大基础面积有一定限制，须对地基进行处理或加固后才能采用。对于荷载大或上部结构对沉降差较敏感的情况，当持力层为深厚软土时，刚性基础作为浅基础是不适宜的。

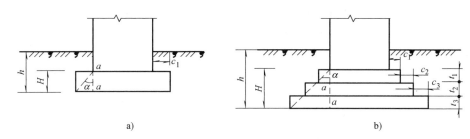

图 6-31 基础类型
a) 刚性基础　b) 钢筋混凝土扩展基础

由于地基强度一般较墩台或墙柱砌体结构的强度低，因而需要将基础平面尺寸扩大以满足地基强度要求，这种刚性基础又称为刚性扩大基础。它是桥涵常用的基础形式，平面形状常为矩形。每边扩大的尺寸最小为 0.20~0.50m，根据土质、基础厚度、埋置深度和施工方法确定。作为刚性基础，每边扩大的最大尺寸应受到材料刚性角的限制。当基础较厚时，可在纵横两个剖面上都做成台阶形，以减小基础自重，节省材料。

（2）钢筋混凝土扩展基础　钢筋混凝土扩展基础主要是用钢筋混凝土浇筑，常见的形式有柱下扩展基础、条形和十字形基础、筏形及箱形基础，其整体性好，抗弯刚度大。如筏形和箱形基础在外力作用下只产生均匀沉降和整体倾斜，这样对上部结构产生的附加应力比较小，基本上消除了由于地基不均匀引起的建筑物损坏，所以在土质较差的地基上修建高层建筑物时，采用这种基础形式是适宜的。但上述基础形式，特别是箱形基础，钢筋和水泥的用量较大，施工技术要求也较高，所以采用这种基础形式应与其他基础方案比较后再确定。

2. 桩基础

桩基础是桥涵常用的基础，有多种分类方法。

（1）按桩的使用功能分类　桩基础可分为竖向抗压桩、竖向抗拔桩、水平受荷桩和复合受荷桩。其中，复合受荷桩为承受竖向、水平荷载均较大的桩，应按竖向抗压（或抗拔）桩及水平受荷桩的要求进行验算。在桥梁工程中，桩除了要承担较大的竖向荷载，还要承受由于波浪、风、地震、船舶的撞击力及车辆荷载的制动力等侧向荷载，从而导致桩的受力条件更为复杂，尤其是大跨径桥梁更是如此，像这样一类桩基就是典型的复合受荷桩。

（2）按桩的形状和竖向受力情况分类　桩基础可分为端承型桩和摩擦型桩。

1) 端承型桩。端承型桩的桩身穿越整个软弱土层，由不可压缩的土层支承，通常是岩床。嵌岩桩就属于端承型桩。端承型桩在竖向荷载作用下，桩身纵向的压缩变形很小或可以忽略不计，桩沿垂直方向移动也很小，因此桩身和土之间摩擦力很小或可忽略，可以认为桩顶竖向荷载全部或主要由桩端阻力承受。

2) 摩擦型桩。摩擦型桩的各个方向包括底部都被可压缩的土层包围，在竖向荷载作用下桩向下移动，周围土层对桩产生向上的摩擦力，并在桩端产生向上的反力。桩顶竖向荷载全部或主要由桩侧阻力承受。

如果为了减少摩擦型桩基础的沉降和更好地发挥桩身材料的抗压能力，往往将桩端打入较坚实的土层中，这时可根据桩侧与桩端阻力的发挥程度和分担荷载比例，将其再细分为端承桩、摩擦端承桩及摩擦桩。当桩侧阻力很小时，称为端承桩；桩端阻力很小时，称为摩擦桩；介于两者之间，既有一定桩侧阻力又有一定桩端阻力的桩称为端承摩擦桩。

(3) 按桩身材料分类　按桩身材料,可分为钢桩、混凝土桩、木桩和组合材料桩。其中,在桥梁工程中以混凝土桩最为常见。混凝土桩可分为预制桩和灌注桩两种基本的类型。

1) 预制桩。预制桩是桩体在施工现场或工厂预制好后再运至工地,用各种沉桩方法埋入地层中。预制桩截面有方形、八边形或中空方形、圆形等,截面边长一般为250~550mm,管桩截面直径有400mm、550mm等几种。中空型桩更适用于摩擦型桩,因为单位体积混凝土可提供更大的接触面。圆形中空桩基运用离心原理浇制而成。钢筋的作用是抵抗起吊和运输中产生的弯矩、竖向荷载和由水平荷载引起的弯矩。

2) 灌注桩。现场灌注桩是先在地基土中钻孔或挖孔,然后下放钢筋笼和填充混凝土而成。灌注桩的材料除钢筋混凝土和素混凝土外,还有砂、碎石、石灰、水泥和粉煤灰等,这些材料与桩周土构成复合地基,丰富了地基处理的措施。

当持力层承载力较低时,可采用扩底桩,如钻挖成扩底锥孔后再灌注混凝土。其他形成扩底桩的方法有:用内夯管夯击孔底刚浇筑的混凝土,以便形成扩大的混凝土球状物。这样的扩底桩又称夯扩桩;在孔底进行可控的爆破,形成爆扩桩。灌注桩钢材使用量一般较低,比预制桩经济,造价为预制桩的40%~70%。灌注桩适于各种地层,桩长可灵活调整,桩端扩底可充分发挥桩身强度和持力层承载力。但它成桩的质量不易保证,桩身易出现断桩、缩颈、夹泥、沉渣、混凝土析出等质量问题。

(4) 按成桩方法分类　可分为挤土桩、部分挤土桩和非挤土桩。挤土桩是在成桩过程中大量排挤土,使柱周土受到严重扰动,土的工程性质有很大改变。挤土桩引起的挤土效应使地面隆起和土体侧移,施工常带有噪声,对周围环境的较大影响,但它不存在泥浆及弃土污染问题。这类桩主要有打入或静压成的实心或闭口预制混凝土桩、闭口钢管桩及沉管灌注桩等。部分挤土桩在成桩过程中,引起部分挤土效应,使桩周土受到一定程度的扰动。这类桩主要有打入或压入H形钢桩、开口管桩、预钻孔植桩及长螺旋钻孔、冲孔灌注桩等。非挤土桩采用钻孔、挖孔等方式将与桩体积相同的土体排出,对周围土体基本没有扰动,但废泥浆、弃土等可能会对环境造成影响。

3. 沉井基础

沉井基础(图6-32)多用于跨河、跨海桥,其常见分类如下。

(1) 按沉井所用材料分类　可分为素混凝土沉井、钢筋混凝土沉井、砖石沉井、钢沉井、竹筋混凝土沉井等。其中,钢筋混凝土沉井适用于大中型工程。钢筋混凝土沉井抗压、抗拉能力强,下沉深度大,可根据工程需要做成各种形状、各种规格的重型或薄壁一般沉井及薄壁浮运沉井、钢丝网水泥沉井等。

(2) 按横截面形状分类　可分为单孔沉井、单排孔沉井、多排孔沉井等。其中,单孔沉井是最常见的中小型沉井。沉井的横截面形状有圆形、正方形、椭圆形、圆端形、矩形等。圆形沉井在下沉过程中垂直度和中线较易控制,若采用抓泥斗挖土,可比其他形状沉井更能保证刃脚均匀作用在支承的土层上。在土压力和水压力作用下,井壁只受轴向压力,即使侧压力分布不均匀,弯曲应力也不大,能充分利用混凝土抗压强度大的特点。圆形沉井的井壁可薄些,便于机械取土作业,多用于斜交桥或水流方向不定的桥墩基础。矩形沉井符合大多数墩(台)的平面形状,制造方便,能更好地利用地基承载力,但沉井四角处有较集中的应力存在,四角处土不易被挖除,刃脚不能均匀地接触承载土层,且流水中局部水头

图 6-32 沉井基础

损失系数较大，冲刷较严重。在土压力和水压力作用下，矩形沉井将产生较大的弯矩，井壁受较大的挠曲应力，长宽比越大，其挠曲应力越大，井壁厚度要大些。通常要在矩形沉井内设隔墙支撑，以增加刚度，改善受力条件。为了减小沉井下沉过程中方形和矩形沉井四角的应力集中和局部水头损失系数，常将四角的直角做成圆角，圆端形沉井井壁受力比矩形沉井好，适宜圆端形桥墩，能充分利用基础圬工。圆端形沉井制造较圆形和矩形沉井复杂。

（3）按沉井竖向剖面形状分类　可分为柱形沉井、锥形沉井及阶梯形沉井。

1）柱形沉井。柱形沉井竖直剖面上下厚度均相同，为等截面柱的形状，大多数沉井属于这一种。柱形沉井井壁受力较均衡，下沉过程中不易发生倾斜，接长简单，模板可重复利用，但井壁侧阻力较大，若土体密实、下沉深度较大时，易下部悬空，造成井壁拉裂。柱形沉井一般多用于入土不深或土质较松软的情况。

2）锥形沉井。为了减小沉井施工下沉过程中井筒外壁与土的摩擦阻力，或为了避免沉井由硬土层进入下部软土层时，沉井上部被硬土层夹住，使沉井下部悬挂在软土中发生拉裂，可将沉井井筒制成上小下大的锥形。锥形沉井井壁侧阻力较小，但施工较复杂，模板消耗多，沉井下沉过程中易发生倾斜，多用于土质较密实、沉井下沉深度大、自重较小的情况。通常锥形沉井外井壁坡度为 $1/40 \sim 1/20$。

3）阶梯形沉井。鉴于沉井承受的土压力与水压力均随深度而增大，为了合理利用材料，可将沉井的井壁随深度分为几段，做成阶梯形，下部井壁厚度大，上部厚度小。这种沉井外壁所受的摩擦阻力较小。阶梯形井壁的台阶宽为 $100 \sim 200$ mm。

沉井基础一般由井筒、刃脚、隔墙、取土井孔、预埋冲刷管、顶盖板、凹槽、封底混凝土等部分组成。

复习思考题

1. 查阅相关资料，了解你家乡或学校所在地的桥梁建设情况。

2. 桥梁的基本组成部分及各组成部分的作用是什么？
3. 桥梁按结构体系是如何分类的？选择某一桥型，说明其特点。
4. 桥梁设计的基本程序是什么？
5. 桥梁纵、横断面设计的内容及设计要点是什么？
6. 桥墩按其墩身结构形式如何分类？选择某一桥墩形式，说明其特点。
7. 简述端承型桩和摩擦型桩的受力特点。

第七章 桥梁工程施工

第一节 桥梁墩台与基础施工技术

一、墩台的施工技术

1. 石砌墩台

石砌墩台施工的工艺流程如图 7-1 所示。

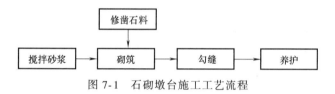

图 7-1 石砌墩台施工工艺流程

石砌墩台的施工要点如下：

（1）搅拌砂浆

1）水泥计量精度应控制在±2%以内，砂、水的计量精度应控制在±5%以内，其配合比一律采用质量比，并应经试验确定。

2）搅拌砂浆时，必须保证其成分、颜色和塑性的均匀一致，大量搅拌砂浆应使用搅拌机，在工程数量较小时，可以人工拌制。

3）砂浆拌制后用沉锤测沉入度和分层度，在搅拌机出料口随机取样制作砂浆试块。砂浆拌成后和使用时，均应盛入储灰器内。如果砂浆出现泌水现象，则应在砌筑前再拌和，砂浆应随拌随用。水泥砂浆必须在 3h 内使用完毕；如果施工期间最高气温超过 30℃，应在 2h 内使用完毕。

（2）修凿石料

1）片石应选用爆破法或楔劈法开采的石块。用作镶面的片石，应表面平整，稍加修凿。

2）块石应选用形状大致方正、上下面大致平整的，敲除棱角、锐角。用作镶面的块石，应由外露面四周向内修凿，深度不少于 70mm。

3）料石加工包括修边粗打、一遍錾凿、二遍錾凿、一遍剁斧、二遍剁斧和磨光。粗料石应选用外观方正的六面体石料，侧面应与外露面垂直，顺石应比相邻丁石大 150mm 以上，一般应经裁边和平凿两道工序处理。

（3）砌筑

1）浆砌片石。

① 应用挤浆法分层砌筑，先润湿石料并铺砂浆，再安放石块，经揉动再用手锤轻击，每层高 0.7~1.2m（3~4 层片石），层间大致找平。

② 砌片石时应充分利用片石的自然形状，相互交错地咬合在一起，面朝下，最上一层应大面朝上。砌筑镶面石时应先在石下不垫砂浆试砌，再用大锤砸去棱角，用手锤敲去小棱角，最后用凿子剔除突出部分，再铺砂浆砌石，用小撬棍将石块拨正，最后用手锤轻击或用手揉动，使灰缝密实。

③ 按设计要求和规范规定，砌体应留沉降缝或变形缝，缝的端面需垂直，最好是在缝的两端跳段砌筑，在缝内填塞防水料（如麻筋沥青板），墙身设置泄水孔，墙后设防水层和反滤层。

④ 石块搭接咬合长度应不小于 80mm，应避免通缝（垂直缝和连续规则的曲线缝）、干缝、瞎缝、三角缝和十字缝（石料四碰头）。

⑤ 填腹中间应设拉结石，侧面每 $0.7m^2$ 至少设一块拉结石，以保证结构的整体性。拉结石的长度，如果基础宽度或墙厚等于或小于 400m，则应与砌体宽度或厚度相等；如果基础宽度或墙厚大于 400mm，则可用两块拉结石内外搭接，搭接长度不应小于 150mm，且其中一块长度不应小于基础宽度或墙厚的 2/3。

⑥ 墩台斜坡面可砌成逐层收台的阶梯形。

2）浆砌块石。与浆砌片石基本相同，不同的是镶面砌法应一顺一丁或二顺一丁砌筑，丁石的面积不小于表面积的 1/5，丁石尾部嵌入腹部约 200mm，且不小于顺石宽度的一半。

3）浆砌料石。

① 可以丁顺叠砌（井架式叠砌）、丁顺组砌（双轨组砌）或全顺砌（单轨组砌）。料石砌体基础可以斜叠砌。丁顺叠砌适用于砌体厚度等于石长；丁顺组砌适用于砌体厚度大于或等于两块石料宽；全顺砌适用于砌体厚度等于石宽。料石基础砌体的第一层应采用丁砌层坐浆砌筑，阶梯形料石基础上级阶梯的料石应至少压砌下级阶梯的 1/3，料石砌体应上下错缝搭砌。

② 石间灰缝宽宜为 10~12mm。要使横缝与竖缝垂直，错缝不小于 100mm，竖缝不宜设在丁石处，只允许在丁石上面或下面有一条垂直缝。但结构在以下三个位置不得设缝：破冰体、砌体截面突变处、桥墩分水石中线或圆端形桥墩。

③ 浆砌桥墩分水体、破冰体镶面石前应先做出配料设计图，注明每块石料的尺寸，根据砌体高度、尺寸、分层错缝等情况先行放样。应当注意的是，破冰体的破冰凌和垂直方向所成的角 $\theta \leq 20°$ 时，破冰体的镶面分层应水平；$\theta > 20°$ 时，破冰体的镶面分层应垂直于破冰体，同时破冰体的分层应和墩身一致。

（4）勾缝　砌体的勾缝根据设计要求有平缝、凸缝、凹缝等。勾缝分为原浆勾缝和加浆勾缝两种，原浆勾缝是用砌筑的砂浆随砌墙随勾缝；加浆勾缝的砂浆强度：主体工程一般不小于 M10，附属工程一般不小于 M5，稠度为 40~50mm。

（5）养护　砌体灰缝养生时间不得少于 7d。

2. 现浇混凝土墩台

就地浇筑的混凝土墩台施工有两个主要工序：一是制作与安装墩台模板；二是混凝土浇筑。

(1) 墩台模板

1) 模板的基本要求。混凝土及钢筋混凝土墩台轮廓尺寸的准确度,由模板的制造与安装予以保证。为确保工程质量,模板必须符合下列要求:

① 具有足够的强度、刚度和稳定性,能可靠地承受施工中的各种荷载,保证受力后不松动、不变形,能保证结构的设计形状、尺寸和模板各部件间相互位置的准确性。

② 尽可能采用组合式钢模板或大模板,提高模板的适应性和周转率。

③ 模板面光滑平整、接缝严密,确保混凝土在强烈振动下不漏浆。

④ 便于制作,装卸方便,施工操作方便,保证安全。

2) 模板的类型。墩台模板主要有按材料、按模板结构及施工方法分类两种。模板按材料可分为钢模板、木模板、钢木结合模板等,一般采用木材或钢材制成。木模板质量轻,便于加工成墩台所需尺寸,但较易损坏,使用次数少。钢模板造价较高,但装拆方便,重复使用次数多。模板按结构及施工方法可分为拼装式模板、整体吊装模板和滑动模板等。拼装式模板是由各种尺寸的标准模板利用销钉连接,与拉杆和加劲构件等组成所需形状的模板。整体吊装模板是将墩台模板水平分成若干段,段模板组成一个整体,在地面拼装后吊装就位。滑动模板包括液压升模板、电动升模板和人工提升抽动模板,适用于较高的墩台和吊桥、斜拉桥的索塔施工,其组成包括模板、圈、支撑杆、千斤顶、顶架、操作平台和吊架等。

(2) 墩台混凝土施工 混凝土墩台施工中,混凝土质量的好坏直接影响墩台的使用期限,所以要重视混凝土的施工质量。为了提高混凝土的施工质量,应从混凝土原材料,混凝土配合比设计,混凝土的拌制、运输、养护等方面着手,严格遵守有关规范、规程的规定。墩台混凝土采用高性能混凝土一次灌注法施工工艺。对混凝土进行集中拌和,用输送车送至施工现场,混凝土输送泵泵送入模,插入式振捣棒振捣。墩身混凝土采用洒水养护,塑料薄膜包裹。

1) 混凝土养护。混凝土初凝后及时采用湿麻袋或塑料薄膜对墩顶进行覆盖洒水养护,加强保温、保湿养护,延缓降温速度。养护期间混凝土强度达到规定强度之前,不得承受外荷载。当混凝土强度满足拆模要求,且芯部混凝土与表层混凝土之间的温差、表层混凝土与环境之间的温差均不大于20℃时,方可拆模。拆模后使用隔水塑料薄膜将墩身全部包裹,使用自动喷水系统和喷雾器,不间断养护,避免形成干湿循环。养护期间不得中断养护用水供应,加强施工中温度监测管理,及时调整保温养护措施。

2) 混凝土温控及防裂。为控制墩身混凝土结构内部因水泥水化热引起的绝热温升,防止因混凝土结构内、外温差过大而产生的温度裂纹,在施工中采取相应有效的降温防裂措施。

3) 施工缝处理。为提高混凝土耐久性,混凝土构件应尽量一次浇筑完成,当分段浇筑时,其间隔时间不宜超过3d。施工前必须做好停水、停电的应急措施,尽量避免施工原因造成在混凝土浇筑过程中出现施工缝,当因人力无法抗拒的原因使混凝土浇筑出现停歇时间过长时,应按规范要求进入混凝土施工缝处理程序。施工缝处理按《公路桥涵施工技术规范》等相关规定进行,当施工缝处于水平状时,浇筑上层混凝土前应首先浇筑50~100mm厚的水泥砂浆,以提高接缝处混凝土的密实性。

(3) 墩台顶顶帽施工

1) 顶帽放线。墩台混凝土至顶帽约30cm时,即测出墩纵横中心轴线,并据此竖立顶帽模板、安装锚栓孔、安装绑扎钢筋等。桥台顶帽放线时,应注意不要以基础中心线作为顶帽背墙线,以免放错。模板立好后,在灌混凝土前应再次复核,以确保顶帽中心、锚栓位置方向及支承垫石水平高程等不出差错。

2) 墩台顶帽模板。墩台顶帽是支承上部结构的重要部分,其尺寸位置和水平高程的准确度要求较严,墩台身混凝土灌注至顶帽下约3cm处,就应预埋接榫停止灌注,以保证顶帽底有足够的紧密混凝土,顶帽模板下面的一根拉杆,可利用顶帽下面的分布钢筋担任,以节省钢件。支承垫石的模板挂装在上部的拉杆上。台帽背墙模板应注意加足纵向支撑或拉条,以防止灌注混凝土时发生鼓胀,侵占梁端空隙。

3) 钢筋及锚栓孔。安装顶帽钢筋时,应注意将锚栓孔位置留出,因钢筋过密无法躲开锚栓孔时,可将钢筋断开,并用短钢筋按规定捆扎。锚栓孔应该下大上小,其模板可采用拼装式。锚栓孔模板安装时,顶面可比支承垫石顶面低约5mm,以便支承垫石顶面抹平。为便于安装锚栓后灌实锚栓孔,可在每一锚栓孔模板的外侧上部,用三角木块预留进浆槽。锚栓孔可在支承垫石模板上放线定位。支承垫石混凝土强度达2~5MPa后,可拆除锚栓孔模板。最后,锚栓孔均需清孔凿毛。

墩台顶帽施工前后,均应复测其跨径及支承垫石高程。施工中应确保支承垫石钢筋网及锚栓孔位置的正确。垫石顶面要求平整,高程符合要求。墩台施工完毕后,应对全桥进行中线、水平及跨径贯通测量,并用墨线画出各墩台的中心线、支座十字线、梁端线及锚栓孔的位置。暂时不架梁的锚栓孔或其他预留孔,应排除积水将孔口封闭。

(4) 桥台附属工程施工　桥台附属工程施工包括锥坡、台后填土、台后泄水盲沟的施工等。其中,桥头锥体及台后缺口的填土,在严寒地区,必须采用渗水土填筑,并不得使用冻土,严格夯实。在非严寒地区,渗水土源确有困难时,也可用一般黏性土,但填土必须达到要求的密实度,并加强排水措施。

3. 装配式墩台

装配式墩台的施工方法与现浇墩台不同,它是预先将墩台制成体积较小的构件,运到施工现场后进行拼装,最终形成完整的桥梁墩台。装配式墩台施工适用于山谷架桥、跨越平缓无漂流物的河沟、河滩等的桥梁,特别是在工地干扰多、施工场地狭窄、缺水与砂石供应困难地区,其效果更显著。其优点有结构轻便、建桥速度快、圬工省、预制构件质量有保证等。装配式墩台有柱式墩和后张法预应力墩两种。

(1) 装配式柱式墩　常用的装配式柱式墩有双柱式、排架式(图7-2)、板凳式和钢架式四种形式。装配式柱式墩的主要施工工艺流程包括:预制构件、安装连接、混凝土养护。在安装连接中,各构件之间的连接接头可采用承插式接头、钢筋锚固接头、焊接接头、扣环式接头及法兰盘接头等。

装配式柱式墩在施工过程中应注意以下事项:

1) 墩台柱构件与基础顶面预留杯形基座应编号,并检查各个墩、台高度和基座高程是否符合设计要求。

2) 墩台柱吊入基杯内就位时,应在纵横方向测量,使柱身竖直度或倾斜度及平面位置均符合设计要求;对重大、细长的墩柱,需用风缆或撑木固定,方可摘除吊钩。

3) 在墩台柱顶安装盖梁前,应先检查盖梁口预留槽眼位置是否符合设计要求,否则应先修凿。

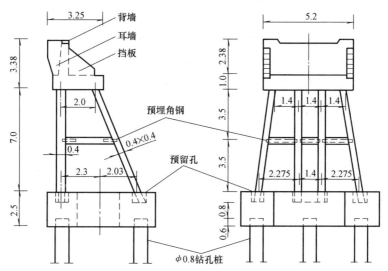

图 7-2 排架式装配式柱式墩（图中单位：m）

4）柱身与盖梁（顶帽）安装完毕并检查符合要求后，可在基杯空隙与盖梁槽眼处灌筑稀砂浆，待其硬化后撤除楔子、支撑或风缆，再在楔子孔中灌填砂浆。

（2）后张法装配式预应力墩 装配墩身由基本构件、隔板、顶板及顶帽四种不同形状的构件组成，用高强钢丝穿入预留的上下贯通的孔道内，张拉锚固而成。

后张法装配式预应力墩在施工时应注意以下事项：

1）实体段墩台（身）灌注时，要按拼装构件孔道的相对位置预留张拉孔道及工作孔。

2）构件的水平拼装缝采用的水泥砂浆不宜过干或过稀。砂浆厚度为 15mm 左右，便于调整构件水平高程，不使误差积累。

3）构件起吊时，要先冲洗底部泥土杂物，同时在构件四角孔道内可插入一根钢管，下端露出约 30cm 作为导向。

4）测量纵横向中心线位置，检查中心线无误后方可松开吊钩。

5）进行孔道检查时，如果孔道被砂浆堵塞无法通开，则只能在墩身内壁的相当位置凿开小洞，清除砂浆积块，再用环氧树脂砂浆修补。

二、基础的施工技术

1. 桩基础

（1）钻孔灌注桩施工 钻孔灌注桩施工应根据土质、桩径大小、入土深度和机具设备等条件选用适当的钻具（目前我国常用的钻具有旋转钻、冲击钻和冲抓钻三种）和钻孔方法，以保证能顺利达到预计孔深，然后清孔、吊放钢筋笼、灌注水下混凝土。

1）准备工作。施工前应将场地整平好，以便安装钻机进行钻孔。当墩台位于无水岸滩时，钻架位置应整平夯实，清除杂物，挖换软土；场地有浅水时，宜采用土或草袋围堰筑岛。埋置护筒的作用是固定桩位，并作钻孔导向；护孔口防止孔口坍塌；隔离孔内外表层水，并保持钻孔内水位高于施工水位，以稳定孔壁。

泥浆在钻孔中的作用：在孔内产生较大的静水压力，防止塌孔；泥浆向孔外土层渗漏，在钻进过程中，孔壁表面形成一层胶泥，具有护壁作用，同时将孔内外水流截断，能稳定孔位；泥浆相对密度大，具有挟带钻渣的作用，利于钻渣排出。

2）钻孔。利用土体的旋转切削土体钻进，同时采用循环泥浆的方法护壁排渣。我国现用旋转钻机按泥浆循环的程序不同分为正循环和反循环两种。正循环就是在钻进的同时，泥浆泵将泥浆压进泥浆笼头，通过钻杆中心从钻头喷进钻孔内，泥浆挟带钻渣沿钻孔上升，从护筒顶部排浆孔排入沉淀池，钻渣在沉淀池沉淀而泥浆仍进入泥浆池循环使用。

3）清孔及吊装钢筋骨架。清孔的目的是除去孔底沉淀的钻渣和泥浆，以保证灌注的钢筋混凝土质量，确保桩的承载力。清孔的方法有抽浆清孔、掏渣清孔及换浆清孔。钢筋笼骨架吊放前应检查孔底深度是否符合要求；孔壁有无妨碍骨架吊装和正确就位的情况。钢筋骨架吊装可利用钻架或另立扒杆进行。吊放时应避免骨架碰撞孔壁，并保证骨架外混凝土保护层厚度，应随时校正骨架位置。钢筋骨架达到设计高程时，牢固定位孔口。

4）灌注水下混凝土。目前我国多用直升导管法灌注水下混凝土。

（2）挖孔灌注桩和沉管灌注桩施工　挖孔灌注桩适用于无水或少水的较密实的各类土层，或缺乏钻孔设备，或不用钻机以节省造价。桩的直径不宜小于1.2m，孔深一般不宜超过20m。

（3）沉桩的施工　沉管灌注桩又称打拔管灌注桩，其施工过程是采用锤击或振动法将一根与桩的设计尺寸相适应的钢管沉入土中，然后将钢筋笼放入钢管内，再灌注混凝土，并边灌边将钢管拔出，利用拔管时的振动将混凝土捣实。

2. 沉井基础

沉井施工前要对沉井所通过的地层详细钻探，查明其地质构造、土质层次、地下连续墙深度、特性和水文情况，以便制定切实可行的沉井下沉方案，并对附近构造物采取有效的防护措施。在探明地质情况的前提下，布置探孔的位置、数量、确定孔深。每个沉井位置至少应钻2个探孔。一般孔位在基底范围外2~3m处；对于大跨径和重要的桥梁基础，每个井位最少要钻4个探孔，探孔深度要超过沉井预定下沉的刃脚深度。下面以旱地沉井的施工为例，做一简要介绍。

（1）清理和平整场地　就地浇筑沉井要在施工前清除井位及附近场地的孤石、倒木、树根、淤泥及其他杂物（如结冰的要捞净围堰内的冰块），仔细平整施工场地，平整范围要大于沉井外侧1~3m。对软硬不均的地表，尚应换土或在基坑处铺填不小于0.5m厚夯实的砂或砂砾垫层，以防沉井在混凝土浇筑之初因地面沉降不均产生裂缝。为减小下沉深度，也可挖一浅坑，在坑底制作沉井，但坑底应高出地下水位0.5~1.0m。在极软塑土及流态淤泥、强液化土并有较大倾斜坡的河床覆盖层上修造沉井时，为避免沉井失稳，要做好河床处理，必要时可采用加宽刃脚的轻型沉井。

（2）放线定位　仔细测量好沉井的平面位置，准确画出刃脚边线，严格控制沉井的中心位置，经验收合格方可正式施工。

（3）沉井的原位制作　沉井的原位制作，通常可采用以下三种不同的方法：

1）承垫木方法。承垫木方法为传统方法。在经过平整、放线定位的场地上铺一层厚0.5m左右的砂垫层。在砂垫层上，于沉井刃脚部位，对称、成对地铺设适当的承垫木。圆形沉井承垫木平面布置垫木一般为枕木或方木（200mm×200mm），其数量可按垫木底面压力小于等于100kPa确定。然后按照设计的尺寸在刃脚位置处设置刃脚角钢，竖立内模，绑扎钢筋,再立外模,浇筑第一节沉井。沉井外侧模板要平滑具有一定的刚度,与混凝土接触面必须刨光。

2) 无垫木方法。在均匀土层上可采用无垫木方法。在沉井刃脚的下方位置浇筑与沉井井壁等厚的混凝土圆环,代替承垫木和砂垫层。其目的是保证沉井制作过程与沉井下沉开始时处于竖直方向。

3) 土模法。当场地土质较好,如地基为均匀的黏性土,呈可塑或硬塑状态,则可采用土模法制作沉井。在定位放线的刃脚部位,按照设计的尺寸,仔细开挖黏性土基槽。利用地基黏性土作为天然模板,以代替砂垫层、承垫木及人工制作的刃脚木模。因此,这种方法可节省时间和费用。

(4) 沉井下沉方法　沉井下沉主要是通过从井孔中用机械或人工方法均匀除土,削弱基底土对刃脚的正面阻力和沉井壁与土之间的摩擦阻力,使沉井依靠自重力克服上述阻力而下沉。沉井通常在天然地面下沉。如果在水面下沉,还需预先填筑砂岛或搭支架下沉。沉井在地面下沉的方法可分为以下两种:

1) 排水开挖下沉法。在稳定的土层中,如果渗水量不大,或者虽然土层透水性较强,渗水量较大,但排水不致产生流砂现象时,可采用排水开挖下沉法。对于场地无地下水,或地下水水量不大的小型沉井,可用人工挖土法。2 人一组,1 人在井下挖土,1 人在井上摇辘轳提升弃土。挖土应分层、均匀、对称地进行,使沉井均匀竖直下沉,避免出现倾斜。大、中型沉井一般采用机械挖土法。地层土质稳定、不会产生流砂的土质地基,可先用高压水枪把沉井底部的泥土冲散(水枪的水压通常为 2.5~3.0MPa)并稀释成泥浆,然后用水力吸泥机吸出井外。

2) 不排水开挖下沉法。沉井下沉通常多采用不排水除土方式。在抓土、吸泥过程中,需配备潜水工和射水松土机具。下抓土下沉是一种常见的不排水开挖下沉法。密实土使用带掘齿的抓斗;不带掘齿的两瓣式抓斗用来抓松散的砂质土;挖掘卵石宜用四瓣式抓斗。

沉井通过粉砂、细砂等松软土层时,应保持沉井内的水位始终高于井外水位 1~2m,防止流砂向井内涌进而引起沉井歪斜并增加除土量。当地层土质不稳定、地下水涌水量较大时,采用机械抓斗,水下出土,可避免用排水开挖法出现的流砂现象。

吸泥下沉也是一种常见的不排水开挖下沉法。吸泥机除土适用于砂、砂夹卵石、黏砂土等土层。在黏土、胶结层及风化岩层中,当用高压射水冲碎土层后,也可用吸泥机吸出碎块。

第二节　梁桥施工技术

梁式桥是在竖向荷载作用下梁的支承处不产生水平反力(推力)的桥梁结构。主梁内力以弯矩和剪力为主,桥梁结构形式不同,有时也会存在扭矩。

目前,我国中小跨径公路桥梁或城市桥梁,大部分是钢筋混凝土或预应力混凝土梁式桥,统称混凝土梁桥。

混凝土梁桥的桥跨结构按静力体系特点分为简支梁桥、悬臂梁桥和连续梁桥(图 7-3);按施工方法分为整体式梁桥和装配式梁桥;按承重结构截面形式分为板桥肋梁桥和箱形梁桥。混凝土梁桥的桥跨结构主要由桥面系、主梁(横梁)和支座组成。图 7-4 所示为装配式简支梁桥桥跨结构概貌。

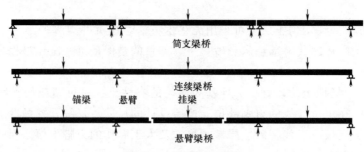

图 7-3 梁桥结构体系

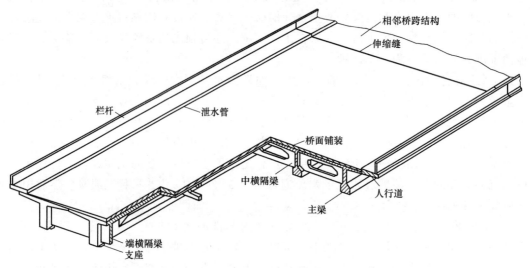

图 7-4 装配式简支梁桥桥跨结构概貌

一、钢筋混凝土梁桥的一般特点

1. 钢筋混凝土梁桥的特点

钢筋混凝土梁桥是混凝土结构桥梁的一种类型，它具有钢筋混凝土结构的所有特点：混凝土集料可以就地取材，因而成本低、耐久性好、维修费用极少；材料可塑性强，可以按照设计意图做成各种形状的结构，如适应道路线形的曲线桥；采用装配式结构，工业化程度高，既提高工程质量又加快施工速度；整体性好，结构刚度大，变形小；噪声小等。

钢筋混凝土梁桥的缺点：梁的受拉区布置有受力的钢筋，由于受到混凝土裂缝宽度的限制，钢筋的拉应变或应力也将受到相应的制约，因为这一制约关系，钢筋混凝土结构无法利用高强度材料减轻结构自重，增大跨越能力，因为高强度混凝土的抗拉能力不大，极限拉伸很小，高强度钢筋不能发挥它的作用。

整体浇筑的钢筋混凝土梁桥，避免了预制安装结构的二次浇筑，使得结构的整体性能、桥梁使用性能及耐久性大大改善，条件许可时可充分考虑采用整体浇筑施工方式。但是整体浇筑施工工期长，施工受季节影响大，施工费用增加，从而制约了整体浇筑梁桥的使用范围。

2. 预应力混凝土梁桥的特点

预应力混凝土可以看作是一种预先储存了压应力的结构。在钢筋混凝土梁桥的受拉区虽然布置有受力钢筋，但仍不可避免地将出现一些裂缝，因此采用预加应力可改善结构的使用性能。通过张拉预应力筋，使受拉区预先储备一定数值的压应力；当外荷载作用时，混凝土可不出现拉应力或不出现超过某个限值的拉应力。对混凝土施加预压力的高强度钢筋，既是加力工具，又是抵抗构件内力的受力钢筋。

预应力混凝土梁桥，除了具有钢筋混凝土梁桥的所有优点外，它的主要特点如下：

1）由于能够充分利用了高强度材料（高强度混凝土、高强度钢筋），所以构件截面小，自重弯矩占总弯矩的比例大大下降，桥梁的跨越能力得到提高。

2）与钢筋混凝土梁桥相比，一般可以节省钢材 30%~40%，跨径越大，节省越多。

3）全预应力混凝土梁在使用荷载下不出现裂缝，即使是部分预应力混凝土梁，在频遇荷载组合下也无裂缝，因此是全截面参加工作，其相应的刚度比带裂缝的钢筋混凝土梁要大。故预应力梁可显著减少建筑高度，使大跨径桥梁做得轻柔美观；由于其能消除裂缝，增加了对多种桥型的适应性，更提高了结构的耐久性。

4）预应力技术的使用，使桥梁的施工方法得到发展，即原先钢桥的施工方法在预应力桥梁中得以应用，如悬臂拼装、顶推法等，而且为现代预制装配式结构提供了最有效的接合和拼装。

二、钢筋混凝土梁桥的分类

（一）按照结构体系分类

在钢筋混凝土与预应力混凝土梁式桥体系中，简支梁桥、悬臂梁桥和连续梁桥是三种古老的梁式结构体系。20世纪50年代后，传统的悬臂拼装方法施工的应用及改进与发展，使预应力混凝土梁式桥中的悬臂体系得到了新的发展，形成了T形刚构桥。这种体系发挥了预应力混凝土结构的受力特点，并使悬臂施工技术得到了推广与创新。连续梁体系也因采用了悬臂施工方法而获得了新的竞争力。随后，又出现了将T形刚构粗厚桥墩减薄，形成柔性桥墩，使墩梁连接而成的连续刚构桥，它是T形刚构与连续梁结合的一种新体系。因此，将梁式桥体系基本归纳成五种类型，即简支梁桥、悬臂梁桥、连续梁桥、T形刚构桥及连续刚构桥。

1. 简支梁桥

简支梁桥是梁式桥中应用最早、使用最广泛的一种桥型。它构造简单，施工简便，最易设计为标准跨径的装配式结构。在多孔简支梁桥中，由于各部分构造和尺寸比较统一，简化了施工管理工作，降低了施工费用；因相邻桥孔各自单独受力，桥墩上需设置相邻简支梁的两个支座。简支梁桥因构造较易处理而常被选用。简支梁桥是静定结构，结构内力不受地基变形等影响，因而能适用于地基较差的桥位上建桥，但多跨简支梁桥对行车舒适性不利。

简支梁的配筋主要受跨中正弯矩的控制。当跨径增大时，跨中恒载和活载弯矩将急剧增加，当恒载弯矩所占的比例相当大时，结构承受活载的能力就减小。在钢筋混凝土简支梁桥中，经济合理的常用跨径在20m以下。为了提高简支梁的跨越能力，常采用预应力混凝土结构。预加应力使梁全截面参加工作，减轻了结构恒载，增大了抵抗活载的能力。目前，世界上预应力混凝土简支梁最大跨径已达76m，但在一般情况下，它的跨径超过50m后，桥型显得过于笨重，安装重量较大，相对地给装配式施工带来困难，实际上并不经济。我国预应力混凝土简支梁的标准跨径在 50m 以下。

2. 悬臂梁桥

将简支梁梁体加长并越过支点，便成为悬臂梁桥。仅梁的一端悬出称为单悬臂梁桥，两端均悬出称为双悬臂梁桥。可见，使用悬臂梁的桥型至少有三孔，或是采用一双悬臂梁结构的跨线桥，或是采用单悬臂梁，中孔采用简支挂梁组合成悬臂梁桥。在较长桥中，则可由单悬臂梁、双悬臂梁与简支挂梁联合组成多孔悬臂梁桥，习惯称悬臂梁主跨为锚跨。悬臂梁利用悬出支点以外的伸臂，使支点产生负弯矩对锚跨跨中正弯矩产生有利的卸载作用。

悬臂梁桥一般为静定结构，可在地基较差的条件下使用。在多孔桥中，墩上均只需设置一个支座，减小了桥墩尺寸，也节省了基础工程的材料用量。悬臂梁将结构的伸缩缝移至跨内，其变形挠曲线的转折角比简支梁变形挠曲线在支点处的转折角小，对行车的平顺性较为有利。

然而，无论是钢筋混凝土悬臂梁桥还是预应力混凝土悬臂梁桥，在实际工程中均较少采用。主要原因是桥梁结构体系的应用与施工方法有着较密切的关联，而判断体系优劣的同时还需顾及结构的使用性能。悬臂梁虽然在力学性能上优于简支梁，可适用于更大跨径的桥型方案，但因跨径较大时，梁体质量过大不易装配化施工，往往要在工费昂贵的支架上现浇；而且因为支点负弯矩区段的存在，不可避免地将产生裂缝，梁顶面虽有防护措施，也常因雨水侵蚀而降低使用年限。预应力混凝土悬臂梁桥虽无此患，并可采用节段悬臂方法，但同连续梁一样，因支点是简单支承，施工时必须采用临时固定措施；与连续梁相比，跨中还要增加悬臂与挂梁间的牛腿、伸缩缝的构造，在使用时行车又不及连续梁平顺，除了是静定结构这个特点外，别的优点不多，因而也较少采用。

世界上混凝土悬臂梁桥最大跨径为 150m，一般在 100m 以下。

3. 连续梁桥

简支体系的梁桥，当跨径超过 25m 时，由于跨中恒载弯矩和活载弯矩迅速增大，致使梁的截面尺寸和自重显著增加，这不但使材料耗用量大，不经济，而且安装质量增大也给施工造成困难。采用连续体系的桥梁，不仅可以增大桥梁跨径，而且可以降低材料用量指标。

连续梁桥是将简支梁梁体在桥跨间的支点上连续而成的。连续梁桥可以做成两跨或三跨一联，也可以做成多跨一联。单联跨数太多，联长就要加大，受温度变化及混凝土收缩等影响产生的纵向位移也就越大，使伸缩缝及活动支座的构造复杂化；单联长度太短，则伸缩缝数量增多，不利于高速行车。

预应力混凝土连续梁桥是超静定结构，同样具有一般超静定结构的特点，在相同条件下，结构内力比静定结构小且内力状态比较合理。比如，在均匀荷载作用下弯矩的最大值比简支梁可减少 50%，弯矩图面积比简支梁可减少 2/3；将连续结构中各部分之间刚度进行合理调整，可最大限度地减少结构内力，减小截面尺寸，达到降低材料消耗的目的。同时，连续梁桥使结构外形更为合理。例如，加大连续梁根部梁高，可以减小跨中截面正弯矩，使跨中截面梁高进一步减小；连续梁结构刚度大，整体性好，桥面连续平顺，伸缩缝少，对行车有利，尤其能适应高速行车；在基础沉降、温度变化等外因作用下，结构内力将发生变化。总之，连续梁的突出优点在于：结构刚度大，变形小，动力性能好，主梁变形挠曲线平缓，有利于高速行车。施加预应力的超静定结构除有一般超静定结构特点外，还有下列特点：

1）在超静定结构上施加预应力，会使结构产生内力和变形，由于有多余的约束，不能自由变形，因而引起附加力（二次力）。同样，由于混凝土的收缩徐变不仅产生预应力损失，也会由于变形受约束而引起附加力（二次力）。

2）对结构施加预应力可以有效地避免混凝土开裂，特别是处于负弯矩区段的桥面板的开裂，这种开裂在普通钢筋混凝土连续梁中是不可避免的。

3）对结构施加预应力，使悬臂法施工、顶推法施工等这些科学、先进的连续梁施工方法得以实现并广泛应用。

预应力混凝土连续梁桥跨径一般在 30~150m。目前世界上已建成的最大跨径预应力混凝土连续梁桥为日本滨明大桥，跨径 240m；我国已建成的最大跨径预应力混凝土连续梁桥为南京长江二桥北汊桥，跨径为 165m。

4. T形刚构桥

T形刚构桥是一种具有悬臂受力特点的梁式桥，最早采用钢筋混凝土结构。从墩上伸出较短的悬臂，跨中用简支挂梁组合而成，因墩上在两侧伸出悬臂，形同"T"字，故称T形刚构。钢筋混凝土梁式结构承受负弯矩，顶面出现裂缝是不可避免的，因而钢筋混凝土T形刚构桥一般不能做成较大的跨径。而预应力混凝土结构采用悬臂施工方法，适宜做成长悬臂结构。20 世纪 50 年代以来，预应力混凝土T形刚构获得了较大发展。1971 年，在福建乌龙江建成的T形刚架桥主孔跨径 3×144m，采用悬臂梁浇筑和悬臂拼装的先进工艺，使我国建造大跨径预应力桥梁迈出了一大步。

预应力混凝土T形刚构桥分为跨中带剪力铰和跨中设挂梁两种基本类型。带剪力铰的T形刚构桥是国外 20 世纪 50 年代开始采用的一种桥型，它的上部结构全部是悬臂部分，相邻两悬臂通过剪力铰相连接。剪力铰是一种只能传递竖向剪力，但不传递水平轴力和弯矩的连接构造。当在一个T形结构单元上作用有竖向力时，相邻的T形单元将因剪力铰的存在而同时受到作用，从而减小了直接受荷的T形单元的结构内力。带铰的、对称的T形刚构桥在恒载作用下是静定结构，在活载作用下是超静定结构。带剪力铰的T形刚构桥由于日照、混凝土收缩徐变和基础不均匀沉陷等因素的影响，剪力铰两侧悬臂的挠度不会相同，必然产生附加内力。这些挠度和附加内力难以准确预估，且不易采取适当措施加以清除或调整。其次，中间铰结构复杂，用钢量和费用也将增加。

带挂梁的T形刚构桥是静定结构，与带剪力铰的T形刚构桥相比，由于各个T形刚构单元单独作用而在受力和变形方面略差一些，但它受力明确，不受各种内外因素的影响。此外，因带挂梁的T形刚构桥在跨内有正负弯矩分布，其总弯矩图要比带剪力铰的T形刚构桥小一些，虽增加了牛腿的构造，但免去了剪力铰的复杂结构。其主要缺点首先是桥面上伸缩缝增多，对于高速行车不利；其次在施工时要增加预制与安装挂梁用的机具设备。因此，在国内主要采用带挂梁的T形刚构桥。而在国外，带剪力铰的T形刚构桥仍不失为预应力混凝土桥中的一个主要桥型，这主要是由于与连续梁相比，同样采用悬臂施工方法，后者要增加了两道施工顺序：一是在墩上临时固结以利于悬臂施工，二是在跨中要合龙。T形刚构桥虽桥墩粗大，但在大跨径桥中省去了价格昂贵的大型支座。另外，它在跨中有一伸缩缝，行车条件虽不如连续梁，但由于上述各种因素使其综合的材料用量和施工费用却比连续梁经济。当然，在结构刚度变形、动力性能方面，T形刚构桥不如连续梁。钢筋混凝土T形刚构桥常用跨径在 40~50m，预应力T形刚构桥的常用跨径可在 60~200m。目前我国最大跨径的T形刚构桥是1980年建成的重庆长江大桥，该桥共8孔，总长1120m，其中最大跨径为174m，达到了世界先进水平。

必须指出，预应力混凝土T形刚构桥的受力特点是长悬臂体系，全桥以承受负弯矩为主，预应力束筋布置于桥的顶面。它与节段悬臂施工方法的协调相结合，为这种桥型的施工悬空作业机械化、装配化提供了有利条件，尤其对跨越深水、深谷、大河、急流的大跨径桥梁施工十分有利，并能获得满意的经济指标。

5. 连续刚构桥

连续刚构桥是预应力混凝土梁式桥型之一，它综合了连续梁和T形刚构桥的受力特点，将主梁做成连续梁体并与薄壁墩固结在一起。它同连续梁一样，可以做成一联多孔结构。在长桥中，可以在若干中间孔以剪力铰相连。连续刚构体系除保持了连续梁的各种优点外，墩梁固接节省了大型支座的昂贵费用，减少了墩及基础的工程量，并改善了结构在水平荷载（如地震荷载）作用下的受力性能，即各柔性墩按刚度比分配水平力。只是对柔性墩的设计，必须考虑上部梁体变形（转动与纵向位移）对它的影响。目前这种桥型在大跨径桥梁设计中得到了应用。

（二）按照截面形式分类

钢筋混凝土梁式桥与预应力混凝土梁式桥的横截面形式有板式、肋梁式和箱形三大类。

1. 板式截面梁桥

板式截面梁桥又称板桥。其特点是建筑高度小，构造简单施工方便，采用预制装配施工时，预制构件质量小，架设方便。

根据板桥的截面形式和施工方法可分为整体式矩形实心板桥（图7-5）、装配式实心板桥、装配式空心板桥（图7-6）、装配整体组合式板桥及异形板桥。其中，整体式矩形实心板桥截面形式简单，结构刚度大，整体性好，可适用于各种线形复杂的桥梁，如斜、弯、坡、S形和喇叭形桥梁等，通常采用混凝土整体现浇施工。装配式预制空心板桥截面中间挖空形式多样，挖成单个较宽的孔洞，挖空体积最大，块件质量也最小，但在顶板内要布置一定数量的横向受力钢筋；挖成两个正圆孔，当用无缝钢管作为芯模时施工方便，但其挖空体积较小，当芯模由两个半圆及两块侧板组成，对不同厚度的板只要更换两块侧模板就能形成圆端形孔，挖空体积较大，适用性较好。

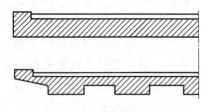
图7-5 板桥横截面形式

图7-6 空心板桥截面形式

异形板桥截面是现代城市高架桥经常采用的截面形式。其特点是建筑高度小，桥下净空大，能够满足城市跨线桥跨径较大的要求，且造型美观，能与柱形桥墩很好地配合，但其现场浇筑施工复杂。

2. 肋梁式截面梁桥

板式截面的抗剪能力比其抗弯能力大得多。当梁桥跨径增大时，弯矩与跨径平方成正比,剪力只与跨径成正比。因此,弯矩增长速度比剪力急剧得多。在横截面设计中,为了适应急剧增长的弯矩,增大主梁高度将十分有效,因为截面的抗弯能力与截面高度的立方成正比,只与截面宽度呈正比。因此,将板式截面的腹部挖空,减小板的宽度,既不影响主梁的抗弯能力,也能满足抗剪要求,同时也减小了主梁自重。这就是形成肋梁式截面(图7-7)的原因。

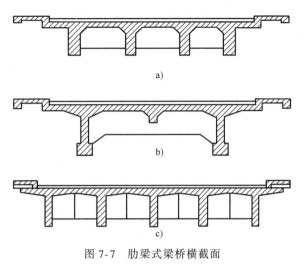

图7-7 肋梁式梁桥横截面

肋梁式截面有三种基本类型:Π形、I形和T形。桥梁横截面一般采用多片主梁布置形式。

城市立交桥和跨线桥的悬臂梁或连续梁结构常采用现浇整体式T形截面布置的桥梁横截面形式和双T形截面布置的横截面形式。这两种形式的梁肋宽度较大,建筑高度较小,可形成低高度宽肋式的双T形截面或单T形截面,肋宽一般在0.6~1.2m,T形截面的翼缘厚度(桥面板厚度)与主梁间距有关,中间的厚度一般为25~35cm,根部为40~55cm,从而为城市高架桥赢得了空间。

预制主梁为Π形截面,横向为密排式多主梁横截面。预制主梁之间用穿过腹板的螺栓连接,其装配简易。Π形主梁的特点是截面形式稳定,横向抗弯刚度大,块件堆放装卸方便。设计经验表明,跨径较大的Π形梁桥的混凝土及钢筋用量都比T形梁桥大,而且构件重,制造也较复杂,所以Π形梁一般只用于跨径为6~12m的小跨径桥。

我国使用最多的是装配肋梁式T形截面,其特点是T形梁的翼板构成桥梁的行车道板,又是主梁的受压翼缘,制造简单,梁肋配筋可做成钢筋骨架,主梁之间借助横隔梁来连接,整体性能好。不足之处是截面形状不稳定,给运输和安装带来不便。在预应力混凝土T形梁中,受拉翼缘部分做成加宽的马蹄形,以满足受压应力和布置预应力钢束的需要。

目前国际上较多采用的是短翼板(一种为增加单片主梁的稳定性,减轻主梁吊装重量的短翼板)T形或I形截面,借助现浇桥面板混凝土连接成整体T梁桥,或者在预制主梁上现浇整体桥面板,组合成肋梁式横截面的组合梁桥。

3. 箱形截面梁桥

箱形截面是大跨径预应力混凝土桥梁、弯桥和斜交桥普遍采用的截面形式之一。其特点是全截面参加工作,截面抗弯、抗扭刚度大;材料在截面上分布合理,能够有效抵抗正、负弯矩和较大的扭矩;能够满足普通钢筋和预应力钢筋的配置要求,同时具有良好的横向抗弯能力。由于箱形截面抗扭刚度大,在车辆荷载作用下各主梁受力较均匀,其横向分布系数较小。箱形截面不仅适用于较大跨径的简支梁桥,还特别适用于较大跨径的连续梁桥、悬臂梁桥和T形刚构桥。因为这种类型的梁式桥结构,其桥跨结构在跨中受正弯矩,在支座处承受负弯矩,箱形截面的上下底板完全适应它们的配筋要求。

箱形截面的类型一般分为单箱单室、单箱双室、单箱多室、双箱单室、双箱双室、多箱单室及长悬臂斜腹箱形截面等。通常根据桥宽的需要和采用的施工方法选用。

单箱单室截面受力明确，计算较简单，施工方便，材料用量较少。单箱多室和双箱双室等截面内力分布较均匀，但计算较复杂，施工较困难。实际工程中较多选用单箱单室和双箱单室等截面。分离的长悬臂斜腹箱形截面是现代城市高架桥经常采用的截面形式之一，其造型美观，箱形底板较窄，能减小桥墩截面尺寸，增加桥下净空。箱形截面不仅用于大跨径梁式桥，而且用于大跨径悬索桥、斜拉桥、箱形拱桥等。目前，跨径超过60m的大跨径桥梁大部分采用箱形截面。箱形截面梁桥施工过程如图7-8所示。

图7-8 箱形梁桥施工

三、梁桥的施工技术

（一）整体浇筑法

整体浇筑法是在预先搭好的支架上，将梁体混凝土浇筑与预应力张拉一气呵成。此法优点是梁体整体性好，结构受力明确，施工简单。但施工中需要大量的脚手架，设备周转次数少，施工周期长，往往要受季节影响。整体浇筑法适用于低矮桥墩的中、小跨径连续梁，桥板变宽度的弯桥中。

1. 支架和模板

支架按构造可分为支柱式支架、梁式支架和梁柱式支架；按材料可分为木支架、钢支架、钢木混合支架和万能杆件拼装的支架等。

立柱式支架构造简单，常用于陆地或不通航的河道或桥墩不高的小跨径桥梁。梁式支架可采用工字钢、钢板梁或桁架梁作为承重梁，当框小于10m时可采用工字梁，跨径大于20m时采用钢桁梁。梁可以支撑在墩旁支架上，也可支撑在桥墩预留的托架或在桥墩处临时设置的横梁上。梁柱支架可在大跨径桥上使用。

梁的模板常用木模板和钢模板。木模板可按结构要求预先制作，然后在支架上用连接件拼装钢模板。钢模板大都做成大型块件，由加劲骨架焊接而成，一般长度为3~8m，钢板厚度为4~8mm。模板与支架虽然都是临时结构，但要承受桥梁的大部分恒载，因此必须具有足够的强度、刚度和稳定性。

2. 浇筑

通常情况下，就地浇筑施工一次灌注的混凝土工作量较大，需要连续作业，因此采用现场浇筑施工法的桥梁，在浇筑混凝土前要对模板、支架、钢筋和钢索位置、供料、拌制、运输系统、机械设备等进行周密的准备和严密的检查。施工期间要保证浇筑混凝土的整体性，并防止在浇筑上层混凝土时破坏下层混凝土，因此浇筑混凝土时必须有一定的速度，使上层浇筑的混凝土能在浇筑混凝土初凝之前完成。

悬臂与连续体系梁桥就地施工，施工时一般要分层或分段进行。一种是水平分层方法，先浇筑底板，待达到一定强度后进行腹板施工，或直接先浇筑底板和腹板，然后浇筑顶板。当工程量较大时，各部分可分数次完成浇筑。另一种施工方法是分段浇筑法，根据施工能力，每隔一定距离设置连接缝，该连接缝一般设在梁的弯矩较小的区域，待隔断混凝土浇筑完成后，最后在接缝处施工合龙。

分段浇筑的顺序，应使支架沉降较均匀的发展。对于支撑处架高的梁，通常应从支撑处向两边浇筑，这样还可以避免砂浆从高处向低处流动的问题。分段浇筑时，大部分混凝土重力在梁体合龙之前已经作用上去，这样可以减少支架早期变形和由此引起的梁体开裂。

3. 养护和落架

浇筑完混凝土后，要对混凝土进行养护。养护能促使混凝土硬化，获得规定的强度，并防止混凝土干缩引起的裂缝。由于混凝土在硬化过程中会发热，在夏季和干燥气候下应进行湿润养护，而冬季则要保护其不受冻，采用加温养护。

梁的落架程序应从梁挠度最大处的支架节点开始逐步卸落，以使梁的沉落曲线逐步加大。通常连续梁可从跨中向两端进行；悬臂梁应先卸落挂梁及悬臂部分，然后卸落逐跨部分。预应力混凝土连续梁在预应力筋张拉后恒载自重又能由梁本身承担时再落架。架设支架就地浇筑施工法的主要优点：桥梁整体性好，施工平稳、可靠，不需大型起重机及运输设备；施工中无体系转换；预应力混凝土连续梁可以采用强大预应力体系，可使结构构造简化，方便施工。主要缺点有：搭设支架影响河道的通航和排洪，施工期间支架可能受到洪水和漂流物的威胁；需要使用大量施工支架，施工工期长，费用高，不容易控制施工质量；混凝土的收缩、徐变会使预应力混凝土连续梁的应力损失较大。

(二) 逐孔施工法

逐孔施工法是把连续梁按跨分成简支梁或悬臂梁，先预制梁体，张拉部分预应力筋束（一般为正弯矩束筋），再将梁逐孔架设至墩台上。如果先期结构（即未形成整体化以前的结构）为简支梁，安装时必须先将梁支撑在临时支座上；梁的整体化工作，包括在梁端预留的孔道中穿预应力筋束并张拉、锚固，浇筑接头混凝土及将临时支座拆除；安装永久支座后即完成将简支梁串联成连续梁的工作。如果先期结构为悬臂梁，则需将中孔挂梁搁置在悬臂牛腿或临时支架上，就地浇筑湿接头混凝土，张拉为整体化所需的预应力筋束后即完成将悬臂梁串联成连续梁的工作。这种连续梁的施工方法俗称先简支后连续的施工方法。

有时为施工简便，将为整体化所需的预应力筋束（支点负弯矩筋束）用非预应力的普通钢筋代替。这种施工方法的优点是可以减少现场浇筑混凝土的工作量，节省支架材料，适用于中等跨径、每一片梁可以整片安装的情况。但它的自重仍按简支梁或悬臂梁结构产生内力，即需体系转换过程，因此不能充分体现连续梁的特点。

(三) 悬臂施工法

悬臂施工法也称逐段施工法，它是在已建成的桥墩上，沿桥梁跨径方向对称地逐段拼装或浇筑的施工方法。采用悬臂施工的必要条件是在施工过程中需要墩与梁先行固结，此时结构的受力状态呈 T 形刚构状；当边孔合龙将最后块件放置在支座上时，形成一端固结、一端简支的单侧固端梁；拆除梁与墩先行固结的锚固筋，放置支座形成铰接后，此时梁呈单悬臂梁，两跨以上悬臂梁合龙后呈最后的连续梁受力状态。

悬臂施工法通常分为悬臂浇筑和悬臂拼装两类。

1. 悬臂浇筑

悬臂浇筑是在桥墩两侧对称逐段地浇筑，待混凝土达到一定强度后张拉预应力筋束，移动机具模板（挂篮），再进行下一梁段的浇筑，一直推进到悬臂端为止。悬臂浇筑每一梁段的施工周期为 7~10d，随工作量、设备、气温等而异。提高混凝土早期强度对有效缩短施工循环周期有着重要的作用。

2. 悬臂拼装

悬臂拼装施工是将块件分段预制，当下部结构完成后，将预制块件运到桥下，用活动起重机逐段起吊，拼装就位，施加预应力，使其逐段对称延伸为悬臂梁。悬臂拼装的基本施工程序是：块件预制、块件移动、堆存及运输、块件起吊拼装。

（四）顶推施工法

顶推施工是在沿桥纵轴方向的台后设置一个固定的预制场地，分节段预制，并用纵向预应力筋将预制阶段与前节段施工完成的梁体连成整体，然后通过水平千斤顶施力，将梁体向前顶推出预制场地，之后继续在预制场地进行下一节段梁的预制，直至施工完成。

1. 顶推施工的要点

1）要想用有限的顶推力将庞大的梁体推就位，必须要有摩擦系数很小的滑移装置才能实现。目前，顶推施工采用不锈钢滑道与聚四氟乙烯滑块进行滑动，它们的摩擦系数为 0.015~0.065。

2）分段预制，逐段顶推。施工须采用等截面的预应力混凝土连续梁。用顶推法施工，设备简单，施工平稳，无噪声，施工质量好，可在深谷、宽深河道上的桥梁、高架桥及等曲率曲线桥、带有竖曲线的桥和坡桥上采用。

3）在顶推施工过程中，每个截面都要经历最大的正弯矩和最大的负弯矩。为了照顾运营与施工阶段的受力要求，顶推法比其他施工方法在配筋上要用得多些。如果要减小施工的弯矩，可在施工中采用一些辅助措施，如使用临时墩，可以减小梁的顶推跨径；在梁的前端设置钢导梁，可减小顶梁的悬臂长度；采用斜拉梁体避免悬臂段产生过大弯矩等。

2. 顶推过程

顶推法施工是周期性的反复操作过程，以下介绍三个主要环节：

（1）浇制梁段混凝土　浇筑梁段混凝土是在桥台后面坚实可靠的固定场地上进行的，也可在刚性较好的拼装支架上完成。每块梁段都紧接前一梁段浇筑。同一梁段可以一次浇成；对于块件较大者，也可以分两次完成。首先是底板混凝土，顶推出一个梁段后，在原底模板上继续浇筑下一节底板混凝土；同时，在前一块底板混凝土上浇筑腹板和顶板。底模板制作必须方便移动。一种做法是在两侧 0.5m 宽采用钢模板，中间部分为木模板，在混凝土底板滑移前，先将木模板降落，脱离梁体，此时，已与前段梁体成为整体的底板就只在钢模板上滑移。为了缩短顶推周期，对混凝土可采取早强措施，这时混凝土仅需 2~7d 就可达到顶推强度。

（2）张拉预应力筋束　在浇筑混凝土之后，顶推之前，必须穿预应力筋束并且进行张拉，此部分预应力筋束仅仅是为了满足块件之间连接的要求，以及在顶推过程中抵消梁体自重产生的弯矩。此时的预应力筋束只是一部分。某些筋束可能只张拉部分应力，还有些筋束仅是为顶推需要而设置的临时预应力筋束，待顶推就位，放松部分临时预应力筋束和拆除辅助设施后，再张拉后期预应力筋束。

（3）顶推　顶推装置是由垂直顶推千斤顶、滑架、滑台（包括滑块）、水平千斤顶组成的。顶推装置一般设置在紧靠梁段预制场地的桥台或支架上的梁底处。滑架长约2m，固定在桥台或支架上，用粗糙度为0.8的镀铬钢板支撑。滑台是钢制方块体，其顶面垫以氯丁橡胶块承托梁体，滑台与滑架之间垫有滑块，滑块由氯丁橡胶板下面嵌一聚四氟乙烯板组成。顶推时，开动液压泵，驱动水平千斤顶推动滑台。由于滑台顶面的橡胶垫块与梁底之间的摩阻力大于滑架与滑块之间的摩阻力，故水平千斤顶能够顺利地推动滑台顶着混凝土梁体前进。水平千斤顶行程一般为1~2m，每顶完一个过程，即用垂直顶升千斤顶将梁顶起，梁体离开滑台，水平千斤顶回油后，将滑台退回，随后垂直千斤顶回油，梁体下落到滑台上，开动液压泵后，水平千斤顶继续向前顶推，开始下一个顶推过程。顶推时需要严格控制梁体两侧千斤顶同步运行。为防止梁体偏移，通常在梁体旁边隔一定距离设有导向装置。

全桥纵向只设一个顶推装置的称为单点顶推法。近年来，也常采用多点顶推施工法。

由立模、浇筑到顶推、张拉，一个循环需6~8d；顶推完毕就位后，拆除顶推用的临时预应力筋束，张拉通长的纵向预应力筋束及在顶推时未张拉到设计值的筋束；然后灌浆、封端，安装永久支座，落梁，主体工程完成。

第三节　拱桥施工技术

拱桥是公路上常见的桥梁体系之一，其应用之广泛性仅次于梁桥。我国拱桥历史悠久，其建造工艺在民间流传久远，存留至今的古石拱桥不下百万座。

从20世纪90年代起，我国拱桥已跃居世界领先行列，其主要标志为：

1）拱桥类型多样化居世界首位。

2）开创了无支架施工与转体施工先进工艺。

3）大跨径拱桥数目最多，有些拱桥还创造了新的跨径最大纪录。例如，湖南乌巢河石拱桥，跨径$l=120$m，1991年建成；重庆万县长江桥，箱形拱，$l=420$m，1997年建成；贵州江界河桥，桁架拱，$l=330$m，1995年建成；广西邕宁邕江桥，肋拱，$l=312$m，1996年建成；广东广州丫髻沙桥，钢管混凝土桁架，$L=360$m，2000年建成；巫峡大桥，钢管混凝土中承式拱，$L=460$m，2003年建成；上海卢浦大桥，钢拱桥，$l=550$m，2003年建成。

一、拱桥的工作特点与适用范围

1. 拱桥的特点

1）跨越能力较大。由于拱的截面应力分布远比梁均匀，故能较充分地发挥全截面材料的抗力性能，其跨越能力增大，目前混凝土、钢筋（钢管）混凝土、钢拱桥的跨径分别达到146m、155m、460m和550m。

2）材料适应性强。拱是受压为主的结构，故抗压能力强而抗拉能力弱的石、混凝土等圬工材料可成功用于拱桥修建。

3）节约钢材。与钢桥、钢筋混凝土梁桥相比，可节约大量钢材。

4）桥形美观。拱桥的美，得益于大孔主拱与小孔腹拱的合理比例，拱体曲线与桥面直线的协调配合和远山近水、城市风华的映衬烘托。

5）耐久性好，养护维修费用省。

6）自重较大，结构比梁桥复杂。平直的桥面系不可能直接布置在曲线形拱上面，其间需要拱上建筑来过渡。

7）建筑高度大。由于矢高的存在，大大提高了拱桥桥面高程，相应导致两岸接线引道工程量增大，对于城市与平原地区，这个问题尤为突出。如果采用下承式，建筑高度将大大减小。

8）下部结构负担重，对地基要求高。拱的巨大推力将使墩台及基础产生不利的力矩，使其截面应力分布严重不均，故拱桥下部结构工程量比梁桥大。而当地基软弱变形时，反过来将引起超静定的拱体内产生不利的附加内力，因此，良好的地基往往成为建造拱桥必需的客观条件。如用无推力组合体系拱，则地基负担明显减轻。

9）军事适应性差。拱桥结构较复杂，破坏后抢修困难，多跨连续拱桥还有一孔破坏而波及全桥的连锁反应弊端，故重要国防公路尽量不建拱桥。对多跨连拱，我国桥梁规范建议宜每隔3~5孔设置能抵抗恒载单向推力的加强墩。

2. 拱桥的适用范围

尽管今后梁桥建设比重将不断增加，但拱桥仍是现阶段桥梁的主要形式之一，它主要用于：地基条件好、可就地取材的山区；侧重美学要求的城市和风景区；需要修建大跨径桥梁的山谷、河道等处。

二、拱桥的主要类型

悠久的发展历史和广泛的建造使用，决定了拱桥构形的多样性。而不同的分类依据使得拱桥有着不同的分类方法：

（1）依据主拱圈（板、肋、箱）的材料划分　圬工拱桥、钢筋混凝土拱桥和钢拱桥等。

（2）依据拱上建筑的形式划分　实腹式拱桥和空腹式拱桥。

（3）依据主拱圈拱轴线的形式划分　圆弧线拱桥、抛物线拱桥和悬链线拱桥。

（4）依据桥面的位置划分　上承式拱桥、下承式拱桥和中承式拱桥。

（5）按有无水平推力划分　有推力拱桥和无推力拱桥等。

（6）依据结构体系划分　简单体系拱桥、组合体系拱桥和拱片桥。

1）简单体系拱桥。简单体系拱桥为桥上荷载（恒、活载）由主拱单独承受，其推力传向墩、台及基础。按照承重结构与桥面系的相对位置不同可以做成上承式的、下承式的（无系杆拱）或中承式。按主拱圈静力图式可分为无铰拱、两铰拱和三铰拱。

2）组合体系拱桥。在拱桥桥跨结构中，桥面系的行车道梁与主拱通过吊杆联成一体，共同受力，称为组合体系拱桥。为降低桥面建筑高度，常采用下承式或中承式布置。由于拱的推力由行车道梁承受，故墩、台不承受水平推力，只承受通过支座传来的竖直力作为无推力结构，其下部结构负担大为减轻。按照拱结构与梁截面刚度比和吊杆形状的不同可分为系杆拱、朗格尔拱、洛泽拱和尼尔森拱。

3）拱片桥。上边缘与桥面纵向平行、下边缘为拱形的有推力结构称为拱片，它将拱与拱上建筑合为一个整体而共同承载，仅能用于上承式。依桥宽不同，拱片桥由不同数目的拱片构成，其间用横向联系连接。根据拱片结构不同的组成形式分为桁架拱和刚架拱。

(7) 依据主拱截面形式划分 板拱桥、肋拱桥、双曲拱桥、箱形拱桥、钢管混凝土拱桥、劲性骨架混凝土拱桥。

1) 板拱桥。如果主拱的横截面是整块的实体矩形截面，则称为板拱桥。板拱桥是最古老的拱桥，由于它构造简单，施工方便，至今仍在使用。在相同截面积的条件下，实体矩形截面比其他形式截面的截面抵抗矩小，在弯矩作用下，材料的强度没有得到充分利用。如果要获得与其他形式截面相同的截面抵抗矩，板拱桥就必须增大截面积，这就相应地增加了材料用量和结构自重，故采用板拱桥是不经济的。

2) 肋拱桥。为了节省材料，减轻结构自重，以较小的截面积获得较大的截面抵抗矩，将整块的矩形实体截面划分成两条（或多条）分离式的肋，以加大拱圈截面的高度，这就形成了由几条肋组成的拱桥，称为肋拱桥。肋拱桥材料用量一般比板拱桥经济，但构造比板拱桥复杂。

3) 双曲拱桥。主拱圈的横截面由数个横向小拱组成，使主拱圈在纵向及横向均呈曲线形，故称为双曲拱桥。双曲拱截面的抵抗矩比相同截面积的实体板拱圈大，因此可以节省材料，结构自重轻。双曲拱桥曾经在公路桥梁上获得广泛应用，且最大跨径已达 150m。

4) 箱形拱桥。将实体的板拱截面挖空成空心箱形截面，称为箱形拱或空心板拱。箱形拱的截面抵抗矩较相同截面积的板拱的截面抵抗矩大得多，从而大大减小弯矩引起的应力，节省材料。

5) 钢管混凝土拱桥。钢管混凝土拱桥属于钢—混凝土组合结构中的一种，钢管混凝土主要用于以受压为主的结构，用它来做主拱符合材料的受力特点，因而主拱截面及其宽度相对减小，这样可以减小桥面上承重结构所占的宽度，提高了中承式、下承式拱桥的桥面宽度的使用效率。

6) 劲性骨架混凝土拱桥。劲性骨架混凝土拱桥与普通钢筋混凝土拱桥的区别在于前者以钢骨拱桁架作为受力筋，可以是型钢，也可以是钢管，采用钢管作劲性骨架的混凝土拱又可称为内填外包型钢管混凝土拱。劲性骨架混凝土拱桥主要用在大跨径拱桥中，同时也解决了大跨径拱桥施工的"自架设问题"，即首先架设自重轻，刚度、强度均较大的空钢管骨架，然后在空钢管内压注混凝土形成钢管混凝土，使骨架进一步硬化，再在钢管混凝土骨架上外挂模板，浇筑外包混凝土，形成钢筋混凝土结构。在这种结构中，钢管和随后形成的钢管混凝土主要是作为施工的劲性骨架来考虑的。成桥后，它也可以参与受力，但其用量通常是由施工设计控制。目前世界最大跨径的钢筋混凝土拱桥——万县长江大桥即用钢管做劲性骨架的拱桥。劲性骨架混凝土拱桥跨越能力大，超载潜力大，施工方便，是一种极具发展前途的拱桥结构形式。

三、拱桥的基本组成

和梁桥一样，拱桥也是由上部结构（桥跨）和下部结构（墩、台、基础）组成的。图 7-9 所示为拱桥各主要组成部分的名称。

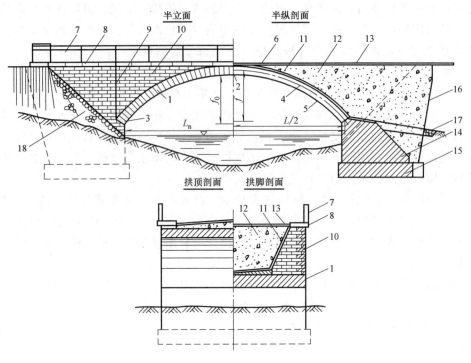

图 7-9 拱桥基本组成

1—拱圈 2—拱顶 3—拱脚 4—拱轴线 5—拱腹 6—拱背 7—栏杆 8—路缘石 9—变形 10—拱上侧墙
11—防水层 12—拱腹填料 13—桥面防水层 14—桥墩 15—基础 16—侧墙 17—盲沟 18—锥坡
L—计算跨径 L_n—净跨径 f—计算矢高 f_0—净矢高

1. 上部结构

拱桥上部结构又称桥跨结构，由主拱、拱上建筑和桥面系组成。

（1）主拱 主拱是拱桥上部结构的主要承重构件，它承受拱桥上部结构全部恒载和桥上通行的车辆、人群活载，并由其拱脚传向下部结构。通常石拱桥的主拱横截面为遍及其全宽的实体矩形，称为主拱圈。

主拱的跨中截面位置最高，称为拱顶。主拱与墩、台的连接截面位置最低，称为拱脚。主拱的上、下曲面分别称为拱背与拱腹。

拱脚与拱腹的交线称为起拱线，其高程为拱桥的重要控制高程。主拱各法向截面形心点的连线即拱轴线，拱轴线形的合理选择是拱桥设计的关键所在。

两拱脚最低点间的水平距离为拱桥净跨径 L_0，拱脚、拱顶两截面最低点间的垂直距离为净高 f_0；两拱脚截面形心点间的水平距离称为计算跨径 L；拱脚、拱顶两截面形心点间的垂直距离称为计算矢高 f，f/L 称为拱桥的矢跨比（拱矢度），它是判定拱桥高矮的重要指标，当 $f/L>1/5$ 时称为陡拱，$f/L<1/5$ 时称为坦拱。

（2）拱上建筑 拱上建筑是指主拱和桥面系之间的联系结构，依靠它实现由曲到平的线形过渡，满足布置桥面车道需要，而桥面系恒载和车辆行人活载也将通过它传向主拱。由于拱上建筑和主拱在构造上是连成一体的，实际上它将与主拱共同受力，这就是拱与拱上结构的联合作用。拱上建筑的类型有实腹式和空腹式两种，前者整个拱上空间为材料充满，构造简单而自重较大，用于 $L \leqslant 20m$ 的小跨；后者拱上空间部分挖空以减轻自重，但构造复杂，用于 $L \geqslant 30m$ 的中、大跨。

(3) 桥面系　桥面系包括车行道、人行道及栏杆、排防水设施、伸缩缝与变形缝等。

2. 下部结构

拱桥下部结构由支承相邻桥跨的桥墩、支承桥边跨并与路堤连接的桥台及其下的基础组成。

主拱的巨大推力和其超静定结构的性质，使下部结构的负担加大，因此，拱桥的下部结构比梁桥庞大，其可靠性往往成为拱桥工程成败的关键所在。

四、拱桥的施工技术

拱桥是一种能充分发挥圬工及钢筋混凝土材料抗压性能、外形美观、维修管理费用少的合理桥型，因此被广泛采用。拱桥的施工方法大体可分为有支架施工和无支架施工两大类。在我国，前者常用于石拱桥和混凝土预制块拱桥；后者多用于肋拱、双曲拱、箱形拱、桁架拱桥等。目前也有采用两者相结合的施工方法。

（一）有支架施工

石拱桥、现浇混凝土拱桥及混凝土预制块砌筑的拱桥，都采用有支架的施工方法修建。其主要施工工序有材料的准备、拱圈放样（包括石拱桥拱石的放样）、拱架制作与安装、拱圈及拱上建筑的砌筑等。拱圈或拱架的准确放样，是保证拱桥符合设计要求的基本条件之一。石拱桥的拱石，要按照拱圈的设计尺寸进行加工，为了保证尺寸准确，需要制作拱石样板。现在一般都是采用放出拱圈（肋）大样的办法来制作样板，样板用木板或锌铁皮在样台上按分块大小制成。

1. 拱架

拱架需支承全部或部分拱圈和拱上建筑重量，并保证拱圈的形状符合设计要求，因此拱架要有足够的强度、刚度和稳定性。同时，拱架又是一种施工临时结构，故要求构造简单、装拆方便并能重复使用，以加快施工进度，减少施工费用。拱架的种类很多，按使用材料可分为木拱架、钢拱架、竹拱架、竹木拱架等形式。木拱架的制作简单，架设方便，但耗用木材较多，常用于盛产木材的地区。钢拱架有多种形式，如工字梁式拱架（适用跨径可达40m）和桁架式拱桥（一般可用于100m跨径以上）。钢拱架大多做成常备式构件（又称万能式构件），可以在现场按要求组拼成所需的构造形式，因它是由多种零件（如由角钢制成的杆件、节点板和螺栓等）构成的，故拆装容易，适用范围广，节省木材。尽管钢拱架具有一次投资较大、钢材用量较多的缺点，但在我国仍得到推广采用。

图 7-10 所示为立柱式拱架的结构形式，它的上部是由斜梁 1、立柱 2、斜撑 3 和拉杆 5 等组成的拱形桁架，下部是由立柱 8 及横向联系（斜夹木 6、水平夹木 7）组成的支架，上、下部之间放置卸架设备 4（木楔或砂筒等）。

2. 拱圈及拱上建筑的施工

修建拱圈时，为保证在整个施工过程中拱架受力均匀，变形最小，使拱圈的质量符合设计要求，必须选择适当的砌筑方法和顺序。一般根据跨径大小、构造形式等分别采用不同繁简程度的施工方法。

跨径在 10~15m 以下的拱圈，通常可按拱的全宽和全厚，由两侧拱脚同时对称地向拱顶

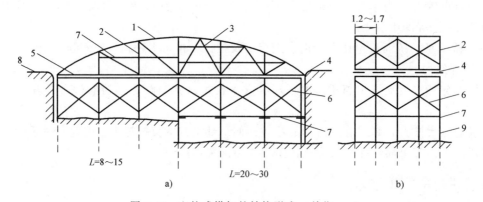

图 7-10 立柱式拱架的结构形式（单位：m）
1—斜梁 2—立柱 3—斜撑 4—卸架设备 5—拉杆 6—斜夹木 7—水平夹木 8—立柱 9—桩木

砌筑，并在拱顶合龙时，使拱脚处的混凝土未初凝或石拱桥拱石砌缝中的砂浆尚未凝结。稍大跨径时，最好在拱脚预留空缝，由拱脚向拱顶按全宽、全厚进行砌筑（浇筑混凝土），为了防止拱架的拱顶部分上翘，可在拱顶区段适当预先压重，待拱圈砌缝的砂浆达到设计强度70%后（或混凝土达到设计强度），再将拱脚预留空缝用砂浆（或混凝土）填塞。

大、中跨径的拱桥一般采用分段施工或分环（分层）与分段相结合的施工方法。分段施工可使拱架变形比较均匀，并可避免拱圈的反复变形，如图7-11 所示。

另外，需注意合龙时的大气温度是否符合设计要求，如设计无明确要求，也宜在气温较低时进行。

当跨径大、拱圈厚度较大时，可将拱圈全厚分层（即分环）施工，按分段施工法修建好一环合龙成拱，待砂浆或混凝土强度达到设计要求后，再浇筑（或砌筑）上面的一环。这样第一环拱圈就能参与拱架共同承受第二环拱圈结构的重力，以后各环均照此进行。这样可以大大地减少拱架的设计荷载。

拱上建筑的施工应在拱圈合龙、混凝土或砂浆达到设计强度30%后进行。对于石拱桥，一般不少于合龙后三昼夜。拱上建筑的施工，应避免使主拱圈

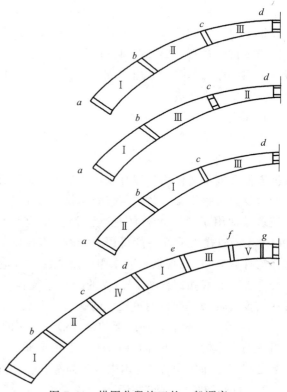

图 7-11 拱圈分段施工的一般顺序

产生过大的不均匀变形。空腹式拱桥一般是在腹孔墩砌完后就卸落拱架，再对称均衡地砌筑腹拱圈，以免由于主拱圈的不均匀下沉而使腹拱圈开裂。

在多孔连续拱桥中，当桥墩不是按施工单向受力墩设计时，仍应注意相邻孔间的对称均

衡施工，避免桥墩承受过大的单向推力。

（二）缆索吊装施工

在峡谷或水深流急的河段上，或在通航河流上需要满足船只的顺利通行，或在洪水季节并受漂流物影响等条件下修建拱桥，宜考虑采用无支架的施工方法，即可采用大型浮式起重机、缆索架桥设备等方法架设。

由于缆索架桥设备具有跨越能力大，水平和垂直运输机动灵活，施工也比较稳妥方便等优点，因此，在修建公路拱桥时较多采用，并得到了很大发展，积累了丰富的经验。拱桥缆索吊装施工大致包括拱肋（箱）的预制、移运和吊装，主拱圈的拼装、合龙，拱上建筑的砌筑，桥面结构的施工等主要工序。可以看出，除缆索吊装设备，拱肋（箱）的预制移运和吊装，拱圈的拼装、合龙几项工序外，其余工序都与有支架施工方法相同（或相近）。缆索吊装设备，按其用途和作用可以分为主索、工作索、塔架和锚固装置四个基本组成部分。其中主要机具设备包括主索、起重索、牵引索、扣索、浪风索、塔架（包括索鞍）、地锚（地垄）、滑轮、电动卷扬机或手摇绞车等。

（1）主索　主索也称为承重索或运输天线，两端锚固于地锚。主索的截面积（根数）根据吊运构件的重量、垂度、计算跨径等因素由计算确定。横桥向主索的组数，可根据桥面宽度及设备供应情况等合理选择，一般可选1~2组。每组主索可由2~4根平行钢丝绳组成。

（2）起重索　用来控制吊物的升降（即垂直运输），一端与卷扬机滚筒相连，另一端固定于对岸的地锚上。

（3）牵引索　用来牵引行车在主索上沿桥跨方向移动（即水平运输）。

（4）扣索　当拱肋分段吊装时，需用扣索分段悬挂拱肋及调整拱肋接头处的高程。

（5）浪风索　也称为缆风索，用来保证塔架、扣索排架等的纵、横向稳定及拱肋安装就位后的横向稳定。

（6）塔架及索鞍　塔架是用来提高主索的临空高度及支承各种受力钢索的重要结构。塔架的形式是多种多样的，按材料可分为木塔架和钢塔架两类。木塔架一般用于高度在20m以下的场合，当高度在20m以上时较多采用钢塔架。塔架顶上设置了为放置主索、起重索、扣索等用的索鞍，它可以减小钢丝绳与塔架的摩阻力，使塔架承受较小的水平力，并减少钢丝绳的磨损。

（7）地锚　也称为地垄或锚旋，用于锚固主索、扣索、起重索及绞车等。地锚的可靠性对缆索吊装的安全有决定性影响。

（8）电动卷扬机及手摇绞车　用作牵引、起吊等的动力装置。电动卷扬机速度快，但不易控制。要求精细调整钢索长度的部位多用手摇绞车，以便于操纵其他附属设备，如各种倒链葫芦、花篮螺栓、钢丝卡子（钢丝扎头）、千斤绳、横移索等。

在无支架施工的拱桥中，为保证拱肋有足够的纵、横向稳定性，除要满足计算要求外，在构造、施工上都必须采取一些措施。例如，当单根拱肋截面较小时，可采用双肋合龙或多肋合龙的形式，以满足拱肋横向稳定的要求。

（三）其他施工法

拱桥的结构形式和经济性等与其施工方法有着密切的联系，因此，国内外都十分重视拱桥新施工方法的研讨，并已取得了可喜的进展。其他施工方法大致有以下几种。

1. 支架横移法

支架横移法仍属有支架施工方式。由于拱架费用高（有的高达桥梁总造价的25%），为了提高支架重复利用率，减少支架数量和费用，对由多个箱肋组成拱圈的宽桥可以沿桥宽方向分几次施工，即只需架设承受单一箱肋重量的较窄的支架，随着拱圈的安装进度，将支架沿桥跨的横方向移动而重复使用。此法适用于桥不高、水不深、基础较好的大跨径拱桥施工。

2. 斜吊式悬臂施工法

大跨径拱桥也可像梁桥悬臂法施工那样，利用挂篮和斜吊钢筋（或扣索）进行悬臂法施工。拱肋除第一段用斜吊支架现浇混凝土，其余各段均用挂篮现浇施工。斜吊杆可以用钢丝束或预应力粗钢筋。架设过程中，作用于斜吊杆的力是通过布置在桥面板上的临时拉杆传至岸边的地锚上（也可利用岸边桥墩台作为地锚）。用这种方法修建大跨径拱桥时，施工技术管理方面值得重视的问题有斜吊钢筋的拉力控制、斜吊钢筋的锚固和地锚地基反力的控制、预拱度的控制、混凝土应力的控制等。

3. 刚性骨架施工法

刚性骨架施工方法是用劲性钢材（如角钢、槽钢等型钢）作为拱圈的受力钢材，在施工过程中，先把这些钢骨架拼装成拱，作为施工钢拱架，再现浇混凝土，把这些钢骨架埋入拱圈（拱肋）混凝土中，形成钢筋混凝土拱。该方法的优点是可以减少施工设备的用钢量、整体性好、拱轴线易控制、施工进度快等。但结构本身的用钢量大且需用型钢较多，故在桥梁工程中尚不多见。

我国近年来利用钢管混凝土作为劲性骨架已建成多座大跨径钢筋混凝土拱桥。钢管混凝土作为劲性骨架，既可节省钢材，又有良好的施工性能。国内已建成的中承式箱肋拱桥跨径达312m和上承式箱形拱圈的拱桥跨径达到420m（重庆万县长江大桥），是当今世界上钢筋混凝土拱桥之最。

4. 转体施工法

拱桥转体施工法可按转动方向分为两大类：竖向转体施工法和平面转体施工法。

第四节 其他体系桥梁施工技术

随着现代化陆路交通运输（公路、铁路等）的飞速发展，人们对建造安全、美观的大跨径桥梁用以跨越深谷急流、宽阔江河、河口海峡的需求日益迫切，经济的发展、新材料的使用、桥梁设计理论及计算方法的进步、建桥技术的发展使得各种其他体系的桥梁得到发展和应用。20世纪是桥梁建设发展的黄金时期，世界各国在桥梁技术方面有了较大的进步，而我国进步最快。桥梁计算理论、建造技术、跨径长度等方面已赶超世界先进水平，但在技术创新方面与其他先进国家仍存在差距。

桥梁技术发展主要体现在以下方面：

1）设计概念创新，如斜拉桥、悬索桥的迅速崛起，桥梁重视环保与美学效益，正交异性板的应用等。

2）新材料的应用，如高强轻质混凝土、高强钢与耐候钢、环氧树脂与高强度纤维等。

3）施工技术的进步，如大型机械与新设备的采用、预应力混凝土结构的悬臂法与顶推法工艺、钢桥栓焊结构和施工过程质量控制与检测等。

4）计算分析功能强化。现代化计算机的应用解决了桥梁结构的复杂计算课题。

一、刚架桥

（一）概述

桥跨结构（主梁）和墩台（支柱）整体相连的桥梁称为刚架桥（图7-12）。由于两者之间是刚性连接，在竖向荷载作用下，将在主梁端部产生负弯矩，因而减小了跨中的正弯矩，跨中截面尺寸也相应减小。刚架桥的主梁高度一般比梁桥的小。因此，刚架通常适用于需要较大的桥下净空和建筑高度受到限制的情况，如立交桥、高架桥等。

刚架桥在竖向荷载作用下，支柱除承受压力外，还承受弯矩。支柱一般也用混凝土构件做成。刚架桥在竖向荷载作用下，一般都产生水平推力。为此，必须要有良好的地基条件或用较深的基础和用特殊的构造措施来抵抗推力的作用。

刚架桥大多做成超静定的结构形式，故在混凝土收缩、温度变化、墩台不均匀沉陷和预施应力等因素的影响下，会产生附加内力（次内力）。在施工过程中，当结构体系发生转换时，徐变也会引起附加内力。有时，这些内力可占全部内力相当大的比例。

刚架桥的主要优点：外形尺寸小，桥下净空大，视野开阔，混凝土用量少，但钢筋的用量较大，基础的造价较高。所以，目前常用的是中小跨径。近年来，随着预应力混凝土技术的发展和悬臂施工方法的广泛应用，刚架桥也得到了进一步的发展。

图7-12 刚架桥概貌（钱塘江大桥）

（二）刚架桥的类型

刚架桥可以是单跨或多跨。单跨刚架桥的支柱可以做成直柱式（门形刚架）或斜柱式（斜腿刚架）。单跨的刚架桥一般产生较大的水平反力。为了抵抗水平反力，可用拉杆连接两根支柱的底端或做成封闭式刚架。门形刚架也可两端带有悬臂，这样可减小水平反力，改善基础的受力状态，而且有利于和路基的连接，不过增加了主梁的长度。

斜腿刚架桥的压力线和拱桥相近，故其所受的弯矩比门形刚架要小，主梁跨径缩短了，但支承反力有所增加，斜柱的长度也较大。因此，当桥下净空要求为梯形时，采用斜腿刚架是有利的，它可用较小的主梁跨径来跨越深谷或同其他线路立交。有不少跨线桥采用斜腿刚架，它不仅造型轻巧美观，施工也较拱桥来得简单。如1977年建成的南非新古里茨桥，两岸岩壁陡峭，跨越深达70m左右的山谷。

多跨刚架桥可以做成V形墩身的刚架桥，也可以做成连续式或非连续式的刚架桥。非连续式刚架桥是在主梁跨中设铰或悬挂简支梁，形成所谓T形刚构或带挂梁的T形刚构，这样有利于采用悬臂法施工，而静定结构则能减小次内力、简化主梁配筋。对于连续式主梁的多跨刚架桥，当全桥太长时，宜设置伸缩缝或者做成数座互相分离的连续式主梁的刚架桥。

中小跨径的连续式刚架桥通常做成等跨，以利于施工。跨径较大时，为了减少边跨的弯矩，使之与中跨相近，利于设计和构造，也可使边跨跨径小于中跨。有时，当连续式刚架桥边跨的跨径远小于中间跨时，可能导致主梁端支座承受很大的上拔力，需要进行特殊的处理。通常可将边跨主梁截面改成实体的或加平衡重，以使端支座获得正的反力（压力）。多跨连续式刚架桥发展很快，由于它具有无需大型支座、线形匀称等一系列优点，故在技术经济比较时，常胜于连续式梁桥。刚架桥的支承分铰接和固接两种。固接刚架桥的基础要承受固端弯矩，内力也较铰接刚架桥大许多，但主梁弯矩可减小。铰接刚架桥的构造和施工都比较复杂，养护也比较费时。

（三）刚架桥的构造特点

1. 一般构造

1）主梁截面形状与梁桥相同，可做成整体肋梁、板式截面或箱梁。主梁在纵向的变化可做成等截面、等高变截面和变高度截面三种。变高度主梁的下缘形状可以是曲线形、折线形或曲线加直线等。

2）支柱有薄壁式和立柱式。立柱式又可分为多柱和单柱。多柱式的柱顶通常都用横梁相连，形成横向框架，以承受侧向作用力。当立柱较高时，尚应在其中部用横撑将各柱连接起来。当桥梁很高时，为了增加其横向刚度，还可做成斜向立柱，立柱的横截面可以做成实体矩形、工字形或箱形等。

2. 刚架桥节点构造

1）刚架桥的节点指立柱与主梁连接的地方，又称角隅节点。该节点必须具有强大的刚度，以保证主梁和立柱的刚性连接。角隅节点和主梁（或立柱）连接的截面受有很大的负弯矩，因此在节点内缘混凝土承受较高的压应力。节点外缘的拉力由钢筋承担。

2）对于板式刚架，可在节点内缘加梗腋，以改善其受力情况，而且可以减少配筋，以利施工。角隅点的外缘钢筋必须连续绕过隅角之后加以锚固。

3）当主梁和立柱都是箱形截面时，角隅节点可做成三种形式：仅在箱形截面内设置斜隔板；设有竖隔板和平隔板；兼有斜隔板、竖隔板和平隔板。为了使角隅节点有强大的刚性，并简化施工，也可将它做成实体的。

3. 铰的构造

刚架桥的铰支座，按所用的材料分为铅板铰、混凝土铰和钢铰。铅板铰就是在支柱底面与基础顶面之间垫有铅板，中间设销钉，销钉的上半截伸入柱内，下半截伸入基础内，利用铅材容易产生变形的特点形成铰的转动作用。钢铰支座一般用铸钢制成，其构造与梁桥固定支座和拱桥支座相同。混凝土铰就是在需要设置铰的位置将混凝土截面骤然减小（称为颈缩），使截面刚度大大减小，因而该处的抗弯能力很低，可产生结构需要的转动，这样就形成了铰的作用。

(四) 刚架桥的施工方法

刚架桥的施工方法同预应力混凝土梁桥的方法相同,常用的方法有立支架就地现浇、预制拼装（可以整孔、分段串联）、悬臂浇筑、顶推、用滑模逐跨现浇施工等。实际工程中刚架桥的施工方法应因时因地,根据安全经济、保证质量、降低造价、缩短工期等因素综合考虑。

大量的连续梁桥和连续刚构桥采用的是无支架法施工,对于连续刚构桥来说,由于主梁与桥墩是固结的而没有支座,其施工过程比连续梁桥更为简单,悬臂法是其最常用的施工方法。

二、斜拉桥

斜拉桥（图 7-13）主要由主梁、索塔和斜拉索三大部分组成。主梁一般采用混凝土结构、钢-混凝土组合结构或钢结构,索塔大多采用混凝土结构,斜拉索则采用高强材料（高强钢丝或钢绞线）制成。斜拉桥中荷载传递路径是：斜拉索的两端分别锚固在主梁和索塔上,将主梁的恒载和车辆荷载传递至索塔,再通过索塔传至地基。

图 7-13　斜拉桥概貌（南浦大桥）

斜拉桥属高次超静定结构,与其他体系桥梁相比,包含更多的设计变量,全桥总的技术经济合理性不易简单地由结构体积小、重量轻或者满应力等概念准确地表示出来,这就给选定桥型方案和寻求合理设计带来一定困难。

现代斜拉桥的发展大致经历了以下三个阶段：

1) 第一阶段。稀索布置（图 7-14）,主梁较高,主梁以受弯为主,拉索更换不方便。
2) 第二阶段。中密索布置,主梁较矮,主梁承受较大轴力和弯矩。
3) 第三阶段。密索布置（图 7-15）,主梁更矮,并广泛采用梁板式开口断面。

斜拉桥是大跨径桥梁中较常用的合理结构形式,其跨越能力仅次于悬索桥。

1. 斜拉桥的特点

1) 跨越能力大。因拉索提供多点弹性支承,使其主梁弯矩显著减小,斜拉桥的跨越能

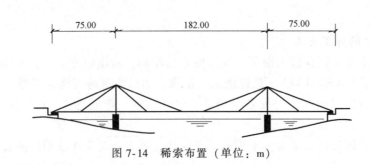

图 7-14 稀索布置（单位：m）

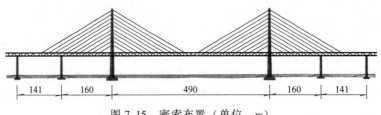

图 7-15 密索布置（单位：m）

力大大增强。斜拉桥的经济合理适用跨径范围，目前较普遍的看法是 200~800m。1987 年，世界著名桥梁专家、德国的列翁哈特（F·Leonhard）教授认为，在目前技术条件下，斜拉桥的预计设计跨径可达：预应力混凝土梁，$L<700m$；叠合梁，$L<100m$；钢梁，$L>1000m$。

2）建筑高度小。主梁轻巧，其高通常为跨径的 1/100~1/50，既能充分满足桥下净空需要，又有利于降低引道填土工程量。

3）斜索拉力的水平分力为主梁提供预压力，可提高主梁的抗裂性能。

4）设计构思多样性。没有一种桥型能像斜拉桥那样演变出千姿百态的造型，塔、索、梁的组合多样性，为设计构思提供广阔的变化空间，可适应多种不同的使用要求与桥址自然条件。

5）悬臂法施工方便安全。悬臂施工法是斜拉桥普遍采用的方法，特别适用于净高很大的大跨径斜拉桥，有悬臂拼装、悬臂浇筑或悬拼与悬浇相结合诸种。

6）与悬索桥相比，斜拉桥的竖向刚度与抗扭刚度均较大，抗风振稳定性好，且无需大型锚碇，故在其适用跨径范围内，悬索桥总造价将比斜拉桥多 20%~30%。

7）桥型美观。高昂的桥塔、坚劲的斜索和轻盈的主梁相结合，似美妙竖琴和远航征帆，充分体现当代桥梁力与美的高度和谐。

8）设计计算困难。由于斜拉桥设计构思要考虑的变量很多，包括塔墩，索面，主孔跨径 L 与分跨比 m，桥宽 B，塔高 H，主梁的梁高 h，几何特性（截面积 A、惯性矩 I），塔截面积 S 与惯性矩 J_x、J_y，拉索索距 λ_i，倾角 α_i，钢索换算弹性模量 E，混凝土弹性模量 E_b，辅助墩设置等。因此，寻求技术经济合理的桥型方案是很不容易的。斜拉桥抗风分析常需通过风洞试验模型验证，而抗震验算时应将峰值高而持续时间短的地震波和峰值较低而持续时间较长的地震波分别输入进行分析比较。当然，最好是采用桥址当地地震台的地震波谱。

9）施工技术要求高。斜拉桥工序繁复，高空作业多，施工过程控制严格。

10）索与塔、梁的连接构造较复杂。索锚抗疲劳性能和钢索防护措施有待不断改进。

2. 体系分类

斜拉桥的体系分类根据其分类指标的不同而不同。

（1）按桥塔数目分类　按桥塔数目可分为独塔双跨体系、双塔三跨体系和多塔体系。

（2）按索面布置分类　按索面布置可分为单索面体系、双索面体系和空间倾斜索面体系（图7-16）。

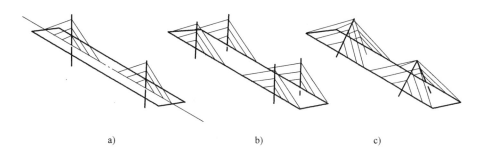

图7-16　索面布置
a）单索面体系　b）双索面体系　c）空间倾斜索面体系

（3）按主梁材料分类　按主梁使用材料可分为钢主梁、预应力混凝土梁、叠合梁、钢与混凝土混合梁等体系。

1）钢主梁斜拉桥。主要优点为自重轻，400kN/m³仅为预应力混凝土主梁的1/4；跨越能力大，可超过100m跨径；构件可工厂化制造拼组，质量有保证，施工快捷。但造价高、后期养护工作量大和抗风振稳定性较差为其主要缺点。由于受我国厚钢板产量与品种型号限制，故建造很少。世界上钢主梁斜拉桥使用最多的是德国和日本。

2）预应力混凝土主梁斜拉桥的主要优点有：

① 造价低，其梁体造价仅为钢梁的30%～50%，虽因混凝土自重大而导致钢索、基础费用增加，但对$L=200～500m$的跨径范围，预应力混凝土梁斜拉桥是很有竞争力的。

② 刚性好，在汽车活载作用下，其挠度仅为钢主梁者的60%左右，故通常适用于活载较重的铁路桥。

③ 抗风稳定性好，因混凝土结构具有约两倍于钢结构的振动衰减系数。

④ 后期养护费用低、简易，结构耐久性与抗潮湿性良好。

预应力混凝土主梁斜拉桥的跨越能力不如钢主梁斜拉桥，跨径在700m以内，且施工速度较慢。

3）叠合梁斜拉桥。在钢主梁上以预制混凝土桥面板代替正交异性钢桥面板，钢梁顶面设置抗剪栓钉，通过现浇混凝土使预制混凝土桥面板与钢梁形成整体共同受力。

（4）按塔索结合方式分类　根据梁、索、塔三者结合方式，斜拉桥可分为四种不同的结构体系（图7-17），即飘浮体系、支承体系、塔梁固结体系和刚构体系。

1）飘浮体系。塔墩固结，塔梁分离；主梁除梁端有支撑设置，其余全部用拉索吊起，在纵向稍作浮移的具有多点弹性支承的单跨梁。由于斜拉索不能给梁以有效的横向支承，为抵抗风力等对其的横向水平力，应在塔柱和主梁间布设板式或盆式橡胶支座，以施加横向约

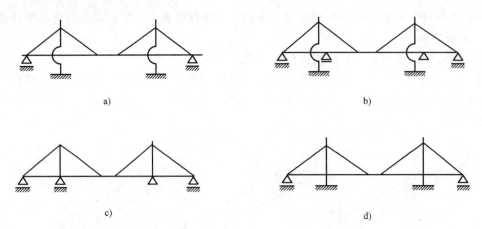

图 7-17 斜拉桥结构体系
a) 飘浮体系 b) 支承体系 c) 塔梁固结体系 d) 刚构体系

束。当悬臂施工时,其塔柱处主梁需临时固结,以抵抗施工过程中的不平衡弯矩。

2) 支承体系。塔墩固结,塔梁分离,主梁在塔墩上设置支点,成为具有多点弹性支承的三跨连续梁,通常设四个活动支座,可避免因一侧存在纵向水平约束而导致极不均衡的温度变位,它将使无水平约束一侧的塔柱内产生很大附加弯矩。当全桥满载时,塔柱处有较大负弯矩尖峰。支承体系的温变和混凝土收缩徐变次内力较大,若在支点设置可调节高度的弹簧支座并在成桥时调整支座反力,可消除大部分收缩徐变等不利影响。支承体系悬臂施工中不需额外设置临时支点,施工较便利。

3) 塔梁固结体系。塔梁固结并支承于墩上,为斜拉索提供多点弹性支承的连续梁。其梁、塔内力和主梁挠度与梁、塔截面弯曲刚度比值有关,支座配置通常在一个塔柱支座固定,其余为活动支座。主要优点是减小塔墩弯矩和主梁中央段轴向拉力。但当中跨布载时,主梁在墩顶处转角会使塔柱倾斜,显著增大主梁跨中挠度和边跨负弯矩,这是该体系的弱点。上部结构恒载和活载反力都需由支座传向桥墩,往往需设很大吨位支座,大跨径斜拉桥为万吨级以上,故支座的设计、制造和日后的养护、更换都比较困难。

4) 刚构体系。梁、塔、墩相应固结,形成在桥跨内具有多点弹性支承的刚构。其优点是免除大型支座设置,满足悬臂施工的稳定要求,结构整体刚度大,主梁挠度小。缺点是主梁固结处负弯矩大,为消除很大的温度内力,刚构体系一般做成带挂梁的形式,这将导致车行不平顺和结构抗风、抗地震能力的削弱。当塔墩很高时,宜采用由两片薄壁组成的柔性墩来适应温变、混凝土收缩徐变和活载等对结构产生的水平变形。

总之,主梁结构体系的选用,应根据地形地质条件、支座吨位、施工方法、行车平顺性和抗风抗震要求等因素综合考虑。飘浮体系由于受力较匀称、有足够刚度、抗风抗震性能较好、主梁可用等截面以简化施工,是采用较多的结构体系;塔梁固结体系的塔、墩内力最小,温变内力也小,仅主梁边跨负弯矩较大,也是可以考虑采用的结构体系。

3. 各部分构造

(1) 主梁 主梁及与其连接在一起的桥面系,直接支承交通线路,是斜拉桥主要组成部分,其造价占全桥的 50% 左右。

1) 截面形式。主梁形式有实体梁式、板式和箱形截面。主梁截面形式应根据跨径、索面布置与索距、桥宽等不同需要,根据其受力要求、抗风稳定性、施工方法综合考虑选用。

① 板式。板式截面建筑高度小,构造简单,抗风性能良好,适用于双索面密索布置且桥宽较窄的桥。当板厚较大时,可做成留有圆孔或椭圆孔的空心板断面。

② 分离式双箱。两个分离箱梁用于锚固拉索与承重,其中心应对准斜拉索面位置,箱梁之间设置桥面系。其优点是施工方便,如用悬臂法,两箱分别施工,悬浇时可采用纵向滑模工艺,挂篮承重减轻,悬拼时构件吊重显著减小;再安装横梁和现浇混凝土桥面。桥全截面抗扭刚度较差是其主要缺点。实际上,由于主梁断面尺寸小,空心箱节省的混凝土数量不多,但相应带来的内模装拆、横梁钢筋布置和拉索锚固的复杂困难却不少,故近年已倾向于采用梁板式断面取代。

③ 整体闭合箱。闭合箱具有强大的抗弯和抗扭刚度,当其宽度比为 8~10 时,抗风性能尚佳,适用于双索面稀索体系和单索面布置的斜拉桥。倾斜式腹板箱梁截面在体形美观、抗风性能和减小墩宽等方面均优于竖直腹板箱。

④ 半封闭箱。半封闭箱的横断面两侧为三角形或梯形封闭箱,端部加厚用以锚固拉索,两箱间为整体桥面板,除个别需要段落,其他均不设底板。这种断面既满足一定的抗弯、抗扭刚度要求,又具有优良的抗风动力稳定性能,特别适用于风载较大的双索面密索体系宽桥。

2) 截面尺寸。

① 梁高。主梁截面尺寸变化将影响梁弯矩数值,当主梁抗弯刚度增加时,梁截面弯矩也将增加,其变化规律是非线性的。从提高抗风稳定性出发,加大桥宽、减小主梁高有助于增大临界风速。为便利施工,斜拉桥主梁的纵断面通常采用等高度布置。即使跨径与荷载条件相同,但由于结构体系、主梁截面形式和索距的不同,斜拉桥主梁高度会有很大变化。随着扁平横断面形式的出现,主梁内力由原来的以弯矩为主转变为以轴力为主,梁高可显著降低。对于梁板式断面,主梁高应大于或等于横梁高,故其高度取决于横向弯矩大小,即与桥宽和索面横向距密切相关。

② 桥宽 B。桥宽通常由桥面通行净空和设置索面防护要求决定

$$B = W + 2C + nL$$

式中　W——车行道宽;

　　　C——单边人行道宽;

　　　n——索面数;

　　　L——防护带宽(通常对双索面取 1m;单索面,防护带同时作为分车带,则取 2~3m 为宜)。

3) 锚固区构造。锚固区是主梁与拉索连接的重要结构部位,锚固方式的选择应考虑下列因素:保证索、梁连接的可靠性,能使集中索力均匀分散传递至全截面;具有防锈蚀能力,避免拉索产生颤振应力腐蚀;如需要在梁端张拉,应保证足够操作空间;便于拉索养护与更换。锚固方式有顶板锚固、箱内锚固及在三角形箱边缘锚固。

(2) 拉索　拉索是展示斜拉桥特点的一个重要结构部件。桥跨结构重量和桥上活载,绝大部分或全部通过斜拉索传至塔柱,它对主梁提供多点弹性支承,其刚度对全桥影响很大。拉索造价占斜拉桥全桥的 25%~30%,其重要性虽在经济上居于次席,但在受力上却举足轻重。

1) 拉索的形式。斜拉索在纵向采用的不同布置有四种类型：辐射式、竖琴式、扇式和星式。斜拉索宜采用抗拉强度高、抗疲劳性能好、弹性模量大的钢材，目前，国内外采用较多的有平行钢丝束、钢绞线束、封闭式钢缆等。

2) 拉索的锚固。拉索的锚固对整个结构的工作可靠性有直接影响。锚具是极为重要的部件，拉索锚具有冷铸锚、热铸锚、墩头锚、夹片锚等。

3) 拉索的防护。为提高拉索使用寿命，减少养护工作量，对拉索采取防护措施非常必要。拉索的防护方式有不锈钢丝防锈、热挤压高密度聚乙烯（PE）套管防锈。拉索与锚具的接合部位，为防止水汽侵入拉索内部，应设置橡胶密封垫块等有效隔离止水设施。

(3) 索塔　索塔除承受塔身自重外，还将承担作为桥面系主梁多点弹性支承的各斜索的竖向分力，因此轴压力巨大，往往在数千吨以上。由于受活载及其制动力、风力、温度变化、混凝土收缩等因素影响和悬臂施工中的不平衡加载，索塔还将出现较大弯矩。

索塔结构形式、塔高与截面尺寸的确定，应满足构造简单、受力明确、造价经济、施工便捷等功能要求，并注意与跨径、桥宽、索面布置等匹配。由于索塔对斜拉桥总体景观至关重要，故应选择良好的造型与尺度比例，实现与环境的协调，城市桥梁更要重视。

斜拉桥大多采用钢筋混凝土索塔，为避免塔内拉应力过大，可加适当预应力。它比钢塔造价低，可塑成优美体形，养护维修简便。

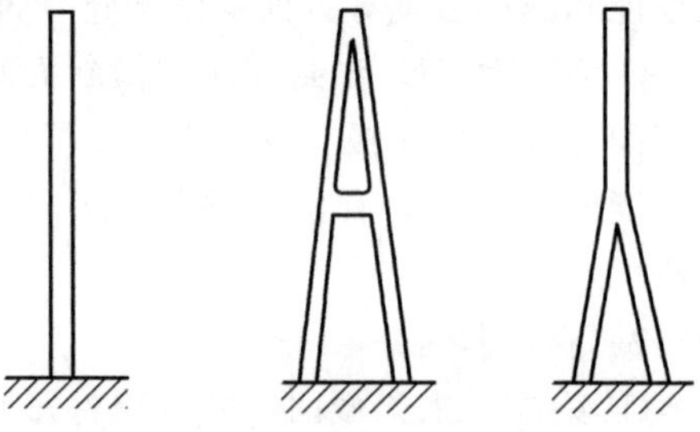

图 7-18　索塔纵向布置形式
a) 单柱形　b) A 形　c) 倒 Y 形

顺桥方向索塔结构有单柱形、A 形与倒 Y 形三种（图 7-18）。单柱式构造简单，而后两者索塔刚度大，能抵抗较大的纵向弯矩。从横桥方向看，索塔结构有独柱门式、斜腿门式、A 形、宝石形、倒 Y 形、花瓶形等（图 7-19）。

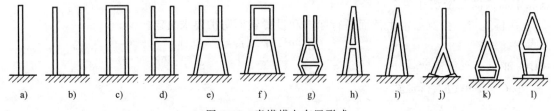

图 7-19　索塔横向布置形式

4. 斜拉桥的施工方法

斜拉桥可以采用无支架施工，其方便性是斜拉桥在大跨径桥梁方案中得到广泛应用的重要原因之一。塔柱是斜拉桥施工的首要受力构件，塔柱施工完毕后或塔柱锚固区施工至一半时，开始施工主梁，斜拉索一般随主梁的延伸逐步安装。斜拉桥的恒载张力是决定全桥受力的主要因素，因此如何确定合理张拉索力及如何保证实际张拉到位是斜拉桥施工的关键。

(1) 塔柱施工　混凝土塔柱施工一般均采用分节就地浇筑方法施工，每节 2~5m，其方法类似于高墩或高烟囱的施工。混凝土的输送采用吊斗或混凝土输送泵，塔柱施工的不同点主要是模板和脚手架平台的做法，主要有下列方法：

1) 满布工作平台及模板法。从地面或墩顶置立满布鹰架及模板,适用于高度较小和形状比较复杂的桥塔施工,不需特殊装置和机械设备。

2) 爬升或滑升式模板及工作平台。将工作平台与模板组拼成可自动升降的整体装置,利用下节已凝固的混凝土中预埋的钢材来逐步提升模板与平台结构,机械化程度较高,可缩短工期,适用于大型桥塔施工。

3) 大型模板构件法。将模板及平台做成容易组装和解体的大型标准构件,利用起重机或特殊起吊设备来提升施工。此法应用于高空作业时存在安全问题,高度受到限制。

(2) 主梁施工　斜拉桥主梁可以采用支架法、顶推法及平转法施工,但是使用最多的还是悬索施工方法,它适用于所有跨径的斜拉桥施工。

(3) 斜拉索施工　斜拉索施工主要分为挂索和张拉两个过程。成品索必须整索安装。较短的成品索直接利用起重机将拉索起吊,借助卷扬机由钢丝绳或钢绞线将斜拉索两端分别牵引入主梁和塔柱上的预留索孔,并初步固定在索孔端面的锚板上完成挂索。长索的垂度大,无法直接用卷扬机将锚头牵引到锚板后方,在锚头接近锚板时用钢连接杆将锚头连接到千斤顶,由千斤顶将锚头拉到锚板后方。对于超长斜拉索,垂度特别大,连接杆已无法将锚头连接到千斤顶,必须先架设临时索,然后沿临时索将斜拉索牵引到位。成品索一般直接用千斤顶整索张拉。现场制作索可以用千斤顶逐根张拉,也可以用小千斤顶将初应力调均匀,再用大千斤顶整索张拉。

三、悬索桥

悬索桥(图 7-20)是由桥塔、主缆索、吊索、加劲梁、锚碇及鞍座等部分组成的承载结构体系。由于悬索桥能充分利用和发挥高强钢材的作用,并能很好地适应跨越海峡和宽阔

图 7-20　悬索桥概貌(舟山西堠门大桥)

江河的要求，加之近年来悬索桥设计理论、计算方法的发展和完善及施工技术的进步，使其成为近年来发展较快的桥型之一。

我国是最早有悬索桥的国家，约有三千多年历史，留存至今的泸定大渡河铁索桥跨径约101m，举世闻名。但我国现代悬索桥建设的起步较晚，1969年建成的重庆朝阳双链悬索桥，跨径仅186m。直至20世纪90年代开始发展大跨径悬索桥，1995年建成的汕头海湾桥，主跨452m，为采用预应力混凝土加劲梁的悬索桥的世界之最；2005年建成的润扬长江大桥南汊桥，主跨1490m，居世界第3位。

国外悬索桥正向更大跨径发展。如意大利即将建成的墨西哥海峡桥，主跨为3300m；连接西班牙与摩洛哥的直布罗陀海峡超大桥设计构想中，林同炎（T. y. Lin）建议方案为2个5000m跨径的主跨和2个2500m跨径的边跨组成的悬索桥，该方案的实现有赖于轻质高强、热膨胀系数低、耐疲劳、抗腐蚀均优于钢材的纤维强化复合材料的运用，必将大大提高悬索桥的工艺和技术水平。

1. 悬索桥的类型

现代大跨径悬索桥根据其加劲梁的类型和吊索的形式不同可分为以下类型：

（1）美式悬索桥　美式悬索桥的基本特征是采用竖直吊索，并用钢桁架作为加劲梁。这种形式的悬索桥一般采用三跨地锚式，加劲梁在主塔处不连续，由伸缩缝断开，桥面通常采用钢筋混凝土材料，主塔为钢结构。其特点是可以实现双层通车，通过增加桁架高度可保证桥梁有足够的刚度，由于加劲梁采用钢桁架，使其有很好的抗风性能。美式悬索桥发展历史接近百年，其建桥技术相当成熟，并积累了丰富的设计和施工经验，是目前采用较广泛的一种形式。在美国已建成的维拉扎诺海峡大桥和在日本建成的明石海峡大桥，都属于这种类型。世界上许多国家的大跨径悬索桥都受到美式悬索桥的影响，但也有自己的特点，如在日本通常采用连续的加劲钢桁架，桥塔处不设伸缩缝；采用钢的正交异性板作桥面等。

（2）英国式悬索桥　20世纪60年代，英国设计出了新型的悬索桥，突破了美式悬索桥的形式。英国式悬索桥的基本特征是采用了三角形排列的斜吊索和流线型扁平翼状钢箱梁作为加劲梁。这种形式的悬索桥加劲梁采用连续的钢箱梁，桥塔处没有伸缩缝，并采用了钢筋混凝土桥塔；有时还将主缆和加劲梁在主跨中点处固结。英国式悬索桥的特点是钢箱加劲梁可减轻恒载，使主缆的截面减小，降低了用钢量和造价。由于钢箱梁抗扭刚度大，受到的横向风力小，有利于抗风，因此大大减小了桥塔承受的横向力。角形排列布置的斜吊索可以提高桥梁刚度，但斜吊索的吊点处构造复杂。在英国建成的塞文桥和恒伯尔桥、在土耳其建成的博斯普鲁斯桥都是属于这种形式的悬索桥。

（3）混合式悬索桥　混合式悬索桥是综合了上述两类悬索桥的特点形成的、目前广泛采用的悬索桥。其特征是采用竖直吊索和流线型钢箱梁为加劲梁，一般采用钢筋混凝土桥塔。混合式悬索桥的广泛使用表明其钢箱加劲梁具有良好的静力和动力特性，其竖直吊索构造简单实用。土耳其的博斯普鲁斯二桥、日本来岛的三座悬索桥、丹麦的大贝尔特桥、中国香港的青马大桥和江阴的长江大桥都采用了混合式悬索桥形式。

（4）带斜拉索的悬索桥　为了有效提高大跨径悬索桥结构的整体刚度和抗风稳定性，在悬索桥设计中除设置悬索体系外，还可考虑同时设置斜拉索，以适应大跨径悬索桥的变形控制和动力稳定性的要求，这就构成了带斜拉索的悬索桥。1883年建成的纽约布鲁克林大桥,就是既有现代悬索桥悬索体系,又加强斜拉索的一座带斜拉索的悬索桥。1966年建成的葡萄牙萨拉扎桥(Sala)也采用了这种形式。这种结构形式可看作悬索桥和斜拉桥的结合,悬索承担跨中的荷载,斜拉索承担桥塔附近1/4跨的荷载,这样能够大大增加悬索桥的跨越能力和结构的整体刚度,并有效加强结构的抗风、抗震能力,以及防止和控制结构的振动。

悬索桥按照其加劲梁的支承条件还可分为单跨铰支加劲梁悬索桥、三跨铰支加劲梁悬索桥和三跨连续加劲梁悬索桥,这些也都是现代大跨径悬索桥经常采用的形式。

2. 悬索桥各部主要构造

现代悬索桥一般由桥塔、基础、主缆索、锚碇、吊索、索夹、加劲梁及索鞍等主要部分组成。

(1) 主缆索 主缆索是悬索桥的主要承重结构,其受力系统由主缆索、桥塔和锚碇组成。主缆索不仅承担自重恒载,还通过索夹和吊索承担加劲梁(包括桥面)等其他恒载及各种活载。此外,主缆索还要承担部分横向风载,并将其传至桥塔顶部。主缆索可采用钢丝绳钢缆或平行丝束钢缆,由于平行丝束钢缆弹性模量高,空隙率低,抗锈蚀性能好,因此大跨径吊桥的主缆索均采用这种形式。现代悬索桥的主缆索多采用直径5mm的高强度镀锌钢丝。先由数十根到数百根5mm的高强度镀锌钢丝制成正六边形的索束(股),再将数十至上百股索束挤压形成主缆索,并做防锈蚀处理。设计中主缆索的线形一般采用二次抛物曲线。主缆采用平行丝股而不采用钢绞线,目的在于使其弹性模量不比钢丝弹性模量有明显降低,而钢绞线弹性模量通常要比钢丝降低15%~25%;主缆钢丝强度现已由1500MPa提高至1800MPa左右。索束内钢丝排列现均取正六边形,故其丝数为61、91或127。

(2) 锚碇 锚碇是主缆索的锚固结构。主缆索中的拉力通过锚碇传至基础。通常采用的锚碇有两种形式:重力式和隧洞式。重力式锚碇依靠其巨大的自重来承担主缆索的垂直分力;水平分力则由锚碇与地基之间的摩阻力或嵌固阻力承担。隧道式锚碇则是将主缆中的拉力直接传递给周围的基岩。隧道式锚碇适用于锚碇处有坚实基岩的地质条件。当锚固地基处无岩层可利用时,均采用重力式锚碇。锚碇主要由锚碇基础、锚块、锚碇架、固定装置和锚固索鞍组成。

(3) 桥塔 桥塔是悬索桥最重要构件。桥塔支承主缆索和加劲梁,将悬索桥的活载和恒载(包括桥面、加劲梁、吊索、主缆索及其附属构件如鞍座和索夹等的重量)及加劲梁在桥塔上的支反力直接传至塔墩和基础,同时还受到风载与地震的作用。桥塔的高度主要由桥面高程和主缆索的垂跨比确定,通常垂跨比为1/12~1/9。大跨径悬索桥的桥塔主要采用钢结构或钢筋混凝土结构。其结构形式可分为桁架式、刚架式和混合式三种。刚架式桥塔通常采用箱形截面。由于预应力混凝土滑模施工技术的发展,钢筋混凝土桥塔的使用呈较快增长趋势。桥塔塔顶必须设主索鞍,以便主缆索能与桥塔合理地衔接和平顺地转折,并将主缆索的拉力均匀地传至桥塔。在大跨径悬索桥中,塔的下端常与桥墩固结,而在其上端主缆固定于索鞍,而索鞍又固定于塔顶。

(4) 索鞍 索鞍是支撑主缆的重要构件,其作用是保证主缆索平顺转折;将主缆索中的拉力在索鞍处分解为垂直力和不平衡水平力,并均匀地传至塔顶和锚碇的支架处。由于主缆在索鞍处有相当大的转折角,主缆拉力将产生一个竖向压力作用于塔顶。从塔顶至锚碇的缆段,活载轴力和温度升降的变化,将使塔顶发生纵向平移,使塔处于偏心受压状态。当塔顶尚未有主缆时，塔将以竖向放置的悬臂梁承受纵向风力而受弯。

(5) 吊索与索夹

1) 吊索。吊索也称吊杆，是将加劲梁等恒载和桥面活载传递到主缆索的主要构件。吊索可布置成垂直形式的直吊索或倾斜形式的斜吊索，其上端通过索夹与主缆索相连，下端与加劲梁连接。吊索与主缆索连接方式有鞍挂式和销接式两种，两种方式各有所长。吊索与加劲梁的连接方式也有锚固式和销接固定式两种。锚固式连接是将吊索的锚头锚固在加劲梁的锚固构造处；销接固定式连接是将带有耳板的吊索锚头与固定在加劲梁上的吊耳通过销钉连接。吊索宜采用有绳芯的钢丝绳制作，2根或4根一组；两端均为销接式的吊索可采用平行钢丝索束作为吊索。

2) 索夹。索夹由铸钢制造，用竖缝分为两半，它安装到主缆后，即用高强螺杆将两半拉紧，使索夹内壁对主缆产生压力，形成以防止索夹沿缆下滑的摩阻力。索夹壁厚38mm，使其较柔以便适应主缆变形，但应有足够强度。每一吊点有2根钢丝绳骑在索夹之外而下垂形成4根吊索共同受力。设计吊索截面时，应保证吊索截面破断力大于吊索作用力，其实用安全系数以不小于2.5为宜。

(6) 加劲梁　加劲梁的主要作用是直接承受车辆、行人及其他荷载，以实现桥梁的基本功能，并与主缆索、桥塔和锚碇共同组成悬索桥结构体系。加劲梁是承受风荷载和其他横向水平力的主要构件，应考虑其结构的动力稳定特性，防止其发生过大挠曲变形和扭曲变形，避免对桥梁正常使用造成影响。大跨径悬索桥的加劲梁均为钢结构，通常采用桁架梁和箱形梁。预应力混凝土加劲梁仅适用于跨径500m以下的悬索桥，大多采用箱形梁。采用箱形梁时，应选择流线型主梁截面，并适当设置风嘴、导流板、分流板等抗风装置；采用桁架梁时，应加强主梁和桥面车道部分的联系，并注意保证主梁及桥面构造横向通风良好，不得有任何阻碍空气流动的多余障碍物存在，也可适当设置抗风装置。加劲梁的构造和尺寸主要取决于其抗风稳定性。通常参考其他已建成悬索桥的加劲梁拟定其初步设计的构造和尺寸，再根据结构计算结果进行适当修改，最后对较为合理的几个方案，通过风洞试验检验其抗风性能，并选择抗风性能好的加劲梁及其构造和尺寸。

3. 悬索桥施工方法

悬索桥适用于超大跨径桥梁的主要原因除了利用材料强度外，独特的施工方法使超大跨径桥梁的架设成为可能。常规的悬索桥架设步骤一般为：塔柱及锚碇施工、猫道架设、主缆架设、索夹及吊杆安装、主梁吊装架设等。

(1) 塔柱及锚碇施工

1) 塔柱。钢塔柱一般用钢板先预制连接成格子形截面的节段，节段在现场吊装拼接成塔柱。早期的钢塔柱，无论节段内还是在节段间的连接均采用铆接，构件加工精度要求高。随着栓焊技术的发展，钢塔节段在工厂焊接制造，然后将节段运输到工地架设并用高强度螺杆来连接。钢塔柱一般支承在一块厚钢板上，厚钢板与桥墩混凝土拴接并把塔柱压力均匀地传递到桥墩上去。

2) 锚碇。当河岸有坚硬岩石时，可以采用岩隧锚碇。岩隧锚可以将主缆集中在一个岩洞内锚固，也可以在岩石山开凿多个岩眼，将主缆分成多股穿过岩体在锚固室内锚固。

(2) 缆索系统架设　缆索桥整个主缆自重大，必须逐丝或逐股安装到位，然后在现场编制成缆。缆索的施工大致分为如下步骤：

1)准备工作。
2)架设导索。
3)架设牵引索及猫道索。
4)架设猫道面板及横向天桥。
5)架设抗风索以完成猫道。
6)主缆架设。
7)将猫道转载于主缆后拆除抗风索,并架设竖吊索。

(3)加劲梁的制造与架设 钢加劲梁在工厂分段制造,节段制造完成后必须进行相邻节段的试拼装,试拼合格、做好对接标志后运到施工现场等待吊装。主缆是柔索结构,当只有部分梁段悬吊在主缆上时挠度很大,因此,已吊装的加劲梁将产生很大的弯曲变形。如果梁段吊装到位后即与相邻梁段连接,则加劲梁将承担很大的弯曲应力,导致结构破坏。为此,梁段吊装到位后只在上缘与相邻梁段连接形成铰接,下缘在吊装期间张开。随着吊装梁段的增加,主缆的局部挠度减小,加劲梁下缘的间隙逐渐闭合,待梁段全部吊装完成或大部分完成后在相邻的节段间永久固结连接,此时,加劲梁恒载完全由主缆承担,加劲梁只承担节段内的局部弯矩。

复习思考题

1. 简述石砌墩台施工的工艺流程,搅拌砂浆时应注意什么问题?
2. 简述现浇混凝土墩台施工中模板的基本要求。
3. 简述装配式墩台施工中的注意事项。
4. 简述旱地沉井施工的工艺流程。
5. 连续梁桥有什么特点?
6. 连续梁常用的截面形式有哪几种?
7. 连续梁桥的施工方法有哪几种?各适用于什么条件?
8. 刚架桥有哪些类型?各有什么特点?
9. 斜拉桥有哪些体系类型?其受力特点是什么?
10. 斜拉桥的拉索有几种布置方式?各有什么特点?
11. 斜拉桥的索塔有哪些类型?各适用于哪种布索方式?
12. 悬索桥有哪些类型?各有什么构造特点?
13. 悬索桥结构由哪些部分组成?各部分的功能和受力特点如何?

参 考 文 献

[1] 中华人民共和国交通运输部. 公路钢筋混凝土及预应力混凝土桥涵设计规范：JTG 3362—2018 [S]. 北京：人民交通出版社，2018.

[2] 中华人民共和国交通运输部. 公路圬工桥涵设计规范：JTG D61—2005 [S]. 北京：人民交通出版社，2005.

[3] 中华人民共和国交通运输部. 公路桥涵设计通用规范：JTG D60—2015 [S]. 北京：人民交通出版社，2015.

[4] 中华人民共和国交通运输部. 公路桥涵施工技术规范：JTG/T F50—2011 [S]. 北京：人民交通出版社，2011.

[5] 中华人民共和国交通运输部. 公路桥涵地基与基础设计规范：JTG D63—2007 [S]. 北京：人民交通出版社，2007.

[6] 中华人民共和国交通运输部. 公路水泥混凝土路面设计规范：JTG D40—2011 [S]. 北京：人民交通出版社，2011.

[7] 中华人民共和国交通运输部. 公路沥青路面养护技术规范：JTG 5142—2019 [S]. 北京：人民交通出版社，2019.

[8] 中华人民共和国交通运输部. 公路沥青路面设计规范：JTG D50—2017 [S]. 北京：人民交通出版社，2017.

[9] 中华人民共和国交通运输部. 公路工程技术标准：JTG B01—2014 [S]. 北京：人民交通出版社，2014.

[10] 中华人民共和国交通运输部. 公路路基设计规范：JTG D30—2015 [S]. 北京：人民交通出版社，2015.

[11] 中华人民共和国交通运输部. 公路路线设计规范：JTG D20—2017 [S]. 北京：人民交通出版社，2017.

[12] 中国国家标准化管理委员会. 道路交通标志和标线 第2部分：道路交通标志：GB 5768.2—2009 [S]. 北京：中国标准出版社，2009.

[13] 中国国家标准化管理委员会. 道路交通标志和标线 第3部分：道路交通标线：GB 5768.3—2009 [S]. 北京：中国标准出版社，2009.

[14] 中华人民共和国交通运输部. 中国桥谱 [M]. 北京：外文出版社，2003.

[15] 肖汝诚. 桥梁结构体系 [M]. 北京：人民交通出版社，2013.

[16] 雷俊卿，等. 悬索桥设计 [M]. 北京：人民交通出版社，2011.

[17] 中华人民共和国交通运输部公路科学研究所. 公路桥梁耐久性状况调查分析报告 [R]. 北京：2013.

[18] 郑皆连. 大跨径拱桥的发展及展望 [J]. 中国公路，2017 (13)：1-3.

[19] 李国豪. 桥梁结构稳定与振动 [M]. 北京：中国铁道出版社，1996.

[20] 李继业，董洁，张立山. 城市道路工程施工 [M]. 北京：化学工业出版社，2017.

[21] 张雨化. 道路勘测设计 [M]. 北京：人民交通出版社，2002.

[22] 张起森. 高等路面结构设计理论与方法 [M]. 北京：人民交通出版社，2005.

[23] 吴旷怀. 道路工程 [M]. 北京：中国建筑工业出版社，2008.

[24] 尤晓旿. 道路工程概论 [M]. 北京：人民交通出版社，2005.

[25] 李宇峙. 公路工程概论 [M]. 武汉：华中理工大学出版社，1995.

[26] 叶国铮，姚玲森，李秩民. 道路与桥梁工程概论［M］. 北京：人民交通出版社，1999.
[27] 李绪梅. 道路工程概论［M］. 重庆：重庆大学出版社，2006.
[28] 黄晓明. 道路与桥梁工程概论［M］. 北京：人民交通出版社，2007.
[29] 苏志忠. 道路与桥梁工程概论［M］. 北京：人民交通出版社，2009.
[30] 田海风. 道路桥梁工程概论［M］. 北京：化学工业出版社，2011.
[31] 程国柱. 道路与桥梁设计概论［M］. 北京：人民交通出版社，2013.
[32] 杨玉衡. 道路工程施工案例［M］. 北京：中国建筑工业出版社，2016.
[33] 王文峡. 道路工程施工［M］. 北京：化学工业出版社，2010.
[34] 潘宝峰. 道路桥梁工程施工［M］. 大连：大连理工大学出版社，2012.
[35] 周艳. 道路工程施工新技术［M］. 徐州：中国矿业大学出版社，2013.
[36] 梁伟. 路基施工技术［M］. 武汉：武汉理工大学出版社，2018.
[37] 王穗平. 路基施工技术［M］. 北京：中国建筑工业出版社，2019.
[38] 邵旭东. 桥梁工程［M］. 4版. 北京：人民交通出版社，2016.
[39] 涂兵. 桥梁施工［M］. 成都：西南交通大学出版社，2010.
[40] 李丕明. 桥面铺装［M］. 北京：人民交通出版社，2016.
[41] 陈大忠. 小议桥梁预应力连续箱梁施工［J］. 城市建设理论研究，2011（15）：26-28.